PHANTASTICA

© 1981 bei stilke Verlag Hamburg
© 1981 bei Volksverlag Linden Für das Vorwort

Lizensausgabe des Volksverlag mit
Genehmigung des Stilke Verlags.

Alle Rechte vorbehalten. Printed in Israel.

ISBN 3—88631—045—0

PHANTASTICA

DIE BETÄUBENDEN UND ERREGENDEN GENUSSMITTEL

FÜR ÄRZTE UND NICHTÄRZTE

VON

PROF. DR. L. LEWIN

ZWEITE ERWEITERTE AUFLAGE

1 9 8 0

VOLKSVERLAG D - 8531 LINDEN

Inhaltsverzeichnis.

	Seite
Vorwort	1
Einleitung	5
1. Zur allgemeinen Orientierung	7
2. Die Beweggründe für den Gebrauch betäubender und erregender Genußmittel	8
3. Die Bedeutung der persönlichen Veranlagung in bezug auf fremde Reize, die den Körper treffen	12
4. Toleranz und Gewöhnung	20
5. Immunität gegen Gifte	36
Die Betäubungsmittel	41
1. Wirkungsart der Betäubungsmittel	43
2. Systematik der betäubenden und erregenden Genußmittel	47
Euphorica. Seelenberuhigungsmittel	49
Opium. Morphin	51
1. Geschichte des Opium- und Morphingebrauchs als Genußmittel. Opiumproduktion. Opiumbewegung	51
2. Verbreitung des Opium- und Morphingenießens in der Jetztzeit	70
3. Der Morphinismus	78
4. Die erkennbaren Vorgänge bei Morphinisten und Opiumisten	83
5. Fragen allgemeiner Natur, die sich an den Morphinismus knüpfen	89
6. Die Hilfe gegen den wachsenden Morphinismus	94

Inhaltsverzeichnis

	Seite
Kodein und Derivate, Dionin, Heroin, Eukodal, Chlorodyne als Genußgifte	100
Kodein	100
Dionin	102
Heroin	102
Eukodal	103
Chlorodine	104
Der Kokainismus	105
1. Die Geschichte der Koka und des Kokains	105
2. Wirkungen von gewohnheitsmäßig aufgenommener Koka und Kokain	108
3. Die Erscheinungsformen des Kokainismus	111
Phantastica. Sinnestäuschungsmittel	123
Das Problem der Sinnestäuschungen	125
Anhalonium Lewinii	133
1. Die Geschichte der Pflanze	133
2. Anhalonium Lewinii als Genußmittel	137
3. Wirkungsbilder	140
Der indische Hanf. Cannabis indica	148
1. Die Verbreitung des Cannabinismus in Afrika	152
2. Der Hanfgebrauch in Kleinasien und Asien	156
3. Die Wirkungen des Hanfrauchens	159
Der Fliegenpilz. Agaricus muscarius	167
Die Art der Rauschzustände	167
Nachtschattengewächse	174
Das Bilsenkraut. Hyoscyamus niger	176
Hyoscyamus muticus (Hyoscyamus albus)	177
Der Stechapfel (Datura Stramonium)	178
Datura arborea	184
Duboisia Hopwoodii	185
Banisteria Caapi	188
Gelsemium sempervirens	192
Die Locokräuter	193

Inhaltsverzeichnis

	Seite
Inebriantia. Berauschungsmittel	197
Der Alkohol	199
1. Bemerkungen zu der akuten Vergiftung	199
2. Der chronische Alkoholismus	203
a) Alkoholismus und Nachkommenschaft	204
b) Individuelle toxische Störungen in der Trunksucht	210
c) Rückblicke in die alkoholische Vergangenheit	212
d) Die alkoholischen Getränke	220
e) Mäßigkeitsbestrebungen und Abstinententum	234
f) Schlußbetrachtungen	250
Hoffmannstropfen	254
Die Chloroformsucht	255
Die Äthersucht	260
Der Benzinrausch	267
Die Stickoxydulsucht	269
Hypnotica. Schlafmittel	271
Chloralhydrat	276
Veronal	279
Paraldehyd	281
Der Sulfonalismus	281
Bromkalium	282
Bromural	283
Das Kawatrinken	284
1. Die Verbreitung der Kawa und des Kawatrinkens	285
2. Die Bereitung und Verwendung des Getränkes aus der Kawa	288
3. Die wirksamen Stoffe in der Pflanze und ihre Wirkungsart	292
Kanna	296
Excitantia. Erregungsmittel	299
Das Wesen der Erregungsmittel	301
Der Kampher	303

Inhaltsverzeichnis

	Seite
Das Betelkauen	306
1. Die Geschichte und die Art des Betelkauens	309
2. Die Wirkungen des Betelkauens	313
Das Kat	320
Die Koffeinpflanzen	324
Der Kaffee	327
1. Die Vergangenheit des Kaffeegebrauches	327
2. Kaffeeanbau und Kaffeeverbrauch	333
3. Die Wirkungen des Kaffees	335
Der Tee	343
Die Kolanuß	354
Geschichte, Herkunft, Verbreitung	354
Die Wirkungen der Kola	359
Ilex paraguayensis, Mate	363
Ilex Cassine	366
Pasta Guarana	369
Kakao	372
Der Tabak	376
1. Allgemeine und geschichtliche Orientierung	376
2. Die Verwendungsformen des Tabaks	382
a) Das Tabakschnupfen	382
b) Das Tabakkauen	386
c) Das Tabakrauchen	389
d) Die Eroberung der Menschheit durch den Tabak	393
e) Die Einschätzung des Tabaks als Genuß und Gift	398
f) Die körperlichen Störungen durch Tabak	405
g) Ersatzmittel des Tabaks	410
Das Paricá-Schnupfen	414
Das Arsenikessen	417
Quecksilber	424
Schlußwort	426
Namen- und Sachregister	429

Vorwort zur Volksverlag-Ausgabe

Reise in ein unerforschtes Land

"Der gute, alte Lewin", sagen Fachleute manchmal, und andere kennen ihn nicht mehr. Was noch in Bibliotheken zu finden ist und die Arisierung deutschsprachiger Literatur in einem übersehenen Regal überlebt hat, wird nur noch sehr selten ausgehoben und in die Hand genommen. Bibliothekare meinen, das sei gut für das Buch, da es unbenutzt erhalten bleibe und, wenn einmal zerfleddert, kein Nachschub zu erhoffen sei. Bibliothekare sind die Hüter öffentlich zugänglicher Schätze, die allerdings bald aus dem Leim gingen, würde man sie wirklich heben.

Lewin ist vergessen, aber anscheinend doch gesucht. Vor Jahren habe ich ihn auf die Suchliste einiger Antiquare setzen lassen, denn ich hätte ihn besitzsüchtig gern in meinem Bücherschrank. Bisher klappte das nicht – "Was glauben Sie, wer da alles danach fragt", höre ich immer wieder. Es muß also etwas an dem Buch sein, das ein halbes Jahrhundert nach seinem Erscheinen sprachlich und wissenschaftlich völlig veraltet ist und von Fachwissenschaftlern als Kuriosität gesucht wird, als eine Art Fossil einer kaum mehr vorstellbaren Urzeit.

Lewins Buch hat den Reiz früherer Reisebeschreibungen. Es liest sich wie ein Bericht einer Terra incognita, eines unendlich fernen Landes, manchmal nicht weniger abenteuerlich und unglaublich wie Marco Polos Bericht vom fernen China für seine venetianischen Zeitgenossen. Für uns macht das die Sache noch abenteuerlicher. Wir können in der Eisenbahn sitzen oder im Flugzeug – kein Abenteuer im Vergleich zu der uralten Reise mit den dafür doch untauglichsten technischen Mitteln der Beine und Tierrücken. Das macht: diese schwerfällige Art, sich fortzubewegen, ist dem menschlichen Begriffsvermögen angemessen, läßt die zurückgelegte Strecke genau erleben, macht sie menschlich.

Lewins Reise in das weite Land der Drogen erfolgte mit technisch ebenso schwerfälligen Mitteln, mit den Beinen einer humanistischen Bildung (ebenso solide wie das Schuhwerk des neunzehnten Jahrhunderts) und auf dem Rücken medizinischer Vorstellungsmöglichkeiten der Gründerzeit. Da können wir heute nur lachen, da uns die Jets fortgeschrittener Chemie, in die Bestandteile von Atomkernen vorgeschossener Physik, die Raketen ins Undenkbare bis zur Gen-Manipulation abgeflogener Wissenschaften zur Verfügung stehen. Können wir? Heute kann kein Fachmann eines Gebietes mehr die Sprache des Spezialisten eines anderen verstehen. Lewins alte, veraltete Gangart ist jedem nachvollziehbar, und nur seinen Zeitgenossen erschien sie so unglaublich wie die Marco Polos den seinen.

Aber nicht das ist es, was Lewin so besonders macht. Das Erstaunliche ist das Gebiet seiner Reise. Wer nachdenkt, dürfte das nicht fassen können: da unternahm erst in unserem Jahrhundert ein Mann den *ersten* Versuch, sich wissenschaftlich mit einer Sache auseinanderzusetzen, mit der die Menschen seit der Urzeit leben, mit Drogen.

Bis Lewin war nur ein Aspekt an Drogen wissenschaftlichen Interesses wert: der medizinische, die Drogen als Arzneimittel. Hanf und Haschisch galten als hervorragendes Mittel bei Brusterkrankungen, Opium war ein Beruhigungsmittel und Narkoticum, Cocain wurde als Fitmacher verordnet und diente lokaler Betäubung . . . Bis dorthin befaßten sich Gelehrte mit Drogen und nicht weiter. Wer alte Medizinbücher liest, wird Kranksein auch für einen ganz schön berauschten Zustand halten müssen, denn es wurde so ziemlich alles verordnet, was "törnt". Dachten die Ärzte nicht an diese andere Wirkung der Drogen? Waren sie, nur auf Heilung bedacht, betriebsblind?

Das war es wohl nicht, und der Grund für die seltsam gespaltene Betrachtungsweise liegt im gemeinsamen Ursprung des Wissens um Drogen und Heilbarkeit, beim Medizinmann der Urzeit.

Auch in der gegenwärtigen Welt liegen alle Schichten der Gesellschaftsentwicklung noch sichtbar offen, und den Medizinmann der Amazonas-Indios haben unsere Vorfahren vor etlichen Jahrtausenden auch gehabt. Er war für alles Unbegreifliche zuständig. Das begann mit der Heilung von Gebrechen durch Drogen als das noch Faßbarste und führte zur Faßbarmachung des Unbegreiflichen, indem es zu einem Gott erklärt wurde. An beidem hatten Drogen ihren hohen Anteil, an Medizin und Religion. In Gottesdienstritualen spielten sie eine bedeutende Rolle, Alkohol in den Dionysos-Mysterien, Opium in Isis- und im Ceres-Kult, Hanf bei Shiva, den Phrygiern und bei der Verehrung des Gottes der Dichter und Seher Apollo. Und viele Tempel waren Kliniken, jede Klinik war auch ein Tempel.

Als in Europa der eine Gott des Christentums das Monopol erobert hatte, blieb mit ihm nur noch eine Droge heilig und göttlich, das "Blut Christi", der Alkohol. Die meisten anderen Drogen erlebten eine "Bewußtseinsspaltung": ihr Heilwert in der Medizin blieb erhalten, ihr Rauschwert aber wurde eine Angelegenheit des Teufels und seines Bodenpersonals, der Zauberer und Hexen. Und die wurden, da der Gott der Christen eifersüchtig ist, verbrannt, wo immer man sie aufspürte.

Die Grenze zwischen Medizin und Religion aber wurde noch lange nicht gezogen. Die Kirche war Träger der Spitäler und in den Klostergärten wurden die Drogen für Arzneien gewonnen. Die "Bürgerspitäler" entstanden erst in der Mitte des achtzehnten Jahrhunderts, in der Zeit der "Aufklärung", als die Herrschenden der Welt das erste Mal *bewußt* den Versuch unternahmen, sich der Vormundschaft der Religion zu entziehen. Die Macht der Religion über die Medizin erhielt aber auch in den Bürgerkrankenhäusern ein Denkmal in Form einer Spitalkapelle.

Es lag in der Natur der Sache, daß die Aufklärung kein Interesse an der Rauschwirkung der Drogen hatte — der Rausch ist etwas sich dem "nüchternen Verstand" entziehendes, ist Metaphysik in Erscheinung und Wesen, gehört also in das geistige Umfeld Gottes, der Götter und der Religionen, von denen man sich gerade emanzipieren wollte. Vernunft hieß das Universallösungsmittel der Zeit für alle Widersprüche, und da man noch nicht ohne Gott leben konnte, errichtete die französische Revolution auch einen Tempel für die Göttin der Vernunft. Bei ihren Ritualen gab es erstmals in der Geschichte der Religionen keine Drogen.

Der Geist der Aufklärung ist immer noch der herrschende, in allen Gesellschaftsformen, die ihren geistigen Ursprung in Europa haben. Die Parole der französischen Revolution, "Freiheit, Gleichheit, Brüderlichkeit" haben alle Ideologien auf ihre Fahnenstangen geschrieben, die sie einander gegenseitig um die Ohren schlagen und erst recht allen, die zu bezweifeln wagen, daß dem zweihundertjährigen Ziel wirklich nähermarschiert worden sei. Und als Krönung und zusammenhaltender Schlußstein all dieser Gedankengebäude dient die These, daß der Mensch vom Tier sich nur durch die Vernunft unterscheide und daß nur die Vernunft alles Gute in der Welt bewirkt habe und bewirken werde. Amen.

Beim Rauscheffekt der Drogen behalf sich diese Denkart lange mit dem Mittel der Verdrängung — der Rausch war weder erwähnens- noch untersuchenswert.

Es galt als eine Angelegenheit der "unteren Klassen", und dort blieb auch ein Rest seiner Heiligkeit: immer noch verzeiht man dem Betrunkenen Dinge, die man dem Nüchternen nie durchgehen ließe. Die "besseren Stände" berauschten sich nicht, sie *genossen* höchstens "mit Maßen", und nur snobistische Künstlerzirkel wie der Pariser "Club des Haschischins" feierten die Droge des Rauscheffekts wegen. Die Gelehrten aber erhofften ernsthaft, mit dem doch wohl bald stattfinden müssenden Endsieg der Vernunft werde es in der Menschheit kein Rauschbedürfnis mehr geben, und bis dahin sei das ein notwendiges Übel, dem sich der "denkende Mensch" vernünftigerweise zu entziehen habe. In diesem Punkt waren sich Idealisten und Materialisten einig, auch Marx und Engels, und nur die bösen Anarchisten tanzten ein klein wenig aus der Reihe.

Ein anderer Grund, warum die Rauschwirkung der Drogen keines wissenschaftlichen Interesses würdig war und der Rausch erst recht nicht, ist, daß jede Droge auf jeden Menschen anders wirkt, daß sie also den Kern der *Persönlichkeit* des Menschen trifft. Und die Persönlichkeit, die Individualität, ist eine verhältnismäßig junge Entdeckung in der Geschichte der Menschheit.

Die Antike kannte sie nicht. Der Cäsar hatte als Statue auswechselbare Köpfe über dem stets gleichen Körper, und selbst die Köpfe waren Standard — Augustus wurde noch mit achtzig als Jugendlicher dargestellt. Der Cäsar war eine Institution, und die andere, der man zugestand, auffallen zu dürfen, der Künstler, war "ein Gefäß der Götter, durch dessen Wahn die Götter sprechen". Der Mensch war in ein Ordnungssystem eingegliedert, ein Faktor mit Familienleben, doch nie als Persönlichkeit gedacht. Auch das Mittelalter kam ohne Familienleben aus. Gott und Kaiser waren die irdischen Stellvertreter Gottes, und dann gab es die Stände. Kleine Rädchen in einem großen Getriebe, die nur das Profil des Zahnrades haben durften, aus funktionstechnischen Gründen.

Die Entdeckung der Persönlichkeit besorgte zum Auftakt des Humanismus Niccolo Macchiavelli, der gleichzeitig das brillanteste Buch über den Zynismus des Herrschens schrieb. Beides tat er für Fürsten, und dementsprechend hatte nur der Fürst eine Persönlichkeit zu haben, nie jedoch der "gemeine Mensch". Ganz richtig erkannte der Vater der Staatswissenschaften: "Die Persönlichkeit unter dem Volk ist dem Herrscher nichts Erwünschenswertes. Sehr leicht könnte doch ein Untertan den Gedanken fassen, das Handwerk des Herrschens ebensogut, wenn nicht gar besser zu beherrschen als der geborene Fürst. Es wäre daher schädlich, die Untertanen als Einzelmenschen zu sehen und zu behandeln, da dieses sie auf nicht nützliche Gedanken bringen könnte."

Das fürstliche Persönlichkeitsbeispiel bewirkte natürlich, daß sich fortan auch alle als Persönlichkeiten zu fühlen begannen, die von der Propagierung herrscherlicher Persönlichkeit lebten, also Hofbeamte, Künstler und Philosophen. Zunächst langsam aber stetig, dann wie bei der Inflation immer schneller, wuchs der Kreis derer, die für sich das Recht auf Persönlichkeit beanspruchten, bis mit der Aufklärung auch der "dritte" Stand, das Bürgertum, so gesehen werden wollte. Da dies nicht gnädig bewilligt wurde, kam es zur französischen Revolution mit ihren bekannten Parolen.

Für den vierten Stand, die Arbeiter, galten sie nach wie vor nicht, und der Begriff Persönlichkeit erwies sich bald auch für das hochgeschwommene Bürgertum als problematisch. Wo wären denn die mühsam erkämpften Privilegien geblieben, wenn man sie mit allen Mitmenschen hätte teilen sollen? So gab es hinfort Persönlichkeiten und ein abstraktes Recht auf Individualität, also auf freie Entfaltung, das aber so wörtlich nicht genommen werden durfte. Denn dieses, so Hegel, "chaotische Bedürfnis des Menschen" schafft Probleme für die Gemeinschaft, sprich: den Staat.

Marx kannte diesen Widerspruch zwischen humaner Forderung nach Individualität und den Strukturerfordernissen organisierter Gemeinschaft sehr wohl und sprach daher am liebsten von "der Masse", auch im Plural. Wenn er den Begriff Einzelmensch gebrauchte, dann im Sinn eines einzelnen Sandkorns am Strand.

Daher werden gläubige Marxisten in alle Ewigkeit alle, die das Wort Individualität allzuoft im Mund führen, als Anarchisten, Chaoten oder Spontis bezeichnen.

Für die bürgerlichen Ideologien einschließlich der Sozialdemokratie war Individualität immer nur ein Wort, mit dem man als Bonbon Untertanen ködern kann und das in der politischen Praxis keinerlei Bedeutung hat. Zum Zwecke besserer Verwaltbarkeit wird der Mensch nach Typen geordnet und nach Rastern festgelegt. Da Elektronengehirne zwar leistungsfähiger aber noch primitiver sind als die von Beamten werden die Herrschafts-Schemas für den nicht so geordnet gebauten Menschen immer unerträglicher, aber das System ist nicht zu ändern.

Wir leben mit dieser Widersprüchlichkeit, erzogen zum Glauben an unsere Persönlichkeit und ganz anders behandelt. Helmut Schmidt blieb es vorbehalten, für die Angst des Staatsmanns vor der individuellen Masse das rechte Wort zu finden. Als 1969 die SPD mit der Parole "Mehr Demokratie wagen!" die Wahl gewonnen hatte und einige optimistische Reformer zu fordern wagten, der Staat solle seine Untertanen mehr als Menschen behandeln und mehr auf ihre persönlichen Belange eingehen, kläffte der damalige Finanzminister den schrecklichen Drohsatz: "Dann würde dieses Land ja unregierbar."

Der Wort war neu, die Angst schon älter. Sie entstand unter den Gelehrten des Staates im letzten Drittel des neunzehnten Jahrhunderts, als die Frage auftauchte; ob man mit dem "Kult der Persönlichkeit" nicht schon zu weit gegangen sei. Die alten Mächte hatten abgedankt. Gott war von Nietzsche persönlich totgesagt worden, der Kaiser ein blechernes Requisit mit Operettenuniform, und die wahren Herren schon damals (aber gerade erst an die Macht gekommen) die Herren der Banken und der Industrie. Die waren nicht gut herzeigbar, die hergezeigten Mächte aber offensichtlich nicht die wahren, und entdeckt wurde das abstrakte Staatsprinzip.

In diesem Klima begann die wissenschaftliche Entdeckung der Persönlichkeit, über die bislang nur mehr oder minder schwärmerisch geredet wurde. Die Forschung begann an den *Grenzen* der Persönlichkeit und, soweit es sich um "Fälle" handelte, an den Grenzfällen. Gefragt war also nicht: wieviel Gesellschaft hält ein Mensch aus?, sondern: Wieviel Einzelmensch (= anders = eigen sein) hält die Gesellschaft aus? Das Ziel der Forschung war dabei durchaus, "Auswüchse" möglichst schmerzlos zu beseitigen.

Sigmund Freud entdeckte, von ihren Störungen ausgehend, die menschliche Seele. Es mag lächerlich klingen: aber davor hielt man sie ja nach Schule für eine Art Blinddarm Gottes in uns oder für ein schlichtes Stoffwechselprodukt. Erst Freud entdeckte die bestimmende Kraft der Gefühle. Seiner Ausgangsposition entsprechend entdeckte er sie als Störfaktor, der allein seligmachenden Vernunft im Wege stehend und oft entgegengesetzt. Das mindert den Wert seiner Entdeckung nicht.

Lewin entdeckte, und das klingt nicht weniger lächerlich, daß Gefühle durch Drogen beeinflußt werden können und manchmal auch erst hervorgerufen werden.

Beides waren Neuentdeckungen, und daß sie als Tatsachen auch veröffentlicht wurden und nicht nur einem kleinen Kreis als Herrschaftswissen vorbehalten blieben, macht dem Staat heute noch zu schaffen. Denn erst dadurch wurde den Untertanen bewußt, daß sie nicht nur mit Vernunft leben, sondern auch mit Gefühlen und mit Drogen. Auch das klingt wieder lächerlich, doch überspitzt ausgedrückt ist es doch so, daß bis vor kurzem ja auch noch in der Schule gelehrt wurde: der Mensch lebt mit Vernunft, von Vernunft und durch Vernunft, und von Gefühlen (außer staatserhaltenden), Sex (außer zum Kinderkriegen) und Drogen (am besten auch von den erlaubten) solle er die Finger lassen. Habe er dennoch eines dieser unvernünftigen Dinge im Kopf, solle er sich gefälligst schämen und dies als Privatsache betrachten, da sie das Staatswohl nur störe.

Wer lacht da? Fast ein Jahrhundert, nachdem Freud die Macht der Gefühle entdeckte und Lewin die der Drogen, vergatterte Helmut Schmidt sein gehorsames Partei- und Staatsvolk mit dem Tagesbefehl der Aufklärung vor zweihundert Jahren: "Gefühle sind nicht erlaubt. Hier gilt nur nüchterne, abwägende Vernunft!"

Als große Entdeckungen des neunzehnten Jahrhunderts kann man, *vom Menschen ausgehend*, sehen: die politischer Gesetzmäßigkeiten durch Marx, die seelischer Funktionen durch Freud und die seelischer Beeinflussung durch Drogen von Lewin. Alle drei Männer waren Juden deutscher Sprache, und das ist wohl kein Zufall. Auch Lewins Leben ist ein bezeichnendes Kapitel deutscher Geschichte.

Geboren wurde er als Levi Levinstein 1848 in Leipzig, als dort gerade im Rahmen des mißlungenen Revolutionsversuches deutscher Bürger Richard Wagner auf die Barrikaden ging. Sein Vater war ein alteingesessener Kaufmann der Messestadt und gehörte zu jener ersten Generation von Juden, denen der Besuch der Lateinschule erlaubt worden war. Der Zugang zu den Bildungsstätten wurde für Juden der Gradmesser ihrer Emanzipation, und es war selbstverständlich, daß es auch da die Söhne besser haben sollten als die Väter. Der Leistungsdruck auf den Jungen muß ungeheuer gewesen sein: mit nicht einmal sechzehn machte er als Jüngster seines Jahrgangs das Abitur (mit Auszeichnung) und inskribierte sofort an der seit 1848 auch Juden zugänglichen Universität Medizin.

Für den deutsch-französischen Krieg 1870/71 meldete er sich wie alle emanzipierten Juden "selbstverständlich freiwillig". Er wurde der Sanität zugeteilt und lernte dabei vor allem den Umgang mit der wichtigsten medizinischen Errungenschaft der Zeit, der Morphiumspritze. Wenn die Zeit an etwas noch mehr glaubte als daran, daß Gottes auserwähltes Volk nur die Deutschen seien, dann an den technischen Fortschritt. Sechzig Jahre zuvor war Morphin in die Medizin eingeführt worden, und immer noch waren alle Mediziner der Ansicht, daß dieser chemisch verfeinerte Stoff die "nachteilige Eigenschaft des Opium" nicht aufweise, süchtig zu machen. "Die fortschrittliche Verarbeitung schließt alle Fehler des natürlichen Opium aus", hieß es in einem Lehrbuch, und erst die massenhafte Anwendung dieses als Allheilmittel angesehenen Stoffes zeigte, daß dieser Fortschrittsglauben ein Irrtum war.

Noch 1871 beobachtete der Stabsarzt Lohr "einen merkwürdigen Fall von Morphinhunger" bei einem Patienten, doch er ging der Sache nicht nach. Aufmerksam auf diese Wirkung von Morphin aber wurde der junge Sanitätsgefreite Levinstein, und als er 1874 summa cum laude zum Doktor der Medizin promoviert hatte, veröffentlichte er im "Journal für allgemeine Medizin" den Fall eines süchtig gewordenen Krankenwärters. Dabei fiel zum ersten Mal der Begriff "Morphinismus", eine neue Krankheitsbezeichnung.

"Die Annahme eines im Morphium beruhenden Morphinismus ist einfach lächerlich und unwissenschaftlich", schrieb ein hochdekorierter Geheimrat in einem Leserbrief. "Der Morphinismus ist, sollte diese Bezeichnung sich je einbürgern, eine auf der Charakterschwäche des Einzelnen beruhende Abnormalität, ähnlich wie der schwere Säufer . . ." Man nahm den "Judenjungen" nicht ernst, obwohl nun (und wohl erst durch seinen Anstoß) immer mehr Suchtfälle bekannt wurden. Die Droge blieb frei erhältlich.

Der auch in Fachblättern immer wieder auftauchende Begriff "Judenjunge" muß den Juden Levinstein entscheidend verstört haben. Er empfand sein Jude-Sein als Hemmnis seiner Karriere, und 1876 trat er aus dem Judentum aus und ließ sich taufen. Nur die Wahl seines neuen Namens blieb eine winzig kleine Protestgeste. Er nahm keinen bieder-deutschen, sondern einen anrüchig-französischen. Von 1876 an nannte er sich Louis Lewin.

Die nächsten Jahre arbeitete er besessen daran zu beweisen, daß Morphin süchtig macht, und 1879 veröffentlichte er ein Memorandum mit der Beschreibung von 110 Fällen. Das hatte eine Anfrage im Reichstag zur Folge aber sonst nichts. Immerhin wurde in Sachsen den Ärzten Vorsicht bei allzu reichlichen Morphiumgaben empfohlen. Daß Drogen aber nicht nur das körperliche Empfinden, sondern das Seelenleben beeinflussen, wollte die Fachwelt dem Lewin noch lange nicht glauben, zumal der Begriff "Gemüt" ja noch ein sehr vager war.

Von 1891 an arbeitete Lewin an der medizinischen Fakultät in Leipzig als Dozent der Pharmazeutik. Allmählich wurde er bekannt, zuerst im Ausland, dann auch im deutschen Reich. Die Krönung seiner wissenschaftlichen Arbeit war für ihn selbst, daß ihm 1906 der erste Lehrstuhl für Toxikologie in der Wissenschaftsgeschichte eingerichtet wurde. Lewin wurde der Begründer der "Giftwissenschaft".

Lewins wissenschaftliche Methoden können von heutigen Forschern getrost belächelt werden. Die Toxikologie steckte ja in den Kinderschuhen, und diesem Alter entsprechend wurde alles erst einmal in den Mund gesteckt. Lewin konnte von Glück sprechen, daß er einige Male nur mit schweren Vergiftungserscheinungen davonkam, und seine zahlreichen Irrtümer sind offensichtlich.

Er war auch nicht frei von einer oft rührend menschlichen Eitelkeit. Man lese nur die Fußnote auf Seite 136. wie er sich da aufplustert, daß Andere wagen, einen anderen Begriff für eine

Sache zu finden, die er schon getauft hat. Die Empörung half nicht — der Peyotl heißt heute wissenschaftlich Lophophora williamsii, und keine Droge trägt Lewins Namen.

Lewins Ehrgeiz war, alles über alle Drogen der Welt zu erfahren. Alle Forschungsreisenden Europas bombadierte er mit Briefen, doch bitte auf ihren Touren daran zu denken, ihm was mitzubringen und alle Drogengewohnheiten genau zu beobachten. In seiner Wohnung in der Leipziger Augustastraße hortete er schließlich über 20.000 Drogenpräparate, die er alle versucht hatte. Seine Kenntnis der Länder aber, aus denen sie stammten, war rein akademisch. Er reiste (körperlich) nur ungern. Außer Ausflügen zu Kongressen in London, Paris, Prag und Wien sind keine Auslandsreisen bekannt.

Er war schon ein alter Herr, der mehr als 500 wissenschaftliche Beiträge veröffentlicht hatte, als er auf den Gedanken kam, daß sein Wissen nicht nur die Fachwelt interessieren könne. So begann er, zwei gewichtige Bücher "für Ärzte und Nichtärzte" zu schreiben. 1920, als er "emeritierte", also in Pension ging, erschienen "Die Gifte in der Weltgeschichte", 1924 die "Phantastica". Beide wurden im Rahmen ihrer Zeit Bestseller, und Lewin kann nicht nur als Begründer der Toxikologie gelten, sondern auch als ein Pionier des Sachbuchs.

Wer die "Phantastica" heute als ein Buch liest, aus dem er Tips empfangen möchte, möge dies mit Vorsicht tun. Nicht jeder hat die robuste Konstitution des alten Herrn, außerdem unterliefen ihm zahlreiche Irrtümer und Fehler. Seine Fachausdrücke sind sehr oft fünfzig Jahre nach Erscheinen des Buches so veraltet wie die Sprache Marco Polos. Als Reiseempfehlung ist das Buch kaum tauglich.

Man darf auch nicht vergessen, wes Geistes Kind er war. Für ihn waren die Drogen ein Hemmnis auf dem klaren Weg zur reinen Vernunft. Als Ahnherrn der Drogenfreaks kann ihn niemand reklamieren. Er mochte sie allesamt nicht, und so bleibt zu bewundern, wie vorurteilslos er sich mit ihnen auseinandersetzte, trotz seiner Grundansicht.

Das meiste, was später über Drogen geschrieben wurde, wurde von Lewin abgeschrieben, und seine Irrtümer zeugten Kinder und Kindeskinder. Daß sein Name nur selten in Bibliographien und Quellenverzeichnissen auftaucht, mag an der Eitelkeit seiner Abschreiber liegen, lieber den Eindruck erwecken zu wollen, eine Sache "selbst herausgefunden" zu haben. Aber auch Lewin war nicht frei von ihr, und dieser eminent belesene, eminent gebildete Herr hatte einen seltsamen Zug von Zurückhaltung bei Quellenangaben.

Was leider allen späteren Büchern über Drogen fehlt, ist der behutsame Weitblick bei der politischen Beurteilung von Drogen. Immer wieder schreibt er, daß für die aus Drogen entstehenden Probleme "ganz andere Kräfte als nur die Polizei" zuständig sein sollten. Er protestiert erbittert dagegen, daß "Juristen noch immer nicht gewillt sind, dem Mediziner Fassung, sachliche Begründung und Lösung medizinischer Probleme zu überlassen, die eine Beziehung des Individuums zur öffentlichen Ordnung haben". Er setzte sich mit diesen Ansichten ebensowenig durch wie mit seiner Namensgebung für den Peyotl.

Lewin zu einer Art Vorkämpfer einer "Legalize"-Bewegung stilisieren zu wollen, hieße ihn verkennen. Was der alte Herr wollte und aus der gesamten Schatzkiste seines Fachverstandes begründen konnte, war eine *Entkriminalisierung* von Drogenopfern. Über derlei nachzudenken, ließ sich der deutsche Gesetzgeber nicht zumuten, und wohl erst recht nicht, da der Vorschlag von einem Juden kam. Im Ausland begann man im letzten Jahrzehnt die ein halbes Jahrhundert alten Anregungen Lewins allmählich zu bedenken. In Deutschland halten sich immer noch juristische Ministerialreferenten für die Alleinzuständigen bei Fragen der "Volksgesundheit". Dementsprechend sieht es hierzulande aus. Alle bisherigen Rauschmittelgesetze haben sich zur Lösung von Drogenproblemen noch weniger geeignet als ein Igel zum Arschauswischen. Das aber war für Bonn nur ein Grund, zum 50-jährigen Jubiläum des Opium-Gesetzes von 1929 ein nach Unterabschnitten multipliziert dümmeres ausarbeiten zu lassen.

1927, als die zweite Auflage seiner "Phantastica" erschien, ließ er in seiner Wohnung zusätzliche Fensterscheiben einbauen, "um den Krach auf der Straße nicht mehr hören zu müssen". Draußen rüsteten sich die Nazis bereits zur Machtübernahme und grölten "Deutschland erwache" und "Juda verrecke". Für ihn selbst mag diese Verdrängungslösung hilfreich gewesen sein. Er war schon neunundsiebzig, und er starb als friedlicher, geehrter Herr mir einundachtzig, rechtzeitig vor der "Machtübernahme".

1935 flogen seine Bücher mit auf den Scheiterhaufen, den die fröhlichen deutschen Studenten dem deutschen Geist errichtet hatten. "Gegen die Verführung zum Rauschgift und für die Reinheit der deutschen Seele", hieß der Begleittext zum Feuertod seiner Bücher. Nach der Reichskristallnacht wurde sein Grab auf dem Leipziger Zentralfriedhof zerstört. Es wird dem Toten nicht weh getan haben.

Allerdings muß die Frage (wieder) gestellt werden, ob wir von dieser Nacht des geschriebenen Scheiterhaufens wirklich so weit entfernt sind, wie uns die Politiker erzählen, und ob wir nicht seine Wärme schon wieder spüren.

Buchhandlungen und Bibliotheken sind schon wieder ein interessantes Aufgabengebiet für die Gedankenpolizei, die man nur allzuoft für eine Erfindung aus Orwells "1984" hält. Es gibt sie wieder, seit der obskure Begriff "Verherrlichung" in unsere freiheitlich-demokratischen Gesetze eindrang und der Paragraph des Grundgesetzes über freie Meinungsäußerung mit "übergesetzlichem Notstand" zum Spitzendeckchen gelöchert wurde.

Wir haben schon wieder die Zensur (tunlichst gleich von den Autoren als freiwillige Selbstkontrolle zu betreiben), und die Einrichtung einer Reichsschrifttumskammer dürfte aus verwaltungstechnischen Gründen demnächst nötig werden.

Natürlich werden Bücher nicht mehr verbrannt (oder höchstens von Rechtsradikalen). Das wäre zu offensichtlich, und wir haben ja auch nicht mehr die Todesstrafe. Sie werden "sichergestellt". als Gefahr für die öffentliche Ordnung. Vor nichts haben die Herrscher des Volkes der Dichter und Denker mehr Angst als vor dem Wort. Gegen körperliche Bedrohung gibt es den Personenschutz schwerbewaffneter Leibwächter, gibt es Stacheldrahtverhaue, Sandsäcke und die Festung Bonn-Regierungsviertel. Das aber hilft nicht gegen das Wort und seine gefährlichste Folge, das Denken bei jenen, die es lesen. Da muß die Keule des Gesetzes her, möglichst das größte Kaliber.

Zuerst war "Verherrlichung von Gewalt" dran, und seit den wilden Razzien blicken Buchhändler sorgenvoll auf ihre Regale. Demnächst wird die Verherrlichung in das BTM-Gesetz Einzug halten. Wo wird es weiter langgehen? Lebenslänglich für Bücher?

Ich übertreibe nicht, denn die Generalprobe hat schon stattgefunden. In einigen Head-Shops und Verlagen erschien bereits die Polizei mit Beschlagnahmelisten. Traurig ist nur die Phantasielosigkeit, die den freiheitlich-demokratischen Büchersturm von dem der Nazizeit unterscheidet, denn der war ja wenigstens neu, vor allem in seinen Begründungen, die wirklich originelle Wortverdrehungen waren. Die BRD hat dem nichts entgegenzusetzen. Damals wie heute wird ein Buch *über* als "Verführung *zu*" denunziert, damals wie heute findet der Skandal unter Berufung auf ein "demnächst ohnedies geltendes Gesetz" statt, und damals wie heute geben die Beschlagnehmer die nach SS-Stiefeln riechende Begründung an: "Wir wollen mal herausfinden, wie weit wir gehen können."

Meine persönliche Freude, die ich mir nicht verkneifen kann, ist, daß ich diesmal dabei bin. Mehr als ein Jahrzehnt nach seinem Erscheinen wurde in Hamburg das "Haschischkochbuch" beschlagnahmewürdig. Davor lag es auch in den Schaufenstern. Ich nehme das als nachmessbares Zeichen der Klimaveränderung.

Auf diesen kalten Wind mit stärkeren Fensterscheiben zu reagieren, möchte ich höchstens jenen empfehlen, die hoffen dürfen, demnächst an Altersschwäche zu versterben. Wer sich aber die seit "Holocaust" immer wieder zu hörende Frage stellt, wie es nur hätte geschehen können, daß das Unfaßbare unbemerkt und unwidersprochen habe geschehen können, möge sich in seiner Umgebung umsehen. Weder der gute, deutsche Untertanengeist hat sich geändert noch die Hoffnung, es werden schlußendlich "schon nicht ganz so schlimm kommen".

Nicht nur im Vergleich zu Marx und Freud ist Lewin ein großer Unbekannter. So gründlich wird einer nicht nur vergessen, weil seine Bücher verbrannt wurden. Der Grund ist, daß Lewin sich mit einem Gebiet befaßt hat, das weitgehend ein Tabu war und ist. Wer an die Möglichkeiten der Vernunft glaubt, ausschließlich oder nur mit psychologischen Einschränkungen, wird Drogen immer nur als Randthema betrachten und das Wissen um ihre Bedeutung zu verdrängen versuchen.

Einen mühelos zu führenden Beweis liefert dafür auch die neue Linke der Bundesrepublik. Bei der DKP heißt es rigoros "Kommunisten kiffen nicht", als wäre mit dieser Absichtserklärung das Problem vom Tisch. Quer durch das gesamte Spektrum der dem Marxismus verpflichteten politischen Gruppen geht eine schöne Einmütigkeit der Verdrängung: diskutiert wird über

Angelegenheiten der Vernunft, der eigene, oft beträchtliche Drogenkonsum (von Alkohol angefangen) ist "Privatsache" des einzelnen Mitglieds und keine *politische* Arbeitsgruppe wert. Auf der anderen Seite gibt es freischweifende Gruppen von "Legalize"- und "Inhale"-Vertretern, die es ebenso konsequent ablehnen, sich auch nur mit dem politischen Stellenwert von Drogen auseinanderzusetzen.

Der ehrwürdige Geist der Aufklärung herrscht immer noch und überall ungebrochen. Und als Gesetzgeber aller Ideologien erlaubt er nur zwei Möglichkeiten: entweder Vernunft und politische Veränderung (über die Ewigglücklichen des Bestehenden ist hier nicht zu reden) oder das Privatissimum der Drogen.

Gibt es wirklich nur das? Wer sich selbst und andere Menschen geduldig beobachtet, wird in sich drei Mächte erkennen: die rationale der Vernunft, die irrationale des Gefühls und die magische irgendeiner Droge. Sie haben alle drei immer miteinander zu tun, vom Biertischpolitiker und neurotischen "Macher" angefangen. Gefühl und Vernunft haben wir, nicht immer leichten Herzens, als Tatsachen akzeptieren gelernt, die nicht zu berücksichtigen verhängnisvoll sind. Zu Drogen fehlt noch immer jede ehrliche Sehweise. Sie werden in den Himmel gelobt oder in die Hölle verdammt, nicht vorurteilslos gesehen.

Vom Begründer der Drogenwissenschaft und seiner trotz aller Vorurteile offenen und menschlichen Sehweise ist auch in dieser Hinsicht einiges zu lernen.

Hans-Georg Behr

Vorwort.

Eine innigere Beziehung zum Leben der gesamten Menschheit haben, wenn man von Nahrungsstoffen absieht, keine von den unzählbaren chemischen Stoffen der Welt, als diejenigen, deren Geschichte und Wirkungen in diesem Werke zur Darstellung gebracht worden sind.

Ich gab ihm den Namen Phantastica, obschon unter diesen von mir formulierten Begriff nicht alles das fällt, was ich im engeren Sinne darunter verstanden wissen will. Aber fast allen hierher gehörigen Stoffen ist eine direkte Gehirnwirkung eigen, die in allen ihren Gestaltungen rätselhaft, unbegreiflich ist.

Ist in der belebten Natur der Wunder vielleicht größtes die Empfindung, so läßt der Versuch, pharmakologisch in das Gebiet der betäubenden und erregenden Stoffe einzudringen, dieses Wunder noch bedeutsamer erscheinen, weil hier der Mensch es vermag, das Alltagsempfindungsleben samt Willen und Denken durch chemische Stoffe, auch bei freiem Bewußtsein, in ungewohnte Formen zu wandeln oder den normalen Empfindungen Leistungshöhen und Leistungsdauer zu geben, die dem Gehirn sonst fremd sind. Chemische Stoffe sind es, die derartiges bewirken können. Die besten von ihnen bildet das gewaltige Pflanzenreich, in dessen stillstes Wachsen und Schaffen menschliches Auge und Forschen noch nicht gedrungen sind. Werden sie auf das Gehirn übertragen, so rufen sie dort Wunder an energetischen Äußerungen wach. Sie machen den seelisch Gepeinigten lastfrei, den Schmerzdurchwühlten oder den dem Tode Geweihten hoffnungerfüllt, dem durch Arbeit Geschwächten geben sie neue Leistungsimpulse, die auch ein starker Wille nicht zustande brächte, und dem nach der Arbeit weltscheu und stumpf Gewordenen eine Stunde innerlichen Behagens und Zufriedenseins.

Und alles dieses vollzieht sich auf der gesamten Welt durch einen oder den anderen dieser Stoffe bei allen, die im Besitze derer sind, nach denen sie Begehren tragen. Und sie sind es: Im Urwaldwinkel, wo ein Blätterbehang die kümmerliche Unterkunft bildet, wo auf meerumtobtem Eiland Menschen einen Zuwachs an zeitlich höherer Lebensintensität erwünschen oder ohne Wunschbedürfnis erhalten, wo auf fernen Bergeshöhen der Einsame von dem dumpfen, nicht zum Bewußtsein kommenden Gefühl seiner äußerlichen und innerlichen Lebensbeschränktheit bedrückt, das niedrige Einerlei seines Vegetierens durch Erregungsmittel belebter zu machen vermag, oder wo Menschen der Zivilisation aus einem der vielen möglichen Gründe eine solche zeitliche, subjektiv angenehme Zustandsänderung ersehnen. Die Zauberkraft der betäubenden und erregenden Mittel versagt nie.

Weit strahlt die Bedeutung dieser Stoffe aus. Sie führen bei den Einen in die dunkelste Nachtseite menschlicher Leidenschaft, die schließlich in sittliche Ohnmacht, Verkommenheit und körperliches Elend ausklingt, bei den Anderen in fernerleuchtete Freudenstunden oder in gemütvolle und beschauliche Geisteszustände.

Neben diesen die ganze Menschheit als Beteiligte interessierenden Seiten bieten diese Stoffe ein sehr hohes wissenschaftliches Interesse für den Arzt, zumal den Psychiater und den Psychologen, sowie für den Juristen und Ethnologen. Variationen des geistigen Sehens und Empfindens, die tangential oder, mehr als dies, an geistige Erkrankung heranrücken, können die Folgen des zu starken Gebrauches einiger solcher Stoffe sein. Psychoanalytisch, im wissenschaftlichen Sinne, wird hier die Möglichkeit besserer Wesenheitserkenntnis gewisser, auch in Geisteskrankheiten vorkommender seelischer Vorgänge gegeben. Hier bietet sich der Psychologie ein weites Arbeits- und Erkenntnisfeld dar, dessen Gatter bisher nur ganz vereinzelte Forscher hat eintreten lassen. Der Jurist soll in den hier für ihn auftauchenden Fragen über Verantwortlichkeitsbreite, Handlungsfähigkeit und Zurechnungsfähigkeit von Menschen orientiert sein, die, unter dem dauernden Einfluß zumal von betäubenden Stoffen stehend, Anlaß geben, daß man sich mit ihnen zivilrechtlich oder strafrechtlich beschäftigt. Für den Ethnologen bieten Verbreitung und Gründe des Gebrauches solcher Stoffe nach vielen Seiten hin, und nicht zum mindesten in bezug auf die religionsphilosophische, überaus viele und für neue Aufklärungen vielversprechende Probleme dar. Ich habe der Anregungen für neue Forschungen in diesem Buche genügend gegeben. Ich ließ es frei von belastendem literarischen Rankenwerk, um die pharmakologische Auffassung klarer hervortreten zu lassen, und gab doch genug für die sachliche und historische Orientierung.

„Es gibt in der gesamten Pharmakologie kaum ein schwierigeres Kapitel als eine erschöpfende und nach allen Richtungen zutreffende Analyse der Wirkungen der Genußmittel." Dieses Wort eines Pharmakologen ist wahr. Ich habe, nachdem ich im Jahre 1886 die ersten, auch chemischen, Untersuchungen über ein solches Genußmittel, die Kawa, kundgab, die so umfangreich nutzbar geworden sind, nicht aufgehört, an diesen Fragen zu arbeiten und manches in meinen Schriften folgen lassen. Dieses Werk, das erste seiner Art, soll nicht nur die Ergebnisse meiner pharmakologischen Auffassungen widerspiegeln, die auch durch das Viele gestützt sind, was ich, in stets sehr lebendigen Beziehungen zur Wirklichkeitswelt, selbst gesehen oder Hilfesuchende mir unterbreitet haben, sondern auch belehrend und aufklärend für jene Hunderttausende wirken, die in dem wogenden Kampfe der Meinungen über betäubende und erregende Genußmittel sich einen klaren Blick über die Bedeutung derselben verschaffen wollen.

Nachdem die erste Auflage dieses Werkes in so kurzer Zeit in vieler Menschen Hände gekommen und überreich mit Zustimmung und Lob bedacht worden ist, **folgt ihr die neue, von dem gleichen Geiste getragene und nur im Tatsachenstoff erweiterte.** Erneut wird die Menschheit auf das hier dargelegte große Problem hingewiesen, das nicht im schnellen Ansturm gelöst werden wird und gelöst werden kann. Ändernwollen und Ändernmüssen bedürfen sehr viel Zeit zu ihrer Erfüllung, weil übergroße Hemmnisse, die ihre weitverzweigten und mächtigen Wurzeln nicht nur in menschlicher Leidenschaft haben, sich ihnen entgegenstellen. Aber jeder, auch der kleinste Schritt des Vorrückens in der Abwehr von Schädigung des Menschengeschlechts stellt einen wahren Segen dar.

Berlin, im Sommer 1924, im Frühling 1926. **Louis Lewin.**

Einleitung.

1. Zur allgemeinen Orientierung.

Seit Kunde von Menschen auf dieser Erde zu uns gelangt ist, so auch die, daß sie Stoffe aufnehmen, die nicht Nahrungs- oder Sättigungsstoffe waren, sondern bewußt dem Zwecke dienen sollten, für eine gewisse Zeit einen Zustand von Euphorie, von Behagen, von erhöhtem, subjektiv angenehmem Wohlbefinden hervorzurufen. Solche Kräfte fanden sie in alkoholischen Getränken und einigen sehr wenigen Pflanzenstoffen, den gleichen, die auch heute noch für den genannten Zweck gebraucht werden.

Kein modernes chemisches Bemühen war bisher imstande, irgend etwas auf synthetischem Wege zu finden, was dem in rätselhafter Weise von den Völkern aller Erdteile als zweckmäßig für ihre euphorischen Wünsche erkannt gewordenen Material auch nur im entferntesten an Wirkungen gleichkäme. Die potentielle Energie der letzteren hat die Erde erobert und über scheidende Gebirge und trennende Meere hinweg die Verbindung zwischen Völkern hergestellt. Die Genußmittel dieser Art sind das einigende Band zwischen Menschen entgegengesetzter Hemisphären, zwischen Zivilisation und Unzivilisation geworden, und sie haben, seit sie die Menschen in ihren Bann schlugen, sich Wege für ihr Vordringen gebahnt, die, einmal eröffnet, auch für andere Zwecke begehbar geworden sind. Sie gestalteten sich zu Kennmarken, die, in Völkern zurückgeblieben, einen auch sehr weit zurückliegenden wunderbaren Wechselverkehr unter ihnen so sicher diagnostizieren lassen, wie der Chemiker an einer chemischen Reaktion die innerlichen Beziehungen zweier Stoffe zu erschließen vermag. Der unbewußte Kontakt, der sich durch die Verbreitung solcher Mittel zwischen ganzen Völkerreihen eines Erdteils vollzogen hat, erfordert wohl stets Jahrhunderte oder Jahrtausende. Die Völkerkunde hat, worauf ich mehrfach schon hinwies, ein besonders großes Interesse daran, diesen Berührungswegen nachzugehen, hat aber nie den Versuch gemacht, die Elemente für die Rückverfolgung der hier auftauchenden wissenschaftlich und für die Menschheitsgeschichte so bedeutungsvollen Fragen zu suchen. Und doch würde sich bei eingehendem Forschen mancherlei, zumal mit vergleichend linguistischer Hilfe, finden lassen.

Schon das Finden der Eigenschaften erregend oder betäubend wirkender Stoffe und deren Verwendungsart stellt ein gewisses naturwissenschaftliches, durch praktische Beobachtung gewonnenes Erkennen und damit ein Stückchen vom Anfang von Kultur dar, das höchst beachtenswert ist. Und wenn es als ein Symptom von Zivilisation bezeichnet werden darf, daß nackte Bedürfnislosigkeit einem gewissen größeren Maß von Begehren weicht, daß das Individuum mit der primitiven, rohen Leibesnahrung, die ihm zuwächst oder die es sich erkämpft, nicht mehr zufrieden, Reizmittel, vor allem für sein Nervensystem, findet oder erhält und liebgewinnt, dann müssen auch in seiner Organisation die zeitlichen Bedingungen für ein solches körperliches Begehren, mindestens aber für das Lustgefühl, das es durch Erfüllung derselben empfindet, vorhanden sein.

2. Die Beweggründe für den Gebrauch betäubender und erregender Genußmittel.

Mehr als der reine Tatsachenstoff, der über solche Substanzen geliefert werden kann, interessieren den Denkenden die Beweggründe, die zu ihrem Gebrauche und Fortgebrauche veranlassen. Hier vereinen sich ja alle möglichen menschlichen Gegensätze: Unkultur und Kultur und deren Abstufungen in materiellem Besitz, Lebensstellung, Wissen, Glaube, Alter und Veranlagung in Körper, Geist und Seele.

Der in starre Frone gebannte Tagesarbeiter begegnet sich hier mit dem von Nahrungssorgen freien, sorgenlos von seinem Besitz Lebenden, der Regierende mit dem Regierten, der Wilde irgendeines fernen Eilandes oder des Kongowaldes oder der Kalahari- oder Gobiwüste mit Dichtern, Denkern, Männern der strengen Wissenschaft, mit Gesetzgebern, Staatenlenkern, Menschheitsverbesserern und Misanthropen, der friedlich Gesinnte mit dem Streitsüchtigen und der Religionslose mit dem Frommen.

Es müssen gewaltige und eigenartige körperliche Antriebe sein, die derart einigend wirken, daß sie so unübersehbar viele Varietäten von Menschen des Erdenrundes in ihren Bann zu schlagen vermögen. Mancher hat sich über sie geäußert, sehr wenige sie in ihrer Gesamtheit übersehen und ihre Wesenheit verstanden. Und noch weniger verstanden sie die inneren Zusammenhänge der Stoffe, in denen jene eigenartigen Energien lagern, und die Beweggründe zu ihrem Gebrauch.

So meinte man, daß, je tiefer ein Volk auf der Leiter der geistigen Fähigkeiten stehe, um so gröber die ihm angenehmen Reizmittel seien, und um so mehr würde es suchen, durch sie sich um sein Bewußtsein zu betrügen und sich von der dumpf gefühlten inneren Leere zu befreien. Ein ungewisses Ahnen eigener unverbesserlicher Unvollkommenheit im drückendsten Grade umfange z. B. die Indianer Südamerikas, und deswegen eilten sie, von solchem melancholischen Mißgefühl durch heftige Aufregung sich zu befreien, d. h. durch den Gebrauch von Koka und anderen Stoffen.

Ja, Männer, die, wie Tolstoi, unfähig waren, in diese Fragen einzudringen, gingen auch in unserer Zeit so weit, als Ursache des Rauchens und Trinkens eine Betäubung des Gewissens, und für den Gebrauch des Opiums im malayischen Archipel eine „ungenügende Erziehung auf christlicher Grundlage" heranzuziehen Solchen unglaublichen Absurditäten begegnet man allenthalben reichlich. Sie sind geeignet, einerseits Erstaunen über die Mängel an Tatsachenkenntnis und des Urteils über den Menschen und seine Triebe hervorzurufen und andererseits den dringenden Wunsch in Erfüllung gehen zu sehen, daß mehr Erkenntnis über die hier in Frage kommenden Probleme in weiteren Kreisen geschaffen würde.

Die mächtigste Triebfeder für die häufige oder die Alltagsverwendung der hierher gehörenden Stoffe liegt in ihren Eigenschaften selbst, in ihrer Fähigkeit, in bestimmter Art und mehr oder minder lange die Funktionen der Lust- bzw. Annehmlichkeitsempfindungen vermittelnden Stellen im Großhirn wachzurufen und die Erinnerung an die empfundenen Gefühle in irgendeinem Umfange wachzuhalten. Die Wirkungsunterschiede zwischen den einzelnen sind groß. Selbst innerhalb der beiden großen Gruppen von Wirkungsmöglichkeiten, nämlich der Erregung und der Lähmung, schwanken die Erscheinungsformen ihrer Energieentfaltung. Sie stellen sich als mehr oder weniger abgestimmt und adäquat dem zeitlichen Zustand des Nervensystems des sie Einführenden dar.

Ebenso verschieden sind die ersten Veranlassungen, zumal für die betäubend wirkenden Mittel. Mag es nun aber die nackte, grundlose Nachahmung sein, die ja auf der Welt so viel närrisches oder verderbliches Tun veranlaßt und für manche Menschen als dauerndes Zugpflaster für ihre Neugierde bis zur endlichen Erfüllung wirkt, oder das Erkanntthaben ihrer euphorischen Wirkung, als das Individuum sie als Arznei zu nehmen genötigt war, oder die bewußte Absicht, eine angenehme zeitliche Zustandsänderung seiner selbst herbeizuführen, in eine andere Bahn des Denkens und Empfindens zu kommen, z. B. das zu erreichen, was einst ein Indianer in Guatemala, den man fragte, warum er soviel Aguardiente, d. h. Schnaps, trinke, geantwortet hat: Der Mensch müsse manchmal „zafarse de su memoria", d. h. sich vor seinem Gedächtnis Ruhe schaffen — immer ist es die Reaktion der oft zauberhaften, manchem der Mittel eingeborenen Kraft auf das Gehirn, die alles weitere veranlaßt, was sich danach im Körper von dem bis zur Sehnsucht anschwellenden Verlangen des Weitergebrauches an bis zu den dadurch veranlaßten krankhaften Störungen abspielt.

Ich sah Männer, die zuerst aus Neugierde ein narkotisches Mittel nahmen und, von der Wirkung desselben erfaßt, zu Gewohnheitsgebrauchern desselben wurden. Verderbliche Popularisierung von Wissensstückchen über die Eigenschaften solcher Stoffe schuf und schafft Adepten in verhängnisvollem Umfange. Davon weiß die neueste Zeit zu klagen, in der die Narkomanie zu einer ungeahnten Höhe anschwoll — so hoch, daß selbst diejenigen, die in bezug auf die Verbreitung solcher Leidenschaften Pessimisten waren, davon überrascht worden sind.

An mich wandten sich Männer mit nicht ganz unbekanntem Namen um einen Stoff zu erhalten, von dem sie erfahren hatten, daß er auffällige Sinnestäuschungen, Trugwahrnehmungen erzeuge. Sie hofften, von den letzteren angenehme Empfindungen zu erhalten, ja, einer meinte, sie sogar für dichterische Produktionen etwa höherer Ordnung verwerten zu können.

Und so könnte noch mancher andere Umstand als erster Veranlasser des in die Alltagsgewohnheit eintretenden Gebrauches betäubender oder erregender Mittel angeführt werden, denn das Leben und nur die Einzelleben mit ihren unübersehbaren zahlreichen, theoretisch gar nicht auszudenkenden Gestaltungsmöglichkeiten schaffen jene so oft überraschenden, für das Einzelindividuum entscheidend werdenden Ursachen für Normalsein, Kümmerlichsein oder Nichtsein.

3. Die Bedeutung der persönlichen Veranlagung in Bezug auf fremde Reize, die den Körper treffen.

Legte ich in dem Vorstehenden den letzten Grund der Sucht, solche Stoffe gewohnheitsmäßig zu gebrauchen, in deren oft wunderbare Wirkungseignung für das Gehirn, so ist damit zwar der wesentliche Anteil, den diese an der Entstehung auch der körperlichen Folgen hat, bezeichnet, unbeantwortet bleiben jedoch dadurch eine Reihe von schwerwiegenden Fragen, die auch sonst für das individuelle Leben des Menschen von höchster Bedeutung sind. Vor allem diejenigen, die sich auf die verschiedenartige Reaktion der Menschen unter dem Einflusse nicht nur solcher Betäubungsstoffe überhaupt, sondern auch anderer chemischer sowie andersartiger Einflüsse und auf die Möglichkeit beziehen, sie lange Zeit hindurch, scheinbar ungestraft, auch in Mengen zu vertragen, die, in kurzen Intervallen genommen, für andere körperliches Verderben zu bringen geeignet erscheinen. Schon das primitivste Wissen über sie lehrt ja, daß der größere Teil von ihnen Träger hoher Energie ist, die sich fast ausschließlich auf das Nervensystem erstreckt.

Die Beantwortung dieser Fragen ist seit Jahrtausenden oft versucht und nie gegeben worden. Sie zwingt auf ein biologisches Gebiet hin, das zu den dunkelsten der vielen gehört, die Menschen so gern aufhellen möchten, das Gebiet der Individualität, der Persönlichkeit, der persönlichen Veranlagung, zu dem auch das der Gewöhnung gehört. Kein Problem des menschlichen reaktiven Lebens drängt sich wie dieses dem Geiste auf. Auf Schritt und Tritt sperrt es den Weg und quält den, der auch nur bis zur Schwelle der Erkenntnis seines ganzen Inhalts vordringen möchte, seelisch mehr als irgendein anderes der vielen Wissensbegehrnisse, die nur als Fragen und Fragen aus dem Chaos dunkler, undeutbarer Vorgänge, die wir Leben nennen, zum Lichte, zur Erfüllung emporstreben wollen und — doch immer nur Erkenntnisprobleme bleiben werden. Man leidet hier unter der faustischen Qual des Nichterkennenkönnens und bedauert tief, was gerade in unserer Zeit sich unangenehm bemerkbar macht und schon Molière wiederholt satirisch gegeißelt hat: die Sucht, das, was man nicht wissen kann, in ein nichtssagendes griechisches oder lateinisches Fremdwort zu kleiden oder eine erklügelte Vermutung so oft zu wiederholen, bis törichte medizinische und nichtmedizinische Adepten, des eigenen Denkens unfähig, die Phrase als Wahrheit zu stempeln unternehmen. Nicht gar so selten trifft man heute noch auf Deutungen von Arznei- und Giftwirkungen, die nichts anderes als gelehrt ausschauende Umschreibungen der Wirkungen sind. Man erinnert sich dabei der burlesken Szene in Molières „Le malade imaginaire", in der Fakultätsmediziner auftreten und in einem lateinisch-französischen Kauderwälsch den als Arzt aufzunehmenden Baccalaureus examinieren. Auf die Frage nach dem letzten Grunde der schlafmachenden Opiumwirkung:

Demandabo causam et rationem quare
Opium facit dormire

antwortet der Examinand:

Quia est in eo
Virtus dormitiva
Cujus est natura
Sensus assoupire

d. h. weil in ihm eben schlafmachende und die Sinne betäubende Eigenschaften lägen. Und der Chor der Examinatoren ruft:

Bene, bene, bene, bene respondere
Dignus, dignus est intrare
In nostro docto corpore.

Gerade Pharmakologie und Toxikologie werden auf diese Weise leider oft zum Tummelplatz auch von Verteilern metaphysischer Ungereimtheiten. Diese Lehren vertragen keine Philosopheme, und von solchen ist kein Aufklärungserfolg zu erwarten. Arzneimittel und Gifte wurzeln mit ihrer Energie und Energieübertragung in einer stofflichen Welt, welche Wirkungserscheinungen kommen, aber nach dem Wie? vergebens fragen läßt.

Die in gewissen Grenzen bei Menschen zutage tretende Widerstandskraft oder Widerstandslosigkeit gegen manche mit potentieller Energie, auch von außen an sie gelangte Stoffe ist unerklärbar. Die einzige Annahme besteht, daß es eine verschiedene, das ganze körperliche Leben umfassende Energetik gibt. Diese kann man Lebenskraft nennen. Ich verstehe darunter die Summe aller chemischen, physikalischen und vom Willen beherrschten mechanischen Fähigkeiten, die reaktiv in nicht immer gleicher Form bei Individuen zur Betätigung kommen.

Diese eingeborene, an jeden Teil des Körpers, gleichgültig ob Gehirn oder Nerven oder Muskeln, Drüsen oder Eingeweide, Knochen oder Schleimhäute — an alles, was zellhaltig und nicht zellartig zur Konstitution des Gesamtorganismus gehört — sich knüpfende Energie ist nicht jene mystische Kraft, die man als Spiritus rector, als Archaeus in früheren Jahrhunderten in der Theorie des Körperlebens eine Rolle hat spielen lassen, sondern eine im Körper von Ort zu Ort, in Art und Stärke verschiedenartige, zerstörende, aufbauende, lösende, festigende, unübersehbar kompliziert und trotz aller auch individueller Verschiedenheiten immer gesetzmäßig waltende Arbeitsordnung, von der die schließlich verwirklichte Arbeitsleistung abhängt.

Sie äußert sich aktiv oder passiv in erhöhter oder verminderter Arbeit oder in den verschiedenen Gestaltungen des Ertragens, Nichtertragens oder Andersertragens von

Die Bedeutung der persönlichen Veranlagung

Forderungen, die durch innerliche oder von außen kommende fremde Einflüsse reizartiger oder anderer Natur gestellt werden. Die Reaktionsformen auf solche Reize können von Mensch zu Mensch sehr weit, bis zur Unähnlichkeit auseinandergehen.

In diese Verschiedenheiten des individuellen Gesamtlebens bzw. des Reagierens von Körperteilen auf Reaktion heischende Potenzen stofflicher oder nichtstofflicher Natur sind auch einzuschließen der Ausgleichstrieb bzw. die Ausgleichsfähigkeit für Unordnungen, die in dem körperlichen Leben durch körperfremde Einflüsse entstanden sind. Jedes Lebewesen verfügt gegenüber einem es treffenden Schaden über ein gewisses Maß abwehrender und regulatorischer Energie, deren Größe einen ebenso schwankenden Wert darstellt, wie die Energie der normalen Lebensvorgänge. Die Betätigung der Selbsthilfe sehe ich als für das Wohl des Individuums erfolgende Zweckmäßigkeitsakte und nicht als zweckfreie innere Notwendigkeiten an. Ich stimme der Auffassung bei, die Pflüger in seiner teleologischen Mechanik zum Ausdruck gebracht hat: „Die Ursache jeden Bedürfnisses eines lebendigen Wesens ist zugleich die Ursache der Befriedigung des Bedürfnisses," wobei als Ursache des Bedürfnisses jeder veränderte Zustand der lebendigen Organismen, der im Interesse der Wohlfahrt des Individuums in einen anderen Zustand erfolgt, zu verstehen ist. Die Selbsthilfe erfolgt stets in irgendeinem Umfange, kann aber — wenn es sich z. B. um Gifte einschließlich der Krankheitsgifte handelt — aufhören, wenn deren chemisch-reaktive Kraft die vitale Energie, die Lebenskraft, am Orte der Giftwirkung oder allgemein ausschaltet. Auch die den Geweben innewohnende Reservekraft vermag nicht unter solchen Umständen einen Ausgleich eines abnormen körperlichen Vorganges herbeizuführen.

Vielleicht wäre hier auch die geeignete Stelle auf eine Überlegung kurz hinzuweisen, die ich seit vielen Jahren zum

Gegenstand der Darlegung in meinen Vorlesungen gemacht habe. Man könnte nämlich daran denken, daß der Antrieb und die Verwirklichung von Ausgleichsvorgängen gegenüber gewissen körperfremden Einflüssen, die den menschlichen Organismus treffen, nach einem naturwissenschaftlichen Prinzip vor sich gehen, das unter dem Namen des Prinzips vom Widerstand gegen den Zwang, oder des Prinzips vom kleinsten Zwang von d'Alembert, Gauss und später von Le Chatelier für chemische bzw. physikalische Vorgänge angegeben wurde. Es heißt: Jeder Zwang, der auf ein im Gleichgewicht befindliches System ausgeübt wird, ruft denjenigen Vorgang hervor, der den Erfolg des Zwanges zum Teil aufhebt (Widerstand der Rückwirkung gegen die Wirkung). Man kann auch sagen: Wird das Gleichgewicht in einem System durch einen äußeren Einfluß gestört, so entstehen Wirkungen, welche diesem Einflusse entgegenarbeiten. Das Gleichgewicht wird in dem Sinne verschoben, daß der Zwang aufgebraucht wird. Systeme, die den angetanen Zwang nicht vermindern sondern vergrößern, sind nicht im stabilen sondern im labilen Gleichgewicht. Der menschliche Körper besitzt beide Arten. Die Folgerungen, die sich aus der Übertragung des genannten Prinzips auf chemisch-reaktive Vorgänge im menschlichen Körper, z. B. nach Einbringung von narkotischen Stoffen, ziehen lassen, im Einzelnen darzulegen ist hier nicht der Ort. Es mag genügen, zu sagen daß schon jetzt durch diese Betrachtungsweise die Vorstellungen über manche solcher reaktiven vitalen Erscheinungen erleichtert werden können.

Innerhalb der beiden extremsten Möglichkeitsgrenzen der gesamten regulatorischen Kräfte des Gesamtorganismus oder einzelner seiner Teile, von Erfolg bis zum Nichterfolg, gibt es zahlreiche von der Energie des Individuallebens abhängige Unterschiede.

Dieses Stück von meist vererbtem Individualleben, die persönliche Veranlagung, die sich durch kein erkennbares äußerliches Körperverhalten und durch keine Gewebs- oder Säfteverschiedenheit verrät, muß für jeden reaktionsmöglichen Einfluß bewertet werden. Sie besteht nicht nur, sondern drängt sich meistens sogar auf. Ihre große Bedeutung leugnen, ist ein Zeichen medizinischer Unbildung, sie unterschätzen kann verhängnisvoll werden, in ihrem Wesen sie zu erklären wird nie einem Sterblichen gegeben sein. Sie wirkt und ist doch in allen ihren Teilen ein Mysterium. Der Versuch, für ihre Deutung nun gar die inkretorischen Drüsen heranzuziehen, muß, schon weil er eine allzubeschränkte Auffassung der Persönlichkeit verrät, zurückgewiesen werden. Sie stellt eine Gleichung mit so vielen unbekannten Größen dar, daß ihre Auflösung unmöglich erscheint.

Sie bringt es auch zuwege, daß normale körperliche Verrichtungen individuell so verschieden sind. Kaum eine Funktion von Körperorganen, von der Gehirn- und Rückenmarkstätigkeit an bis zu der Arbeit der Drüsen, der Assimilation von Nahrung, den allgemeinen Stoffwechselvorgängen, der Bewegung innerer Organe, der Kraftentfaltung muskulöser Teile, vollzieht sich bei den verschiedenen Menschen in gleich starker Weise. Diesen Verschiedenheiten in der Höhe physiologischer Leistung gleichzustellen sind diejenigen der reaktiven Äußerungen auf körperfremde Einflüsse. Nichts hat, von der ältesten Zeit bis heute, Ärzte und Laien biologisch so in Erstaunen gesetzt, wie die Tatsache, daß Krankheitsursachen, einschließlich der Arzneistoffe, Gifte und Genußmittel einen so verschiedenen Resonanzboden bei gewissen Menschen und Tieren finden.

So wird schon in früher Menschheitsgeschichte mitgeteilt, wie Verwundungen den einen töteten und schwerere den anderen freiließen, wie gewisse Tiere giftige Pflanzen in Mengen aufnähmen, durch die ein Mensch und andere Tiere vergiftet werden könnten. Galen, der große medizinische

Geist, dem man viel mehr als ein Jahrtausend in seinen Anschauungen nachging, und der dann von manchem, der ihn nicht kannte, als Irreführer bezeichnet wurde, hat über Toleranz für Schädlichkeiten auf der Grundlage der Gewöhnung und Nichtgewöhnung Betrachtungen angestellt, die mehr wert sind, als die modernen, für den Kundigen bedeutungslosen Umschreibungen der einfachen, aber unerklärlichen Wahrheit, daß eben die wechselvolle reaktive Kraft chemischer Stoffe bei gewissen Individuen oder Rassen unter sonst erkennbar gleichen Verhältnissen kleiner oder größer ist als bei anderen, oder überhaupt sich bricht an einer bestimmten eigenartigen Organisation des Betroffenen. Dies gilt auch für die Wiederherstellung von Krankheiten, gleichgültig ob es Wunden oder innere Störungen sind. So kann man es z. B. für wahr halten, daß Neger eine größere Heilungsenergie als Weiße für die ersteren haben. Dieser Erfolg ist nicht auf klimatische Bedingungen, sondern auf ihnen innewohnende Eigenschaften zurückzuführen.

Die Icheigenschaft kann für jede Art von Einwirkung: mechanische, chemische oder geistige, bestehen und sich durch Über- oder Unterempfindlichkeit kennzeichnen, die ihrerseits wieder die weitest gehenden Äußerungsformen haben können. Ein körperstarker Mensch kann gegen eine bestimmte stoffliche Einwirkung überempfindlich, ein schwacher unter- oder sogar unempfindlich sein. Die persönliche Eigenart schafft auch jene regelwidrigen Verlaufsarten von Vergiftungskrankheiten, auch durch betäubende oder erregende Stoffe, die, da sie einmal möglich sind, keine Voraussage gestatten. Keine Formel und kein Schema gibt es hier, die einen festen Rahmen für die Beurteilung bieten, denn alle gewollte Begrenzung des Urteils durchbricht die Individualität. Wie der Astronom für die Wahrnehmung mit seinem Auge eine „persönliche Gleichung" hat, so gibt es wahrscheinlich für jeden Menschen, wie ich es nannte — und kleine literarische Diebe es nachschrieben — eine „toxische Gleichung", d. h. eine verschiedene Empfindlichkeitsgröße des Gesamtkörpers oder einzelner Organe gegenüber verschiedenen chemischen Stoffen. Sie bringt es zuwege, daß die funktionelle Reaktion auf einen solchen Stoff bei dem einen quantitativ, bisweilen auch qualitativ anders verläuft als bei einem anderen. Das Unfaßliche wird auf diesem Gebiete zum Ereignis, daß z. B. von zwei Menschen, die in dem gleichen Raume der gleichen Einwirkung von Kohlenoxyd ausgesetzt sind, der eine leicht erkrankt, der andere stirbt, oder mit einem unheilbaren Gehirnleiden oder einer Lungenentzündung oder einem Lungenzerfall oder anderen geweblichen Ernährungsstörungen dem Gifte seinen Tribut zahlt.

Die Umsetzung der Wirkungs- bzw. Gefährdungsmöglichkeit in die Schädigungswirklichkeit vollzieht sich durch alle den menschlichen Körper treffende Einflüsse nicht einheitlich gleich. Keinem Menschen war es bisher gegeben, zu erkennen, warum dies letzten Endes so ist. Auch für alles solches Geschehen gilt noch immer und wird in aller Zeit das Wort Albrechts v. Haller Geltung haben:

Ins Innere der Natur
Dringt kein erschaffener Geist,
Glückselig, wem sie nur
Die äußere Schale weist.

Mit einer sehr viel geringeren sachlichen Berechtigung als es vielleicht einmal von einem Berufenen, am Forschungswerke Beteiligten, geschehen könnte, hat Goethe versucht diesen Ausspruch zurückzuweisen. Für den Dichter „hat Natur weder Kern noch Schale — alles ist sie ihm mit einem Male". Was aber Haller meinte ist leider nur zu wahr. In der Biologie und allem anderen, was die Natur als Lösungsproblem von Unverständlichem und Unverstehbarem darbietet, gibt es wirklich Schale und Kern: das Sichtbare und das dem Wesenheitserkennen Verschlossene. Vor allem in der Biologie. Wir erblicken allenthalben nur das Zifferblatt des Geschehens, mit seinen Zeigern, allein das Werk mit seiner treibenden Kraft zu erkennen, vermögen wir nicht. Es besteht hier die gleiche Kluft wie auf dem Gebiete des kausalen Erkennenwollens und Nichterkennenkönnens der Entstehung von Lebewesen oder eines ihrer Gewebe oder auch nur einer ihrer Zellen. Die Überzeugung von Kant in dieser Beziehung wird immer wahr bleiben: „Eher wird die Bildung aller Himmelskörper, die Ursache ihrer Bewegungen, kurz der Ursprung der ganzen gegenwärtigen Verfassung des Weltbaues eingesehen werden können, ehe die Erzeugung eines einzigen Krautes oder einer Raupe aus mechanischen Gründen deutlich und vollständig kund wird." Auch „chemische Gründe" werden nie zum Ziele führen.

Jeder Mensch trägt seine eigenen, individuellen biologischen Gesetze in sich und jeder ist der Träger seiner eigenen psychologischen Komplexe. Mithin gibt es auch keine psychologischen Konstanten. Jeder Versuch solche zu konstruieren trägt a priori den Stempel der Unfruchtbarkeit in sich. Es ist aus diesem Grunde eine sichere aprioristische Beurteilung dessen, was an Wechselwirkung zwischen einem Stoff und dem Körper eintreten wird, unmöglich. Es ist bezeichnend, daß auch ein Mann wie Kant die hohe Bedeutung der Individualverschiedenheiten so erkannt hat, daß er an einen Arzt, Marcus Herz, schreiben konnte: „Studieren Sie doch ja die große Mannigfaltigkeit der Naturen."

4. Toleranz und Gewöhnung.

Den eben vorgeführten Problemen gleichwertig ist das der Gewöhnung, das bereits seit frühester medizinischer Zeit die Denker beschäftigt hat. Die Gewöhnung umfaßt körperlich reaktive Ereignisse, die bisher keinerlei Möglichkeit einer begründeten, zuverlässigen Erklärung zuließen. Es handelt sich um die Tatsache, **daß in jeder Leistungssphäre des tierischen Körpers ein von außen kommender Einfluß, der an sich geeignet ist, eine bestimmte funktionelle Reaktion auszulösen, bei wiederholter Einwirkung, unter sonst gleichbleibenden Bedingungen seiner Form und Masse, allmählich an Wirkung evtl. bis zum Versagen verliert.**

Allenthalben im körperlichen Leben begegnet man diesem Ereignis. Wenn durch Druck auf eine Hautstelle, z. B. beim Rudern, Schmerzen und örtliche Veränderungen entstanden sind, so wird, falls sich die wirkende Ursache häufig wiederholt, nach und nach eine Abstumpfung derart eintreten, daß die gleiche Summe der mechanischen Leistung kaum noch empfunden wird, und weiterhin örtliche Veränderungen ausbleiben. Dies kann, braucht aber nicht einmal die Folge von Schwielenbildung zu sein. Die sensiblen Nerven können, auch ohne daß eine Schwiele sie schützt, gegen die bezeichnete Art von Insult eine mindere Empfindlichkeit erlangt haben. So sah ich wiederholt, daß Gärtner, die speziell mit Kakteen arbeiteten, bei der Hantierung mit Mamillarien oder Echinokakteen an den Händen viele eingedrungene Stacheln trugen, ohne sonderlich dadurch belästigt zu werden, während bei einem nicht daran Gewöhnten schon ein einzelner infolge seiner Stechwirkung das lebhafte Bedürfnis nach Entfernung erregt.

Ähnliches an den Funktionen von Sinnesnerven zu sehen, bietet sich oft, besonders im praktischen Betriebsleben, Gelegenheit. So wird das Stampfen von schweren Maschinen, das Fallen des Dampfhammers, die Arbeit von vielen Klöppelmaschinen von den berufsmäßig solchen Geräuschen Ausgesetzten ebensowenig unangenehm empfunden als das Abschießen oder die Detonation krepierender Projektile von

Soldaten im Kriege schließlich empfunden wird. Alle Sinnesorgane können bei oft wiederholter Wirkung einer gleichen sie reizenden, erschütternden, ihre Funktion in irgendeinem Intensitätsgrade auslösenden Ursache, wie man sagt, eine Abstumpfung ihrer Empfindlichkeit erlangen und erkennen lassen.

Die Art der wiederholt wirkenden Ursache ist in Beziehung auf das schließliche Ergebnis, nämlich die Minderung der subjektiven Wahrnehmung, im großen und ganzen von keinem Belang. Jede Reizqualität, deren es ja unübersehbar viele gibt — so viele, daß z. B. selbst schon in der Gruppe der Hautreizmittel, die scheinbar alle die gleiche Einwirkung auf gleicher Grundlage entfalten, ein jedes unterschiedlich von dem anderen wirkt —, vermag eine Abstumpfung der Empfindlichkeit herbeizuführen. Mechanische, thermische, luminare, chemische sind in ihrem diesbezüglichen Endergebnis gleich. Dies erkennt man als eine Wahrheit, wenn man bei dem erstmaligen Aufenthalt in einem Schiffsheizraum durch die strahlende Hitze glaubt ersticken zu müssen, und ihn alsbald wieder verläßt, aber bei öfterer Wiederholung von solchen Unerträglichkeitsgefühlen sich frei fühlt. Wenn man zum erstenmal in dem Laderaum eines Akkumulatorenwerkes verweilt und die nebelartig aufstrebende Schwefelsäure Reizwirkungen auch höchsten Grades mit den entsprechenden Symptomen in den Luftwegen veranlaßt, so hält man es für unmöglich, daß ein berufsmäßiger Daueraufenthalt in einem solchen Raume möglich sei — und doch arbeiten Menschen darin, ohne erkennen zu lassen, daß die Säure an der Schleimhaut ihrer Luftwege subjektiv das erzeugt, was man selbst so unangenehm und unerträglich empfunden hat.

Was unter solchen Verhältnissen, deren sich allein auf dem Gebiete der Beschäftigung mit chemischen Stoffen Hunderte anführen ließen, als materielle Berührungswirkung auftritt, findet erfahrungsmäßig seine Analogie in der

Sphäre seelischer Beeinflussungen. Auch hier stumpfen sich Empfindungen verschiedenster Art und Grades, z. B. Ekel, Furcht, Trauer, ja vielleicht sogar Liebe bei langem Bestehen ab. Psychische Eindrücke von größter Lust bis zur stärksten Unlust, von höchster Freude bis zum tiefsten Schmerz verlieren, wenn sie andauernd auf Menschen einwirken, immer mehr und mehr an Einfluß. Es tritt Gewöhnung an sie ein, und der Maßstab ihrer Einwirkungen, die subjektiven Empfindungsäußerungen, mit denen jene Affekte gewöhnlich beantwortet werden, bleiben allmählich aus: -„L'habitude émousse le sentiment".

Wie, wodurch und in welchem Umfange aber auch immer ein **Gewöhnungszustand eingetreten ist — niemals besitzt er den Charakter des Absoluten.** Es ist als eine Gesetzmäßigkeit anzusprechen, daß jeder dieser Zustände aufhört der zu sein, der er ist, falls der stoffliche Einfluß, der ihn veranlaßt hat, in seiner Masse mit einem Male in die Höhe gesprungen ist, oder wenn eine Gefahr, an die man so gewöhnt gewesen ist, daß angesichts ihrer die abwägende Besonnenheit nicht mehr als notwendig erachtet wurde, plötzlich einen höheren Umfang oder eine schlimmere Gestalt annimmt, oder wenn das gewohnheitsmäßige Abgestumpftsein gegen ein Leiden durch dessen akute Verschlimmerung die bisherigen Empfindungshemmungen beseitigt, also den Toleranzumfang verkleinert. **Die gewohnheitsmäßige Toleranz besteht demnach nur für eine bestimmte letzte Summe und eine bestimmte letzte Art eines Gewöhnung erzeugenden Einflusses.** So kommt es, daß eine jähe Steigerung der letzten ertragenen Dosis von Morphin oder Kokain oder Nikotin oder Koffein den Gewöhnten so zu vergiften vermag, als wenn sein Körper durch den vorgängigen langen Gebrauch derartiger Stoffe eine relative Sicherung gegen Giftwirkungen nicht erlangt hätte.

Bis zu den einzelligen Lebewesen herab kann man den Einfluß der Gewöhnung verfolgen. Eine Süßwasser-

Amöbe stirbt, wenn man dem Wasser, in dem sie lebt, plötzlich so viel Kochsalz hinzufügt, daß es 2 Proz. enthält. Setzt man dagegen dem Süßwasser allmählich von Tag zu Tag $^1/_{10}$ Proz. Kochsalz hinzu, so gelingt es, die Amöbe auf einer immer stärkeren Lösung zu züchten, so daß sie endlich auch in einer 2prozentigen Kochsalzlösung leben kann. Bringt man sie in Süßwasser zurück, so stirbt sie. Meerwasser-Amöben und Rhizopoden bleiben am Leben, wenn durch allmähliche Verdunstung das in einem offenen Gefäß stehende Meerwasser selbst einen Gehalt von 10 Proz. an Salz erreicht hat.

Das Wachstum der Bierhefe wird schon durch 0,17 g Fluorwasserstoff im Liter aufgehoben, während die an das Mittel gewöhnte noch in einer Lösung von 1 g im Liter wächst. Der Pneumobazillus geht durch eine Sublimatlösung von 1:15 000 zugrunde, wächst aber nach der Akkommodation in einer Lösung von 1:2000 Wasser.

Die Plasmodien von *Aethalium septicum* können sich an Zuckerlösungen gewöhnen. Der Schimmelpilz, *Aspergillus niger*, gewöhnt sich an Nährböden mit steigendem Kochsalzgehalt und durch langsame Konzentrationssteigerung an 28 Proz. Natronsalpeter- oder auch an 52 Proz. Glyzerinlösung. Ein anderer Schimmelpilz, *Penicillium glaucum*, kann nach längerer Entwicklung auf Nickelsulfat enthaltendem Nährboden dahin gebracht werden, die zehnfache, anfangs entwicklungshemmende Menge davon zu vertragen. In ähnlicher Weise konnte dieser Pilz an Kobalt-, Cadmium-, Quecksilber- und Thalliumsalze gewöhnt werden. Schimmelpilze kann man ferner durch geeignetes Einwirkenlassen steigender Konzentrationsgrade an Äthylalkohol von 2—8 Proz. gewöhnen, ja, sogar an Amylalkohol, an Fusel. Während bei dem Schimmelpilz 0,1 Proz. davon jede Fruktifikation verhindert, kann daran gewöhntes *Penicillium* noch auf einem Nährboden mit 0,4 Proz. Amylalkohol fruktifizieren.

Rhizopus nigricans wächst gut in einer Morphinlösung von 0,005 Proz. Höhere Konzentrationen beeinträchtigen sein Wachstum. Indessen schon nach einer fünftägigen Vorbehandlung gedieh er am besten in einer 0,5 proz. Lösung.

Plasmodien von *Physarum* gewöhnen sich an arsenige Säure, die ihnen anfänglich feindlich ist, und *Penicillium brevicaule* sowie andere Schimmelpilze besitzen sogar die, für die gerichtliche Chemie so wertvoll gewordene Fähigkeit, sie in riechende gasige Produkte überzuführen.

Auch höher organisierte Lebewesen weisen durch Gewöhnung Toleranz gegen Gifte der verschiedensten Art auf. So können sich Kaninchen an Jequirity (Abrin) derart gewöhnen, daß selbst die vierfache Menge eines Aufgusses davon, die sonst den Tod herbeiführt, ohne Störungen des Allgemeinbefindens vertragen wird. Selbst an Curare kann bei Hunden und Kaninchen durch allmähliche Steigerung der Dosen eine gewisse Anpassung an das Gift herbeigeführt werden. Man muß die Menge bald erhöhen, um die nach den ersten Gaben beobachteten Vergiftungssymptome hervorzurufen. So werden Pferde, die *Galeopsis tetrahit* im Futter aufnahmen, anfangs dadurch stark vergiftet, gewöhnen sich aber schließlich daran.

Ähnliche Beispiele ließen sich viele anführen, z. B. entsprechende Vorkommnisse bei Tieren, die man mit Atropin, einem der Wirkungsstoffe der Tollkirsche, behandelt hat. Mag man Hunde mit kleinen oder großen Mengen dieser Substanz längere Zeit hindurch vergiften, stets findet man nach wenigen Tagen, daß eine Reihe allgemeiner Vergiftungssymptome nicht mehr auftritt, z. B. die Hyperaesthesie der Haut, das Zittern des ganzen Körpers, die Unruhe usw. Schon nach 5—10 Atropineinspritzungen kann man sie nicht mehr von ganz normalen unvergifteten Tieren unterscheiden. Ja, selbst ein örtlich so brutal ätzender Stoff, wie Dimethylsulfat, ließ bei einigen Kaninchen, die damit in allmählich steigenden Dosen gefüttert wurden, an einem Tage bis 0,15 bzw. 0,2 g ohne plötzliche Vergiftung geben, während 0,075 g andere nach 24 Stunden wohl stets töten.

Tiere, die zum ersten Male der Einwirkung des **Kohlenoxydgases** ausgesetzt werden, zeigen eine stärkere Beeinflussung, z. B. in bezug auf ihre Körperwärme, als diejenigen, die schon daran gewöhnt sind.

In gleicher Weise findet Gewöhnung an physikalische Faktoren, z. B. an **verdünnte Luft** auf hohen Bergen statt. An Orten Boliviens, wie Bogotá, Potosi, La Paz und anderen, die sich bis 2600—4000 m erheben, findet man die körperliche Leistungsfähigkeit der Einwohner in nichts unterschiedlich von derjenigen der Bewohner des Flachlandes. Es handelt sich hierbei um Höhen, die der des Montblanc gleichkommen, wo Saussure kaum noch Kraft besaß, seine Instrumente abzulesen, während seine Führer, abgehärtete Bergbewohner, ohnmächtig wurden. Während der Nichtgewöhnte in großen Höhen anfangs eine auch bei absoluter Ruhe nachweisbare, und bei Bewegung viel stärker auftretende Pulsbeschleunigung bekommt, wozu sich meistens Herzklopfen, Oppression und allgemeines Unbehagen gesellt, wird der Puls bei Gewöhnten nach 8—10 Tagen normal und nur seine Spannung bleibt erhöht. Ebenso verhält sich die Atmung, die anfangs häufiger, später normal wird.

Eine solche Höhenanpassung trat in besonders deutlicher Weise bei den an dem Besteigungsversuch des Mount Everest im Jahre 1922 Beteiligten zutage. Anfänglich stellten sich Atemnot und Kopfweh, und bei 5000 m Cheyne-Stokessche Atmung ein. Auf etwa zehn oberflächliche Atemzüge folgten einige, die allmählich tiefer wurden, und in drei oder vier tiefen Zügen gipfelten, die sich dann wieder verflachten, bis die Runde von neuem begann. Nach mehrwöchentlichem Aufenthalt schwanden alle unangenehmen Erscheinungen. Die Schnelligkeit der Angewöhnung zeigte sich auch bei schwieriger Bergarbeit. Die Anpassungsfähigkeit dauerte schon nach wenigen Tagen in einer Höhe von 6400 m an.

Was im Anfange in Überwindung von Schwierigkeiten Kampf gekostet hatte, wurde dann zu leichter Verrichtung. So wurde es möglich, ohne Sauerstoff bis 8200 m vorzudringen. In dieser großen Höhe vollzog sich gleichfalls die Anpassung sehr schnell.

Noch eine andere Erfahrung: In der Südbretagne ist die Luft so stark mit Salz getränkt, daß manche nach den ersten Tagen des Aufenthalts einen schmerzhaften, kolikartigen Zustand bekommen, der drei bis acht Tage andauert. Hat man ihn überstanden, so kehrt er nicht wieder.

Es gibt kaum ein Gewebe des Körpers, das durch eine geeignete Behandlung nicht zu einer Toleranz gegenüber einem sonst schädlichen Einfluß gezwungen werden, und kaum einen funktionsverändernden Stoff im weitesten Sinn des Begriffes, der durch Gewöhnung an ihn nicht teilweis oder ganz seine Wirkung an bestimmten Geweben verlieren kann. Nach meinen Versuchen scheint nur die Gruppe der den **Blutfarbstoff** verändernden Gifte und der Phosphor hierin eine Ausnahme zu machen.

Die Anpassung der Gewebe vollzieht sich, wie ich schon hervorhob, meistens in größerem Umfange nur für ein gewisses äußeres Verhältnis oder für einen bestimmten Stoff, während sie für einen selbst ähnlich wirkenden fehlen kann. Modifikationen dieses Erfahrungssatzes kommen vor. Einreibung von Krotonöl in die Haut des Kaninchenohres ruft für einige Wochen eine Art von Immunität hervor, die sich darin äußert, daß nach vollständigem Ablauf der Entzündung die betreffende Stelle auf eine erneute Einwirkung desselben Reizes nicht mehr in der gleichen Weise, sondern erheblich schwächer reagiert. Es ließ sich ferner nachweisen, daß auch eine Vorbehandlung mit anderen entzündungserregenden Stoffen die Haut gegen das Krotonöl widerstandsfähiger macht, und daß umgekehrt eine vorausgegangene Krotonölentzündung einen gewissen Schutz sogar gegen andere Entzündungserreger gewährt. Die Reizgewöhnung, die auch ohne sichtbare entzündliche Veränderung zu erzielen ist, kann mehrere Wochen anhalten, dann aber nicht gleichzeitig gegenüber allen gewebsreizenden Einflüssen schwinden, sondern am längsten gegenüber demjenigen Reizstoff bestehen bleiben, an den die Haut systematisch gewöhnt worden war. Analoges fand man im Experiment an Menschen. Behandelte man Psoriasiskranke mit dem Reizstoff Chrysarobin in ganz allmählich steigender Konzentration, so wurden die betreffenden Hautstellen nicht nur gegen Chrysarobin weniger empfindlich, sondern auch gegen andere Reize, wie z. B. gegen Kantharidenpflaster und Krotonöl. Hierbei zeigte sich, daß die Toleranz gegen diese letzteren Stoffe bei einer Kranken schon wieder verschwunden war, während die gegen Chrysarobin noch wochenlang anhielt.

Experiment und praktische Erfahrung liefern in allen diesen Beziehungen die gleichen Ergebnisse. Hundert- und tausendfach lehren sie, wie seitens des Menschen an die verschiedenartigsten Einflüsse Anpassung durch Gewöhnung stattfinden kann, und zwar soweit einzelne Organe, z. B. das Gehirn, oder der Gesamtorganismus in Frage kommen, so daß auch wohl ein dafür geeigneter Mensch als Präservativ gegen Schlangengift oder Cholera — wie dies einmal in Ostasien beobachtet wurde — sogar die strychninhaltigen Samen von *Strychnos Ignatii* oder *Strychnos nux vomica* ohne Steigerung der Menge Jahr und Tag innerlich gebrauchen kann.

Wie ist ein solches Verhalten zu erklären? Es leuchtet von vornherein ein, daß die jeweilig das Phänomen der Gewöhnung auslösende Ursache nicht auch den Grund der Gewöhnung abgeben kann, dieser vielmehr nur in dem betroffenen Individuum liegen muß. Schon fast 400 Jahre vor unserer Zeitrechnung wurde ausgesprochen: „Von allen Arznei- und Giftpflanzen werden die Wirkungen durch Gewohnheit schwächer. Bisweilen werden sie dadurch ganz unwirksam. Die Natur des Menschen besiegt sie, als wären sie keine Gifte mehr." Hier wird der menschliche Körper kraft seiner Organisation zum Zerstörer der Giftfähigkeit bzw. der Giftwirkungen gemacht. Anders etliche Jahrhunderte später Galen: Er erzählt, wie ein altes athenisches Weib sich dadurch an Schierling gewöhnt habe, daß sie, mit kleinen Mengen beginnend, zuletzt davon auch sehr große ungestraft hat nehmen können, weil „im Beginne die kleine Giftmenge nur durch ihre Kleinheit besiegt wurde, die Gewöhnung aber das Mittel zu einem natürlichen, verwandten machte".[1]

Mancherlei Vorstellungen über den letzten Grund des Geschehens bei der Gewöhnung, z. B. an Morphin oder an ähnlich wirkende Stoffe, sind möglich. Ich weise diejenige zurück, die darauf hinausläuft, es mehr als möglich sein zu lassen, daß nach Maßgabe der eingeführten Menge des Gewöhnungsstoffes sich im Körper ein in das Blutserum übergehendes Gegengift, ein „Antitoxin", bilde, das nicht nur die betreffenden Individuen schütze, sondern sogar in so reicher Menge erzeugt werde, daß auch fremde, dessen bedürftige Menschen noch von der antitoxischen Eigenschaft eines solchen Blutserums Vorteil haben können — eine um so befremdlichere und unwahrscheinlichere Annahme, als ja ein chronisch vergifteter Zellkomplex trotz anfangs gewiß erhöhten Kraftaufwandes für seinen Selbstschutz, weiterhin stets dem Gifte erliegt.

Tatsächlich haben aber nicht wenige, und darunter auch meine eigenen Versuche bewiesen, daß eine Bildung von „Antitoxinen" gegenüber Alkaloiden, Glykosiden, Stoffen aus der Fettreihe oder aromatischen Körpern oder unorganischen Stoffen nicht stattfindet. Es bildet sich kein Morphin- oder Kokain-Antitoxin im Blute, und wenn ein angebliches „antitoxisch wirkendes Serum" aus Tieren dargestellt worden ist, die mit einem dieser oder anderer Gifte chronisch ver-

---

[1] „ἐξ ἀρχῆς μὲν γὰρ ἐνικήθη τὸ βραχὺ δἰ αὐτὴν τὴν ὀλιγότητα τῷ δὲ ἐθισμῷ σύμφυτον ἐγένετο".

giftet wurden, so wolle man annehmen, daß es sich hier um eine unzulängliche Beobachtungskunst gehandelt habe, die auf keinem anderen Gebiete so wie gerade auf diesem Ereignis geworden ist. Der Spuk von Vermutungen verbreitet sich leicht infektiös und Nachbeter, deren die Welt voll ist, finden suggestiv das leicht, was sie glauben finden zu müssen, weil andere glauben, das Richtige gefunden zu haben. Falls irgendein „antitoxisches Serum" bei einem Kranken einen zeitlichen symptomatischen Erfolg erzeugt, so ist es, was ich zuerst bestimmt aussprach[1]) und was jetzt von sehr vielen als Überzeugung geteilt wird, das eingespritzte körperfremde Eiweiß, dem dies zuzuschreiben ist. Dies gilt auch für die sogenannten „Heilsera", die keinerlei „spezifisches Antitoxin" enthalten.

Ich halte es gleicherweise für unerwiesen und falsch, daß die Gewöhnung an Gifte, wie Morphin, auf die sich immer mehr steigernde Fähigkeit des Organismus, das Morphin zu zerstören, zurückzuführen sei und darauf beruhe. Schon der Nachweis, daß das Gehirn von Ratten, die gegen Morphin immunisiert worden sind, noch eine Stunde nach der Vergiftung, ohne Symptome zu zeigen, größere Giftmengen enthält, als das Gehirn eines nicht immunen Tieres, das durch eine solche Dosis schwer vergiftet ist, spricht dagegen.

Meine Auffassung über das Wesen der Gewöhnung an Gifte habe ich wiederholt zum Ausdruck gebracht[2]) und sie ist so Gemeingut geworden, daß mancher, der sich danach

---

[1]) L. Lewin, Gifte und Gegengifte. IX. Internat. Medizinischer Kongreß 1909. — Chemiker Zeitung 1909, Nr. 134. — Beiträge zur Lehre der Immunität gegen Gifte, 3 Teile. Deutsche Mediz. Wochenschrift 1898 u. 1899.

[2]) L. Lewin, Die Nebenwirkungen der Arzneimittel 2. u. 3. Aufl. 1899, S. 16 — Internat. Congreß, Budapest 1909, S. 10 — Enzyklopäd. d. Mediz. Artikel Morphin, 1910. — Die Wirkungen von Arzneimitteln und Giften auf das Auge, 1. u. 2. Aufl.

über das gleiche Problem vernehmen ließ und sie als zutreffend erkannt hat, schließlich in geistig kommunistischer Anwandlung der Meinung war, daß sie ihm entstamme sei.

Sie stellt sich in folgender Weise dar. Denkt man sich, es wirke ein reaktionsfähiger Stoff einmal auf gewisse Zellkomplexe im Körper ein, so wird irgendeine funktionelle, mehr oder minder erkennbare, ungewohnte Äußerung ihrerseits erfolgen. Die Rückkehr zum üblichen Zustande erfolgt, wenn außer der Erholung der beeinflußten Gewebe die einwirkende Substanz von ihnen frei wird. Bei häufiger Zufuhr eines mit chemischer Energie versehenen Stoffes findet aber weder das Eine noch das Andere statt. Jede neu eingeführte Menge findet noch Reste der früheren und eine eventuell irgendwie veränderte Funktionsfähigkeit des beeinflußten Gebietes vor.[1]) Während die Zelle durch ihr Leben, d. h. ihre durch chemische oder physikalische Vorgänge erlangten Spannkräfte, eine Zeitlang imstande ist, einen ihr zugeführten fremden, reaktiven, nicht assimilierbaren Stoff in irgendeiner Weise, auch in seinen Wirkungsfolgen zu überwinden, wird sie bei seiner immer wieder erneuten Zufuhr, in immer wieder erneuter Inanspruchnahme nicht nur nicht zur Ruhe kommen können, sondern es wird auch ihre Leistungsfähigkeit in dem Vollzuge ihrer üblichen funktionellen Aufgaben und der Überwindung des ihr wesensfremden, auf sie feindlich, reizend oder lähmend wirkenden Stoffes sich allmählich mindern. Jede neue Dosis findet eine Wirkungsbasis von minderer funktioneller Reaktionsfähigkeit vor. Um sie auf ein erforderliches Niveau zu heben, muß eine fortschreitende Steigerung des wirkenden Fremdstoffes erfolgen. Der Vorgang der Abstumpfung der Zellenergie wiederholt sich immer wieder von neuem, bis schließlich bei einer gewissen Dauer des ganzen Prozesses und einer bestimmten, individuell verschiedenen Menge des aufgenom-

---

[1]) L. Lewin, Untersuchungen über den Begriff der kumulativen Wirkung, Deutsche Mediz. Wochenschrift 1899, Nr. 43.

menen Stoffes die Lebensvorgänge in der Zelle nur noch ausreichen, um zu vegetieren, d. h. sich zu ernähren, aber weder genügen für die Abwehr bzw. die Regulation der ihr dauernd zugefügten Leistungsschädigung noch für eine normale physiologische Tätigkeit einschließlich der Aufrechterhaltung der notwendigen Wechselbeziehungen zu andersartigen Organen des Körpers.

Mithin beruht nach meiner Auffassung die Gewöhnung an Arzneimittel und Gifte, die ich als rein vitale Funktion ansehe, nicht auf einer erhöhten Leistungsfähigkeit, sondern auf einer progressiv zunehmenden, wahrscheinlich durch chemischen Einfluß bedingten Schwäche des Zellebens. Die Adaptation ist die erworbene Unfähigkeit, auf eine bestimmte Summe von Reiz in normaler Weise zu reagieren.

Durch diese wehrlose Schwäche, als Produkt der allmählichen Anpassung, wird in gewissen Grenzen eine Immunität für die Giftwirkung des Reizmittels erlangt. Wird durch ein Übermaß des Mittels die Toleranzzone weit überschritten, so treten Giftwirkungen wie bei Nichtgewöhnten ein: die vegetative Sphäre der geschwächten Zellgruppen wird in ihrer Existenz bedroht, und dann geraten auch Funktionen anderer in Unordnung, die von ihnen, auch regulatorisch, beeinflußt werden. Es besteht ja in gesundem Zustande ein inniger, harmonischer, funktioneller Zusammenhang der Körperorgane untereinander. Das normale Verhältnis läßt sich vielleicht als das einer Gesellschaft mit beschränkter Haftung auffassen, in der zwar die einzelnen Gesellschafter eine verschieden große Wertigkeit haben, die aber trotzdem die zweckmäßige Zusammenarbeit aller mit dem auf die Erhaltung normaler Gesamtlebensfunktionen gerichteten Ziel einschließt. Leidet ein Verpflichteter von ihnen, so werden andere in Mitleidenschaft gezogen, versuchen auch bis zu der Grenze ihrer Leistungshöhe für ihren Teil den vorhandenen primären Schaden auszugleichen, gehen dann aber nicht selten, bei dem Versagen ihrer Kraft, ihre eigenen, ihnen vorgeschriebenen Leidenswege. Das Gesellschaftsband ist in irgendeinem Umfange zerrissen und schwer oder nie wieder verknüpfbar. Solche Abhängigkeitsleiden können sich bei jeder krankhaften Störung aus irgendeiner Ursache herausbilden und schlimmer werden als das primäre Leiden.

Wird dem durch Gewöhnung funktionell anders gewordenen Organ, z. B. dem Gehirn, das verursachende Mittel in irgendeinem Umfange entzogen, so wird dadurch der bisher künstlich aufrechterhaltene Gleichgewichtszustand im Ertragen des fremden Einflusses und der Funktion in allen ihren Ausstrahlungen gestört. Das Zelleben war auf das Mittel eingestellt oder wurde von ihm beherrscht, und so tritt, wenn es fehlt, Verlangen danach ein. Es erinnert dies an den Salzhunger, den man bei langer Enthaltung dieser Substanz hat. So wie diese als notwendiger Bestandteil des Körpers eingeführt werden muß, so werden auch gewisse narkotische und sogar gewisse nichtnarkotische Mittel durch den gewohnheitsmäßigen Gebrauch für das Gehirn gewissermaßen zu integrierenden Bestandteilen, und ihr Fehlen wird so wie der eines elementaren Körperbestandteils empfunden. Man könnte auf diese Weise sagen, das Morphin z. B. werde für einen Morphinisten zu einem Hormon. Es tritt in die Körperverwandtschaft ein. Es wird, wie Galen es ausdrückte, „$\sigma\acute{v}\mu\varphi v\tau ov$".

So konnte ein Mann vier bis sechsmal täglich drei Jahre lang 0,1—0,2 g Chininsalz sich auf die Zunge schütten und, ohne Wasser zu trinken, verschlucken. Nach dem Grunde dieses eigenartigen Verlangens gefragt, gab er an, daß er die Wirkung des Mittels liebe. Wenn er es zu nehmen aufhörte, würde er verworren und könnte seinen geschäftlichen Pflichten nicht mehr ordentlich nachkommen. Und so ist es wahrscheinlich jenem alten Weibe ergangen, von dem Galen angab, daß es sich nach und nach an „Cicuta", d. h. an den gefleckten Schierling — wohl nicht an den Wasserschierling — gewöhnt habe, und so gewöhnten sich sogar die Völker, welche die Spanier auf der Küste von Paria trafen, an den Ätzkalk, mit dem sie ihre Geschmacksorgane reizten, wie es heute noch die Goajiros an der Mündung des Rio la Hacha und andere tun. Ein Entbehren dieses Reizmittels ruft Störungen in ihrem Allgemeinbefinden hervor.

Ob die Zellwirkung solcher Stoffe mit deren Bindung in der Zelle zusammenhängt[1]) und ohne eine solche nicht denkbar ist, darüber kann man nur Vermutungen hegen. Ich sehe eine Notwendigkeit einer solchen Annahme nicht ein, zumal gerade für die hauptsächlich hier in Frage kommenden narkotischen Stoffe, wie Morphin, Kokain usw., die Bindungsfähigkeit mit dem Zelleib bisher in irgendeiner Ausdrucksform vergeblich gesucht worden ist. Aber selbst, wenn dies der Fall sein sollte, so würde es an meiner analytischen Auffassung des Vorganges nichts ändern; denn letzten Endes ist es für den Erfolg gleichgültig, ob Bindung durch den Zelleib oder vielleicht nur Kontaktwirkung vorliegt. **Das Wesentliche liegt darin, daß die Zelle in die Abhängigkeit von einer solchen Substanz gerät.** Die Abhängigkeit kann zwangsweise durch deren Entziehung aufgehoben werden. Sie wird dann im günstigsten Falle durch die Kräfte, die immer noch in ihr sind oder die sie durch das Leben neu erhält, funktionell so wieder zu sich kommen, wie ein Chloroformierter oder Ätherisierter, bei welchem Ganglienzellen der Großhirnrinde in ihrer Funktion zeitlich gemindert oder ausgeschaltet waren, nach dem Fortlassen des Mittels wieder in den Normalzustand gelangt. Trotzdem kann in der funktionellen Konstitution der Zelle eine gewisse allgemeine Um-

---

[1]) **Santesson**, Skandinav. Archiv f. Physiologie, Bd. 25, 1911.

stimmung erfolgt sein, die nicht weicht und sich bei irgendeiner Gelegenheit durch leichte Rückfälligkeit in ihr altes Abhängigkeitsverhältnis von einem solchen Mittel bemerkbar macht. Veranlassung hierzu gibt bei dem betreffenden Menschen, bei geeigneter Gelegenheit, meistens die **Rückerinnerung an die Annehmlichkeitsgefühle**, von denen er in der früheren Gebrauchszeit umfangen war. Die zurückgebliebene allgemeine Willensschwäche — auch eine Folge der Umstimmung des Zellebens gleich derjenigen, die die alten Lustgefühle noch lebendig sein läßt — kann dem erneuten Gebrauch keinen Widerstand mehr entgegensetzen, und so erfolgt der Rückfall.

Hier wirken materielle Einflüsse. Ähnlich liegen ja aber auch die Verhältnisse in dem rein seelischen Empfindungsleben. Die Liebe zu einem Weibe kann z. B. zu einer Leidenschaft ausarten, gegen die es keine Wehr gibt, die das Leben des Liebenden in bezug auf Urteil, Wille und Tun so in andere Bahnen lenkt, daß sogar natürliche Hemmungen ausgeschaltet werden. Die Anpassung an dieses andersartige, neue Gefühlsleben erfolgt, selbst wenn dem Individuum daraus Nachteile erwachsen, um so sicherer und fester, je häufiger der persönliche Eindruck des geliebten Gegenstandes zur Wirkung kommt. Wird das Weib als Veranlasserin eines solchen Zustandes unauffindbar dem Gesichtskreis des Liebenden entzogen, so bleibt gewöhnlich eine reizbare Schwäche zurück, die ihn seinem früheren Zustande nicht leicht gleich werden läßt. Er lebt in der Rückerinnerung, die auch wohl verblassen, aber erneut zu der alten Leidenschaft mit allen ihren Folgen aufflammen kann, sobald das Weib wieder in seinen Gesichtskreis gerückt ist.

In Bezug auf die Annehmlichkeitsgefühle als Triebfedern des Gebrauches gibt es schon unter den einzelnen narkotisch wirkenden Stoffen weite Unterschiede. Sie sind die Ursache des größeren oder geringeren Verlangens danach. Der Grund solcher Verschiedenheiten ist exakt nicht angebbar. Wahrscheinlich liegt er in feineren Unterschieden ihrer Reizqualitäten. Bis jetzt vermögen wir als Grund der Wirkung und der durch Gewöhnung erlangten allmählichen Anpassung an solche Stoffe nur funktionelle Äußerungen der Zelle zu erkennen, die letzten Endes als chemische aufgefaßt werden sollten. Eine morphologische Veränderung an der Zelle war bisher sicher nicht zu erweisen. Wo Abweichungen im feineren mikroskopischen Gewebsbau von Gehirn und Rückenmark sich angeblich gezeigt haben, beruhten sie meiner Ansicht nach auf Beurteilungsfehlern. Selbst da, wo man im Experiment, z. B. bei der Gewöhnung an Hautreize, histologisch die betreffenden Hautstellen genau untersucht hat, fehlten pathologische Veränderungen. **Narkotika zeichnen ihre Wirkungen, erkennbar, nicht in das Nervensystem ein.** Trotzdem ist es möglich, daß Veränderungen vorhanden sind.

5. Immunität gegen Gifte.

Auf dem so vielgestaltigen Boden des Individualismus im weitesten Sinne des Begriffes erwächst bei bestimmten Lebewesen die Erscheinung einer deutlichen angeborenen, bisweilen, dem Anscheine nach, absoluten Immunität gegen bestimmte Vollbringer von Giftwirkungen oder andersartige Schädiger, die, wie auf den vorstehenden Blättern ausgeführt wurde, wenn überhaupt, so doch nur bis zu gewissen Grenzen durch allmähliche Gewöhnung an steigende Dosen erreichbar ist. Es sieht fast so aus, als ob nicht nur in einzelnen Tierklassen, sondern auch bei Menschen derartiges vorkommen könne, z. B. in bezug auf das Unterbleiben von Wirkungen bei solchen, die in großen, gefährlichen Epidemien den Umständen nach Krankheitsstoffe in sich haben aufnehmen müssen und dennoch gesund geblieben sind. Ich habe mich jedoch bisher nicht davon überzeugen können, daß bei Menschen eine Immunität von vornherein für bekannte chemische Gifte bestände. Wo man glaubte, eine solche annehmen zu dürfen, waren es wohl, wie z. B. bei der Einwirkung giftiger Gase, äußere Umstände, die auf das Nichtentstehen von Vergiftung bestimmend wirkten, oder es handelte sich um Mengen, die nicht ausreichten, um bei den Betreffenden, Unterempfindlichen, akute, in die Augen fallende Störungen hervorzurufen. Solche hochgradigen Unterempfindlichkeiten, wie sie z. B. für Äthylbromid, Äthylchlorid, Chloroform vorkommen, sind nicht den Immunitäten gleichzusetzen, die man bei manchen Tieren gegenüber Giften wahrnehmen kann, die unter allen Umständen bei Menschen Wirkungen zu veranlassen geeignet sind. In der Organisation solcher Tiere müssen in dieser Beziehung bestimmende Eigenheiten liegen, die sie manche Gifte — soweit dies erkennbar ist — unbeschadet aufnehmen lassen.

Von dem Igel, der bisher als ein in mancher Beziehung „giftfestes" Tier gegolten hat, erbrachte ich den Nachweis,[1]) daß er in der Tat z. B. große Mengen von spanischen Fliegen oder Kreuzottergift verträgt, daß diese Widerstandskraft jedoch nur eine relative ist. Ja, die Kreuzotter selbst erwies sich in meinen Versuchen nicht absolut immun gegen ihr eigenes Gift, sondern nur in einem bestimmten Mengenverhältnis. Außerdem zeigte sich bei ihr unter solchen Umständen eine beträchtliche Wirkungsverzögerung.

Auf diesem Gebiete gibt es jedoch so bestimmte weitere Beobachtungen auch über absolute Immunitäten gegen starke Gifte, daß man — die Richtigkeit vorausgesetzt — annehmen muß, daß dann eben bei solchen Lebewesen die Angriffsflächen dafür so anders als bei anderen Tieren und Menschen sind, daß eine toxische Reaktion nicht auslösbar ist. So wirkt z. B. *Mucor rhizopodiformis*, ein Schimmelpilz, auf Kaninchen giftig ein, auf Hunde gar nicht. Das Weizenälchen, *Tylenchus tritici*, lebt in Glyzerin vortrefflich, und

---

[1]) L. Lewin, Beiträge zur Lehre von der Immunität gegen Gifte, Deutsche Mediz. Wochenschrift 1898, S. 373.

Belladonna, Morphin, Atropin, Strychnin sind für dasselbe unschädlich. Dagegen geht es durch Metallsalze, Säuren und Alkalien zugrunde. Enten, Hühner und Tauben werden durch innerlich gereichtes Opium nicht vergiftet. Der Nashornvogel frißt die Samen von *Strychnos nux vomica*, Mäuse die des Taumellolches, Amseln Tollkirschen, Meisen die Samen von Stechapfel, Staare die Schierlingsamen, Kaninchen und Meerschweinchen Blätter und Früchte von Belladonna,[1]) Kühe, Schafe, Schweine angeblich Bilsenkraut, Schnecken Belladonnablätter, die Larve von *Deïopeïa pulchella* nährt sich von der sehr stark giftigen Calabarbohne, die Raupen von *Ornithoptera darsius* von einer giftigen Aristolochia, deren Gift sich, wie es scheint, dem Schmetterling mitteilt, die Oleanderraupe frißt die giftigen Oleanderblätter und *Cimex hyoscyami* die Bilsenkrautblätter. Wildschweine sollen begierig die Farnwurzel fressen, Kaninchen gegen Haschisch refraktär sein und Pferde in Guadeloupe begierig die bei Menschen Entzündung erzeugenden Blätter von *Rhus Toxicodendron* aufnehmen. Ziegen und Schafe verzehren im Kaukasus Veratrum, die Nieswurz, während Pferde und Kühe dort dadurch Giftwirkungen bekommen.

Zu solchen Rätseln gehört auch das Verhalten mancher Tiere gegen niedere Temperaturen. Kann doch der Gletscherfloh, *Desoria glacialis*, nicht nur auf den Firnfeldern umherspringen, sondern sogar wochen- und monatelang bei — 11° einfrieren, ohne an Lebensenergie einzubüßen, was im Flachlande auch der Schneefloh, *Degeeria*, kann. Und dabei bestehen sie doch aus Eiweiß! Andererseits vertragen die gewöhnlichen Flöhe nicht das Klima von Feuerland und gehen, dorthin eingeführt, zugrunde. Welche Annehmlichkeit für die Feuerländerinnen!

---

[1]) L. Lewin, l. c. Vgl. auch L. Lewin, Lehrbuch der Toxikologie, wo noch Immunitäten gegen viele andere Gifte angeführt werden.

Allenthalben auf diesem großen Gebiete, der Reaktivität, der Nichtreaktivität und der Andersreaktivität von Lebendem auf körperfremden oder körperheimischen Einfluß starren uns unlösbare Lebensrätsel entgegen. Sie zu lösen ist unmöglich, sie in ihren wechselvollen Äußerungsformen kennen zu lernen notwendig. Die auf die betäubenden und erregenden Genußmittel sich beziehenden gehen alle Menschen, auch diejenigen von selbstzufriedener Gleichgültigkeit, an. Sie gehören zu den Weltfragen, an deren Beantwortung ein jeder der Beteiligten — und wohl alle Menschen sind daran beteiligt — automatisch oder bewußt teilnehmen muß.

Betäubungsmittel.

1. Die Wirkungsart der Betäubungsmittel.

Die Stoffe, denen Wirkungen zukommen, wie ich sie zuvor allgemein geschildert habe, lassen sich in verschiedene Gruppen einteilen, die zwar nicht scharf voneinander trennbar sind, aber doch Unterschiede in der Wesenheit ihrer energetischen Fähigkeiten bzw. deren Äußerungs- und Verlaufsart aufweisen. Es ist ohne weiteres verständlich, daß bei einer Beeinflussung des Gehirns, mit einer verschiedenen reaktiven Wertigkeit einzelner seiner Teile auch in bezug auf scheinbar gleichartig wirkende Stoffe gerechnet werden muß. Selbst wenn man willig zugibt, daß die scheinbare Gleichartigkeit der letzteren in Wirklichkeit nicht besteht und nur aus Mangel an Erkennungsmöglichkeit den Eindruck der Wirkungsgleichartigkeit macht, so bleiben noch genug toxikologische Erfahrungstatsachen übrig, die dafür sprechen, daß der feinere chemische Bau einzelner Gehirnteile nicht summarisch als überall übereinstimmend gleich aufgefaßt werden darf. Es müssen in ihnen neben quantitativen auch qualitative chemische Unterschiede sowohl in der weißen als auch der grauen Gehirnsubstanz bestehen. Die bisherigen chemischen Untersuchungen sagen darüber herzlich wenig aus. Sie stellten z. B. fest, daß in der grauen Substanz die Menge des Eiweißes und der Leimbildner mehr als die Hälfte und in der weißen etwa ein Viertel der organischen Stoffe beträgt, die Menge des Cholesterins und der Fette in der grauen nur den dritten Teil und das Cerebrin etwa den zwanzigsten Teil so groß wie in der weißen Substanz ist usw.

Selbst wenn die genannten und andere Stoffe wirkliche Bestandteile und nicht Zersetzungsprodukte wären, so gäben sie nur über den chemischen Bau des toten Gehirns, aber nicht über denjenigen seiner Teile, und **gar nicht über die funktionierenden Stoffe des lebenden Auskunft**. Bestehen, wie ich annehme, Unterschiede, dann ließe sich verstehen, **warum an das Gehirn gelangende chemische Stoffe in dessen einzelnen Gebieten verschiedenartige oder verschieden starke Wirkungen auslösen**. Cholesterin, Phosphatide, Kephalin, Cerebroside sind nur Namensbezeichnungen für Stoffe, deren kausale Beteiligung weder an normalen noch krankhaften Betriebsvorgängen im Gehirn zu verstehen ist.

Unterschiede auch in den Lebensbedürfnissen verschiedener Gehirngebiete erschließe ich aus manchem Vergiftungsvorgange. So ist es z. B. bisher ganz unmöglich gewesen, auch nur näherungsweise zu verstehen, weshalb als Folge der Kohlenoxydvergiftung mit Vorliebe die basalen Ganglien, vor allem der Streifenhügel aber auch der Linsenkern, der Sehhügel und die Vierhügel betroffen werden. Die nächstliegende Annahme würde dahin gehen, bei diesen Gehirnteilen ein erhöhtes Bedürfnis nach sauerstoffhaltigem, unverändertem Blut vorauszusetzen, dem durch kohlenoxydhaltiges nicht genügt werden kann — nebenher vielleicht aber auch eine erhöhte chemische Reaktionsfähigkeit auf Stoffe, die aus Zersetzungsvorgängen in den genannten, in ihrer Ernährung gestörten Teilen selbst stammen.

Unterschiede in der Reaktionsfähigkeit einzelner Gehirnteile oder Punkte gegenüber gewissen chemischen Stoffen ergeben sich auch bei der Betrachtung des Verhaltens, z. B. des verlängerten Markes, zu narkotischen Stoffen. Während die Zentren der Großhirnrinde auf solche schnell mit Ausfall von Funktionsstücken reagieren, verlangt das Atmungszentrum für Funktionsänderungen viel mehr Zeit und wirkende Masse. Als Ursache eines so verschiedenen Verhaltens ist nicht allein die Höhe der wirkenden Dosis anzusprechen, denn wenn auch das Massenwirkungsgesetz in bezug auf Wirkungen von Arzneistoffen und Giften in einer gewissen Breite fraglos Geltung hat, so ist diese doch nicht mit derjenigen in Vergleich zu stellen, die sie in der Chemie besitzt.

Zu den konstanten reaktiven Äußerungen des Gehirns auf narkotische Stoffe gehört eine primäre Erregung. Ich betrachte es als eine allgemeine biologische Regel, daß eine Funktionsminderung irgendeines körperlichen Organs voraufgegangen wird von einer Funktionserhöhung, die der Ausdruck einer primären Reizung ist. Die Stärke einer solchen Reizwirkung und ihre Dauer hängt von der individuellen Leistungsbeschaffenheit des Gehirns und der Art der wirkenden Substanz ab. Sie ist immer vorhanden, wenn sie auch nicht immer grob sinnlich wahrnehmbar ist, und sie kann so groß sein, daß sie für eine gewisse Zeit die einzig erkennbare Reaktion darstellt.

Neben solchen durch die betreffenden Stoffe direkt hervorrufbaren Wirkungen am Zentralnervensystem kommen solche bei anderen Organfunktionen zustande, die, wie ich schon ausführte, als Abhängigkeitswirkungen zu bezeichnen sind. Wenn man an die überaus große, stetige Beeinflussung des körperlichen Lebens durch Gehirn und Rückenmark denkt, wie Herz und Atmung, Drüsen, Muskeln, Sinnesorgane usw., ja, meiner Überzeugung nach, auch die Nahrungsassimilationsvorgänge Arbeitsimpulse von den Nervenzentren aus erhalten, so wird ohne weiteres die Notwendigkeit klar, daß als Wirkungsfolge von narkotisch wirkenden Stoffen auch die in wesentlicher Abhängigkeit vom Nervensystem lebenden Organe beeinflußt werden. Was dadurch an Symptomen bewirkt wird, stellt, zusammen mit den primären Einflüssen auf Gehirn bzw. Rückenmark, das Wirkungsbild dieser Substanzen dar.

In welcher Weise die Gehirnbeeinflussung durch betäubende Stoffe sich letzten Endes vollzieht, dies zu erkennen, ist bisher niemand vergönnt gewesen. Weniger noch als dies! Selbst ein Ahnen der bei der künstlichen Erzeugung von Schlaf oder der Stillung von Schmerz sich abspielenden Vorgänge ist unmöglich. Keiner der vielen Deutungsversuche verdient Erwähnung. Sie sind kaum etwas anderes als Umschreibungen der Vorgänge selbst und fordern den Spott heraus.

Sind es chemische Wirkungen, die sich in der Nervenmasse, z. B. der Großhirnrinde, abspielen? Ich nehme es an und halte den Zweifel, der sich hiergegen erhebt und der durch die Kleinheit der Mengen begründet wird, die von manchen solcher Stoffe für die Herbeiführung einer Wirkung erforderlich sind, für nicht genügend begründet, um diese Anschauung umzustoßen. Denn wenn auch eine Menge von 0,0005 g Scopolaminsalz im Verhältnis zu der Gehirnmasse scheinbar so klein ist, daß Gehirnwirkungen, wie sie tatsächlich in Gestalt des Dämmerschlafes dadurch erzeugbar sind, überraschen, so ist doch zu bedenken, daß es sich hier wahrscheinlich nur um Einwirkungen auf bestimmte Zentren, d. h. Punkte der Gehirnmasse, handelt. Auf solche könnte das Narkoticum z. B. auch **katalytisch wirken**, also eine Zeitlang selbst chemisch unverändert bleiben und doch im lähmenden oder erregenden Sinn eine Wirkung auslösen, solange die Berührung an den beeinflußbaren Stellen dauert. Die Annahme bedarf keines Zwanges, daß das Scopolamin oder das Morphin auf diese Weise Funktionsvorgänge, deren das Gehirn fähig ist und die z. B. zum Schlaf führen, hemmen oder beschleunigen kann.

Für eine Gruppe solcher Stoffe, die Inhalationsanästhetika, wird ihre chemische Wirkung nähergerückt, weil sie die erkennbare Fähigkeit besitzen, lösend auf die fettartigen Stoffe des Gehirns zu wirken, also dadurch ohne weiteres als befähigt angesehen werden müssen, auch funktionell ändernd einwirken zu können. Was ich in dieser Weise vor Jahrzehnten als Wirkungsursache derartiger

Substanzen begründete[1]) und was literarische Wegelagerer aufgegriffen und unter ihrem Namen verbreitet haben, hat ein großes Maß von Wahrscheinlichkeit für sich. Das was dabei unverständlich ist, nämlich die Schnelligkeit der Wiederherstellung des Normalzustandes nach dem Fortfall der Stoffwirkung, entzieht sich der Erkenntnis. Die Annahme einer katalytischen Kontaktwirkung, wie sie bei anderen derartigen Stoffgruppen möglich ist, läßt demgegenüber für das Wiedereintreten der normalen Funktion keine Verstehensschwierigkeiten erwachsen.

2. Systematik der betäubenden und erregenden Genußmittel.

Die auf das Gehirn zeitweilig funktionsändernd wirkenden und zu Betäubungs- bzw. Erregungswirkungen benutzten Stoffe teile ich in die folgenden Gruppen:

Erste Gruppe: Euphorica, Seelenberuhigungsmittel. Stoffe, die des Verwenders Gefühls- und Empfindungsleben im weitesten Sinne des Begriffes und in irgendeinem Umfange mit erhaltenem oder teilweis oder ganz geschwundenem Bewußtsein mindern bzw. aufheben und in ihm seelisches und körperliches Behagen, auch mit Freisein von Affekten bewirken. In diese Reihe gehören Opium und seine Inhaltsstoffe, Morphin, Kodein usw. sowie Kokain.

Zweite Gruppe: Phantastica, Sinnestäuschungsmittel. Sie umfaßt in ihrem chemischen Bau weit auseinanderstehende Stoffreihen, pflanzliche Stoffe, die als eigentliche Phantastica zu bezeichnen sind. Ihre Vertreter, wie *Anhalonium Lewinii*, *Cannabis indica* und die tropein-

---

[1]) L. Lewin, Die Nebenwirkungen der Arzneimittel in allen Auflagen.

haltigen Pflanzen, rufen eine deutliche, auch in der Gestalt von Sinnestäuschungen, Halluzinationen, Illusionen und Visionen erkennbare Gehirnerregung hervor, die von Bewußtseinsstörungen und anderen Ausfallssymptomen von Gehirnfunktionen begleitet oder gefolgt sein können.

Dritte Gruppe: Inebriantia, Berauschungsmittel. Synthetisierbare Stoffe, wie Alkohol, Chloroform, Äther, Benzin, die nach einer primären Erregung von Gehirnzentren eine Erregbarkeitsabnahme eventuell bis zum zeitlichen Versagen derselben verursachen.

Vierte Gruppe: Hypnotica, Schlafmittel.

Fünfte Gruppe: Exzitantia, Erregungsmittel. Genußmittel aus dem Pflanzenreich, die in der Regel eine mehr oder minder in die Erscheinung tretende bzw. subjektiv empfundene Erregung des Gehirns ohne Bewußtseinsstörung hervorrufen. Hierher gehören z. B. koffeinhaltige Stoffe, Catha, Tabak, Betel u. a. m.

Euphorica. Seelenberuhigungsmittel.

Opium. Morphin.

1. Geschichte des Opium- und Morphingebrauchs als Genußmittel. Opiumproduktion. Opiumbewegung.

Die Verwendung von Opium und seinen Inhaltsstoffen als betäubende Genußmittel ist im Leben der Völker zu einer bedeutungsvollen Kalamität ausgewachsen, die, ungleich dem Alkoholismus, sich dem Laien am Einzelindividuum nicht verrät, aber seit den letzten Jahrzehnten und zumal seit dem Weltkriege auch in Volkskreise einzudringen beginnt, die bisher davon frei waren. Der Vorgang ist fast zu einer Seuche geworden, die die Staaten als berufene Bekämpfer von Seuchen nunmehr zu Abwehrmaßregeln aufgerüttelt hat. Deutschland ist in dieser Beziehung nicht besser als andere Länder, denn alles, was im Möglichkeitsbereich des Tuns von Menschen im Guten oder Schlechten liegt, knüpft sich an alles, was Menschenantlitz trägt.

Um über die hier auftauchenden Fragen zu sprechen, dazu gehört mehr als das Wissen der Gasse. Was ich aus eigenen Forschungen über solche narkotische und andere ähnliche Genußmittel entnehmen kann, und was ich an vielen in Leidenschaft zu ihnen verfallenen Menschen an den Gestaden des Stillen Ozeans und bei uns gesehen habe, soll den Inhalt der folgenden Blätter bilden.

Ich definiere diese Leidenschaft als den Zustand, in dem Menschen, ohne durch schweres, unheilbares körperliches

Leid dazu veranlaßt zu werden, suchtartig, gewohnheitsmäßig Opium, Morphin oder ähnliche Stoffe aufnehmen, um dadurch angenehme, lustartige Gehirnwirkungen zu erzielen, obschon sie wissen oder wissen könnten, daß sie diesen Mitteln schließlich Gesundheit und Leben als Tribut zahlen werden. Diese Definition schließt mithin Morphin chronisch gebrauchende unheilbare Kranke aus der Reihe der Morphinisten im landläufigen Sinne, der einen gewissen moralischen Vorwurf in sich schließt, aus, aber nicht diejenigen, die durch Morphingebrauch Kranke geworden sind.

Gegenüber den moralisch abwegigen Suchten, wie der Spielsucht, hat die Leidenschaft für narkotische Stoffe eine greifbare, materielle Grundlage, nämlich das betreffende Mittel, das verändernd auf die Funktion des Großhirns wirkt. Welche sonstigen Folgen sich auch immer daraus ergeben mögen — eine ist die entscheidende, nämlich der Verlust an Willensfestigkeit gegenüber dem Lockreiz des Morphins, Kokains usw. Die dadurch erzeugten Wirkungsimpulse sind dem Gebraucher so angenehm, daß dadurch auch die moralischen Widerstände gebrochen werden. Wirft man die Frage auf, ob Morphin und seinesgleichen etwa zu jenen Stoffen gehören, die als Reizmittel die vitale Energie des Gehirns zeitlich steigern, gegenüber den in der Welt immer mehr sich steigernden Anforderungen an das Individuum im Sein und Sichhalten, im Leistenmüssen und Leistenkönnen, so muß sie verneint werden. Stoffe, die dies zeitlich bewirken, haben eine andere Gestalt, sind Erregungsmittel, die das Gehirnleben andersartig beeinflussen.

So eigenartig und einzig die Stellung des Opiums und seines Morphins unter allen Arzneistoffen ist, so ohnegleichen ist schon das Wenige, was wir von seiner Geschichte wissen, obschon sie große Lücken hat. Fehlen aber auch Dokumente für deren Überbrückung, so vermag doch der Kundige durch das pharmakologische und toxikologische Gegenwartswissen induktiv Material für die Zusammenhänge und damit ein geschichtliches Gesamtbild zu liefern.

Aus der Zeiten Dunkel, der etwa 4000 Jahre zurückliegenden Steinzeitepoche, in der es Pfahlbaubewohner gab, tauchen nun deren Relikte, z. B. von den schweizerischen Seen auf, unter denen sich nicht nur die Samen, sondern auch die Fruchtkapseln des Mohns finden. Die Untersuchung der Samenkapseln läßt den Schluß zu, daß man es hier nicht etwa mit der Urform des Mohns, dem *Papaver setigerum*, sondern mit einer bereits aus dem Anbau stammenden Form zu tun habe. Ob die Kultur des Samenöles wegen, oder auch um den betäubenden Mohnsaft zu gewinnen, betrieben wurde, läßt sich nicht entscheiden. Man vermutet auch den letzteren Grund. Dies ist nicht ganz von der Hand zu weisen, weil die Erkenntnis der betäubenden Wirkung des Mohnsaftes bei der Kultur dieser Pflanze leicht erworben werden konnte — schon wenn man aus Neugierde den bei einer zufälligen Verletzung des Mohnkopfes ausfließenden und verhärteten Saft einmal gekostet hatte. Der Schritt zu seiner Verwendung als Betäubungsmittel wäre dann nicht mehr groß. Es würden die Bewohner der Schweizer Seen freilich eine Sonderstellung unter den sonstigen Bewohnern von Pfahlbauten darstellen.

Festere und schlüssigere Anhaltspunkte für die älteste Geschichte des Opiums und der Kenntnis seiner Wirkungen liefern die schriftlichen Dokumente sehr früher Zeit, z. B. des Homer. Damals war aber bereits der Gebrauch der Nepenthes, des Vergessenheitstrankes, so bekannt, daß man von der damaligen Zeit wahrscheinlich noch sehr weit zurückgehen müßte, um an den Beginn des Wissens der Wirkung dieses Stoffes zu gelangen. Denn Nepenthes war ein Opiumpräparat. Deutungen mit anderem Ergebnis wurden von solchen gemacht, denen die hier entscheidende Opiumwirkung fremd war — darunter Philologen und auch handwerkerliche Fakultätsmänner.

In der Odyssee wird berichtet, daß, als Telemach bei Menelaos in Sparta war und die Erinnerung an Odysseus und andere Kriegsmänner eine weinerliche Stimmung erzeugt hatte, die Menelaos durch ein Mahl zu beenden wünschte, Helena einen eigentümlichen Trank hergestellt habe: Sie

> *Warf alsbald in den Wein, von dem sie tranken, ein Mittel*
> *Kummer zu scheuchen und Gram und jeglichen Leides Gedächtnis.*
> *Wer von diesem genoß, nachdem in den Krug es gemischt ward,*
> *Nicht an dem ganzen Tage benetzt ihm die Träne das Antlitz,*
> *Nicht ob selbst gestorben ihm wär' die Mutter, der Vater,*
> *Nicht ob den Bruder vor ihm, ob selbst den geliebtesten Sohn ihm*
> *Tötete feindliches Erz, und er mit den Augen es sähe.*
> *Solcherlei zaubrische Mittel besaß sie, die Tochter des Gottes,*
> *Wirksame, die ihr schenkte die Gattin des Thon, Polydamna,*
> *Eine Aegypterin...*

Es gibt nur einen Stoff auf der Welt, der so wirkt, und das ist Opium, der Träger des Morphin. Sein entscheidendes Wirkungscharakteristikum, zumal nach häufigerem Gebrauch, ist eben die völlige Gleichgültigkeit gegen alles andere, was nicht Ich ist. Die treffende Schilderung, die Homer hier von diesem Zustande gibt, ist offensichtlich der feste Erfahrungsinhalt von Beobachtungen an Opiophagen, d. h. an Menschen, die zu ihrem Vergnügen chronisch Opium aufnahmen, da eine einmalige Dosis die hier richtig in den Vordergrund gerückte, allgemeine, auf das seelische Leben gerichtete Wirkung desselben nur ganz ausnahmsweise einmal, und selbst dann nicht für so lange Zeit erzeugt. Es ist nicht poetische Lizenz, sondern dem Wirklichkeitsleben entnommen, daß von dem ganzen Tag gesprochen wird, an dem Gemütsbewegungen dem unter dem chronischen Opiumeinfluß Stehenden fernbleiben.

Diese Schilderung legt aber noch eine ganz andere Annahme nahe, nämlich daß Nepenthes auch von Kriegern vor der Schlacht gebraucht worden ist, um die Empfindung von Gefahr nicht aufkommen zu lassen, denn im wesentlichen wird hier, bei Homer, ja nur von Abstumpfung der Seele gegenüber erschütternden Schlachtvorkommnissen gesprochen, die sich ebensogut vor Troja wie anderwärts ereignen konnten und meiner Überzeugung nach sich ereignet haben. Damit wird aber auch die Verbindung zu Jahrhunderte und Jahrtausende später geübter Verwendung des Opiums für den gleichen Zweck gewonnen. Wahrscheinlich haben nur Wissende, „Helden", davon Gebrauch gemacht, denn nicht jedem war dieser Stoff und die Kenntnis seiner Wirkung zugänglich. Helena wird einen solchen Opiumtrank mehr als dieses eine Mal und für andersartige Gelegenheiten und für andere Begehrende ihres Kreises bereitet haben. Sie hat Stoff und Belehrung von der Ägypterin Polydamna erhalten — ein bedeutsamer Hinweis auf das früheste Produktionsland des Mohns[1]).

Im Papyrus Ebers findet sich ein Kapitel mit der Überschrift: „Heilmittel zum Vertreiben übermäßigen Kindergeschreies." Dort wird berichtet, daß für diesen Zweck „špenn, die Körner der špenn-Pflanze, mit Fliegendreck, der an der Wand ist, zu einer Masse zusammengerührt, durchgeseiht, und an vier Tagen eingegeben wird. Das Geschrei höre sogleich auf." Die Annahme hat eine gute Begründung, daß es sich hier um Mohnwirkung gehandelt habe. Entweder wurden die unreifen Samen — die reifen sind unwirksam — oder der Mohnkopf verwendet, wie noch heute in Europa und in Ägypten Kinder mit diesen Stoffen — freilich nicht gar so selten mit tötlichem Ausgange — „beruhigt" werden.

---

[1]) In späterer Zeit hieß die Stadt Sykion wegen ihrer Mohnkulturen Mekone, d. i. Mohnstadt.

Die Mohnkultur hat sich dann wahrscheinlich über Kleinasien, das man heute — wie ich glaube, unerwiesen — als Wiege des Opiums bezeichnet, ausgedehnt und ist so auch nach Griechenland und Rom und weiter gekommen. Wie in Indien, wird auch in Ägypten in frühester Zeit Verordnung und Abgabe solcher Stoffe — als Geheimwissenschaft — in der Hand der Priester gelegen haben. Manches dunkle historische Ereignis kann im Lichte der Erkenntnis der Wirkung des Opiums, das aus solcher Quelle floß, Aufklärung finden. So ist oft genug die Verwendung eines hochenergetischen Arzneistoffes aus dem Kreis der menschenfreundlichen Tat in den politischer oder individueller Erwerbs- oder Rachsucht getreten.[1].

Bildliche Darstellungen des Mohns finden sich in großer Zahl auf späteren römischen Münzen. Innerhalb des jüdischen Geschichtskreises scheint es bisher nur solche auf Kupfermünzen von Johann Hyrkan (135—106 alter Zeitrechnung), dem Fürsten und Hohenpriester aus dem Geschlechte der Makkabäer zu geben.

Die Verführungskraft zu immer erneuter Verwendung, die im Opium liegt, wird — dafür sprechen nun millionenfache Erfahrungen und die Artung des Menschen — auch Gebraucher aus leidenschaftlicher Sucht sich in einen weltentfremdeten Zustand zu versetzen, geschaffen haben, auch in Rom und Griechenland, wo schon die kurzen Schilderungen seiner Gewinnung von Naturkundigen, wie von Theophrast aus dem dritten Jahrhundert vor, oder von Plinius und Dioskorides aus dem ersten Jahrhundert nach der jetzigen Zeitrechnung, erkennen lassen, wie gut man auch die Giftwirkungen des Stoffes erkannt hatte, die so hoch eingeschätzt wurden, daß Diagoras aus Melos schon im fünften und Erasistratus im dritten vorchristlichen Jahr-

---

[1] L. Lewin, Die Gifte in der Weltgeschichte 1921.

hundert rieten, das Opium aus dem Grunde ganz zu meiden. Es ist aber

..... *Lethaeo perfusa papavera somno* [1])

.. *Der Mohn, getränkt mit lethäischem Schlummer*

nie gemieden worden, und nicht nur der den Garten der Hesperiden bewohnende und schützende Drache unterlag seiner Wirkung, wenn die Priesterin des Tempels der Hesperiden, der im äußersten Mohrenland, am Ende des großen Weltmeeres liegt, wo die Sonne untergeht und der große Berg Atlas auf seinen Schultern den Himmel trägt:

Spargens humida melle soporiferumque papaver

...*mit tauigem Honig betäubenden Mohn ihm gegeben* [2])

sondern auch ungezählte Menschenscharen.

Man wolle ferner darauf achten, daß der Mohnkopf auch in die Mysterien der Ceres gehört, denn sie genoß Mohn, „um den Schmerz zu vergessen", „*ad oblivionem doloris*". Daher hat eine Isis-Ceres mit der Fackel in einem irdenen Bildchen Mohnköpfe in der Hand.[3]) Allenthalben begegnet man in der antiken Kunst, in Verbindung mit Mythologie, dem Mohn als Sinnbild des Schlafes, und sogar der Personifikation des Schlafbringers, des schlafspendenden Gottes, des ὑπνοδότης, als eines bärtigen Mannes, der sich über die schlafende Person

---

[1]) Virgil, Georgicon Lib. I, v. 78.

[2]) Virgil, Aeneis, Lib. IV, v. 486. Hierzu auch: Ovid, Fastor, Lib. IV, 532, 547, 661.

[3]) Böttiger, Ideen, II, 496. Hier wird auch die Frage aufgeworfen, ob vielleicht in den Mysterien der *Ceres Lethe* gereicht wurde? Kennt man die Auswirkung der verführerischen Kraft des Mohnsaftes, so wird dies als wahrscheinlich beantwortet werden müssen.

herabbiegt und aus einem in der Hand gehaltenen Horn, einem Trinkhorn, Mohnsaft auf die Augenlider des Schlafenden gießt.

Auf dem Sarge der schlafenden Ariadne neigt sich über sie der bärtige Schlafgott, der Mohnköpfe und das Opiumhorn trägt. Auch als jungen Genius mit dem Mohn und dem Opiumhorn, oder mit dem Mohnstengel in den Händen findet man den „Somnus", den Schlafgott, in späterer Zeit abgebildet.

Um Hannibal von Rom fernzuhalten und ihn mit dies bewirkenden Träumen zu erfüllen, ruft Juno:

Somnus herbei, den sie so oft benutzt, um ihres Gemahles Augen zu schließen, wenngleich er den Schlaf zu haben nicht wollte.
Ohne Verweilen gehorcht der Berufene. Fertigen Mohnsaft Hat er im Horne bereit und enteilt durch nächtliches Dunkel Still zu des Puniers Zelt und taut auf die Augen ihm Ruhe.[1]

Die Nacht wie der Schlaf wohnen beide in einer Behausung, die, nach Lucians romanhaftem Gemälde, von Mohnpflanzungen umgeben ist. Sie erscheinen mit der sinkenden Sonne, mit Mohn die Stirn umkränzt, im Gefolge flatternder Träume, übergießen den Menschen mit ihrem Schlummer erregenden Mohn und fesseln seine Glieder.

Die hier und da, seit der Wirkungserkenntnis immer geübte Opiophagie wuchs mit der Verbreitung des Wissens über die euphorische Wirkung des Stoffes. Wie konnte es auch anders sein, wo dieses nach dem Schwinden der früheren Ex-

---

[1] Silius, De bello punico, Lib. X, 353:
„Per tenebras portas medicata papavera cornu.
— — — — quatit inde soporas
Deyexo capiti pennas, oculisque quietem
Irrorat tangens Lethaea tempora virga."

klusivität, jedem verständlich, Allgemeingut geworden sein dürfte. Es mußte zum Versuche verleiten, also zu dem ersten verlangenden Schritt auf der Bahn zur Dauersucht. Ein oder das andere Zeugnis über diesen, zu allen Zeiten das Licht gescheut habenden Gebrauch hat uns die Zeit aufbewahrt. So wird z. B. aus dem zweiten Jahrhundert berichtet, daß Lysis vier Drachmen, also etwa 16 g, Mohnsaft ohne Schaden genommen habe[1]). Dies muß ein ausgepichter Opiophag gewesen sein, sonst wäre eine solche Toleranz unmöglich gewesen. In der Zeit der großen arabischen Ärzte des 10. bis dreizehnten Jahrhunderts, nahm die Verbreitung dieser Opiumsucht auch durch die Eroberungszüge der Mohammedaner von Kleinasien aus fast über die ganze damals bekannte Welt zu. Die größten Erfolge, die Wunderkuren, die Paracelsus im Beginne des sechzehnten Jahrhunderts gerade mit Opium erzielte, haben gewiß auch chronische Gebraucher desselben geschaffen — vielleicht in erster Reihe Paracelsus selbst: „Ich hab ein Arkanum, heiß ich Laudanum, ist über das alles, wo es zum Tode weichen will." Sein späteres Leben und Tun macht den Eindruck, als sei er Opiophag gewesen. Ich glaube, daß dies der Wahrheit sehr nahe liegt. Menschengebaren seiner Art habe ich bei manchem Morphinisten gesehen.

Schon aus seiner Zeit — um das Jahr 1546 — berichtet ein französischer Naturforscher Belon, der Kleinasien und Ägypten durchwandert hat, über die große Ausdehnung der Leidenschaft für Opiumgenuß bei den Türken. „Es gibt keinen Türken, der für sein letztes Geld sich nicht Opium kaufte, das er in Friedens- und Kriegszeiten bei sich trägt. Der Grund für das Opiumessen liegt in der Überzeugung, daß sie dadurch kühner werden, einen beherzten

---

[1]) Sextus Empiricus, Hypotyposeon, Ed. Becker: „Λῦσις δὲ καὶ μηκωνείου τέσσαρας ὁλκὰς ἀλύπως ἐλάμβανε".

Mut bekommen, und die Gefahren des Krieges weniger fürchten. Wenn es Krieg gibt, wird so viel von dem Mittel aufgekauft, daß im Lande kaum noch davon etwas zu finden ist." Er sah einen Opiumesser auf einmal 2 g nehmen, und als er ihm abgewogene 4 g schenkte, diese auf einmal ohne jeden Schaden aufessen. Schon damals fand ein beträchtlicher Export von Opium nach Persien, Indien und Europa statt. Belon vermeldet, daß damals nach den beiden erstgenannten Gebieten 50 Kamele, mit Opium beladen, gezogen seien. Was immer die Triebfeder für dessen Gebrauch gewesen ist: die Ausschaltung körperlicher oder geistiger Unlustgefühle bezeichnet schon aus dem Beginn des sechzehnten Jahrhunderts der portugiesische Botaniker Garcias ab Horto auch für die Indier, die er in Goa als Opiumgebraucher kennengelernt hat, und er machte sogar schon die Beobachtung, daß, wenn solche genug Opium genommen hatten, sie „gelehrt über alles mögliche sprachen. So viel vermöge die Gewöhnung".

In Europa wuchs durch den Import aus dem Osten die Zahl der Adepten für diesen Stoff, der, vielleicht anfangs als Arzneistoff genommen, sein Opfer nicht mehr freigab. Ich kenne Mitteilungen aus dem sechzehnten bis achtzehnten Jahrhundert, nach denen in Deutschland Menschen ärztlich beobachtet worden sind, die „dem Opiumessen ergeben", davon bis zu etwa 40 g täglich verbrauchten und danach nur „stumpfsinnig und dauernd schläfrig benommen" waren. Von einigen solcher wird angegeben, daß sie über viele Jahre das Opiumeinnehmen in steigenden Mengen fortgesetzt hätten, daß z. B. eine Frau in 14 Jahren 63 Pfund „flüssiges Laudanum", d. h. Opiumtinktur, eine andere 19 Jahre lang täglich 4 g Opium, also, insgesamt etwa 27 kg verbrauchte, und daß eine dritte, die sich infolge einer Zufallsverletzung dadurch schmerzfrei zu werden genötigt sah, in 34 Jahren davon angeblich 100 kg Opium in ihren Körper gebracht habe.

Aus dem Ende des 16. Jahrhunderts berichtet Prospero Alpini, daß es unter den Ägyptern solche gäbe, die durch allmähliche Gewöhnung täglich 12 g Opium ohne Nachteil nähmen[1]). Es hat später, z. B. im 17. Jahrhundert, Ärzte, wie Sydenham, gegeben, die begeisterte Verbreiter des Opiums durch Empfehlung nicht nur für allen Schmerz gewesen sind. Infolgedessen sah man Opium „als eine Gotteshand", als „geheiligten Lebensanker" an.

Von den so überaus vielen, die ihm in den weiteren Jahrhunderten als Sklaven anheimfielen und umkamen, liegen, außer vereinzelten ärztlichen Berichten, nur wenige Selbstbeobachtungen vor. Eine solche, die etwa 50 Jahre umfaßt, stammt von einem englischen Schriftsteller de Quincy[2]), der wegen neuralgischer Beschwerden zu siebzehn Jahren mit dem Einnehmen von Opiumtinktur begann, acht Jahre keine Beschwerden dadurch empfand, dann in ein Stadium eintrat, in dem ihm „der göttliche Mohnsaft so notwendig wie das Atemholen wurde", und er davon täglich ein Glas voll mit Portwein und Wasser vermischt, trank. Erneut auftretende Körperbeschwerden machten ihn zu einem „determined opium eater". Nach acht Jahren nahm er täglich 8000 Tropfen, also etwa 20 g der Opiumtinktur zu sich. In einem weiteren Jahr, welches „wie ein Edelstein vom reinsten Wasser in seiner dunklen Einfassung von Vergangenheit und Zukunft strahlte", war ihm eine Herabsetzung der täglichen Dosis auf den achten Teil geglückt — auf lange Zeit der letzte Lichtblick in seinem Leben, in dem er in den Bann dieser Zaubermacht gespannt war. Trotz erneuten Ansteigens in den verbrauchten Mengen glaubte er dem Opium

---

[1]) Prosp. Alpini, De medicina Aegyptorum, Lugduni Batav. 1745: „Longo tempore sic illi assuescumt, ut mox, vel trium etiam drachmarum pondus aliqui tuto per os assumere audeant".

[2]) Confessions of an English Opium-eater, London 1821. Auch ins Deutsche übersetzt: Bekenntnisse eines Opiumessers, Stuttgart 1886.

Glückeszeiten verdankt zu haben — bis zu dem Zeitpunkt, wo das Opiumelend, die Opiumleiden, begannen.

Alle erfahren diese Leiden. Körper und Seele sind verkauft. Der Erlös wird schnell durch die Opiumwonnen verjubelt. Die bittere, reuedurchflochtene Not des materiellen und geistigen Ichs folgt unerbittlich. So erfuhr es auch der englische Dichter Coleridge, der an manchen Tagen 20 bis 25 g Opiumtinktur verbraucht hat, und so brach das Unglück auch über Francis Thompson, der zu den begabtesten unter den jüngeren englischen Dichtern gehörte, herein.

Daß auch einzelne Ärzte schon frühzeitig dem Opiumgenuß frönten, ist bekannt. Man wußte in jenen Zeiten sogar schon, daß Opiumgewöhnte durch Substitution gleichgültiger Mittel sich nicht täuschen ließen, weil sie wie die heutigen Morphinisten, „unerträgliche Schmerzen bekamen".

Auf dem Wege über Persien brachten schon im achten Jahrhundert Araber den Mohn und die Kenntnis seiner schlafmachenden Wirkung nach Indien und China — China, das an Zahl ein Viertel der ganzen Menschheit in sich schließt. Vor der Tang-Dynastie war er dort unbekannt. Etwa um 973 wurde er, der den Namen Ying-tzŭ-su führte, offiziell in das medizinische Werk K'ai-pao-pên-tsǎo aufgenommen, und um die gleiche Zeit findet sich bereits in einem Gedicht des Su Tung-P'a die Empfehlung des Mohngetränks, die den Eindruck macht, als wenn auch anderes und angenehmeres als die Heilwirkung gegen Dysenterie u. a. m. dadurch bezeichnet werden sollte. Zu Beginn des zwölften Jahrhunderts stellte man Opiumkuchen aus dem eingedickten Milchsaft des Mohns in Form eines Fisches dar, gewiß nicht nur für arzneiliche Zwecke. Im letzten Teil des fünfzehnten Jahrhunderts bestand bereits ein beträchtlicher Handel in China mit einheimischem und von anderwärts her eingeführtem Opium. Gegen Ende der Ming-Dynastie — der letzte Ming-Kaiser herrschte von 1628—1644 — als das Tabakrauchen verboten wurde, kam die Übung auf, Opium zu rauchen, die sich später, wie noch um 1793 die nach China geschickte Gesandtschaft berichtete, in die Gewohnheit wandelte, Tabak mit etwas Opium zu rauchen. Als 1729, vorzugsweise durch die Portugiesen aus Goa, 200 Kisten Opium eingeführt worden waren, erließ der Kaiser Yung Ching ein strenges Verbot gegen Opiumverkauf und Opiumrauchen. Um 1790 wurden jährlich schon über 4000 Kisten, 1830 16000, 1838 mehr als 25000 und 1858 70000 Kisten eingeführt. Der Gebrauch des Opiums als Genußmittel wuchs schnell zu großer Höhe an, damit auch der Opiumschmuggel, gegen den im Jahre 1800 erneute Maßregeln getroffen worden waren. Das letzte Verbot, Opium in China einzuführen, stammt aus dem Jahre 1820. Es hatte, da die Engländer darin eine Benachteiligung ihres Handels erblickten, den „Opiumkrieg" zur Folge, der mit der Zerstörung von 20000 Kisten Opium seitens der Chinesen begann, und der sich von 1834 bis 1842 hinzog und die Chinesen schließlich dahin brachte, den Frieden mit bedeutenden territorialen und Geldverlusten zu erkaufen. Schon nach fünfzehn weiteren Jahren folgte ein zweiter Krieg, der gleichfalls für China unglücklich endete. Im Vertrage von Tientsin wurde der Opiumhandel in China legalisiert[1]). In dieser harten Not entschloß sich China, selbst Mohn zu bauen, wofür große Landstrecken unter Aufgeben von Nahrungsfruchtbau in Angriff genommen wurden. Unterdessen hatte die Leidenschaft des Opiumrauchens weite Kreise des Volkes ergriffen und wuchs wahrscheinlich beträchtlich mit der leichteren Erlangbarkeit des Mittels im Inlande.

Eine neue Wandlung trat 1906 ein. Nach einem Jahrhundert der Demoralisation durch Opium entschloß sich

---

[1]) Wells, Middle Kingdom cit. nach Lamotte, The Opium Monopoly 1920. Diese Zusammenstellung mit ihren neuesten statistischen Angaben ist in diesem Kapitel mehrfach benutzt worden.

China, den Mohnanbau aufzugeben. Nach einem Übereinkommen mit England sollte derselbe in zehn Jahren progressiv gemindert werden, während England in derselben Progression den Import von Opium nach China einschränken sollte. Diesem Abkommen hat das Jahr 1917 das Ende und einen gewissen Erfolg gebracht: eine Provinz nach der anderen verlor überraschend schnell die Mohnkultur, und der englische Import hörte offiziell auf. Der heimliche Anbau von Mohn ist unter schwerste Strafe gestellt worden. Leider aber fehlt China die Kontrollmöglichkeit über den Handel in den fremden Konzessionsgebieten, z. B. in Schanghai, Hongkong und Macao. Hier wie an noch anderen Stellen kann der Chinese Opium kaufen und es eventuell weiterhin verhandeln. In Macao wird Rauchopium hergestellt, das, da eine offene Einfuhr nach China unter den heutigen Verhältnissen unmöglich ist, ausschließlich durch Schmuggelhandel verbreitet wird. Ein beträchtlicher Teil findet natürlich am Orte selbst in den bekannten Opiumhöhlen Verwendung, in denen, wie ich es anderwärts sah, die von dem Mittel Bezwungenen auf mehrstöckigen, den Brotgestellen im Backraum ähnlichen Lagerstellen liegen und den höchsten Genuß ihres Erdendaseins auskosten.

Die Frage, wo die beträchtlichen Mengen von Opium bleiben, die in Britisch-Indien, z. B. in Patna, Malva, Benares, produziert werden, legt mehr als die Möglichkeit nahe, daß sie auf Umwegen auch nach China gelangen. Dieses, in den „vereinigten Provinzen" gewonnene ist Monopol-Opium. Die gesamte Produktion muß für einen festgesetzten Preis an Regierungsagenten abgegeben werden. Es gelangt dann an die Regierungsmanufaktur in Ghazipur, um dort marktfähig gemacht zu werden. Allmonatlich werden in Kalkutta Auktionen dieser Ware abgehalten. Das in den Eingeborenenstaaten von Rajputana und Zentralindien gewonnene Produkt, das beim Eingang in das Regierungsgebiet einem Zoll unterliegt, wird wie englisches bezahlt.

In den Freihäfen vor der Seezollsperre liegen nach einer neuen Mitteilung[1]) seit Jahren große Mengen von indischem Opium im Werte von unschätzbaren Millionen. Im Jahre 1912 wurde der Wert des nur in Schanghai lagernden Opiums auf 11 Millionen Pfund Sterling geschätzt. Es kann, nach den Verträgen, China nicht überschwemmen, wenn der Nachweis nicht erbracht werden kann, daß in China selbst noch Opium angebaut wird. Die große Mühewaltung, die China zur Erreichung des Zieles des Freiwerdens vom Opium, das seine weitere Lebensbedingung und Entwicklung in sich schließt, entfaltet hat, ließ auch im entlegensten Winkel des eigentlichen Reiches auf früheren bunten Mohnfeldern Hirse und Baumwolle aufsprießen. Dieser wirklich gute Wille scheint nun zu einem Teil dadurch im Ergebnis beeinträchtigt zu werden, daß die Barbarenstämme Osttibets, die, obschon zum größten Teil unabhängig, doch nach dem Wortlaute des Opiumvertrages gebietsmäßig zu China gehören, in ihren weltfernen, einsamen, schwer auffindbaren Gebirgswildnissen, wohin die chinesische Macht und bezahlte Kundschafter nur selten und schwer gelangen können, den Mohn wachsen lassen und seinen Saft auf Schmuggelpfaden nach China einbringen.

Im eigentlichen Tibet haben merkwürdigerweise die Chinesen die Opiumleidenschaft den Eingeborenen bisher nicht in nennenswertem Umfange beigebracht.

Neuerdings ist Japan als größter Opiumkäufer in Kalkutta aufgetreten[2]). Die Ware geht nach Kobe und von dort nach Tsingtau. In Japan sollen sehr beträchtliche Mengen von Morphin hergestellt werden, das durch japanische, mit Formosapässen versehene Händler bis nach

---

[1]) Stötzner, Ins unerforschte Tibet, 1924, S. 106.
[2]) North China Herald 1910. — New York Times 1919. — Weale in Asia 1919. — Macdonald, Trade Politics and Christianity 1916. L. Lewin, Phantastica.

der Mandschurei vertrieben wird. Von Tsingtau aus geht es über die Schantungprovinz, Nganhwei und Kiangsu, von Formosa zusammen auch mit Opium, nach Fokien und Kwangtung. Auf diese Weise wird China mit den beiden Produkten von dieser Seite organisiert überschwemmt. Man schätzte ihre Gesamtmenge auf 20 tons im Jahr. Eine Morphineinspritzung kostet 3 bis 4 Cents.

Der Export von Morphin aus England nach Ostasien wuchs bis 1914. Er betrug:

1911	5½ tons
1912	7½ ,,
1913	11¼ ,,
1914	14 ,,

Nach japanischen Quellen wäre in der Neuzeit der Export von Morphin aus England von 600 229 Unzen in 1917 auf ein Viertel dieser Menge in 1918 gesunken — was durch die Darstellung dieses Stoffes in Japan Erklärung fände.

Was diese neue Morphinphase in der Geschichte des Opiumgebrauches für das Leben der Ostasiaten bedeutet, zumal wenn, wie sicher anzunehmen ist, das Morphin in größerem Umfange seinen Siegeszug fortsetzen sollte, davon geben die bisherigen Erfahrungen in Europa Kunde. Schon wird von zahlreichen Opfern des Morphinismus in Niutschwang aus den Jahren 1914 und 1915 berichtet. Schon vor Jahren wurde mitgeteilt, daß ein alter Opiumraucher den brennenden Wunsch gehabt hat von seiner traurigen Gewohnheit befreit zu werden. Für die Erfüllung desselben setzte er eine namhafte Belohnung aus. Einer seiner Landsleute, der von einem fremden Arzte die Verwendungsweise des Morphins kennengelernt hatte, machte sich anheischig, ihn zu heilen und unterzog ihn einer Behandlung mit Morphineinspritzungen. Die dadurch hervorgerufenen Sensationen erschienen dem Opiumraucher so angenehm, daß er sehr bald von seiner Opiumpfeife abließ. Der Heilkünstler begab sich nach Hongkong und machte bekannt, daß er ein unfehlbares Mittel gegen die Gewohnheit des Opiumrauchens besitze. In kurzer Zeit wuchs seine Klientel so an, daß er eine ganze Reihe von Morphin-Injektionsanstalten errichtete. Es waren zuletzt etwa zwanzig solcher im Gange. Meistens Kulis ließen sich zwei- bis viermal täglich Einspritzungen machen. Es wurde schließlich durch die Regierung eine Schließung dieser Menschen-Verwüstungsanstalten bewerkstelligt und angeordnet, daß Morphin nur noch auf ärztliche Anordnung verabreicht werden dürfe. So wächst und blüht das Übel nunmehr verborgen weiter.

Der Teil des indischen Opiums, der nun nicht mehr direkt nach China gelangt, sucht neue Märkte oder gelangt auf einem anderen Wege in chinesische Handels- bzw. Verbraucherhände. Besonders sind es die in fremdem Besitz befindlichen früher chinesischen Gebiete, die ein stärkeres Einströmen von Opium erkennen lassen. So wuchs im Fremdenviertel von Schanghai die Zahl der Opiumläden von 131 im Jahre 1908 auf 663 im Jahre 1916. Aus ihnen können die Bewohner des chinesischen Stadtviertels so viel Opium wie sie wollen, beziehen. Ähnlich liegen die Verhältnisse für Hongkong mit Kaulung und Lantau.

Nächst Indien sind die Türkei und Persien die größten Opiumproduzenten der Welt. Ein großer Teil des persischen Opiums, das im reinen Zustande als Schire-Teriak bezeichnet wird, aber für den Export und den Inlandverbrauch Zusätze erhält — Teriak-i-Tschume und Teriak-i-Jule — geht nach Hongkong und Formosa und von dort sehr wahrscheinlich auch nach China. Aus diesem Grunde fehlt es wohl in der folgenden statistischen Tabelle unter den Herkunftsländern des Opiums. In ganz Persien wird Opium gebaut. Die besten Sorten liefern unter anderen Orten Ispahan und das auch weinberühmte Schiras, das vielbesungene Tal der Rosen und

Nachtigallen, Schiras, das die Gräber der Dichter Hafis und Saadi birgt. Ispahan ist das Zentrum des Opiumhandels. Schon vor vierzig Jahren gingen von Buschir 2000 Opiumkisten im Werte von etwa drei Millionen Mark nach England.

Große Opiummengen werden jetzt auch in Mazedonien, Bulgarien und Jugoslawien erzeugt. Im letzteren Gebiete betrug vor dem Kriege die jährliche Opiumproduktion durchschnittlich 120 000 kg. Sie erhöhte sich in den letzten Jahren schon auf 150 000 kg im Werte von 200 Millionen Dinar.

In Ägypten ist jetzt der Anbau von Opium untersagt.

Aber auch andere Länder nehmen davon reichlich auf, z. B. Cochinchina, das importierte:

1912—1913	1914—1915	1916—1917
840	2690	3440

Kisten zu 140 pounds.

In Saïgon wird das Rohopium als staatliches Monopol zu dem Rauchprodukt Chandu verfeinert. Schon vor etwa 20 Jahren waren es jährlich insgesamt 67 000 kg Rohopium, die 44 800 kg Chandu lieferten. Ohne die geschmuggelte Ware rechnete man auf einen Jahresverbrauch von 120 000 kg als Rauchopium. Daran waren hauptsächlich die in den Zentren, wie Saïgon oder Cholon lebenden Chinesen beteiligt.

Beträchtliche Mengen gehen in fernere Gebiete. So importierte z. B. das kleine Mauritius 1912—13 nur 10 Kisten, 1916—17 aber schon 120 Kisten.

Uns interessiert besonders wie sich in dieser Beziehung Deutschland verhält. Darüber gibt die folgende lehrreiche Tabelle Aufklärung, in der auch die Herkunftsländer des Opiums ihren Platz gefunden haben:

Einfuhr von Opium nach Deutschland.

Herkunftsländer	Mengen in Doppelzentnern = 100 kg							
	1911	1912	1913	1920	1921	1922	1923	1924	1925
Im ganzen	1.040	868	1.625	787	790	1.906	1.409	841	1.507
davon aus									
Griechenland	4	14	15	34	225	230	60	45	182,10
Schweiz	.	.	.	78	—	21	12	74	98
Türkei	638	504	754	500	410	1.314	1.286	599	904
Britisch-Indien	84	19	278	—	14	19	26	77	—
China	103	141	64	8	48	156	18	21	24,84
Verein. Staaten v. Amerika	.	.	.	5	47	118	—	13	—
Jugoslawien	.	.	.	.	.	.	.	.	57

2. Verbreitung des Opium- und Morphingenießens in der Jetztzeit.

Ein tief mahnendes Gesamtbild bietet sich demjenigen dar, der von höherer Warte der Erkenntnis aus die Verbreitung der Opium- und Morphinleidenschaft über die Welt zu schildern unternimmt. Fast über die ganze Erde lagert sich als junge Vorstoßkraft das Morphin, bequem, ohne Apparatur verwendbar: eine Spritze, ein Fläschchen, eine dunkle Ecke und der evtl. auch bekleidete Arm oder die Oberschenkel. Die Nadel dringt durch. Kein verräterischer Duft wie nach Opium, kein Hindämmern, das die Ruhelage erfordert — das Verschwinden der Morphinlösung in dem Unterhautgewebe kann aus dem vorher gebrochenen, von Abstinenz durchwühlten Arbeitsunfähigen auch einen Helden irgendwelcher moderner Zweckgestaltung machen. Die Zeit wird — wenn nicht Wunder sich vollziehen werden — kommen, in der das junge Morphin das so alte, schwerfällige Opium wenn vielleicht auch nicht überwältigt, so doch entthront haben wird. Liebhaber für das Traum- und Visionsleben im Opiumschlaf wird es trotzdem immer geben, weil es anziehender, verführerischer ist als die kalte Morphinwirkung. Daher sieht man auch heute in Europa inselartig Liebhaber für das Opium auftauchen. Trennt uns doch nur eine kurze Zeitspanne von der ersten Feststellung, daß in Paris an bestimmten Stellen das Narkotikum auch von Frauen und sogar von jungen Mädchen gebraucht worden ist. In der französischen Kriegsmarine hatte noch kurz vor dem Kriege die Öffentlichkeit und sogar die Deputiertenkammer sich mit der Entdeckung beschäftigt, daß in den Kriegshäfen, zumal des Mittelmeeres, das Laster so zugenommen habe, daß daraus eine nationale Gefahr bewirkt werde. Ein Teil des Opiums sollte aus den staatlichen Fabriken von Indochina, ein anderer europäischer Herkunft gewesen sein.

Es gibt noch andere Stellen in Europa, wo verlebte degenerierte Süchtlinge beiderlei Geschlechts, Ganzdirnen, Halbdirnen und Halbmänner — Opfer blinden, selbstbeherrschungslosen Genießenwollens — ihrer ungezügelten Leidenschaft diese Rauchopfer bringen. Je weiter zum Osten, um so massiger werden die Opiumanhänger. Schon in den Balkanländern und von dort in stetem Wachsen nach Kleinasien hin, steigt der Verbrauch an — stellenweis, wie z. B. in Damaskus, nicht offen gehandhabt, aber weiterhin als anerkanntes Genußmittel in die Volksschicht eingedrungen. Von den drei Gebieten Irans: Afghanistan, Beludschistan und Persien nimmt das letztere auch als Verbrauchsland einen hohen Rang ein. In den Nordprovinzen, zumal in Khorassan, wird von Mohammedanern und Nichtmohammedanern viel Opium geraucht. Buchara und Afghanistan verbrauchen nur wenig davon. Manche schwere Last davon mag jedoch den Weg über den Hindukusch und die eisstarrenden, nach Ost-Turkestan führenden Pässe nehmen. Hier, z. B. in Kaschgar, rauchen Männer und Frauen leidenschaftlich auch in einem öffentlich als Opiumetablissement anerkannten Raume.

Wendet sich der Blick südwärts nach Indien, so wächst die Leidenschaft für Opium. In den vorwiegend mohammedanischen Radschputana-Staaten rauchen Radschputen und Sikhs, die kräftigsten Rassen unter den Eingeborenen. Dem Genusse sind aber auch Hindus ergeben. An der Koromandelküste nehmen hoch und niedrig an diesem Genuß aus der Pfeife, der Huka, teil. Man raucht ein Gemisch von Opium mit Rosenblättern und wenig Tabak. Es gibt auch Opiumesser, z. B. in Bengalen. Für Haidarabad wurde vor Jahren die Zahl der Opiumisten bei einer Bevölkerung von elf Millionen auf weit über eine Million geschätzt. An dem Gebrauche sollten 12% Mohammedaner, 7% Hindus und 5% Parias teilnehmen — Menschen aus dem Flachlande, den Städten und dem Hochland. Nur

bei einzelnen Sekten, wie den Jeragis in Ostbengalen, ist
Opiumessen als Betäubungsmittel verpönt. Das Verhältnis
der Opium essenden Männer zu den Frauen beträgt in Indien
73 : 27. Die Mehrzahl steht im Alter von 30 bis 40 Jahren.

In den Gebieten von Radschputana, Zentralindien und
in der Provinz Gudscharat findet bei Festlichkeiten unter
dem Namen Amalpani oder Kusamba eine 5prozentige
Opiumlösung Verwendung. Zu dem wesentlich nur in Städten
geübten Rauchen werden die Opiumextrakte Maddak und
Chandu benutzt, das letztere ein hochwertiges Extrakt, das
nach zwölfmonatiger Reifung unter der Einwirkung von
Aspergillus niger benutzt wird.

Weiter zieht sich die Gebrauchskette am Süden des
Himalaja bis zu dem Flußgebiet des Brahmaputra. In
Assam überlassen sich die Eingeborenen mit vollster Hingebung
dem Opium. Die Katscharies sind ihm so leidenschaftlich
ergeben, daß sie statt Arbeitslohn Opium fordern.
Bei den Kakhyens, Karens, Lapais usw. der Khasi-Berge
rauchen Männer und Frauen das Opium, das sie nur in
kleinen Mengen wegen der großen Höhe ihrer Berge durch
Mohnpflanzung gewinnen, zum größten Teil von China
beziehen. Die wilden Turungs und Nagas kommen von ihren
Bergen in die Täler, um Elfenbein, Baumwolle usw. gegen
Reis und Opium einzutauschen. Die Begierde des Erlangens
wächst sich hier wie weiter ostwärts bis zum chinesischen
Meer und an den Stillen Ozean fast zu einer Lebensnotwendigkeit
aus. Stämme von Birma, wie die Pa-yii und
die Katschin üben als Hauptbeschäftigung das Opium,
rauchen. Die riesige Nachahmungsinfektion ließ Siam
nicht unberührt. Trotz aller, auch schwerster Strafandrohungen
bahnte sich das Opium seinen Weg hierher
ging über den Mekong nach Tonkin, Anam, Cambodja,
Cochinchina. Die Tonkinesen rauchen weniger
als die Cochinchinesen und vorzüglich die besitzende Schicht.
Bei ihnen wie bei den als hysterisch verrufenen und durch

Opium so gewordenen Anamiten bringt es ein mittelstarker Raucher auf 60 bis 80, starke bis zu 150 und mehr Pfeifchen täglich.

Ein großer Schmuggelhandel aus China mit billigerer Ware, als sie an Ort und Stelle von französischen Lieferungsstellen in Saigon, Hanoi usw. erhältlich ist, hat Platz gegriffen. Betrüblich genug sind auch nicht wenige Europäer Abnehmer.

Die mannigfaltigsten Körperstörungen suchen die Opiumraucher heim, von besonderen Mundentzündungen, Magenleiden an bis zu Kreislaufsstörungen, Herzarhythmie, lähmungsartiger Schwäche der Gliedmaßen, gelegentlich auch Blasenstörungen und seitens der Gehirnarbeit allem dem, was Morphinisten aufweisen.

Und nun erreicht das Opium sein ausgedehntestes Gebrauchsgebiet — China —, das zugleich das Zentrum ist, von dem aus auch die Verbreitung des Gebrauchs dahin, wo Chinesen in die Welt gezogen sind, sich vollzieht. Weitab vom Heimatslande haben sie die Gewohnheit weiter getragen: tief drinnen in den Wäldern an der mandschurischen Bahn, nur auf schmalem Pfad zu erreichen, finden sich heimliche Ansiedlungen zum Anbau von Mohn, aus dem Opium hergestellt und versteckt in die Städte, hauptsächlich nach Charbin, zum Verkauf gebracht wird.

Nach welcher Himmelsrichtung der Opiumgewöhnte seinen Weg in die Ferne nimmt, begleitet ihn dieser Stoff, auch in die Zivilisation, nach Amerika, Kanada, bis in die Gebiete um die Straße San Juan de Fuca, wo ich diese Leidenschaft toben sah, nach der Vancouver-Insel, nach Alaska, nach Afrika und Australien.

In China selbst wurde bisher excessiv geraucht. Es gibt kaum eine Provinz, die ausgenommen werden kann. In Chinesisch-Turkestan sind die Schantus dem Opium ergeben, für Kan-Su, im Süd-Kukunor-Gebiete, wurde in den Städten eine Beteiligung daran von 80%, in den Dörfern von

30 bis 40% der Bevölkerung geschätzt, wobei als mittlere verrauchte Monatsmenge 150 bis 200 g pro Kopf bezeichnet worden sind. Tafel konnte auf seiner Tibetreise in Kansu schwer Leute bekommen, die nicht Opium rauchten. Yünnan und Sze-tschwan sind die Landschaften, in denen die Bevölkerung am schlimmsten unter dem Fluche des Opiums steht. In Kiang-Si klagen die Missionare über das Opiumrauchen und besonders das Opiumessen der Weiber — letzteres zum Selbstmord. So trifft der Blick des Reisenden in dem Riesengebiete des chinesischen Reiches allenthalben auf die verheerenden Wirkungen, die Opium in Menschen erzeugt hat und — weiter erzeugen wird.

Das Eindringen in die Mongolei vollzog sich zwangsläufig. Schon Prschewalski, einer der erfolgreichsten Forschungsreisenden in China, der bereits vor fünfzig Jahren die Folgen der Opiumpest für China voraussah, fand sie auch in Ala-Schan. Auf Formosa herrscht die gleiche Leidenschaft. Selbst das Betelkauen der wilden Chinwan wird durch Opium verdrängt. In Japan scheint das Mittel jetzt keinen sonderlichen Verbrauchsboden mehr zu finden.

Auf den Philippinen leben etwa 70 000 Chinesen, von denen die große Mehrzahl Opiumisten sind. Viele der Eingeborenen haben sich dem Laster zugewendet, das die Spanier schon seit 1844 durch die Opiumregie glaubten bekämpfen zu können. Amerika will hier durch strenge Strafen, durch Heilanstalten, Belehrung, helfen — kann aber am eigenen Herd das Opium als Genußmittel nicht erwürgen.

Unaufhaltsam ist der Opiumgebrauch bis auf den Niederländischen Archipel weitergezogen: nach Java, Sumatra — wo u. a. die Bataker ihm leidenschaftlich frönen und bei plötzlichem Entbehren Deliriumszustände bekommen, nach Nias, zu den Inseln des Bandameeres, zumal auf den östlichen Teil der Molukken und West-Neuguinea, auf die Aru- und Keyinseln, nach Ceram, Borneo, wo es außer Chinesen die wilden Dajaks rauchen. Der Handel damit ist, wie auch anderwärts, in dem Inselmeer monopolisiert. Bis in das kleinste Dorf hinein erstrecken sich die Verkaufsstellen dieses Produkts.

Das Opium-Apostolat der Chinesen ging auch nach dem fünften Erdteil, nach Australien. Sie brachten es dem Alkohol zur Gesellschaft. Nicht sie jedoch haben den Hauptvorteil im Verdienen daran gehabt, sondern Europäer. Der Alkoholismus, viel mehr aber das Opiumrauchen, das die Eingeborenen schnell und sicher von Weißen und Chinesen erlernen und für das sie eine verhängnisvolle Vorliebe entwickeln, haben zum auffälligsten Abnehmen ihres Bestandes geführt. Die ausgemergelten, blaßgesichtigen Gestalten der früher gut entwickelten Maoris sah man in ihren Lagern in Queensland und anderwärts. Es ist zumeist importiertes Opium, das Verwendung findet. Anbauversuche im Lande ergaben ein hochwertiges Produkt.

Auch **Inseln der Südsee** haben sich dem Opium, dem Überallsieger, unterworfen. Wo er Fuß gefaßt hat, da bleibt er. Von einzelnen der Eilande kam über ihn Kunde, so z. B. von den Gilbert- und Marquesasinseln. Dorthin haben gleichfalls die Chinesen den Glauben an das Opium gebracht und dadurch an vielen Orten leider das bis dahin gebrauchte harmlose **Kawagetränk** verdrängen lassen. Die Eingeborenen der letztgenannten Inseln kaufen Opium, das am Ende des vorigen Jahrhunderts ein Generalpächter der französischen Regie nur an Chinesen verkaufen sollte.

Wo in **Afrika** Opium geraucht wird, ist die Gewohnheit im wesentlichen bodenständig, wie die Mohnkultur. Dies gilt z. B. für Ägypten, wo schon vor vielen Jahren auf den entnervenden Einfluß des Mittels hingewiesen wurde, den es auf die untere Volksschicht in den Städten ausübe. In Tunis sowie im ganzen Westen der afrikanischen Nordküste wird nur heimlich und in geringem Umfang dem Opium gefrönt. In der tripolitanischen Stadt Mursuk scheint es mehr Liebhaber dafür zu geben. In Arabien ist das Opiumrauchen nicht umfänglich. In Mekka gibt es eine Straße „Kaschkaschia" [1]), d. h. Straße der Opiumverkäufer. Man steigt in eine Art von leeren Keller hinein, der an den Wänden steinerne Vorsprünge als Sitze der Gäste hat. Dort finden sich trotz der braunen Haut blaß und blutlos erscheinende Menschen, von denen jeder kleine kurze Pfeifen in der Hand hält, aus denen der Dampf des glimmenden Opiums eingesogen wird, um sich an der feuchten Schleimhaut der Luftwege wieder zu kondensieren. Keiner dieser Genießer spricht ein Wort. Nur von Zeit zu Zeit entfährt einem oder dem andern der Ruf: „O Allah!", oder „O Güte Gottes!" In Ost- und Zentralafrika, z. B. in der Nähe von Mazaro an den Ufern des Kwakwa in Mozambique sind von Indiern aus Malva vor Jahren Mohnkulturen angelegt worden, ohne daß ein nennenswerter örtlicher Verbrauch des gewonnenen Opiums sich daraus entwickelte. Nicht viele Araber sind durch Indier zum Opiumrauchen veranlaßt worden. So ist es auch an einzelnen anderen Stellen, z. B. im nördlichen Ostafrika, in Uganda oder am Kongo, wo chinesische Arbeiter das Rauchen betreiben.

Ein ganz besonderes Interesse gewinnt die Frage der Ausbreitung des Opiumgenießens in irgendeiner Form in den Vereinigten Staaten von Amerika, besonders mit Rücksicht auf den Kampf, der gegen den Alkohol auf dem Wege der Gesetzgebung dort durchgeführt worden ist. Schon vor etwa dreißig Jahren wurden Eröffnungen über das Wachsen des Opiumverbrauches in einzelnen Distrikten, z. B. in Albany, gemacht. Während die Bevölkerung um 59% wuchs, stieg der Opiumverbrauch um 900% und der des Morphins um 1100%. Ganz allgemein wurde behauptet, daß der größte Verbrauchszuwachs sich in den

---

[1]) „Kaschkasch", „chaschasch" ist der arabische Name für Mohn — eine onomatopoetische Bezeichnung, die das Geräusch wiedergeben soll, das beim Schütteln der reifen Samen im Mohnkopf entsteht.

Temperenzstaaten vollzogen habe. Aus neuester Zeit liegt eine Tatsachenfeststellung vor, die von dem unheimlichen, dort wachsenden Weltunglück ein betrübliches Stück kennen lehrt.

Nach Mitteilungen, die der oberste Gesundheitsbeamte der Stadt New York im Jahre 1921 gemacht hat, sollen die Amerikaner zwölfmal mehr Opium als irgendein anderes Volk der Welt verbrauchen. Mehr als 750 000 Pfund werden jedes Jahr nach den Vereinigten Staaten eingeführt, wonach etwa 2,5 g auf den Kopf der Bevölkerung kommen. Die zu gesetzmäßigen Zwecken verwendete Opiummenge beträgt nicht mehr als 70 000 Pfund im Jahr. Wie sehr die Opiumsucht in New York zugenommen hat, beweisen auch die Angaben des Arztes des großen New Yorker Staatsgefängnisses, nach denen die Zahl der Gefangenen, die wegen unerlaubten Opiumgenusses eingeliefert wurden, um 789% in den Jahren 1918 bis 1921 gestiegen ist. Ich stelle diese, wie ich annehme, richtigen Angaben nicht in eine Beziehung zum Prohibitionismus, da auch Äußerungen der Gegenseite vorliegen, die entweder ein Wachsen der Zahl der Narkomanen leugnet oder, falls dies doch der Fall sein sollte, andere Ursachen hierfür heranzieht.

Was ich hier in großen Zügen geschildert habe, lehrt mit überzeugender Eindringlichkeit, wie weder Weltmeere noch himmelanstrebende Gebirge eine Wehr gegen das Menschengehirne in Bann schlagende, die Seele zermürbende, den Körper in falsche Daseinsbahnen zwingende Opium und Morphin liefert. Und Hilfe? Ein fast aussichtsloses Unternehmen! Denn wenn man auch im fernen Osten die Opiumverbrauchsstätten ganz unterdrücken würde, bliebe immer noch der Gebrauch im eigenen Raum, und, was sehr viel mehr bedeutet: das Morphin und die Morphinspritze.

Das, was sich jetzt im äußersten Ostasien in bezug auf den Ersatz von Opiumrauchen durch Morphineinspritzen vollzieht, zeigt deutlich genug, daß, wenn schon dem alten Übel zu wehren unmöglich war, das wachsende neue dort überhaupt unbeeinflußbar ist, schon deswegen, weil der Verbreitung des Mittels durch Händler keine durchgreifende Hemmung entgegengesetzt werden kann. Spielte sich doch im Frühjahr dieses Jahres in Hamburg ein Prozeß gegen mehrere Kaufleute ab, die zirka 50 kg Morphin, für die eine Ausfuhrbewilligung nach der Türkei vorlag, statt dorthin zu schicken, nach China umladen ließen.

Welche absonderlichen Wege auch in Deutschland eingeschlagen werden, um Menschen zum Opiumgenuß gelangen zu lassen, ergibt sich aus der Tatsache, auf die im Jahre 1918 in Württemberg amtlich hingewiesen wurde, daß nämlich öffentlich Stengel und Kapseln des Mohnes als Tabakersatzstoffe empfohlen und natürlich gekauft wurden. Die Mohnkapseln enthalten im unreifen und im reifen Zustande genug Opium, um, im Rauche aufgenommen, dessen Wirkungen zu erzeugen.

3. Der Morphinismus.

Der Siegeszug des Morphins begann in Europa schon früh. Eine kurze Zeitspanne verlief zwischen 1817, dem Entdeckungsjahre dieses Pflanzenstoffes, und dem Jahre 1830, in dem der Menschenkenner Balzac in der „Comédie du diable" den Teufel die Gründe dafür aufzählen läßt, warum er keine Zeit für sein eigenes Vergnügen habe. Daran hindern ihn nämlich der wunderbare Zuwachs an Bewohnern, den sein Staat, die Hölle, dauernd erführe durch die Entdeckung des Pulvers, der Buchdruckerkunst, des Morphins usw. Es waren wohl im wesentlichen Selbstvergiftungen, die sich damals ereigneten. Sehr bald schloß sich daran auch die Morphin-Genußsucht. Sie nahm, von wenigen in ihrem Umfange gekannt oder auch nur geahnt, im Stillen wachsend, immer mehr Menschen gefangen. Die großen Kriege — der Krimkrieg und die folgenden — trugen nicht wenig zum Anwachsen bei. Nicht lange nachdem ich im Jahre 1874 den ersten Fall dieses Leidens bei einem Krankenwärter mitgeteilt hatte, wurden schon Morphium-Entziehungskuren vorgenommen. Die bisher latent gebliebene Verbreitung des Übels wurde offenkundig.

Die Ursachen seines Großwerdens waren und sind die bereits angegebenen:

1. Das Nichtmehrfreiwerdenkönnen davon, nachdem es gegen Schmerz und Schlaflosigkeit gebraucht worden war. Das erlebte Gefühl inneren Behagens wird zur Kette für den erneuten Gebrauch, auch wenn der erste veranlassende Grund längst weggefallen ist.
2. Das Befreitwerdenwollen von seelischer Erregung oder Depression.
3. Neugierde und Nachahmungssucht, die bald zu der nackten Begierde nach Euphorie führen, die das Individuum zum Sklaven des Gebrauchs werden läßt. Unter Ärzten bestand vielfach lange der Unglaube, daß sie dem Zwange des Mittels nicht anheimfallen könnten. Die Erfahrung hat das Gegenteil gelehrt. Die Ärzte stellen ein hohes Kontingent zu den Morphinisten. In einer alle Länder umfassenden Statistik der letzteren waren

40,4 Proz. Ärzte,
10,0 ,, Arztfrauen.

Für Paris nahm man etwa 50 000 Morphinisten an, also etwa auf 40 Menschen einen solchen. Jetzt wird die Zahl auf sehr viel höher geschätzt. Ich habe vor Jahrzehnten darauf hingewiesen, daß wenn der Alkohol die Hände, das Morphin den Kopf des Volkes vernichtet. In Wirklichkeit ist in den letzten Jahrzehnten, und zumal seit dem Weltkriege überall der Morphinismus auch nach der anderen Seite hin gewachsen. Aber immer überwiegen noch weit Ärzte, Professoren, Apotheker, Literaten, Künstler, Juristen, Offiziere, höhere Staatsbeamte usw.

Die dämonische Macht des Morphins ist auch bei Tieren erweislich. Ich habe Tauben tagelang immer zu einer bestimmten Tageszeit mit Morphin versehen und feststellen können, daß die Wirkung nach Stunden abklang und die Tiere dann, kaum Nahrung aufnehmend, in einem Depressivzustand im Käfig hockten, aber flügelflatternd herankamen, wenn ich mich mit der Spritze näherte.

Eine Katze erhielt längere Zeit hindurch täglich Morphin eingespritzt. Nach einiger Zeit zeigte sie sich regelmäßig vor der Injektion apathisch. Durch die dann erfolgte wurde das Benehmen stets in das Gegenteil umgewandelt. Das Tier ging nach 34 Tagen durch Ernährungsstörungen unter Abmagerung zugrunde. Die leidenschaftliche Begierde nach Opium wurde auch bei einem Affen festgestellt. Weit in das Tierreich hinunter, bei Ratten usw. und sogar bei Bienen nahm man ein starkes Begehren nach Opium bzw. Mohn wahr. In Ländern, in denen Opium geraucht wird, atmen Katzen, Hunde, Affen, sobald ihr Herr die Opiumpfeife anzündet, begierig die Dämpfe mit ein, die jener ausstößt, ja, Affen sollen sogar das nicht verbrauchte in das Bambusrohr durchsickernde Opium verzehren.

Gewöhnung an Opium können auch ganz kleine Kinder aufweisen. Ein viermonatiges Kind, das zur Beseitigung von dauernder Schlaflosigkeit Abkochungen von Mohnköpfen in steigenden Mengen von der Pflegerin erhalten hatte, jedesmal nach dem Erwachen aus dem Schlaf munter war und gern die Saugflasche nahm, verfiel, als die Entziehung vorgenommen wurde. Man war genötigt, den Trank weiter gebrauchen zu lassen. Nach weiteren 2½ Monaten trat der Tod ein. Die physische und geistige Entwicklung hatte inzwischen nicht die geringsten Fortschritte gemacht. Der Gehör- und Gesichtssinn war kaum feststellbar, das Kind erkannte niemand, der Blick war stier.

Die Unsitte — wenn es nicht mehr ist — Kindern solche Mohnkopfabkochungen oder Opiumtinktur in schließlich erforderlichen sehr großen Mengen auch nur zur Ruhighaltung zu geben, ist weit verbreitet und schafft viele Opfer.

In den im Jahre 1896 erschienenen, viel Falsches und unrichtig Aufgefaßtes enthaltenden, mehrbändigen Untersuchungsberichten der „Royal Commission on opium" wird nicht nur behauptet, daß der mäßige Gewohnheitsgenuß von Opium, der in Indien bei 5—7% der Bevölkerung in Tagesmengen von 0,15—0,8—2,5 und mehr Gramm üblich ist, keinen schädlichen Einfluß auf die Gesundheit und die Volkswohlfahrt ausübe, weil die Indier eine sehr starke Resistenz gegen das Mittel besäßen, sondern daß auch der in den Staaten Rajputana, Malwa und in der Präsidentschaft Bombay herrschende Gebrauch, Kindern zum Ruhighalten Opium zu geben, damit die Mutter ungestört arbeiten könne, keine ungünstigen Folgen habe. Man beginnt dort schon in den ersten Lebenswochen oder -monaten mit 3—5 mg und steigt allmählich auf 15—30 mg, ja, bis auf 0,12 g ein- oder zweimal täglich. In Bombay werden Kinderpillen (Bala-Golis) mit 0,01—0,02 g Opium verkauft. Nach 2 bis 5 Jahren werden die Kinder vom Opium entwöhnt. Wie dies bewerkstelligt wird, erfährt man nicht. Todesfälle durch zu hohe Dosen kämen bei Indierkindern nicht vor, mitunter „nur" Dysenterie, während europäische, dort von ihren Wärterinnen ebenso behandelte Kinder dadurch sterben könnten. In diesen Mitteilungen sind die Gebrauchstatsachen richtig, die Schlußfolgerungen aber falsch.

Morphinistische Mütter gebären Kinder, die morphinistisch sind, sich schlaflos und erregt zeigen und nur ruhig werden, wenn sie etwas Opium erhalten. Auch das Stillen mit der Milch einer morphinistischen Mutter kann den Säugling in verhältnismäßig kurzer Zeit zu einem morphingewöhnten machen. Das Morphin geht in die Milch über.

Besonders tragisch ist der familiäre Morphinismus, die Verführung der Ehefrau und sogar auch noch der Kinder durch den Vater. Kein Weg führt zu der Erklärung des seelischen Triebes, der den Verführer zu seiner Tat bringt Nähme man nicht an, daß eine geistige Störung die Veranlasserin für sie sei, so würde sie moralisch ein Verbrechen darstellen. Denn jeder Morphinist weiß oder kann erfahren, daß seine Leidenschaft ihn einen schlimmen Leidensweg bis zum Ende durchmessen lassen wird. Läge bei ihm nicht eine Intellektstörung vor, so würde er durch chronische Darbietung von Gift einen anderen, zumal ihm so Nahestehenden bewußt in das Unglück gestoßen haben. Daß dies schließlich mit Billigung des Opfers geschieht, ändert an dieser Auffassung nichts.

Die Möglichkeit, trotz der Giftzufuhr nach außen hin normal zu erscheinen und in Wirklichkeit in einer gewissen Breite in einer bestimmten Gebrauchsphase noch werktätig sein zu können, wird — wie ich dies bereits ausführte — durch die allmähliche Steigerung der Mengen, die durch die Zellen des Gehirns dem Individuum aufgezwungen wird, wahr. Von Hundertsteln Gramm des Beginnes kann der Tagesverbrauch bis zu mehreren (4—5) Gramm steigen. Selbst bei kleinen Kindern tritt die Not des Steigernmüssens dieses Stoffes zutage. Ein solches von sieben Monaten erhielt wegen Hydrocephalus täglich 0,2 mg. Bald mußten die Dosen bis auf 0,6 g erhöht werden, was den Tod nach 8½ Monaten zur Folge hatte.

Der stets drohende und stets wachsende innere Erschlaffungszustand des durch das Mittel immer wieder zu einer gewissen Leistungshöhe emporgezwängten, Geist und Körper beherrschenden Gehirns tritt schließlich ein und bleibt, weil die endlichen übergroßen Morphinmengen nur Vergiftung aber kein halbwegs normales Leben mehr zulassen. Wie lange dies dauert, bestimmen die Individualität, d. h. die inneren Widerstandskräfte. Jede Voraussage zerschellt an diesen im voraus nicht erkennbaren Möglichkeitsgrenzen der Lebensbetätigung.

Die Erkenntnis der intimeren Vorgänge, die sich bei dem Morphingebrauch abspielen, ist uns absolut verschlossen. Wir sehen nur die Erscheinungen — nach dem Wie? fragen wir vergebens. Es ist ein ratloses Grübeln danach, das stets in die Aussichtslosigkeit des Erkennenkönnens ausläuft. Die Psychologie ist bisher den Erscheinungsformen solcher abgeänderter geistiger Tätigkeit, wie sie Narkotika erzeugen — bis auf die Untersuchungen der Wirkungen von *Anhalonium Lewinii* — aus dem Wege gegangen. Ob sie auch bei intensiven analytischen Versuchen darüber viel wird zutage fördern können, ist mehr als fraglich. Es wird z. B. meiner Überzeugung nach nie festzustellen sein, warum die Gehirnzellen — was nach Alkohol so nicht zutage tritt — das gierige Verlangen gerade nach Morphin kundgeben, warum auch der festeste Wille des Morphinisten ihrem kategorischen Drängen gegenüber nach dem Mittel in das Nichts zergeht.

4. Die erkennbaren Vorgänge bei Morphinisten und Opiumisten.

Die Wirkungen des fortgesetzten Morphingebrauches haben in den einzelnen, voneinander nicht scharf trennbaren, aber doch vorhandenen Stadien ein besonderes Gepräge. Der Beginn sieht den Morphinisten in der Einschätzung seines Könnens, Leistens und seiner Genießensfreudigkeit auf einer auf Selbsttäuschung beruhenden Höhe. Das Ich wird zu sich selbst und in seinen Beziehungen zur Umwelt falsch bewertet — aber, wie auch immer dieses veränderte Sein zustande kommen mag —, das Individuum empfindet es, die Arbeit scheint ihm leichter vonstatten zu gehen, die kleinen Stöße, die die rauhe Wirklichkeit austeilt, werden von ihm nicht oder nicht so wie früher empfunden, und dieser gehobene Menschenzustand von einer sechs- bis achtstündigen Dauer ist das Ergebnis einer einzigen Morphindosis.

Dieses erste, einleitende, verführerische, eventuell monatelang anhaltende Stadium führt durch steigende Dosen in die noch morphinglücklichere zweite Episode, die erfüllt ist von Lebensbehagen, Zufriedenheit ohne Begehren, absoluter Selbstgenügsamkeit, Seelenruhe, die durch nichts erschütterbar ist.

Es kann als wirklich empfunden angenommen werden, was ein Opiumesser von diesem Stadium emphatisch geschildert hat: „O Opium, gerecht, sanft und doch gewaltig! Du, das den Herzen der Armen und Reichen gleichermaßen für nimmer heilende Wunden und den Schmerz, dagegen sich der Geist empört, lindernden Balsam spendest. Du baust aus dem Schoße der Finsternis, aus der luftigen Einbildungskraft des Gehirns Städte und Tempel auf, kunstvoller als die Werke des Phidias und Praxiteles ..., und rufst aus dem regellosen Reich des Schlafes und der Träume an das Tageslicht hervor die Züge längst begrabener Schönheiten. Du allein spendest der Menschheit diese Gaben und in deiner Hand ruht der Schlüssel zum Paradiese."

Die Brandungen der Widerwärtigkeiten des Lebens brechen sich eindrucks- und folgelos am morphinisierten Gehirn. Kein unangenehmer körperlicher Zustand wird als belästigend empfunden, Kummer, Sorgen streifen kaum die Seele, und leichtere gemütliche Erregungen, wie Verdruß und Ärger, verhauchen eindruckslos. Losgelöst von allem, was den Menschen an die Erde fesselt, selbst frei von dem Gefühl, einen Körper zu besitzen, lebt das Individuum offenen Auges, mit Bewußtsein, in der Tagesarbeit seiner gesellschaftlichen Stellung eine Art von Traumleben. Dieses Leben ist jedoch ein reines Ich-Leben, nur ein Gegenwartsleben. Die Gedanken wenden sich nicht der Zukunft, sondern nur dem Tage mit seinem Opium- bzw. Morphinbedarf zu. Dadurch wird bald das höhere Empfindungsleben defekt., Herz und Gemüt leiden. Die Einschränkung der Welt auf sich schafft moralische Stumpfheit, Unbarmherzigkeit auch gegenüber Frau und Kindern. Das Besorgtsein um diese kommt erst lange nach der Sorge um Morphin oder besteht gar nicht. Das Dichterwort ist hier in übertragenem Sinne wahr:

> *Zur Warnung hört' ich sagen,*
> *Daß, der im Mohne schlief,*
> *Hinunter ward getragen*
> *In Träume schwer und tief;*
> *Dem Wachen selbst geblieben*
> *Sei irren Wahnes Spur,*
> *Die Nahen und die Lieben*
> *Hält er für Schemen nur.*

Die Wirkungsdauer einer Dosis, die jetzt schon auf 0,2 bis 0,5 g gestiegen ist, wird kürzer. Das Mittel muß häufiger und in größeren Mengen eingespritzt werden, um noch, wie im Beginn, angenehm zu wirken, die Sklavenkette wird immer kürzer und zerrt den Morphinisten. Die Gläubiger, die Gehirnzellen, pochen, fordern, schreien und — rächen sich durch Erregung von Schmerzen, sobald sie nicht prompt befriedigt werden. Wo die geldlichen Mittel zur Erlangung des Stoffes fehlen, da wird auch gestohlen und betrogen. Sollen sich doch sogar bisher achtbare Frauen der Prostitution ergeben haben, um Morphin kaufen zu können! Löste im Beginne der Morphinleidenschaft der höchste Genuß das Vergnügen ab, so erscheint jetzt ein Zustand, in dem das zufriedenzustellende Gehirn wohl noch auf eine geeignete Morphindosis die alte Reaktion aufweist, in der Zwischenzeit zwischen zwei Dosen aber schon beginnt, sich unangenehm vernehmen zu lassen, wenn die volle Wirkung zu schwinden anfängt.

So gebiert die Zeit unter schlimmen Wehen das letzte Stadium: das Erwachen der Erkenntnis des Überliefertseins an das Morphin nicht auf Gnade und Ungnade, sondern auf absolute Ungnade. Die Willenskraft ist gänzlich gelähmt. Zur geringsten Leistung fehlt der Entschluß, und der ständige

Kampf zwischen Wollenmüssen und Nichtvollbringenkönnen gereicht dem jetzt das Gefühl innerlicher Erbärmlichkeit mit sich Herumtragenden zur namenlosen Pein. Und auch selbst in die Träume setzt sich die seelische Marter fort, weil die glückliche, willensfreie Vergangenheit in quälende Vergleiche zu der trostlosen Gegenwart tritt. Die Arbeitspflicht in Amt oder freiem Erwerbsleben kann nur noch durch übergroße Dosen erfüllt werden. Wohl kann der morphinistische Chirurg — ich sah dies bei einem der besten dieses Faches, den auch einst die Muse zum Schaffen von bleibendem Wert begeistert hatte — durch solche noch die zuvor zittrige Hand festigen, den trüben Blick, das unklare Urteil aufhellen, ein Reiter auf der Rennbahn den Sieg erringen, der Richter richtig entscheiden, aber das zum Können aufgepeitschte Wollen verflackert schnell. Das Nichtvollgeladensein mit dem Mittel, der Abstinenzzwang, schafft geistige und körperliche Unruhe und damit Zornmütigkeit, Rücksichtslosigkeit gegen andere, zumal Abhängige, mit den Varianten, die durch den früheren Charakter eines solchen Menschen bedingt sind. Viele Blätter ließen sich allein mit ihren Schilderungen füllen. Sie würden von morphinistischen Richtern erzählen, die in einem solchen Zustande die Angeklagten ungebührlich behandelten, von Vorgesetzten, die ihr Nervenzerren der Abstinenz an ihren Untergebenen auslassen, ja selbst von einem jetzt längst toten Professor, der den Examinanden gegenüber — so erzählte man mir vor Jahren — nur dann menschlich sich benahm, wenn sein Diener, der dafür von den Prüflingen bezahlt wurde, ihm vor dem Examen gut mit Morphin geladene Morphinspritzen bereitgehalten hatte.

Bei solchen Individuen sind jetzt die Springfedern erhebender seelischer Empfindungen für Liebe zu den Seinigen, für jede frohe Laune, für den Glauben, für die Schönheiten der Natur und des menschlichen Schaffens für immer zerbrochen, die Sonnenblicke des Daseins leuchten nicht mehr auf, die auch einem armen, verlassenen Menschenleben mit freiem Gehirn für Minuten oder Stunden als individuelle Glücks- oder Befriedigtseinsempfindung gelegentlich zuteil werden — ungelöscht auf der Tafel des Gedächtnisses bleiben nur, reueumrahmt, die Erinnerungsbilder früherer Glückeszeiten. **Das Klagen über das verlorene Leben ist der Miserere-Gesang der Vernichtung.**

In langsamer Entwicklung gestalten sich nun auch als Folgen gestörten Gehirnlebens die dadurch bedingten körperlichen Störungen. Das Gehirn als Lenker so vieler Leibesfunktionen erlahmt in seiner regulatorischen Arbeit. Die Nahrungsaufnahme leidet, das Aussehen wird schlecht, Abmagerung stellt sich ein, das Arbeitsvermögen mindert sich auffällig. Nur noch in vergiftender Dosis vermag Morphin körperliche Leistungen irgendwelcher Art zu erzwingen.

Der Morphinist ist meistens jetzt nur noch Haut, Bein und bebender Nerv. Klebrige Schweiße werden, besonders nachts, am ganzen Körper oder nur am Kopfe abgesondert. Haltung und Körperpflege werden nachlässig. Bisweilen erscheinen mehrstündige Fieberanfälle mit Frost, Kopfweh, Beklemmung. Hautjucken, auch in Verbindung mit einem Ausschlag, quält. Dazu gesellen sich: Magenschmerzen, Koliken, Durchfälle mit Brennen am After nach der Entleerung — wohl durch ein unbekanntes Zersetzungsprodukt des Morphin bedingt —, vereinzelt Störungen bei der Harnentleerung, auch Konjunktivitis und Tränenträufeln, Akkommodationsstörungen und Schwachsichtigkeit.

Das Geschlechtsleben leidet. Nachdem im Beginn des Morphinismus eine erhöhte geschlechtliche Erregbarkeit sich eingestellt hat, sinkt später der Geschlechtstrieb bis zur Impotenz: „Infringit stimulos veneris Opium." Untersuchung des Samens von einem Morphinisten, der seit mehreren Monaten 0,3—0,5 g Morphin einspritzte, ergab ganz dünne, unbewegliche Samenfäden, die auch durch chemische Reagentien nicht beweglich gemacht werden konnten. Bei morphinistischen Frauen stellen sich Menstruationsstörungen bis zum Verluste der Menstruation ein. Findet noch vorher Konzeption statt, so kann die Frucht normal ausgetragen werden oder Abort erfolgen. Aber auch im ersteren Falle ist die Möglichkeit eines frühen Todes des Kindes durch eine Art von Lebensschwäche vorhanden. Auch der Same bzw. das mütterliche Ei können morphinisiert und in der Entfaltung ihrer normalen Wirkungsenergie so unangenehm beeinflußt werden, wie dies auch andere chemische Stoffe, z. B. Blei, bei Bleiarbeitern und Bleiarbeiterinnen, oder Quecksilber oder Schwefelkohlenstoff in Gewerbebetrieben oft zuwege bringen. Nach der Geburt kann das Kind einer Morphinistin Symptome der Morphinentziehung aufweisen.

So gestaltet, blickt der Morphinist nach Hilfe aus. Er will vom Morphin, seinem Erwürger, frei werden. Es läßt sich auch nicht einmal annähernd voraussagen, wann dieser Zeitpunkt eintritt, wie lange er unter dem vergiftenden Einflusse arbeits-, denk- und lebensfähig bleibt, ehe er sich durch die Pforte einer Entziehungsanstalt zwingt. Die Fristung des trostlosen Lebens bis dahin kann lange währen. Nach drei bis sechs Jahren schon, bei anderen noch nach viel längerer Zeit, kommt der Zeitpunkt des Nichtweiterkönnens. Das Individuum stellt jetzt nur noch ein durch die lange, unheimlich überwältigende Morphinarbeit geschaffenes Wrack dar, dessen Ende, der Zerfall in einen Trümmerhaufen, selten noch abwendbar ist. Für den endlichen Erfolg der Entziehung ist es gleichgültig, ob dieselbe mit einem Male oder in Etappen vollzogen wird. Im ersteren Falle ist das erzeugte Leiden schwer: Erregung auch seitens der bis dahin verlorengegangenen sexuellen Sphäre, Unruhe, Jammer nach Morphin, Wutausbrüche auch mit Zerstörungstrieb, Angstzustände, die das Leitmotiv für Delirien oder für Selbstmordversuche abgeben, nebenher Schmerzempfindungen in den verschiedensten Nervenbahnen, Erbrechen, Diarrhöen, Präkordialangst, gefolgt von Herzkollaps u. a. m., treten für

Tage ein. Die langsame Entziehung erneuert bei jeder Verringerung der Dosis den Schrei der Gehirnzellen nach der vollen Dosis, auf die sie eingestellt waren. In beiden Fällen kann schließlich der Morphinist von der nächsten Begierde nach seinem Mittel frei werden — dies ist aber auch alles! Etwa 80—90% der Unglücklichen — vielleicht noch mehr — werden rückfällig. Hierin sind auch diejenigen miteingeschlossen, die nicht in einer Entziehungsanstalt, sondern durch ihre zwangsweise Internierung im Gefängnis zeitweilig von ihrer Leidenschaft frei geworden sind.

Der Gebrauch anderer betäubender oder erregender Mittel als Ersatz von Morphin macht das Unheil größer, weil dann beide, das alte und das neue, gebraucht werden. Es tritt der Zustand ein, den ich als „gepaarte Leidenschaft" bezeichnet habe. Schon vor vierzig Jahren wies ich auf diese Tatsache des gedoppelten Gebrauches mehrerer Narkotika zu Genußzwecken hin, z. B. des Morphins mit Chloroform oder mit Kokain oder mit Äther usw.[1]

5. Fragen allgemeiner Natur, die sich an den Morphinismus knüpfen.

Der Morphinismus ist ein gefährlicherer geistiger Zwangszustand als der Alkoholismus. Was für diesen in bezug auf die Einordnungsmöglichkeit des Individuums in verantwortliche Stellungen bekannt ist und geübt wird, muß, wie ich dies schon vor Jahrzehnten und nach mir andere gefordert haben, in erhöhtem Maße für den Morphinisten gelten. Ein Morphinist ist ein geistig Kranker, in höherem Grade noch als der Säufer. Einen solchen darf man nicht als Examinator, Richter, Offizier usw., kurz, nicht in Stellungen belassen, in denen er auf das Wohl und Wehe seiner Mitmenschen einen Einfluß auszuüben vermag. Nicht nur die Veränderungen

---

[1] L. Lewin, Berlin. Klin. Wochenschrift, 1885, S. 321.

im psychischen Verhalten, sondern auch körperliche Minderwertigkeit sollten es verbieten, morphinistische Arbeiter in verantwortlichen Stellungen zu belassen, z. B. Lokomotivführer, Blockbeamte, Streckenwärter usw.

In einem vorgerückten Stadium des Morphinismus besteht nicht einmal mehr die Dispositionsfähigkeit. Das Gift macht eine tiefgehende Veränderung der Persönlichkeit, die sich durch beharrliches Wollen und Handeln kundgeben, denen nach allgemein menschlicher Auffassung nicht nur der Charakter des ethisch und moralisch gewöhnlich Zulässigen fehlt, sondern die auch in mancher Hinsicht gegen das Gesetz verstoßen, sobald man die für den Alkoholisten juristisch gültigen Auffassungen auf den Morphinisten überträgt. Es war deshalb ein durch Weltfremdheit entstandenes Fehlurteil eines französischen Gerichts, das Testament eines Morphinisten, der durch Morphin Selbstmord begangen, nachdem er seine Mätresse zur Universalerbin eingesetzt hatte, für gültig zu erklären, mit der auch sonst wohl benutzten törichten Begründung, daß, da der Morphinismus im Strafrecht nicht die Verantwortlichkeit aufhebe, er auch die zivilrechtliche Verfügungsfähigkeit nicht ausschließe. Die Rechtsprechung, die den Alkoholisten mit Hemmnissen und Strafen in mannigfaltigen Gestaltungen umhüllt hat, ging bisher an dem Morphinisten und Kokainisten und anderen Narkomanen vorüber, weil Juristen noch immer nicht gewillt sind, dem Mediziner Fassung, sachliche Begründung und Lösung medizinischer Probleme zu überlassen, die eine Beziehung des Individuums zur öffentlichen Ordnung haben[1]). Sieht man doch wieder, daß sogar für die Kommission des Völkerbundes, die sich mit der Weltfrage der Narkomanie beschäftigt, meines Wissens kein sachverständiger Mediziner hinzugezogen

---

[1]) L. Lewin, Deutsche Juristenzeitg., 1908, Nr. 5. Vgl. auch: Die Fruchtabtreibung durch Gifte, 4. Aufl., 1925.

worden ist. Hier sollten die Ärzte aller Länder geschlossen gegen die Macht medizinisch Immuner Einspruch erheben.

Jetzt findet sich in dem Entwurf eines „Allgemeinen Deutschen Strafgesetzbuchs" vom Jahre 1925 ein Abschnitt der als „Mißbrauch von Rauschgiften" betitelt ist, und in seinem § 341 von dem „Überlassen berauschender Gifte" handelt:

> „Wer unbefugt einem anderen Opium, Morphium, Kokain oder ähnliche berauschende oder betäubende Gifte überläßt, wird mit Gefängnis bis zu zwei Jahren oder mit Geldstrafe bestraft."

Dieser Paragraph, der wahrscheinlich keinem Mediziner entstammt, ist in dieser Fassung unmöglich. Nach ihm könnte sich z. B. derjenige, der einem anderen Alkohol, Hoffmannstropfen, Äther, Benzin, Ligroin „überläßt", strafbar machen. Der Verlangende darf ja solche Stoffe, die frei verkäuflich sind, ohne jede Einschränkung nach seinem Belieben auch als „berauschende oder betäubende Gifte" verwenden.

Nicht nur dispositionsunfähig sollte der Morphinist gemacht, sondern auch, so forderte man, zwangsweise in einer Heilanstalt untergebracht werden. Die Entmündigung [1]) kann dadurch begründet werden, daß er infolge seines Gehirnzustandes seine Angelegenheiten nicht zu besorgen vermag, daß er in vielen Fällen durch Verschwendung in Morphinanschaffung seine Familie der Gefahr des Notstandes aussetzt. Er ist dem beharrlichen Trunkenbolde gleichzusetzen [2]). Der Morphinismus sollte auch die Ehetrennung gestatten. Ein Morphinist leidet in späteren Stadien an einem Gebrechen, welches den Zweck der Ehe verhindert. Wenn er heiratet, betrügt er das junge Weib in jeder Beziehung um ihr Lebensglück. Sie hat auch das Recht auf Erfüllung ihrer

---

[1]) Bürgerliches Gesetzbuch § 6.
[2]) L. Lewin, Die Bestrafung der alkoholischen Trunkenheit, Münch. Mediz. Wochenschrift, 1921, Nr. 46.

physiologischen Bestimmung. In solchen Ehen gerade verführt der Mann in seinem Schuldbewußtsein das Weib zum Morphinismus.

In bezug auf die **Unzurechnungsfähigkeit der Morphinisten, Kokainisten** usw. haben die deutschen Gerichte eine verschiedene Praxis geübt, so z. B. Morphinisten, die Rezeptfälschungen vorgenommen hatten, um zu dem Mittel zu kommen, bestraft, dagegen einen Notar, der Opiophag war und unterschlagen hatte, und einen infolge schwerer Kriegsverletzungen morphinistisch gewordenen Mann, der immer wieder kleine Diebstähle und Fälschungen beging, um sich Morphin kaufen zu können, freigesprochen. Die Unzurechnungsfähigkeit muß in dem überwiegenden Teil der von Morphinisten begangenen Delikte ausgesprochen werden. Es geht toxikologisch nicht an, die moralisch defekten, „intellektuell jedoch intakten" Morphinisten differenziert unter das Strafgesetz fallen zu lassen. Das eine bedingt das andere, wennschon dem Uneingeweihten die Intelligenz solcher Menschen ungestört erscheint. Das krankhafte Zwangstriebleben schafft eine krankhafte Veränderung der Persönlichkeit, auf die in vielen Fällen der § 52 des jetzigen Strafgesetzbuches anwendbar ist.

Den mannigfachsten Gesetzesverletzungen wurde als Ursache bestehender Morphinismus untergelegt. So verlangte kürzlich ein Räuber, freigesprochen zu werden, weil er nicht bei klarem Bewußtsein, unter dem Einflusse von Morphin, die Tat begangen habe. Ein Chemiker, der aus einer Heilanstalt, wo er zwecks einer Entziehungskur von Morphin untergebracht worden und entwichen war, benutzte die Freiheit zur Begehung eines Lustmordes. Er legte ein Geständnis ab, versicherte aber, das Verbrechen im Morphinrausch begangen zu haben. Die Annalen der Rechtsprechung künden immer wieder, wie Morphinisten das Gesetz gebrochen haben, wie sie, vor allem, um sich von den Qualen des Morphinhungers, dem Hungerzustand ihrer Großgehirnganglien zu befreien, Einbrüche in Apotheken, Drogenhandlungen, in Arzneibehältnisse von Krankenhäusern vollzogen, Diebstahl oder Betrug begingen, Morphinrezepte fälschten — was einmal, milde, mit sechs Wochen Gefängnis bestraft wurde — oder sich an Menschen vergriffen, wie sie aber auch, selbst wenn ihnen Morphin nicht fehlt, dazu gelangen können, gegen ihre Mitmenschen sich so zu vergehen, daß der Richter zur Beurteilung von Schuld oder Nichtschuld angerufen werden muß.

Im Bereiche der bereits geschilderten Gehirnbetriebsstörungen kommen — was manche derartige Taten zu erklären vermag — auch Psychosen vor, seltener im normalen Verlauf des Morphinismus als bei der akuten Entziehung. Solche Kranke, die meistens schon die Fähigkeit verloren haben, zwischen Recht und Unrecht, wahr und falsch zu unterscheiden, auch das ängstliche Bestreben zeigen, gewisse Unebenheiten ihres neuen Wesens zu verhüllen und einen besonders gesteigerten Impuls, zu täuschen, erkennen lassen, können, wenn sie dafür prädisponiert sind, in der Enthaltungsnot Psychosen bekommen, die in Symptomen und Verlauf den Charakter der Amentia tragen und sich von den Erschöpfungspsychosen nicht abgrenzen lassen. In anderen Fällen trägt die Erkrankung den Charakter der Paranoia. Die angeführte Vielfältigkeit in den Erscheinungsformen der funktionellen Gehirnveränderungen — für die bis jetzt kein positiver anatomischer Befund als Erklärer dienen kann — drängen die Stellungnahme auf, die ich oben zum Ausdruck brachte.

Der § 17 des Entwurfs eines neuen Strafgesetzbuchs — entsprechend dem § 52 des bisherigen — will bei verminderter Zurechnungsfähigkeit infolge von krankhafter Störung der Geistestätigkeit oder wegen Geistesschwäche die Strafe mildern, nimmt aber hierfür die Bewußtseinsstörungen aus, die auf selbstverschuldeter Trunkenheit beruhen. Hier sind andere gehirnstörende Betäubungsstoffe als der Alkohol nicht erwähnt. Ob aber Richter „selbstverschuldeten" Morphinismus ausnehmen würden, ist fraglich.

6. Die Hilfe gegen den wachsenden Morphinismus.

In leitenden Kreisen aller zivilisierten Länder ist man sich der wachsenden Gefahr bewußt, die in der Zunahme des Gebrauchs von Morphin, Kokain und anderen betäubenden Mitteln liegt. Ein Weltregen von Verordnungen ist die Folge davon gewesen. Es sind fast durchweg Vorschriften, die am grünen Tisch volkswohlfahrtlicher Amtsstuben von Beamten, die das Leben in dieser Beziehung nicht genügend kennen, ersonnen worden sind. Manche von ihnen sind schon vor Jahrzehnten wirkungslos empfohlen worden und verklungen. Alle streben nach dem einen Ziel, den Bezug des Mittels für nicht rein arzneiliche Zwecke zu unterbinden, die Erlaubnis des Bezuges nur durch eine zentrale Behörde möglich sein zu lassen und den Apotheker einer scharfen Kontrolle der Verabfolgung zu unterziehen. Nach dem „Opiumgesetz" sind alle ärztlichen Verordnungen von Opium, Morphin, Kokain, Heroin, wenn die betreffende Arznei ohne erneute schriftliche Anweisung nicht wiederholt werden darf, in der Apotheke zurückzubehalten. Die Anweisungen bzw. Abschriften sind geordnet wenigstens drei Jahre lang aufzubewahren. Eine preußische Verordnung enthält auch eine Strafandrohung für Ärzte in Krankenanstalten, die es an der nötigen Sorgfalt in der Überwachung von Krankenschwestern und sonstigem Pflegepersonal bei der Verabfolgung von Betäubungsmitteln fehlen ließen. Wie leicht bei mangelhafter Überwachung unter Umständen Morphinisten geschaffen werden können, legte ich in meinem Gutachten in dem Höfle-Prozeß dar. Es stellte sich nämlich heraus, daß damals in dem Lazarett des Untersuchungsgefängnisses so leichtfertig stärkste Narkotika von untergeordneten Organen ohne Kontrolle verabfolgt wurden, daß ich dieses Tun als eine Art von Marketendertum mit so gefährlichen Stoffen zu bezeichnen genötigt war. Die Folgen blieben nicht aus.

In außerdeutschen Ländern, z. B. in England, bestehen scharfe Kontrollen für Apotheken, in denen unter anderem ein immer zurückzuhaltendes und zu buchendes Rezept über Morphin usw. gewöhnlich nur ein Mal, und auf besondere Anordnung des Arztes nur bis zu drei Malen angefertigt werden darf. Dort wird der ungesetzmäßige Gebrauch und Besitz von Morphin und Kokain, die also nicht von einem Arzt verschrieben worden sind, mit Gefängnis bestraft. In den britischen Malaienstaaten wird durch das „Deleterious Drugs-Enactment" vom September 1925 dem Obersten Medizinalbeamten die ausschließliche Befugnis zur Ein- und Ausfuhr der im Gesetze genauer bezeichneten Betäubungsmittel erteilt. Ärzte und Apotheker können ihren Bedarf nur mit Bewilligung der Medizinalbehörde und durch deren Vermittlung decken. Das Gesetz verbietet, ohne besondere Bewilligung, die Herstellung von Morphin und Kokain und ihren Salzen sowie den Besitz von irgendwelchen Betäubungsmitteln in Mengen von über zwölf amtlichen Dosen oder von Zubereitungen für innerlichen Gebrauch oder Injektion, welche mehr als zwölf amtliche Dosen enthalten.

Alle bisherigen Maßnahmen für die Unterbindung des Übels können umgangen werden und werden es. Es ist notwendig, sie zu erlassen, aber sie lassen alle nicht auf volle Erfüllung hoffen. Die Leidenschaft des Erlangenwollens und die Gewinnsucht der Händler, auch insoweit damit offiziell handelnde Staaten in Frage kommen, durchbricht alle Wehre. Dies ist für den Kundigen der Erkenntnis letzter Schluß. In unerhört dreister Weise werden seit Jahren offenkundig Spezialitäten verkauft, die, wie z. B. das Trivalin, nicht nur Morphin, sondern auch mit ihm Kokain enthalten. Mit jedem tausendstel Gramm des letzteren steigt unverhältnismäßig hoch die Gefahr der Mischung. Unbewußt der Tragweite ihrer Verordnung machen sich Ärzte zu Mitschuldigen solcher Gewinner. Andere Morphiumbesitzer verkaufen an gut Zahlende Morphin en gros. Die Verschwiegenheit beider Teile ergibt sich aus den Umständen. Vieles andere ließe sich anführen, um zu zeigen, wie schwer, ja fast unmöglich es ist, helfend gegenüber dem Übel einzugreifen.

Ob selbst eine **international geregelte Verstaatlichung solcher Stoffe**, die in Erwägung gezogen werden könnte, ein klein wenig dem wachsenden Unheil und der Brutalität des Nutzenziehens aus ihm entgegenzuwirken vermöchte, ist schwer zu beantworten.

Prophylaktisch soll nun der **Völkerbund in Genf** helfen. Nach den bisherigen Verhandlungen[1]) seiner **Opiumkonferenz** wird jedoch die Hoffnung, die man an eine erfolgreiche Hilfe durch internationale Regelung von Produktion und Vertrieb von Opium geknüpft hat, sehr getrübt. Amerika, das sich merkantil an dieser Frage für unbeteiligt hält, stellte den Antrag, jede Produktion von Rohopium und Kokablättern in den Ursprungsländern auf die medizinischen und wissenschaftlichen Bedürfnisse zu beschränken, da das Ziel sein müsse, „einen Sonnenstrahl von Hoffnung in Millionen von Familien leuchten zu lassen, welche an den schrecklichen Folgen des Mißbrauchs von Opium und anderen Betäubungsmitteln litten". Diese Beschränkungsformel fand nicht die Billigung Indiens, dessen Stellungnahme zur Opiumpolitik der Vorwurf gemacht wurde, von geschäftlichen und finanziellen Interessen beeinflußt zu sein. Auch Japan stellt bezüglich des Opiums Forderungen auf, die Indien nicht bewilligen will. In Aussicht genommen war ein stufenweiser Abbau des Opiumhandels und damit des Verbrauchs in fünfzehn Jahren. Aber auch dieser vermittelnde Vorschlag fand keine Zustimmung. Die Opiumkonferenz ist fast gesprengt. Napoléon sagte einst im Staatsrat: „Le commerce n'a pas de patrie." Viel Schlimmeres könnte man dem Handel nach-

---

[1]) Bis zum Ende des Jahres 1925.

sagen, wenn man seine Betätigung auf dem Gebiete der Betäubungsmittel richtig, ungeschminkt charakterisieren wollte!

Ich kann es letztens als völlig sicher bezeichnen, daß es **keinen Ersatzstoff** irgendwelcher Art gibt, der — ohne selbst Opium, Opiumbestandteile oder Morphin oder Morphinabkömmlinge zu enthalten — Opium- bzw. Morphingebraucher von ihrer Leidenschaft abzubringen oder sie nur zu vermindern imstande wäre. Was hierfür angepriesen und für hohe Preise bisher vertrieben wurde, beruht entweder auf Irrtum oder bewußtem Betrug. Vor Jahren wurde ein solches Mittel amerikanischer Herkunft, das *Piscidia erythrina* enthalten sollte, unter einem irreführenden Namen reichlich verkauft. Es enthielt Morphin und verschwand, nachdem ich diesen Betrug aufgedeckt hatte.

Weder *Combretum sundaicum* noch *Mitragyna speciosa* oder *Mitragyna parvifolia*, deren Blätter als „Anti-Opium" in Perak gebraucht werden, noch *Blumea laciniata* können auch nur selbst entfernt Ähnliches als Seelenberuhigungsmittel hervorrufen, wie morphinhaltige Stoffe, oder gar eine bestehende Leidenschaft für solche niederkämpfen.

*   *   *

Segen und Fluch verknüpft sich mit Morphin. Der Segen strömt von der göttlichen Kraft dieses Stoffes, den nur die Hand des Arztes spenden soll. Wer schmerzdurchwühlt auf seinem Lager wachend die Nächte zubringt, wem wegen eines unheilbaren, Körper und Geist in dauerndes Beben versetzenden Leidens jeder nächste Tag und die weite Zukunft schwarz, trostlos, hoffnungslos verhangen ist, wer dem Leben flucht, weil der Tod nicht kommen will, wer ein lebensunwertes Leben führt, weil zerstörende Kräfte in ihm mitleidlos, aus Naturnotwendigkeit, dauernd, mit der sicheren Aussicht der Todesfolge an der Arbeit sind — ihnen allen nahe der Arzt als Segenbringer, Leidensversöhner oder auch

Sterbenserleichterer. Nicht als Todbeschleuniger, obschon durch dasselbe Leben und Tod ineinanderfließen! Hierzu fehlt ihm die Berechtigung. Er gebe Morphin, weil er bei allen jenen Duldern den erzeugten Morphinismus im Vergleiche zu dem Leiden als belanglos ansehen darf. Aber er hüte sich, das Mittel wahllos als Schmerztilger zu verteilen. Daraus werden die Morphinisten, denen dann ein moralischer Makel anhaftet, wenn sie über die augenblicklich erforderlich gewesene Schmerzstillung hinaus noch Vergnügen an dem Mittel fanden und deswegen es weitergebrauchten oder nur zur Erlangung von Lustgefühlen sich dem Mittel ergeben haben. Sie haben nicht das Anrecht, nachsichtig beurteilt zu werden, trotzdem zugegeben werden muß, daß sie schließlich unter einem Zwange, nämlich dem der stets wieder morphinhungrigen Gehirnzellen stehen, die einen nicht sehr festen Willen zu brechen vermögen. Nur den anderen, denen das Leben zu einer Marter geworden ist, in die nur das Morphin als Wunderbalsam dringt, gebührt Mitleid. Was einst von ihm ein deutscher Dichter und Arzt, dem die Muse die Molltöne tiefsten menschlichen Empfindens in die Brust gelegt, sang, ist wahr:

Pflücket den Veilchenstrauß, die ihr den Mai ersehnt,
Die ihr geliebt euch wißt, schmückt euch mit Rosenpracht.
Aber des Unglücks Sohn, der nichts sich wünscht als Vergessen,
    Wähle den Mohn sich zum Labsal!

Wenn ihn die lange Nacht quälet mit bitterem Schmerz,
Wenn er sich schlaflos wälzt, stöhnend im Folterbett,
Da lang alles entschlief und der Zeiger der pickenden Wanduhr
    Stocket im schläfrigen Kreislauf.

O, wie segnet er dich, der Gequälten Trost,
Den heilkundig ein Freund in des Vergessens Trank
Darreicht, wenn ihm das Leid an dem brennenden Auge sich
    Und die beglückende Gottheit   schließet,

Naht auf dem Wagenthron, den ein Eulenpaar
Ohne Geräusch bewegt! Träufle, o träufle ihm
Huldvoll perlenden Tau, daß die schmachtende Seele sich labe.
    Herrlicher König der Traumwelt!

Zaubre die Jugend vor seinen entzückten Geist,
Laß ihn noch einmal schaun glücklicher Tage Glanz,
Maiduft hauch' ihm gelind in die schmerzverdunkelte Seele,
    Hoffnung der besseren Zukunft!

Die Betäubungsmittel.

Kodein und Derivate, Dionin, Heroin, Eukodal, Chlorodine als Genußgifte.

Alle Stoffe, die, unter irgendeinem Namen gehend, Opium bzw. Morphin enthalten, wie Pantopon, Holopon, Glykopon, Laudopan, Nealpon, Eumekon, Trivalin — von dem letzteren wurden schon vor Jahren Vergiftungen amtlich mitgeteilt —, sowie alle diejenigen, die direkt dem Morphin entstammen, die den „Morphinkern" enthalten, sind an sich geeignet, das leidenschaftliche Verlangen nach Fortgebrauch zu erwecken. Diese Wirkung mag im ganzen nicht so schlimm in den Folgen sich zeigen wie die Ausgangsprodukte, die Sucht nach dem Mittel nicht ganz so stürmisch sein — dadurch erzeugte Wesenheitsänderungen des Individuums an sich, einschließlich der körperlichen Störungen, sowie die Erscheinungen bei der aufgezwungenen Enthaltung davon sind die gleichen wie bei den Ursprungsprodukten.

Kodein.

Eine Morphinverbindung, das viel gebrauchte Kodein, chemisch Methylmorphin, das im Opium vorkommt, bestätigt dies. Es ist ein Irrtum, daß bei Menschen, die dasselbe gebrauchen, der Organismus die gesteigerte Fähigkeit erlangt, das Mittel zu zerstören. Bei Hunden wird es zu 80% durch den Harn ausgeschieden. Daraus ist der völlig abwegige Schluß gezogen worden, daß keine Gewöhnung an dasselbe stattfinden könne, weil seine Zerstörung im Körper in kaum nennenswertem Umfange bei fortgesetzter Einverleibung zustande käme. Statt einer Gewöhnung träte eine erhöhte Empfindlichkeit ein. Dieser Schluß lehrt, wie große Vorsicht erforderlich ist, um pharmakologische und toxikologische Versuchsergebnisse an Tieren ohne weiteres auf Menschen zu übertragen. Dies gilt ganz allgemein, besonders aber in Hinsicht auf die Wirkungen von narkotischen Stoffen.

Es gibt Kodeinisten mit den artgleichen abnormen Trieben, Empfindungen und Leiden, wie sie Morphinisten aufweisen. Ihre Zahl ist gegenüber den letzteren klein, aber immerhin bemerkenswert. Ein solcher Mensch, ein schwer neuropathischer junger Mann, erhielt wegen seiner seelischen Erregung Kodeinpillen verschrieben, von denen dreimal täglich je eine mit 0,03 g Kodein genommen werden sollte. Euphorie empfand er erst, als er eine größere Menge von ihnen auf einmal verschluckt hatte. Von nun an stieg er mit den Dosen bis zu 50 Pillen täglich, also fast bis zu 2 g Kodein. Ohne dies konnte er nicht mehr auskommen. Der Versuch, es auszusetzen, schuf Verstimmung, Unruhe, Lebensüberdruß. Nach einem Jahr kam er nicht mehr mit fünf Pillen ein- bis zweistündlich aus. Seine Unrast wuchs. Er fuhr zwecklos auf Straßenbahnen und Eisenbahnen umher, wenn er das Bett verließ. Zuletzt gebrauchte er täglich bis zu hundert Kodeinpillen, etwa 3 g Kodein gleichkommend. Schließlich verschaffte er sich auch noch Opiumpillen, nahm auch das teure Betrugspräparat „Antimorphin", das Morphin enthält, und andere Narkotika. Er magerte ab, bekam eine fahle Hautfarbe, eine langsam stotternde Sprache u. a. m. Die Entziehung schuf neben Kodeinhunger Unruhe, Verstimmung, Reizbarkeit, Lebensüberdruß und körperliche Störungen. Der verlorene Mann hatte sein Vermögen von 10000 M. dieser kostspieligen Leidenschaft geopfert.

Es liegt auf der Hand, daß auch an andere Kodeinverbindungen Gewöhnung stattfinden kann, und zwar in einem gewissen Verhältnisse zu der in ihnen enthaltenen Kodeinmenge. Dies gilt z. B. für das Parakodin, dem eine im Vergleich zum Kodein stärker beruhigende Wirkung zugeschrieben wird, ferner für das Eukodin, dem Kodeinbrommethylat, auch für das Kodeonal und andere.

Dionin.

Dionin, das dem Kodein ähnlich wirkende Äthylmorphin, entbehrt nicht der Eigenschaft, einen euphorischen Zustand erzeugen zu können. Daraus kann ein Dioninismus entstehen.

Heroin.

Auch hier haben schlecht Unterrichtete anfangs eine Gewöhnungsmöglichkeit daran mit üblen Folgen im Sinne der Morphingewöhnung geleugnet. Die Wahrheit ist, daß eine solche besteht, daß jetzt dieser Stoff in großen Mengen auch in fremde Länder ausgeführt wird, und zwar nur als Genußmittel, und daß der Entziehungsversuch bei den körperlich heruntergekommenen Heroinomanen schwere Symptome erzeugt. Man war sogar genötigt, Kranke, die das Mittel einige Monate lang auch nur zu 3—5 mg mehrmals täglich bekommen hatten und die dadurch über hochgradige Atemnot, allgemeine Mattigkeit und Hinfälligkeit und starke Erregung klagten, Heroin weiterzugebrauchen zu lassen. Diese Erregung ist eine der beiden Wirkungsfolgen, die dem Heroin und auch noch anderen Stoffen dieser Reihe zukommen und an die, wie es scheint — im Gegensatze zu der anderen, der narkotischen —, keine Gewöhnung erfolgt.

Gewöhnung an die narkotische Wirkung ist sicher. Sie tritt etwas langsamer als die an Morphin ein. Auch sie entsteht nach meiner jetzt wohl allgemein angenommenen Begründung durch funktionelle Zellabstumpfung. Die durch Heroin erzeugte Euphorie kann noch länger als bei dem Morphin anhalten, zumal, wenn es unter die Haut gespritzt wird. Man kennt Fälle, in denen die tägliche Dosis bis zu

0,6 g und selbst bis zu 2,8 g gesteigert worden war. Die Folgen bestanden in Willensschwäche, allgemeiner Nervenschwäche, Ernährungsstörungen, üblem Geruch aus dem Munde, Pupillenerweiterung, Abnahme des Schlafes und vor allem in Herzschwäche. Die Dauer des Heroinismus bis zum Verfall beträgt, wenn die genommenen Dosen hoch gekommen waren, sechs bis sieben Jahre.

Die Entziehung gestaltet sich noch schlimmer als bei Morphin, weil hier die entstehenden Herzstörungen Lebensgefahr bedeuten. Nur Morphin — nicht Heroin bekämpft dieselben. Heroinisten können zu Morphinisten werden, wenn außerdem noch Atmungsstörungen, Schlaflosigkeit u. a. m. die Entziehungsmöglichkeit vereiteln.

Eukodal.

Das Eukodal ist eine aus dem Opiumalkaloid Papaverin dargestellte Verbindung. Es ist ein Narkotikum wie Morphin und Kodein, das aber beide an Schnelligkeit der Wirkung übertreffen soll. Die Empfehlung als Schlafmittel und als Ersatz für Morphin in Entziehungskuren des letzteren haben ihm Eingang verschafft. Unterschiede in der Angewöhnung und deren Folgen gegenüber dem Morphin bestehen nicht. So kam z. B. ein Arzt, der es gegen sein Herzleiden mit Atmungsstörungen und krankhaften Wasseransammlungen im Körper über ein Jahr lang, zuletzt täglich zu 0,3 g, gebraucht hatte, nicht mehr von ihm frei. Die Entziehung ging mit Herzschwäche, Weinerlichkeit, hoher Reizbarkeit, Selbstmordgedanken, übermäßigem Eukodalhunger, Durchfällen, Appetitlosigkeit, Niesen, Frieren usw. einher. Nachdem sie in zwölf Tagen beendet war, stellte sich auch körperliche Erholung ein. Trotzdem bestand noch eine auffällige Stimmung mit Egozentrizität. Nach etwa vier Wochen war er bereits, trotz aller Schwüre, wieder rückfällig geworden.

Die Frau dieses Arztes nahm gleichfalls wegen nervöser Beschwerden und wegen psychischer Emotionen zehn Monate lang Eukodal, zuletzt in subkutaner Injektion zu 0,15 bis 0,2 g täglich. Nachdem die Entziehung in acht Tagen unter Körperschmerzen, Durchfällen, Schlaflosigkeit durchgeführt worden war, wurde sie schnell wieder rückfällig.[1]

Ich bin davon überzeugt, daß, wenn es einst gelingen sollte, Opiumalkaloide künstlich herzustellen, man an ihnen in gleicher Weise restlos den Charakter des Morphin in bezug auf Gewöhnung und Gebrauchsverlangen mit allem sich daran knüpfenden individuellem Unglück wird erkennen können.

Chlorodine.

Wiederholt sind in England nach diesem viel gebrauchten, aus Chloroform, Äther, Morphin und *Cannabis indica* bestehenden Patentpräparat Angewöhnungszustände mit den entsprechenden Wirkungen und Folgen festgestellt worden. Männer und besonders Weiber hat man es gebrauchen sehen. Das für die Wirkung, auch nach der moralischen Seite, Entscheidende ist das Morphin. Die Mengen, die in allmählichem Ansteigen schließlich verbraucht werden, sind sehr groß. Solche von 30—60 g sind nicht ungewöhnlich, es werden aber auch bis 150 g täglich verbraucht. Die dem Übel Verfallenen verhalten sich wie Morphinisten. Weiber verkaufen den Besitz des Mannes, stehlen auch, um sich das Mittel zu verschaffen und verausgaben dafür große Summen.

---

[1] Koenig, Berl. Klin. Wochenschr. 1919.

Der Kokainismus.

1. Die Geschichte der Koka und des Kokains.

Das zweite Konzil zu Lima versuchte um die Mitte des 16. Jahrhunderts, den Genuß der Kokablätter seitens der Peruaner, Chilenen und Bolivier zu verhindern. Ihr Gebrauch wurde in dem 120. Kanon als „ein Gegenstand ohne Nutzen erklärt, der geeignet sei, den Mißbräuchen und dem Aberglauben der Indianer Vorschub zu leisten". Politisch-ökonomische bzw. soziale und religiöse Gründe waren für einen solchen Beschluß maßgebend. Er wurde gefaßt, als der Verbrauch dieses Mittels sehr groß war, die Kulturen in hoher Blüte standen, aber auch die gesundheitlichen Verhältnisse der Peruaner neben anderen Gründen, wie Fronarbeit und schlechter Ernährung, sich dadurch auffällig verschlechtert hatten. Konquistadoren, Plantagen- und Minenbesitzer arbeiteten vereint: Sie zwangen zur Arbeit und bezahlten die Arbeit durch Kokablätter. Die Regierung ihrerseits verbot in den Jahren 1560—1569 sowohl die Zwangsarbeit in den Plantagen als auch die Verabreichung der Koka, weil „die Pflanze nur Abgötterei und Hexenwerk ist, nur durch Trug des Bösen zu stärken scheint, keine wahre Tugend besitzt, wohl aber das Leben einer Anzahl von Indianern erfordert, die im besten Falle nur mit zerstörter Gesundheit den Wäldern entkommen. Sie sollten deswegen auch auf keine Weise zu solcher Arbeit gezwungen werden, vielmehr müsse ihre Gesundheit und ihr Leben geschont und erhalten werden". Als diese Verordnungen ohne Erfolg blieben, wurde die Koka Staatsmonopol, um schließlich gegen das

Ende des 18. Jahrhunderts wieder dem privaten Unternehmen überlassen zu werden.

Alles dies betrifft jene wunderbare Pflanze, *Erythroxylon Coca*, die Franz Pizarro im Jahre 1533, als er von der San Miguel's Bai mit seinen Truppen den Weg ins Innere von Peru antrat, im Hügellande schon überall vorfand und als Genußmittel gebrauchen sah. Garcilaso de Vega erzählt — nach einer Sage der Indianer —, wie die Kinder der Sonne nach der Bildung des Reiches der Inka das Kokablatt als Geschenk gegeben hätten, „das die Hungrigen sättigt, dem Müden und Erschöpften neue Kraft verleiht und die Unglücklichen ihren Kummer vergessen macht". Aber schon vor dem Eintreten der Indianer in einen Staatenverband bauten sie wahrscheinlich Koka, und die Inka erfanden die göttliche Übermittelung der Pflanze nur, um sie für sich allein zu besitzen. Sie wurde von ihnen als Emblem des Königtums benutzt, die Königin nannte sich nach der Pflanze Mama Cuca und die Priester halfen den Nimbus der Göttlichkeit des Blattes dadurch zu erhöhen, daß sie es bei den verschiedenartigsten Zeremonien verwendeten. Die Götzenbilder aus jener Zeit weisen als Zeichen ihrer Göttlichkeit die eine Backe mit Kokablättern gefüllt auf. Allmählich ging der Gebrauch auf das Volk über — nicht nur für alle Zwecke, die der Mensch versucht, in Beziehung zu Überirdischem zu bringen, sondern auch zu dem sehr Irdischen, dem Wirkenlassen des Blattes in seinem Körper. So ist es im Wechsel der Zeiten geblieben, mit dem Unterschiede, daß der Genußzweck der dominierende geworden ist — der Blätter im Süden Amerikas und des Kokains, ihres Inhaltsstoffes, in der übrigen Welt.

Das Blatt wird, gemischt mit Kalk oder Pflanzenasche, als Bissen gekaut. Die letztere, im Aimará „Lljuta", im Keshua „Llipta", sonst auch Tonra genannt, wird in flaschenförmigen Kürbissen aufbewahrt und mit langer Nadel, deren Spitze man im Munde anfeuchtet, hervorgeholt. Sie kommt auch nach Präparaten, die ich besitze, als harte, kreisförmige, graublaue, etwa 4 cm im Durchmesser haltende, in sich konzentrisch gedrehte Paste vor, von denen Stückchen zu dem Blatte getan werden. Koka wird in Peru hauptsächlich in der Montaña, den Departements Cusco, Huanuco, Ayacucho und Puno gebaut. Auch sonst findet man in allen tiefen und heißen Tälern des Innern kleine Pflanzungen. Verbraucher der Blätter sind die Ketschua, die Aymara-Stämme in Cundinamarca usw. Sie werden ferner begehrt in Bolivia, besonders im Departement Cochabamba, Larecaja und Yungas, in Columbia bis zum Golfe von Maracaibo — so sind z. B. die Goajiros Liebhaber der Koka —, weniger in Ecuador, und dort in einigen Tälern der Ostabhänge der Kordilleren von Quito. Mit der Entfernung nach Osten von den Anden nimmt der Gebrauch ab. Er ist freilich, dem Marañon folgend, wohl etwas vorgedrungen. Die Halfcaste und indianischen Weiber am oberen Amazonas sind fast alle dem Genusse von Ypadú, so heißt dort die Koka, ergeben. Die Frauen pflanzen den Strauch, der ½ bis 1½ m hoch wird, in einem entlegenen Waldwinkel. Die Marauá-Indianer an den Ufern des Yutahí nehmen sie gleichfalls, vereinzelt die Tecunas, Iuri, Passos, auch die Yauaretés. Vom Rio Tiquié scheint sich diese Gewohnheit, wie Koch-Grünberg beobachtete, über den Papury hin eingebürgert zu haben. In Nordwest-Brasilien gebrauchen Indianer die Koka in unglaublichen Mengen. Den ganzen Tag geht die Kalabasse um. Man sieht solche Kokaesser mit so großen Bissen im Munde, daß sie knotenartig die Backe hervorwölben. Von Bolivien hat sie sich nach Argentinien ausgedehnt. Peru liefert etwa 15 Millionen, Bolivien etwa 8 Millionen Kilo Blätter, die trocken bis 1% Kokain geben, das im Rohzustande am Produktionsorte selbst hergestellt wird. Im reichsten Minendistrikt Perus, in Cerro de Pasco allein, werden monatlich 1500 kg trockene Kokablätter verbraucht. Auch auf Java wird jetzt Koka für die Kokainfabrikation kultiviert. Hier brütet die Tropensonne in den Blättern 1,2—1,6% Kokain aus. Sie gedeiht auch in Indien in den Nilgiris.

Die Produktion richtet sich auch hier nach dem Weltverbrauch. Sie nahm, angesichts des ungeheuerlichen Auswachsens des Kokains als Genußmittel, sprungweis große Dimensionen an. Es exportierten:

Blätter

Peru		Java	
1877	8 000 kg	1904	26 000 kg
1906	2 800 000 ,,	1911	740 000 ,,
1920	453 000 ,,	1912	800 000 ,,
		1920	1 700 000 ,,

In ähnlicher Weise stieg der Export von Rohkokain, für dessen Gewinnung — wie ich weiß — jetzt auch in Südamerika von Amerikanern große Fabriken errichtet werden.

Nach Deutschland kamen an Kokain — nach Mitteilungen, die mir das Statistische Amt gab:

1924: 662 kg   1925: 1003 kg.

2. Wirkungen von gewohnheitsmäßig aufgenommener Koka und Kokain.

Es gibt Wirkungsunterschiede zwischen dem gewohnheitsmäßigen Kauen der Blätter und dem chronischen Gebrauch des Kokains, wie ja auch die Auswirkung des Opiumrauchens, den Symptomen nach, in etwas von denen des Morphingenießens abweicht. Die Ursache liegt wohl darin, daß sich in beiden Materialien noch andere Inhaltsstoffe finden — in frischen Kokablättern auch ein duftendes Harz sowie andere Alkaloide, z. B. das Rechtskokain. Versuche, die ich vor Jahren mit diesem anstellte, ergaben, daß schon Mengen von 0,02—0,04 g bei Kaninchen schnell eigenartige Erregungszustände in der Bewegung, anhaltende Karussellbewegungen erzeugten, die von Zuckungen und Atmungsstörungen gefolgt waren.

In den wesentlichen Symptomen und der schließlichen Gestaltung des Kokainleidens ähneln sich jedoch beide Verwendungsarten.

Dem Kokakauer ist das Mittel die Quelle seiner besten Freuden. Unter seiner Wirkung vergißt er die Mühen des Alltagslebens und erlebt imaginär manches von dem, was an materiellen Genüssen das Leben ihm versagt. Nach dem Morgenimbiß nimmt er, bevor er zur Arbeit geht, aus seiner Ledertasche Koka und aus dem Kürbisfläschchen Kalk oder die Pflanzenasche und bildet daraus den kugeligen Bissen, auch auf Vorrat. Der mäßige Tagesverbrauch stellt sich auf etwa 25—50 g. Während des Genusses sucht er arbeitsfrei zu bleiben. Es ist eine apathische innere Ruhe, die ihn für etwa eine Stunde überkommt, aus der er sich auch nicht aufrütteln läßt. Dann wird er wieder arbeitsfähig.

Die Kokada, d. h. die Wirkungsdauer des Kokabissens, ist ihm Zeit- und Wegmaß. Sie beträgt etwa 40 Minuten, während welcher etwa 3 km auf ebenem Terrain und bis 2 km beim Bergsteigen zurückgelegt werden. Alexander v. Humboldt, der im Jahre 1802 Forschungsreisen in den Anden machte, rühmte die ungeheure Ausdauer, die seine einheimischen Führer aus dem Genusse der Koka schöpften. Daß das Bergsteigen bis zu Höhen von 5000—6000 m dadurch erleichtert wird, ist noch in neuester Zeit von europäischen Forschern durch Selbstversuche erwiesen worden, ebenso auch, daß das Hungergefühl den mangelhaft ernährten Körper längere Zeit hindurch nicht überkommt. Versuche, die schon vor Jahrzehnten in Europa angestellt worden sind, lehrten, daß z. B. nach Einnehmen eines Tees aus 12 g Kokablättern neben Erhöhung des Pulses, Herzklopfen, Schwindel, Funkensehen und Rauschen in den Ohren, ein Gefühl von vermehrter

Kraft und Drang zur Arbeit eintraten. Ein Tee aus 16 g Blättern erzeugte anfangs ein eigentümliches Gefühl des Isoliertseins von der Außenwelt, eine unwiderstehliche Neigung zu Kraftäußerungen und alsdann bei klarem Bewußtsein eine Art Erstarrung mit dem Gefühl des glücklichsten Wohlbehagens und dem Wunsche, einen Tag lang nicht die geringste Bewegung machen zu brauchen, und schließlich Schlaf.

Mit einer solchen Kenntnis der Kokawirkungen begann um die Mitte der achtziger Jahre der arzneiliche Gebrauch des Kokain, des wesentlichsten Kokabestandteils. Die unglückselige Idee sprach ein morphinistischer Arzt damals aus, daß man den Morphinismus durch Kokain vertreiben könne. Ich erhob sofort dagegen Einspruch und sagte voraus, es würde dadurch erreicht werden, daß ein solcher Mensch dann beide Stoffe gebrauchen, daß er dann einer „gepaarten Leidenschaft" sich hingeben würde [1]). So ist es gekommen, Und mehr noch! Das Kokain allein begann ziemlich bald als Genußmittel gebraucht zu werden. Mit kleinen Mengen fing man an und stieg und steigt bis zu ganz ungeheuerlichen, bis 1 und 4 g und angeblich sogar 8 g täglich. Es ist ein Irrtum, daß der Krieg dies bewirkt habe, er hat nur Kreisen an diese Leidenschaft sich anzuschließen geholfen, die früher an die Betätigung einer solchen nicht gedacht haben. Schon 1901 gab es in England kokainistische Männer und Frauen, Ärzte, Politiker und Schriftsteller. Jetzt freilich sehen diese Verhältnisse betrübsamer aus, ohne daß etwa dadurch der Morphinismus entthront ist. In Deutschland — hauptsächlich natürlich in den großen Städten — gibt es genußsüchtige Kokainverwender in vielen Berufsarten bis zu den Straßendirnen und Zuhältern herunter. In gewissen Likörstuben, Restaurants, auf der Straße usw. wird

---

[1]) L. Lewin, Berlin. Klin. Wochenschr., 1885, S. 326.

Kokain diskret zum Verkauf angeboten — meist als gestohlene oder verfälschte Ware, für die Wucherpreise bis zu dreißig Mark gefordert und gezahlt werden. Es gibt Kokainhöhlen in Berlin, bessere oder schmutzstarrende Lokale, von denen erst im Beginne dieses Jahres eines mit gegen hundert Gästen von der Polizei aufgehoben wurde, in denen Männer und Frauen aus allen Gesellschaftskreisen, auch Akademiker, Schauspieler usw. Stunden erfüllter Begierde als wesenlose Lebewesen hindämmern, oft ohne tagelang irgendwelche Nahrung zu sich zu nehmen, weil das Kokain durch Lähmung der Magennerven ein Hungergefühl nicht aufkommen läßt. Sie geben, was sie besitzen, selbst notwendige Kleidungsstücke, hin, um das ersehnte narkotische Glück zu gewinnen. Die phantasievollste Schilderung der Nachtseiten des menschlichen Lebens, eine Hogarthsche Zeichnung der „Punschgesellschaft", und andere, die das Herabgesunkensein des Individuums auf ein Niveau, das noch unter dem des Tieres liegt, stellen, erreichen an Abstoßendem nicht die Höhe des Eindrucks, den eine solche Vereinigung von Verkommenheit in den aktiven Stadien des Kokainismus darbietet.

3. Die Erscheinungsformen des Kokainismus.

Gewöhnungsmöglichkeit auch an sehr große Mengen der Pflanze und des Alkaloids, wenn mit ihnen allmählich angestiegen wird, Verharrenszwang für diese Leidenschaft, Lustgefühle durch die Wirkung und schließliche körperliche und geistige Verelendung machen hier wie bei der Opiophagie und dem Morphinismus das Leiden aus. Eigentümlicherweise kann man, ungleich dem Morphin, Tiere nicht an Kokain gewöhnen, sie zeigen vielmehr eine steigende Empfindlichkeit dafür. Nur von einem Affen wird berichtet, der durch Nachahmung zum Kokainesser wurde. Vielleicht kommt dies vom anthropoiden Kern. Er durchsuchte die

Taschen und Schubladen seiner Herrin nach Kokain, welches er begierig verschlang. Die Folgen waren die gleichen wie beim Menschen. Sieht man hiervon ab, so deutet die Intoleranz anderer Tiere darauf hin, daß man es hier mit einem Stoff ganz anderen Charakters als des Morphins zu tun hat. Was der Mensch danach an Wirkungen aufweist, bestätigt dies in jeder Beziehung. Das Gehirn wird in brutalerer Weise durch Kokain ergriffen. So kann z. B. eine einzige Einspritzung in das Zahnfleisch oder unter die Haut, nach einem Tage beginnend, auch schwerere Funktionsstörungen, z. B. Verwirrtheit, Sinnestäuschungen und melancholische Stimmung für Wochen oder Monate veranlassen. Der Dauergebrauch als Genußmittel schafft in langsamer Entwicklung noch viel Schlimmeres, was schon bei den südamerikanischen leidenschaftlichen Kokakauern, den Coqueros, zutage tritt. Sie verhalten sich nach der physischen und geistigen Seite wie Opiumraucher: Es bildet sich bei ihnen ein kachektischer Zustand mit beträchtlichem Körperschwund aus und, damit verbunden, eine allmählich wachsende Wesensänderung. Sie sind Greise, wenn sie kaum in das Mannesalter getreten sind. Sie werden apathisch, für alle ernsteren Lebenszwecke unbrauchbar, halluzinatorisch und absolut beherrscht von der Sehnsucht nach dem Genusse, dem sie alles im Leben unterordnen.

Viel ausgeprägter, obschon dem Charakter nach gleich, gestalten sich die Folgen des Kokaingebrauches, gleichgültig von welcher Stelle aus der Eintritt des Mittels in den Körper geschieht. Kein anderes zeigt in der Verwendungsart so viele Varianten wie Kokain, von der Einspritzung unter die Haut an, bis zum Trinken von Kokawein aus Blättern, Kokainwein oder Kokainchampagner, bis zum Rauchen von kokainisierten Zigarren, zum Einpinseln in die Nase oder dem Gebrauche als Schnupfpulver, zum Einreiben in das Zahnfleisch oder an den After. Für jede dieser Formen gibt es Liebhaber — am häufigsten, wie es scheint, für die Nasenpforte[1]). Von 23 Kokainisten wählten 21 diese Prozedur. Ich selbst kenne mehrere solcher, darunter einen Nasen- und Kehlkopfarzt, Professoren u. a. m. Auch hohe Wissenschaft schützt vor Torheit nicht! Wie bei Morphin kommen auch hier Verführungen von Frauen durch die Ehemänner und eines Kindes durch die Mutter vor. Eine solche war Morphio-Kokainistin und brachte ihren vierzehnjährigen Sohn dazu, in drei Monaten bis zu einem Tagesverbrauch von angeblich 4 g Kokain zu gelangen. Es werden noch viel höhere Mengen von Kokain verbraucht.

Wie das seelische und körperliche Leben eines Kokaingebrauchers aussieht, vermag ich nach sehr exakten Schilderungen eines Mannes darzulegen, der sich schließlich wie mancher andere an mich um Hilfe gewandt hatte. Einer Gesichtsneuralgie wegen hatte er wiederholt zum Morphin gegriffen, bis ihm ein Zahnarzt in verschiedene kariöse Zähne Watte, die mit 15 prozentiger Kokainlösung getränkt war, gestopft hatte. Von da ab „bedurfte er des Morphins nicht mehr". Kariöse Zähne dienten ihm von nun an als „Pfropfenkammern" für Kokainpfröpfe, d. h. als Stellen, von denen aus die Überführung in das Blut vor sich ging, und zwar reichlich. Zu gewissen Zeiten preßte er solche Kokainbäusche auch zwischen die Zähne. Das meiste Ko-

---

[1]) Als Erklärung für die starke Wirkung des Kokains von der Nase aus sind anatomische Verhältnisse herangezogen worden. Außer den Venae comitantes der Arteriae ethmoidales stellt noch eine Vene, welche einen Nebenzweig der Arteria ethmoidalis anterior begleitet, eine wichtige Verbindung der Nasen- mit der Schädelhöhle dar. Dieselbe dringt, jene Arterie begleitend, durch die Siebplatte in die Schädelhöhle ein und geht entweder in das Venengeflecht des Tractus olfactorius oder direkt in eine stärkere Vene am Orbitallappen über. Da nun die Blutgefäße von Lymphgefäßen begleitet werden und solche auch auf der freien Fläche der Nasenschleimhaut ausmünden, somit also imstande sind, das resorbierte Kokain direkt und rasch auf das Gehirn wirken zu lassen, so wäre es nicht schwer, die angegebene Erfahrung zu erklären.

L. Lewin, Phantastica

kain gelangte auf diese Weise mit dem Speichel in den Magen. Eine solche Spezialität gab es bisher nicht. Auch so tat das Mittel seine vollen verhängnisvollen Dienste. In immer größeren Mengen wurde es eingeführt — zuletzt zu mehr als 1 g täglich. Ich lasse den Mann selbst über den Erfolg sprechen: „Was die Wirkung des Kokains auf mein subjektives Befinden betrifft, so kann ich mit nüchterner Ehrlichkeit die Erklärung abgeben: daß, wenn die Zeit der letzten fünf Jahre zur glücklichsten in meinem Leben zu rechnen ist, ich solches in erster Linie dem Kokain zu verdanken habe. An dieser brutalen Tatsache läßt sich nicht rütteln." Der zwölfseitige Brief schließt mit den Worten: „Ich brauche Zeit, um mit meiner Weltanschauung fertig zu werden, die sich bereits im Rohbau auf dem einzigen Satz erhebt: Gott ist eine Substanz!" Dieser Satz läßt die ganze zwingende Gewalt, die Kokain auf das Gehirn ausübt, in ihrer nacktesten Gestalt erkennen. So stark fesselt es das Individuum an die Zeit des Genießens, daß alles andere, auch die Zukunft, darüber verachtet wird, obschon die Wehen, die das kommende Unglück absolut sicher gebären werden, jedem, auch diesem Manne, nach nicht langer Zeit sich künden. Wie sich die weiteren Vorgänge gestalten, habe ich in meiner ersten Gesamtdarstellung des Leidens im Jahre 1893 gezeigt [1]). Daran haben auch die späteren bis zu den neuesten Erfahrungen nur wenig geändert.

Die Willensenergie sinkt, Unentschlossenheit, Mangel an Pflichtgefühl, Launenhaftigkeit, Eigensinn, Vergeßlichkeit, Weitschweifigkeit in der Rede und in Briefen wachsen. Unstätheit des Körpers und Geistes stellen sich ein. An die Stelle der Gewissenhaftigkeit tritt Nachlässigkeit, der Wahre wird verlogen, der Gutmütige boshaft, der Gesellige sondert sich ab. Einer meiner Klienten sagte von sich, er habe „sein gütiges Lächeln eingebüßt". Sinn und Interesse für

---

[1]) L. Lewin, Die Nebenwirkungen der Arzneimittel, 1893 u. 1899.

das Narkotikum übertönen die Forderungen des Wirklichkeitslebens und des Menschentums.

Die verheerenden Wirkungen in den Gehirnfunktionen werden immer offenkundiger. Die bei Morphinismus so häufig erscheinende und dem Individuum zeitweilig subjektiv helfende Gemütserstarrung fehlt hier. Dem Kokainisten wird es auch, im Gegensatz zum Morphinisten, schwer, sein jetziges Wesen in das von Sitte und Gewohnheit gewobene Gewand von äußeren Manieren zu zwängen. Seine innere Wesensgebrochenheit gibt sich ohne Beherrschungsmöglichkeit kund. Wie bei allen Narkomanen besteht auch beim Kokainisten lange Zeit hindurch eine Erkenntnismyopie, eine Einschränkung des geistigen Gesichtsfeldes für sein Schicksal. Er lebt nur in und für die Genießensstunde. Sie ist ihm, dem Unfreien, beste Gegenwart und Zukunft, selbst dann noch, wenn das Bewußtsein ungetrübt ist, aber doch schon fühlbar die Giftgewalt roh an ihm rüttelt. Geistige Schwäche, Schwermut, neben psychischer Überreizung, Argwohn und Verbitterung gegen die Umgebung, Trugschlüsse und falsche Auffassung der Dinge, auch Eifersuchtswahn u. a. m. leiten den auch schlaflos Gewordenen zu Sinnestäuschungen evtl. bei noch klarem Bewußtsein. Halluzinationen des Gesichts, des Gehörs, des Geruchs, Geschmacks, Störungen in der sexuellen Sphäre und des Allgemeingefühls, auch Illusionen beherrschen den schwer krank Gewordenen. Zeitlich nahe gerückt ist dann bei manchem der Kokainisten die halluzinatorische Verrücktheit, nachdem Verwirrtheit, Ideenflucht wie bei dem Delirium tremens, Angstgefühle durch Wahnvorstellungen vorangegangen sind. Ein Kokainist, der 3,25 g Kokain geschnupft hatte, griff zum Schutze gegen vermeintliche Feinde zu Waffen, ein anderer, von akuter Manie ergriffen, ging über Bord ins Wasser, und noch ein anderer zerschlug Möbel und Geschirre und schlug einen Freund.

Abnorme Empfindungen in den peripherischen Nerven geben die Veranlassung, zu glauben, daß sich Tiere unter der

Haut aufhalten, und dadurch auch wohl zu Selbstverstümmelungen oder durch wahnhafte falsche Projektion zur Verstümmelung von Familienmitgliedern, um das Fremde aus der Haut zu entfernen. Eine Frau verwundete sich mit Nadeln, um die „Kokainwanzen" zu töten. Ziehen und Reißen in den Gliedern führte ein Kokainist darauf zurück, daß er zwangsweis elektrisiert würde. Er glaubte auch die Leitungsdrähte, die aus der Nachbarschaft zu ihm geleitet worden waren, zu sehen. Tobsuchtsanfälle und Krämpfe geben der Erkrankung gewöhnlich den Abschluß. Bei einem Morphinisten und Kokainisten, der von Morphin täglich 2 g und vom Kokain 8 g verbrauchte, trugen die letzteren den Charakter der Epilepsie, mit Bewußtlosigkeit und ohne Erinnerung an den Anfall. In anderen Fällen, zumal solchen, in denen der Kokainist die neue Dosis stark über die letzte erhöht hat, können spasmodische Krämpfe und konvulsivische Anfälle evtl. mit Opisthotonus auch von Fieber und unregelmäßiger Atmung begleitet sein.

Eine Gruppe von Geistesstörungen umfaßt auch die Korsakowsche Psychose und eine weitere die Kokainparalyse [1]). Daß körperliche Störungen, wie bleiches Aussehen, Appetitverlust, starke Abmagerung, Minderung in der Harnabsonderung, Sinken der Geschlechtsfunktionen bei gesteigerten erotischen Begierden, auch Wollustempfindungen, Herzklopfen und unregelmäßige Herzarbeit, gelegentlich auch Präkordialangst mit Erstickungsgefühl, Störungen im Farbensehen, Doppeltsehen, Sprachstörungen, wie Stammeln, Paraphrasie, zwangsweises Aussprechenmüssen der Gedanken u. a. m. in allmählich wachsender Stärke [2]) sich einstellen, habe ich wiederholt, auch

---

[1]) H. Maier, Der Kokainismus, 1926. Hier finden sich die Formen der psychischen Kokainerkrankungen nach eigenen Beobachtungen gut abgehandelt.

[2]) L. Lewin, Die Nebenwirkungen der Arzneimittel, 3. Aufl.

bei dem oben geschilderten Kokainisten, gesehen. Bei Kokainschnupfern kommen als Besonderheit vor: Ekzem und Schwellung an der Nase, auch besonders an deren Spitze, Geschwürsbildung an der Nasenscheidewand, evtl. mit Durchbohrung derselben, Veränderungen an den Muscheln, dazu alle Arten von Geruchsstörungen und nicht selten gerade bei ihnen auch eine Veränderung der Mimik, unmotiviertes Lachen und Starrheit des Blicks.

Das Ende ist vorgeschrieben. Glücklich der Kokainist, dem geistige Umnachtung die schicksalstraurige Tragik derselben nicht zum Bewußtsein kommen läßt. Schon lange vorher keimt die Erkenntnis bei vielen solcher, auf welcher Bahn sie sich unaufhaltsam, willensgebunden, von der Leidenschaft allein getrieben, bewegen. Sie verhalten sich in dieser Beziehung wie der Morphinist, nur mit dem Unterschiede, daß die Verwüstungen, die das Kokain in den Hirnfunktionen veranlaßt, roher sind und dadurch das Herausgerücktwerden des Individuums aus der moralischen und gesellschaftlichen Ordnung sich schneller und brutaler vollzieht.

Reichlich und verschiedenartig sind die Vergehungen von Kokainisten gegen Recht und Gesetz. Der unerlaubte Handel mit Kokain, der Schmuggel damit, die unrechtmäßige Abgabe sonst dazu Berechtigter an Kokainisten und der strafbare Erwerb des Mittels durch Schnupfer haben zu vielen Verurteilungen in allen Ländern geführt. Schlimmer sind die Rechtsbrüche: Diebstahl, Betrug, Fälschung, Einbrüche, Raubüberfälle, die zum Zwecke des Erlangens von Kokain selbst oder von Geld oder Waren zum Anschaffen desselben begangen worden sind, oder verbrecherische Handlungen gegen die Person, wie Sittlichkeitsverbrechen, Mord im Kokainrausch u. a. m. Fast immer erfolgte Verurteilung. Die Willensfreiheit ist jedoch auszuschließen, falls man annehmen muß, daß der Täter unter erheblichem Zwang gehandelt hat, daß von ihm frische Eindrücke nicht mehr richtig verarbeitet werden, sondern daß neue Vorstellungen mit ungeordnet auftauchenden Erinnerungsbildern ihn verwirrt haben, gleichgültig, ob man den Zustand als Störung des Bewußtseins oder als vorübergehende krankhafte Beschaffenheit der Geistestätigkeit bezeichnen will. Ergibt sich aus dem Zusammenhang bei ihm das Bild eines gesteigerten Rede- und Tatendranges mit gehobenem Selbstbewußtsein, so muß gleichfalls die Willensfreiheit verneint werden, wenn die Tat nicht zum Wesen des Täters und zu seiner jeweiligen äußeren Lage gepaßt hat, wenn sie also etwas vorstellt, was seinem Charakter völlig fremd ist und auch durch äußere Umstände nicht erklärt werden kann. Andernfalls ist der Täter verantwortlich, aber dem Richter mildere Bestrafung nahezulegen [1]).

Wie der Morphinist wird der Kokainist aus seinem ihn beglückenden träumerischen Begehrungs- und Genießenszustande — meistens zu spät — zu der schmerzhaftesten Wirklichkeit erweckt. Als ich einem solchen die Augen öffnete, schrieb er mir: „Der erste Eindruck Ihres Briefes war der eines Todesurteils. Es kam mir so vor, als ob Sie meinen Fall als hoffnungslos und mich als rettungslos verloren ansahen." Der entschlossene Mann raffte sich auf, verringerte die Kokaindosis, trank viel Wein, nahm Veronal — aber sein Schicksal vollzog sich dennoch in der vorausgesagten Weise.

Die Stundenschläge auf der Uhr des Kümmerlichkeitslebens dieser Unglücklichen sind die gierig erheischten Dosen, und jede neue Dosis wird zu einer neuen Förderin der mit unentrinnbarer Gewalt sich meistens schließlich vollziehenden Lebens- und Sterbenstragödie.

Der einzigen zeitbegrenzten **Hilfe**, der sofortigen Entziehung des Kokains, unterwerfen sich viele. Was ich über

---

[1]) Oppe, Ärztl. Sachverständigen-Zeitung, 1923, Nr. 1.

das Ergebnis der Morphinentziehung gesagt habe, trifft, dem Wesen nach, auch hier zu. Die akute Karenzreaktion vollzieht sich unter Erscheinungen, die sich äußerungsmäßig vielleicht nicht so schlimm in Jammern, Stöhnen und Verlangen nach dem Mittel wie in jedem Falle nach der Morphinentziehung darstellen, aber als Leiden, das letzten Endes auf Störungen im Leben von Gehirnrindenzellen beruht, kommen genug an schlimmen Karenzsymptomen um den Kranken, der in einer Anstalt nicht nur einige Wochen, sondern ein Jahr und mehr verbleiben soll, diese Zeit fürchten zu lassen. Trotzdem muß die Entziehung, wo sie vorgenommen werden kann, durchgeführt werden. Ausnahmsweis geht sie nur mit Unbehagen, Ziehen in den Gliedern, Übelkeit, nächtlichen Schweißen oder Atmungsstörungen einher. In der Regel kommen Herzklopfen, Herzschwäche mit Kollaps mit oder ohne Bewußtlosigkeit, Erbrechen und seltner Durchfälle. Angstzustände, Wahnvorstellungen gehören zum eisernen Bestande dieses Zustandes. Eine junge Frau, Morphio-Kokainistin, litt bald nach dem Fortlassen des Kokains an Verfolgungsideen und Gehörs- und Geruchshalluzinationen in denkbar schlimmster Form. Sie zeigt z. B. an ihren Armen „Totenflecke" (Injektionsnarben), die ihr auf geheimnisvolle Weise beigebracht worden seien, glaubt durch den Geruch ihrer Toilettengegenstände erkennen zu können, daß sie gequält werde, glaubt, daß man sie zwingen wolle, sich das Leben zu nehmen, sieht ihren Gatten auf einem Baume sitzen — kurz, äußert über vierzehn Tage lang alles das, was eine in dieser Richtung gestörte Gehirntätigkeit an Unsinnigstem zutage fördern kann. Dazwischen gab es Tage, an denen die Stimmung bei normaler weiblicher Beschäftigung eine heitere war. Als erneut auf Drängen der Kranken und Verwandten, um über die Entziehung des letzten Morphinrestes hinwegzukommen, wieder 0,2 g Kokain gegeben worden waren, erschien der alte Zustand wieder. Die Kranke erging sich in obszönen Redensarten, glaubte sich verfolgt, und dieser Zustand, hauptsächlich erotischer Erregtheit, in der sie ihren Mann unnatürlicher Laster beschuldigte und noch schlimmeres aussprach, hielt wieder einige Tage an. Allmählich erfolgte Besserung.

Mag man immerhin während der Entziehungszeit auch die Psychotherapie in den Dienst der ärztlichen Arbeit stellen, so erhoffe man nur nicht viel davon, gleichgültig, in welcher Form man dieselbe zu einer Wirkung kommen lassen will. **Es gibt leider keine festen Erinnerungs- und Empfindungsnarben für die Lustempfindungen**, die das Individuum zum Dauerverbraucher haben werden, und es schließlich in den Kokainsumpf des Verderbens haben kommen lassen. Ein kleiner Prozentsatz von Kokainisten gelangt zur Dauerheilung, die übrigen werden rückfällig.

Es ist schwer, vorauszusagen, ob die internationalen Bestrebungen, die wie bei Morphin auf eine Eindämmung der Bezugsmöglichkeit für Kokain hinzielen, einen Erfolg haben werden. Aus den bereits entwickelten Gründen glaube ich nicht, daß in absehbarer Zeit eine radikale Wandlung darin herbeigeführt werden wird. Selbst wenn man den Versuch machen wollte, die Produktion zwangsweis zu rationieren oder gar zu unterdrücken, so würden statt einer Produktionsstelle viele neue geschaffen und neue Wege für die Verbreitung der hergestellten großen Mengen gefunden werden. **Die Aufhebung der Produktion ist absolut unmöglich und undiskutierbar**, abgesehen von allem anderen schon deswegen, weil man einen Stoff, wie Kokain, der als örtliches Anästhetikum alle anderen in den Schatten stellt und der in aller Zeit seine arzneiliche Bedeutung behalten wird, ebensowenig wie Morphin ausschalten kann.

Ich glaube auch nicht, daß sein Ersatz durch synthetisches d-Psikain, das Razemat des Rechtskokains, das nur halb so giftig als das Blätterkokain ist, helfen könnte, weil, allem Ermessen nach, weder bei ihm noch bei den anderen isomeren Kokainen die Voraussetzung hierfür zutrifft, daß sie frei von euphorischen Wirkungen sind.

*   *   *

Ich habe in den allerletzten Jahren Entsetzliches an Kokainleidenschaft bei Männern der Wissenschaft gesehen. Sie alle, die glauben, auf diese Weise durch die Pforte des Vergnügens in den Tempel des Glückes gestiegen zu sein, sie bezahlen ihr Augenblicksglück mit ihrem Leib und ihrer Seele. Sie wandern bald durch die Pforte des Unglücks in die Nacht des Nichts.

Phantastica. Sinnestäuschungsmittel.

Das Problem der Sinnestäuschungen.

Das bewußte Wirklichkeitsleben ist das Leben ununterbrochener, richtig gedeuteter Wahrnehmungen, die durch äußerliche oder innerliche Reizeindrücke ausgelöst werden. Das Wahrgenommene oder Empfundene unterliegt einem Gewohnheitsurteil, das die Wahrheit oder die Wahrscheinlichkeit des Zusammenhanges des empfangenen Eindrucks mit der realen äußeren oder inneren Empfindungswelt gewöhnlich annimmt. Ohne weiteres ist es aber klar, daß hier das Urteil, das sich auf gewohnheitsmäßigen Schlußfolgerungen aufbaut, falsch sein kann. Die Projektion einer empfangenen sinnlichen Empfindung auf eine angenommene Ursache ist voll von Fehlmöglichkeiten, und nirgends mehr treten diese zutage als bei der Beurteilung von Vorgängen, die ohne eine von der Außenwelt ausgehende Veranlassung im Körper selbst ihre Quelle haben und im Nervensystem, vor allem in den Sinnesnerven bzw. deren Ausbreitungen im Gehirn, ihre Ursache auswirken lassen.

Auch das schärfste philosophische oder psychologische Eingehen auf das Problem der Sinnesempfindungen aus inneren Ursachen findet keinen Weg, um Entstehen und richtige oder falsche Beurteilung einer Empfindung in einem Nervenstück deuten zu können. Und dabei hat gerade dieses Problem so große Wirklichkeitsbeziehungen! Es greift nicht nur in die Pathologie, sondern mit vielen Ausstrahlungen auch in das Leben von solchen ein, die durchaus nicht als pathologisch anzusprechen sind. Sind „innere Gesichte", individuell genommen, reale Vorgänge, deren

Fürwahrhalten seitens des innerlich Schauenden, Innenempfindung Habenden berechtigt ist? Dies nehme ich an. Wenn der Prophet Ezechiel kündet, daß er „den Himmel sich öffnen und göttliche Gesichte sah, ein großes Gewölk und um sich greifendes Feuer und einen Strahlenkranz daran ringsum, und aus ihm hervor — wie der Glanz des Golderzes aus dem Feuer — das Bild von vier Tieren . . ., die anzusehen waren wie feurige Kohlen, brennend wie Fackeln . . . .", und weiter: „Sich bewegende, glänzende Räder neben den beflügelten Tieren mit erschreckend hohen, mit Augen versehenen Felgen . . ." oder: „über den Tieren auf einem Throne wie Saphirstein eine von feurigem Strahlenkranz umgebene, wie Golderz glänzende Gestalt —", wenn Töne „bald wie das Rauschen von Flügeln oder großer Gewässer oder eines Getümmels oder eines Heeres wie eine Donnerstimme klangen . . .", so fragt man nach den Ursachen eines solchen innerlichen Schauens und Empfindens, das in noch anderen Gestaltungen seit Jahrtausenden von Menschen berichtet wurde, die lebenskräftig, sinnlich gesund, das volle Bewußtsein ihrer selbst dabei gehabt haben. Mit anderen Worten: **Haben Halluzinationen und Visionen — um solche handelt es sich hier — eine stoffliche Ursache?** Meiner Überzeugung nach ja! Die Art der Ursache braucht nicht immer die gleiche zu sein, jede setzt aber einen innerleiblichen Reiz voraus. Er ist ebensowohl für die Zustände Ekstatischer, Inspirierter anzunehmen, in denen das Individuum die höchste innerliche Konzentration auf Fühlen und Vorstellen vollbringt und seine Seelentätigkeit bis zur maximalen Spannungshöhe, veranlaßt durch solche Reize, hebt, als auch für die sensitiven Abweichungen geistig Abnormer. Keineswegs braucht in dem ersteren Falle für den Gläubigen, der auch ich bin, die Göttlichkeit der Eingebung bezweifelt zu werden.

Aus einer solchen Ekstase heraus, in der das äußere Sinnesleben nicht mehr waltet, dafür aber das innere für den Schauenden plastisch und wirklich wird, tönt der Anruf von Faust, dem mit der Seele Suchenden:

> *Es wölbt sich über mir —*
> *Der Mond verbirgt sein Licht —*
> *Die Lampe schwindet!*
> *Es dampft! — Es zucken rote Strahlen*
> *Mir um das Haupt. — Es weht*
> *Ein Schauer vom Gewölb herab*
> *Und faßt mich an!*
> *Ich fühl's, du schwebst um mich, erflehter Geist.*
> *Enthülle dich!*

Dieser Zustand ist, wenngleich wir ihn als einen gesichts- und gefühlshalluzinatorischen bezeichnen, d. h. als eine Negation der Wirklichkeit, subjektiv plastisches, wirkliches Seelenleben, wie es ein Benvenuto Cellini als religiöse Visionen hatte, als er in der Engelsburg eingekerkert lag, und wie es im Laufe der Zeiten viele andere gesunde Heilige und Unheilige gehabt und zur Äußerung gebracht haben, die man Visionäre nennt.

Ich nehme eine im Sexualapparat entstandene stoffliche Ursache für jene Visionärinnen an, die im Mittelalter und auch noch später durch ihr absonderliches Verhalten bekannt geworden sind, z. B. bei der Christine Ebner, die am Ende des dreizehnten Jahrhunderts viel von sich reden machte. Sie hatte von ihrem 14. Jahre an Visionen und erethische Träume, fühlte sich vom Heiligen Geiste schwanger, gebar Jesus, reichte ihm die Brüste und ließ sich von ihm als Mann liebend umfangen. Unter uns unbekannten Bedingungen vermag der menschliche Körper Stoffe auch ohne Bakterien zu erzeugen, die zu ahnen — mehr aber auch nicht — erst unsere Zeit begann, Stoffe, denen die Fähigkeit zukommt, Grenzzustände zwischen Gesundheit und Krankheit und echte Krankheiten, einschließlich der Geschwülste, und auch Geistesstörungen, zu erzeugen.

Ich habe Krankheit als eine Wirkungsfolge definiert, den körperfremde Energien veranlassen[1]). Auch bei visionären Zuständen handelt es sich meiner Auffassung nach in der Regel um solche zeitlich beengten Grenzzustände, die durch innerkörperlich entstandene Stoffe bewirkt werden und zu subjektiven Wirklichkeiten verhalfen, die dem betreffenden Individuum doch nicht den Vorwurf der Lüge oder der Täuschung eintragen dürfen, wie ihn Meister Eckhart, der größte Vertreter der Mystik des vierzehnten Jahrhunderts, gegen das Visionenwesen ausgesprochen hat:

Daz man spricht, daz unser herre eteswenne rede mit guoten liuten unt daz sie wort hoeren oder ein vernemen haben in etelichen wort also "du bist min üzerweltiu oder min liepstiu .... unde waz solicher wort ist, den ist nicht für baz ze glaubenne!

Löst man die Frage nach dem Zustandekommen solcher subjektiven innersinnlichen Empfindungen und deren falsche Übertragung auf die Vorstellung nicht vorhandener Gegenstände oder unwirklicher Erlebnisse aus ihrer Allgemeinheit ab und beschränkt sich auf das wirklich Erkennbare, so bietet sich — was bisher von Psychologen und Psychiatern in Unkenntnis über das Tatsachenmaterial kaum beachtet und daher erst recht nicht bis zur letzten Grenze verfolgt worden ist — sofort eine greifbare Ursache dar, nämlich die Einwirkung von gekannten chemischen Stoffen, die solche Zustände vorübergehend, ohne jeden körperlichen Nachteil, für eine gewisse Zeitdauer bei geistig völlig normalen Menschen, auch im halbwachen oder wachen, bewußtseinsvollen Zustande hervorrufen können. Solche Stoffe nenne ich Phantastica. Sie sind befähigt, ihre chemische Energie auf alle Sinne zu erstrecken, richten sie aber mit Vorliebe auf die Seh- und Gehörsphäre sowie das Allgemeingefühl. Ihr Studium verspricht, für die Erkenntnis

---

[1]) L. Lewin, Deutsche Revue, 1922, S. 57.

der genannten seelischen Zustände einst besonders fruchtbar zu werden. Vor Jahrzehnten schon habe ich auf die Wirkung andersartiger chemischer Stoffe für die Erzeugung von geistigen Störungen für irgendeine Zeitdauer hinweisen lassen und habe in neuester Zeit an einem Gase, dem Kohlenoxyd, zusammenfassend gezeigt, wie hier echte, dauernde Geisteskrankheiten durch einen gestörten Chemismus des Gehirnlebens entstehen können. Hier ist noch viel Erkenntnis zu erlangen, wie sie jetzt auf dem Gebiete der Phantastica auf meine direkten persönlichen Anregungen hin im Werden begriffen ist.

Das Problem gestaltet sich nunmehr so: Darf man auf der Grundlage dessen, was solche Phantastica als chemisch wirkende Stoffe an Sinnestäuschungen erweislich machen, den Kreis weiter ziehen und es auch für möglich oder mehr halten, daß in den Fällen, in denen Halluzinationen oder Wachvisionen bei geistig Gesunden vorübergehend auftreten, eine veranlassende Wirkung chemischer, im Körper selbst aus irgendeinem Grunde entstandener Stoffe vorläge, wobei eine seelische Prädisposition ohne weiteres vorausgesetzt werden darf? Als Stütze für die Bejahung dieser Problemformulierung liegen Tatsachen vor. Ich kenne ihrem Wesen nach körperliche Zersetzungsstoffe, die in Wirklichkeit vorübergehende Erregtseinszustände von Gebieten des Großhirns veranlassen, ferner solche, die Schlummer und Schlaf, und noch andere, die geistige Störungen erzeugen. Mag man immerhin auch noch nach anderen Ursachen für das Zustandekommen der Halluzinationen suchen, sie als Reizfolgen irgendeines zentralen Nervengebietes deuten —, alle solche Deutungen schlössen nicht aus, daß chemische Wirkungen durch intrakorporell erzeugte Stoffe direkt für den „Reiz" und indirekt für die Reizfolge die Ursache liefern.

So weitet sich die Bedeutung der Phantastica oder Halluzinatoria in das Gebiet physiologischer, halbphysiologischer und pathologischer Vorgänge hinein und veranlaßt, dem naturwissenschaftlich so schwer beizukommenden Begriffe der Reizung, der so vielen Äußerungsformen absonderlicher Gehirnfunktionen zugrunde gelegt wird, seine Handhabe, ohne die er selbst bedeutungslos wäre, zu geben, nämlich die chemische Wirkung innerleiblich entstandener chemischer Stoffe. Man stoße sich nicht an dem schnellen Eintritt und dem eventuell schnellen Ablauf der Erscheinungen bis zur Restitution der normalen Sinneswahrnehmungen. Es gibt chemische bzw. chemisch-katalytische Wirkungen, die sich derartig abspielen. So habe ich die Überzeugung, daß es chemische Körperzerfallstoffe sind, die in fieberhaften Krankheiten Ursache der Wahnvorstellungen sind, denen man so häufig dabei begegnet, jener Trugwahrnehmungen, die in stetem Wechsel und so gestaltungsreich innerlich geschaut werden auch bei nicht ganz geschwundenem Bewußtsein. Wenn überhaupt je in das bisher absolute Dunkel, das über solchen Gehirnvorgängen lagert, Licht gebracht werden sollte, so könnte dies nur aus der chemischen Forschung ausstrahlen, nicht aus morphologischen Feststellungen, die im allgemeinen für die Aufklärung von Lebensvorgängen wenig und für die feineren Wirkungsvorgänge chemischer Substanzen auf belebte Wesen, und zumal auf deren Nervensystem, bisher nichts geleistet hat und auch in Zukunft, allem Ermessen nach, dafür nahezu steril bleiben wird.

Die hier dargelegte Auffassung erhebt nicht den Anspruch, die einzige auf bekannte Wirklichkeitsvorgänge anwendbare zu sein. Andere nehmen — wie ich glaube, mit gleicher Berechtigung — an, daß z. B. eine religiöse Erregung, ein wahres Gottergriffensein, das die Seele bis zu ihren tiefsten Tiefen zum Vibrieren bringt, sich gewissermaßen als Erregungswelle auch auf Zentren erstrecken und auswirken kann, von denen aus innere Empfindungen und unwirkliche Wahrnehmungen, Halluzinationen usw. ausgelöst werden. Ich weiß aus Vorkommnissen des Alltagslebens[1]), daß stärkste seelische Erregungen, nicht nur solche, die, wie Furcht, Angst, Schrecken, Grauen, als Irrtümer des Verstandes aufzufassen sind, sondern auch die repulsiven Instinkte, wie Widerwillen, Ekel, Abscheu, bei einer geeigneten Disposition, Änderungen in Gehirnfunktionen nach den verschiedensten Richtungen hin, z. B. als Kollaps oder Irresein, Krampfzittern, Störungen im Gefäßsystem usw., sogar auch mit tödlichem Ausgang — letzteren durch sekundäre Beeinflussung lebenswichtiger Organe — veranlassen können. So sicher auch Auswirkungen dieser Art vorkommen, so besonders schwer ist der Mechanismus ihres Zustandekommens zu begreifen.

Eine Zeitlang meinte man, um die oft unbegreiflich jähen tödlichen Wirkungen der Blausäure zu erklären, daß schon bei der Berührung, z. B. der Mundschleimhaut, mit einer Lösung derselben eine „dynamische Wirkung" erfolge, etwa so, wie Licht oder Dunkelheit entstünden, je nachdem der Strom ein- oder ausgeschaltet würde. Man konnte sich nicht vorstellen, daß die stoffliche Aufnahme und das Hingeführtwerden des Giftes zum Gehirn und seine Wirkung sich so schnell vollziehen könnten, um den akutesten Eintritt des Todes zu erklären. Diese Auffassung hat sich als irrig erwiesen, da in Wirklichkeit die Blausäure, auch wenn sie noch so schnell getötet hat, sich wirkend im Gehirn findet. Ich hebe diese Tatsache auch zur Beleuchtung der geschilderten, so verschiedenartigen beiden Auffassungen über das Entstehen abnormer Arbeitsleistung des Gehirns hervor.

Die folgenden Darlegungen werden lehren, wie die Phantastica, auch als Wundermittel, verknüpft mit religiösen und abergläubischen Vorstellungen, in längst verschollenen

---

[1]) L. Lewin, Furcht und Grauen als Unfallsursache. Obergutachten über Unfallvergiftungen. Dem Reichsversicherungsamt . . . erstattet. Leipzig 1912, S. 356.

Zeiten und auch jetzt noch von vielen Menschen geschätzt und gebraucht werden. Es ist dies begreiflich, wenn man ihre Fähigkeit kennt, Sinnestäuschungen in allen Formen zu erzeugen, dem Menschen Erscheinungen vor die Seele zu zaubern, gegenüber deren glänzende, gleisnerische, immer wieder wechselnde, und stets von neuem entzückende Gestaltungen die sonst bewußt gesehenen Objekte blasse Schemen sind, ihn Töne vernehmen zu lassen, die als Harmoniewellen alles übertreffen, was das Individuum in dieser Art vernommen hat, Phantasmen als Wirklichkeit zu schauen geben, die stets begehrt und nie erlangt, dem Menschen, wie von einer Gottheit geschenkt, sich darbieten. Solche Eigenschaften geben auch den Schlüssel dafür, weshalb manche dieser Stoffe zu unlauteren Zwecken benutzt worden sind und benutzt werden[1]).

---

[1]) L. Lewin, Die Gifte in der Weltgeschichte, 1920, Kapitel Tropeïne und andere.

Anhalonium Lewinii.

1. Die Geschichte der Pflanze.

"Die Teochichimekas — die echten Chichimeken — kennen die Kräuter und die Wurzeln, ihre Eigenschaften und ihre Wirkungen. Sie kennen auch den Peyotl. Diejenigen, welche den Peyotl essen, genießen ihn an Stelle von Wein. Desgleichen den Giftpilz Nanacatl. Sie versammeln sich irgendwo in der Steppe, dort tanzen sie und singen sie die ganze Nacht und den ganzen Tag. Und am anderen Tage kommen sie wieder zusammen und weinen, weinen sehr. Damit (mit den Tränen) sagen sie, waschen sie sich die Augen und reinigen (klären) ihre Augen (d. h. wieder zu Verstand kommen, wieder klar sehen)." "Die Pflanze Peyotl, eine Art Erd-Tuna, ist weiß, wächst in den nördlichen Gegenden und bewirkt bei denen, welche sie essen oder trinken, schreckliche oder lächerliche Visionen. Diese Trunkenheit dauert zwei bis drei Tage und schwindet dann. Die Chichimeken essen die Pflanze sehr viel. Das gibt ihnen Kraft und feuert sie an zum Streit und nimmt ihnen die Furcht und läßt sie den Hunger und den Durst nicht empfinden, und es heißt, daß sie dadurch sogar von jeder Gefahr befreit werden."

Dies schrieb Sahagun[1]), der Fürst der mexikanischen Chronisten, ungefähr vierzig Jahre nach der Eroberung

---

[1]) Sahagun, Historia general de las Cosas de Nuova España, Lib. X, Cap. XXIX § 2: „......ellos mismos descubrieron, y usaron primero la raiz que llaman peiotl, y los que la comian y tomaban, la usaban en lugar de vino... y se juntaban en un llano despues de

von Mexiko durch Ferdinand Cortez als erster über dieses Genußmittel, und der unter Philipp II. lebende Naturforscher Hernandez, der die Pflanze zwar gesehen hat, aber von ihr nur den in die Augen fallenden weißseidigen Pappus als charakteristisch angab[1]), hörte, daß diejenigen, die die Wurzel der Pflanze äßen, wahrsagen könnten über feindliche Angriffe oder Zukunftsglück oder über den Verbleib gestohlener Dinge[2]). In späteren religiösen Schriften finden sich Angaben, die darauf hindeuten, daß die Kirche dem Peyotl solche zauberhaften Wirkungen durch dämonische Eigenschaften zuschrieb und in der Beichte danach fragen ließ. So finden sich in einem Werke „Camino del cielo", „Der Weg zum Himmelreich", des P. Nicolas de Leon aus dem Jahre 1611 die folgenden Fragen, die der Priester an das Beichtkind stellte: „Bist du ein Wahrsager? Verkündest du zukünftige Ereignisse, indem du Zeichen liest, Träume deutest oder Kreise oder Figuren auf dem Wasser machst? Kränzest du mit Blumen die Plätze, wo Idole aufbewahrt sind? Kennst du Zauberformeln für Jagdglück oder das Herbeiziehen von Regen? Saugst du das Blut anderer Leute? Treibst du dich in der Nacht umher, die Dämonen um Hilfe anzurufen? Hast du Peyotl ge-

---

haberlo bebido, donde bailaban y cantaban de noche y de dia a su placer y esto el primer dia, porque el siguiente lloraban todos mucho........" Und Lib. XI, Cap. VII § 1: „Hay otra yerba como tunas di la tierra, se llama peiotl, es blanca, hácese ácia la parte del norte, los que la comen ó beben vén visiones espantosas ó irrisibiles; dura esta borrachera dos ó tres dias y despues se quita; es commun manjar de los Chichimecas, pues los mantiene y da ánimo para pelear y no tener miedo, ni sed ni hambre, y dicen que los guarda de todo peligro."

[1]) Peyotl bedeutet etwas weißlich Glänzendes, eine weiße Flocke. Der Kokon der Seidenraupe wurde damit bezeichnet. Toca-peyotl ist das Spinngewebe.

[2]) Hernandez, Historia plantar. Novae Hispaniae. Madrid 1721. Lib. XV, Cap. XXV, p. 70.

trunken oder ihn anderen zu trinken gegeben, um Geheimnisse ausfindig zu machen oder gestohlene oder verlorene Gegenstände zu entdecken?" Eine andere Schrift[1]) enthält als Antwort eines Indianers auf eine Frage in der Beichte: „Ich habe an Träume und Zauberkräuter, an Peyotl und an den *Ololiuhqui*, an Uhu, Eule ... geglaubt."

Bis zum Jahre 1886 war über Art und Wesen dieses Genußmittels nichts bekannt. Ich erhielt zu dieser Zeit die Pflanze gelegentlich meiner amerikanischen Reise. Sie wurde im Berliner botanischen Museum von Hennings als ein *Anhalonium*, und zwar als eine neue Art desselben, erkannt. Sie erhielt den Namen *Anhalonium Lewinii*. Schon meine ersten Untersuchungen[2]) erbrachten den Beweis, daß sich darin alkaloidische Stoffe, vor allem der kristallinische, von mir als Anhalonin bezeichnete, finden, dem, wie der Pflanze selbst, stark erregende Wirkungen zukommen, die sich am Tiere durch Muskelkrämpfe kundgeben. Über Erregungsvorgänge im sensiblen oder sensoriellen Gebiete erfährt man bei solchen Versuchen nichts. Damit war, abseits von allem anderen, zum ersten Male erwiesen worden, daß es in der bis dahin als biologisch harmlos geltenden Familie der Kakteen eine Art gibt, die starke allgemeine Giftwirkung besitzt.

Diese und damit verbundene andere Funde erregten, zumal mit Rücksicht auf die Verwendung des Anhalonium

---

[1]) Bartolom. de Alua, Confessionario mayor y menor en lengue mexicana... Y platicas contra las superstíciones de idolatria... 1634: „As creydo en sueños en el Peyote, Ololiuhque, en el fuego, en los Buhos, Lechusas....." (Ololiuhqui ist eine Datura-Art, wahrscheinlich *Datura meteloides*.)

[2]) L. Lewin, Erste Abhandlung: Über *Anhalonium Lewinii Henn.* Archiv für experim. Pathologie und Pharmakologie, Bd. 24, 1888, S. 401. — Zweite Abhandlung: Über *Anhalonium Lewinii* und andere Cacteen, Archiv für experim. Pathologie, Bd. 34, 1894. — The Therapeutic Gazette, 1888. — Pharmazeutische Zeitung, 1895, Nr. 41.

als narkotisches Genußmittel, das den Ethnographen bis dahin entgangen war, eine weitgehende Beachtung und veranlaßten anderweitige Untersuchungen, von denen die chemischen und einige biologische fördernd waren, die Flut der botanischen dagegen, bis auf vereinzelte, mindestens überflüssig ist[1]). Ich selbst habe aus reifen Samen meines Materials die ersten Pflanzen von *Anhalonium Lewinii Henn.* gezüchtet und sie fachmännisch untersuchen lassen[2]). Dieses Anhalonium steht dem *Anhalonium Williamsi* botanisch nahe, ist aber von ihm morphologisch geschieden und weicht noch mehr chemisch von ihm wesentlich ab. *Anhalonium Lewinii* enthält vier Alkaloide, darunter das Sinnestäuschungen erzeugende Mescalin, dagegen *Anhalonium Williamsi* nur eines, das Pellotin, dem solche Wirkungen nicht zukommen[3]). Schon darin allein liegt ein echtes naturwissenschaftliches Trennungskennzeichen[4]).

---

[1]) Die geradezu zu einer Kalamität ausgewachsene Sucht der Umnennungen von Pflanzen hat auch bei den Kakteen, und zumal bei der Gruppe Anhalonium, eingesetzt. Mit vollem Recht haben Kakteenzüchter, die ich als Sachverständige ansehe, in Wort und Schrift gegen die zuerst von einem Botaniker Schumann bei den Kakteen ohne jeden Grund und oft ohne das erforderliche Spezialwissen vorgenommenen neuen Namengebungen Einspruch erhoben. Auch von anderen, namentlich amerikanischen Namensfindern ist hier viel geleistet worden. Über solche lexikalischen Luxusproduktionen und den mehrfach gemachten, aber untauglichen Versuch, Täuschung in bezug auf die erste Quelle der Erkenntnis über diese Pflanze, nämlich meine Arbeiten, zu erregen, kann hinweggegangen werden.

[2]) Michaelis, Beiträge zur vergleichenden Anatomie der Gattungen *Echinocactus, Mamillaria* und *Anhalonium*, 1896.

[3]) Heffter, Archiv für experim. Pathologie und Pharmakologie, Bd. 34, 1894, und Bd. 40, 1898.

[4]) L. Lewin, Über *Anhalonium Lewinii* und andere giftige Kakteen, Berichte der Deutschen Botanischen Gesellschaft, 1894, Bd. XII, Heft 9.

2. Anhalonium Lewinii als Genußmittel.

Gleich dem Mohn ragt dieses Anhalonium in bezug auf die Eigenart seines Wirkens auf den Menschen über andere bekannte Pflanzen hinaus. Keine anderen schaffen so Wunderbares an Funktionsänderungen des Gehirns. Während der Mohn die Seele und damit den Körper allmählich von allem irdischen Empfinden ablöst und sie gelinde bis an und auch durch die Pforte des leiblichen Todes zu geleiten vermag — ein Trost und ein Glück für alle Lebensgepeinigten und Lebensmüden¹ — schafft dieses Anhalonium dem Genießenden durch eine besondere Erregung Genüsse eigener Art, wenn auch nur als Sinnesphantasmen oder als höchste Konzentration des reinsten Innenlebens, so doch in so eigenartigen, der Wirklichkeit überlegenen, nie geahnten Gestaltungen, daß der davon Umfangene in eine neue Sinnen- und Geisteswelt versetzt zu sein glaubt. Man versteht es, daß der alte Indianer Mexikos aus diesem Grunde die Pflanze fast göttlich verehrte[1]), in ihr die pflanzliche Inkarnation einer Gottheit erblickte[2]).

Und so hat sich der Gebrauch nun durch Jahrhunderte oder Jahrtausende, freilich auf einem nicht sehr weit umgrenzten Gebiete, erhalten und wird trotz Regierungsverboten — ein solches ist bereits von den Vereinigten Staaten erlassen worden — fortdauern, bis die nicht mühelos zu erlangende, oft an schwer zugänglichen Stellen stehende Pflanze, die für ihren eigenen Nachwuchs sorgen muß, vielleicht einst ausgerottet sein wird. Sie kommt vor in den trockenen Hochsteppen des mexikanischen Nordens, in den Staaten Tamaulipas, San Luis Potosí, Queretaro, Jalisco, Aguas Calientes, Zacatecas, Cohahuila usw. Im nördlichen

---

[1]) „...... una raiz que claman Peyote, á quieno dan tanta veneracion como si fuera una deidad........"

[2]) Bei den Huichols ist es der Gott Ta-Té-wa-li.

Cohahuila, nicht weit von der Eisenbahn, die jetzt am Eagle-Paß bzw. Piedras Negras am Rio Grande del Norte nach Villa Lerdo geht, war im Jahre 1692 eine Mission unter dem Namen „El Santo Nombre de Jesus Peyotes" oder Pellotes, die noch als Ort besteht. Unmittelbar dahinter findet sich eine Hügelreihe mit dem Namen Lomerios de Pellotes. Den Namen Peyotes erhielt die Mission, wie in dem alten Berichte angegeben wird, „de la abundancia en los peyotes". Ihr Gebrauch und der dabei benutzte Ritus war wahrscheinlich immer allen Stämmen vom Arkansas bis zum Tale von Mexiko und von der Sierra Madre bis zur Küste bekannt. Es nehmen u. a. daran teil die Huicholen, die Tarahumari-Indianer im Staate Chihuahua, auch schon die Indianer von Texas, die Mescaleros-Apachen im östlichen Neumexiko, die ihren Namen von der Pflanzenbezeichnung ableiten, und weiterhin die Omaha, Comanches und Kiowas im Territorium Oklahoma. In jedem der betreffenden Idiome heißt die Pflanze anders. Bei den Kiowa: señi, bei den Comanches: wokowi, bei den Mescaleros: ho, bei den Tarahumari und Huicholen: hikori oder hikuli. Händler der indianischen Territorien nennen sie: Mescal (Mescal oder Muscal buttons), die Mexikaner am Rio Grande: peyote, peyotl, pellote. Darunter wird der oberirdische Teil von *Anhalonium Lewinii* verstanden.

Es sind trockene, graubraune, unregelmäßig kreisförmige, etwa 1,5 cm hohe, 4 cm im Durchmesser haltende und durchschnittlich 0,25 g schwere Körper. Sie besitzen spiralig gestellte runzlige Höcker, die je mit einem dichten, weißgelblichen Filzpolster versehen sind. Der Scheitel des Körpers ist mit einem dichtwolligen, schmutzigweißen Haarkissen geschmückt. Es ist wahrscheinlich, daß auch noch andere Arten von Anhalonium, die schwächer oder anders wirken, unter dem Namen peyotl gehen. Wer die Pflanze nicht selbst sucht und findet, kauft sie.

Ebenso heilig, wie sie von den Eingeborenen gehalten wurde, ebenso verfolgt als Teufelswerk wurde sie früher von den Missionen, ja ihr Genuß dem Verbrechen des Kannibalismus an die Seite gesetzt. Die Zeremonie des Peyoteessens dauert nach Mooney bei den Kiowa 12—24 Stunden. Sie beginnt um 9 oder 10 Uhr und dauert manchmal bis zum nächsten Mittag. Jetzt wird gewöhnlich die Nacht vom Sonnabend zum Sonntag genommen, in Rücksicht auf des weißen Mannes Ansicht, daß der Sonntag heilig und ein Ruhetag sei. Die Andächtigen sitzen in einem Kreis um das Innere des heiligen Tipi mit Feuer in der Mitte. Die Handlung beginnt mit einem Gebet des Führers, welcher jedem Mann dann vier Anhalonien gibt, die schnell verzehrt werden. Er nimmt zuerst das Haarpolster heraus, kaut dann den Kaktus, nimmt die Masse aus dem Munde, rollt sie in den Händen und verschluckt sie. Gesang mit Trommeln und Klappern begleitet den Vorgang.

Bei den Sitzungen gemeinsamen Peyotlessens wurden nach dem Berichte eines Teilnehmers, eines Indianers von Omaha, auch Taufen mit Tee aus dem gedämpften Genußmittel im Namen des Vaters, des Sohnes und des Heiligen Geistes vollzogen, wobei das Anhalonium den Heiligen Geist darstellte. Der Tee wurde getrunken. Auf der Stirn des Täuflings machte man damit Zeichen und fächelte sie gleichzeitig mit einem Adlerflügel. Dieser religiöse Einschlag, den man auch bei dem Gebrauche anderer, zumal halluzinatorisch wirkender Genußmittel findet, gibt schon für sich allein Kunde von dem bezwingenden Eindruck, den sie auf das unbewußte seelische Empfinden von Menschen machen. Für Stunden aus der Bahn des sonst primitivsten, nur auf die Befriedigung rein körperlicher Forderungen erfüllten Alltagslebens gerissen, fühlt sich ein solcher Indianer in eine neue Empfindungswelt versetzt, sieht, hört und fühlt, was ihm angenehm ist, ihn aber auch durch die Fremdheit bestürzt machen muß, weil es nicht nur beziehungslos zu seinem

Dasein ist, sondern auch durch die sich aufdrängende Eigenart bei ihm den Eindruck eines überirdischen Wirkens hervorzurufen geeignet ist. Und so wird aus Anhalonium Gott, wie jener bereits geschilderte Kranke mir schreiben konnte, daß im Kokain Gott verkörpert sei.

Bei den Huichol wird der Peyotl im allgemeinen nur im Dezember oder Januar an einer Art von Erntefest genossen. Für seine Einsammlung werden, im September oder Oktober beginnend, besondere Expeditionen in die trockenen Hochsteppen des Binnenlandes ausgerüstet, die etwa 43 Tage benötigen. Alle dabei Beteiligten tragen, da sie auf einem heiligen Wege begriffen sind, eine bemalte Tabakkalabasse als Zeichen des Priestertums. Während dieser Zeit enthalten sie sich des Salzes, der Paprika und des Coitus. Das Sammeln der Pflanze auf dem bestimmten Gebiet vollzieht sich unter eigentümlichen Zeremonien, vor allem dem wiederholten Abschießen von Pfeilen zur Rechten und Linken der Pflanze. An dem Feste werden die getrockneten Anhalonien, mit Wasser vermischt, zerrieben und ein braunes, dickliches Getränk hergestellt, das in häufigen Zwischenräumen den Männern und Weibern gereicht wird. Dann entstehen die halluzinatorischen Wirkungen.

3. Wirkungsbilder.

Was bei jedem reaktiven Einfluß auf den Menschen vorauszusetzen ist, nämlich die Gestaltung der Wirkung nach der Individualität, hat auch hier Geltung. Es führt kein Weg zu ihrer Voraussage, und kein Zipfel des dichten Schleiers kann gehoben werden, der vor der Erkenntnis des Warum? in der Verschiedenartigkeit der funktionellen Änderungen im Gehirnleben unter dem Einflusse eines solchen Mittels hängt. So können z. B. die gleich zu schildernden Gesichtshalluzinationen fehlen, dafür aber Gehörstäuschungen oder Störungen im Lagegefühl eintreten. Für wichtig halte ich den Hinweis, daß nicht ein Bestandteil des Anhalonium, z. B. das Mescalin, die Wirkung der ganzen Pflanze repräsentiert, da die anderen darin vorhandenen, z. T. anders wirkenden, die Gesamtwirkung zu beeinflussen vermögen.

Beeinflußt durch die Menge — es sind 9 g und mehr genommen worden — setzt die Wirkung nach etwa ein bis zwei Stunden ein und kann vier und mehr Stunden, nach Einspritzung von Mescalin fünf bis sieben Stunden, anhalten. Sie erfolgt in der Dunkelheit oder bei geschlossenen Augen, kann sich aber später auch noch fortsetzen, wenn das Individuum in einen anderen Raum übergeht.

Nicht immer lassen sich an ihr scharf gesonderte Stadien erkennen. Gewöhnlich ist es so, daß als erstes, eventuell begleitet von belanglosen körperlichen Empfindungen, eine Art von Entrücktsein aus der Umwelt und ein Verwunderung erregendes reines Innenleben sich einstellt. Als zweiter Teil erscheinen Bilder dieses Nurinnenlebens: Sinnesphantasmen, Trugbilder, die sich mit der ganzen Gewalt eines solchen Zwangsgeschehens dem Menschen trotz seines Bewußtseins aufdrängen und als Wirklichkeit schauen lassen. Damit vereinen sich meistens Änderungen des Seelenlebens, das sich so eigenartig gibt, daß es als Seelenglück oder als irgendein anderer, durch Worte nicht ausdrückbarer, dem normalen menschlichen Sein völlig fremder, aber reizvollerer Zustand empfunden wird. Kein Unlustgefühl stört das stundenlange Traumleben, nie klingen in dasselbe Störungen hinein, wie sie auf Grund von Sinnestäuschungen bei gewissen Geisteskrankheiten sich zeigen, wie z. B. Affekte der Angst oder Störungen des Handelns. Das Individuum fühlt sich meistens in gehobener Stimmung, auch durchdrungen von dem Gefühl erhöhter geistiger und körperlicher Energie, seltener stellt sich das Gefühl der Müdigkeit und dann gewöhnlich erst in dem weiteren Wirkungsverlaufe ein.

Die Sinnestäuschungen geben dem Zustande das Fesselnde. Aus den gewöhnlichsten Dingen blicken Wunder. Die jetzt gesehene Gegenstandswelt läßt die früher geschaute als blaß und tot erscheinen. Man sieht an ihr Farbensymphonien und die Farben in einem Glanz, in Feinheit und Mannigfaltigkeit, wie sie menschliche Hände herzustellen nicht imstande sind. Und die in solchen Farbenglanz getauchten Gegenstände bewegen sich, wechseln in ihren Farben bisweilen so schnell, daß das seelische Empfinden dem kaum zu folgen imstande ist. Da erscheinen nach einiger Zeit wie in unendlichem Spiel zartgeschlungene Farbenarabesken oder Figuren, bald von dunklen Schatten gedämpft, bald in flutender Helle, die sich formenden Gestalten lieblich und vielfältig, geometrische Figuren, farbig wechselnde Kugeln, Würfel, Dreiecke mit gelben Punkten, von denen silberne und goldene Schnüre ausgehen, farbig glänzende Tapetenmuster, Teppiche, dunkles Spitzenfiligran auf blauem Grunde, oder auf einem dunklen Grunde leuchtende rote, grüne, blaue und gelbe Streifen, auch Quadratenmuster, die wie aus welligen Goldfäden gesponnen aussehen, Sterne mit blauem, grünem, gelbem Glanz oder die sich wie Lichtreflexe von Edelsteinen darbieten, bunte leuchtende, magisch leuchtende Kristallbilder, auch Landschaften oder Felder, die bunt wie von farbigen Edelsteinen sind, hellgelbe blühende Bäume und vieles andere. Neben solchen Gegenständen können auch Gestalten sichtbar werden, z. T. solche in grotesken Formen, farbige Zwerge, Fabelwesen, plastisch mit Eigenbewegung oder bildhaft starr. Ein Mann mit abgelaufener Psychose sah bei offenen Augen grüne und rote Vögel, bei verdeckten: weiße Jungfrauen, Engel, die Mutter Gottes, Jesus Christus in hellblauer Farbe. Bei verdunkelten Augen erblickte eine Kranke ihr eigenes Gesicht. Es besteht eine Steigerung der Empfindlichkeit gegenüber Helligkeitsunterschieden wie nach Strychnin[1]).

[1]) Dieses Ergebnis wurde aus Anlaß einer der vielen Fragestellungen erzielt, die ich Herrn Jaensch gab, als ich ihn zu diesen Untersuchungen animierte.

Mit dem phantastischen innerlichen Sehen können Gehörshalluzinationen verbunden sein. Sie sind seltener als die ersteren. Klingen oder Töne kommen wie aus weiter Ferne oder werden voll als Gesang mehrerer Menschen oder konzertmäßig gehört und bisweilen als wunderbar süß und melodiös bezeichnet. Vereinzelt wurde auch ein angenehmer Geruch oder die Empfindung wahrgenommen, als ob frische Luft dem Individuum zukomme, oder eine eigenartige Geschmacksempfindung oder Gefühlsänderungen. Der Allgemeinsinn kann ergriffen sein und dadurch das Individuum die Empfindung des Gewichtslosen oder des körperlichen Gewachsenseins oder der Depersonalisierung oder der Verdoppelung seines Ichs haben. Ein Epileptiker hatte so die Empfindung der Gefühllosigkeit seines Leibes, daß er nicht wußte, ob, wo und wie er liege. Das Zeitbewußtsein ist herabgesetzt oder verlorengegangen.

Bedeutungsvoll ist, daß bei allem diesem normwidrigen inneren Empfinden aus Funktionsänderungen in Bezirken der Hirnrinde das Bewußtsein ganz klar und aktiv ist und die Konzentration der Gedanken unbehindert vor sich gehen kann. Der Betreffende ist in diesem Zustande klar orientiert, hat den Drang zur Selbstbeobachtung, legt sich z. B. die Frage vor, ob alles, was er an Merkwürdigem empfunden hat, Wirklichkeit sei, verwirft dies, da er ja Anhalonium eingenommen habe, und doch drängen sich ihm alsbald wieder die gleichen Phantasmen auf. Ein Mann, dem das Mittel gegeben worden war, sagte zu dem Arzt: „Ich habe meinen rechten Verstand. Gott sei Dank, daß ich so schöne Anblicke gehabt habe. Das müssen Sie Juwelieren und Künstlern zu sehen geben, die könnten daraus Muster nehmen." Dies war der Mann, der geglaubt hat, „im himmlischen Reich" zu sein, und unter anderem die heilige Maria von Czenstochau gesehen hatte.

Das Bedeutungsvollste in dem ganzen Wirkungsmechanismus, der sich in der Hirnrinde abspielt, ist die geistige

Zustandsänderung, die Änderung des Seelenlebens, das nie erlebte seelische Geschehen, demgegenüber die Trugwahrnehmungen an Bedeutung zurücktreten. Ein unbefangener Arzt, der unter den Einfluß des Mittels (Mescalin) gesetzt worden war [1]), gab von diesem seltsamen, als wunderbar anzusprechenden Erleben eine zergliedernde Schilderung. „. . . Ich kam in ganz eigenartige Raumverhältnisse. Ich sah an mir herunter, ich sah auch noch das Sofa, auf dem ich lag. Aber dann kam nichts, ein völlig leerer Raum. Ich war auf einsamer Insel, im Äther schwebend. Alle meine Körperteile unterlagen keinen Schwergesetzen. Jenseits des leeren Raumes — das Zimmer schien enträumlicht — erstanden die phantastischsten Gebilde vor meinen Augen. Ich wurde sehr aufgeregt, schwitzte etwas, fror wieder und mußte unaufhörlich staunen. Endlose Gänge mit prachtvollen spitzigen Bögen, prachtvollen bunten Arabesken, grotesken Verzierungen. Schön, erhaben und hinreißend durch ihre phantastische Pracht. Das wechselte und wogte, baute auf, verfiel, entstand in Variationen wieder, schien bald nur Ebene, bald räumlich dreidimensional, bald in endloser Perspektive im All sich verlierend. Die Sofainsel schwand, ich empfand mein körperliches Dasein nicht mehr; zunehmendes, sich unermeßlich steigerndes Gefühl des Sichauflösens. Eine große Spannung kam über mich. Es mußte sich mir Großes enthüllen. Ich würde das Wesen aller Dinge sehen, alle Probleme des Weltgeschehens würden sich enthüllen. Ich war entsinnlicht.

Dann das Dunkelzimmer. Wieder stürmten die Bilder phantastischer Architekturen auf mich ein. Endlose Gänge

---

[1]) Beringer, Experimentelle Psychosen durch Mescalin. Vortrag auf der südwestdeutschen Psychiater-Versammlung in Erlangen 1922. (Nach einer mir freundlichst übersandten Niederschrift.) — Es ist dies eine vorzügliche, von einer höheren Warte aus angestellte analytische Untersuchung der Wirkung von *Anhalonium Lewinii*.

im maurischen Stil, alles in fließender Bewegung, wechselten mit erstaunlichen Bildern merkwürdiger Figuren. Ein Kreuzmuster war besonders häufig und in den mannigfaltigsten Variationen vertreten. Unaufhörlich quoll es aus den mittleren Kreuzlinien heraus, verlief schlängelnd und züngelnd, aber doch in strenger Linienform nach den Seiten. Auch Kristallbilder kamen wieder, immer rascher, immer wechselnder, immer bunter und leuchtender in den Farben. Dann werden die Bilder ruhiger, langsamer und heraus schälten sich zwei ungeheure kosmische Systeme, die durch eine Art Linie in ein oberes und in ein unteres getrennt schienen. Prachtvoll leuchtend aus eigener Kraft erschienen sie im endlosen Raum. Aus ihrer Tiefe kamen immer neue Strahlen, immer verklärtere Farben, und mit zunehmender Vollendung bekamen sie längliche Prismengestalt. Zugleich damit setzte aber auch Bewegung ein. Die Systeme näherten sich einander, zogen sich an und stießen sich ab. Ihre gegenseitigen Strahlen brachen sich in unendlich feinen zitternden Molekülen auf der mittleren Linie. Diese Linie war imaginär. Es kam das Bild einer Linie durch die gleichmäßige Brandung der Strahlen zusammen. Das waren für mich zwei große Weltsysteme, beide gleich stark in ihrem Ausdruck, beide gleich differenziert in ihrem Aufbau, in ewigem Kampfe miteinander. Und alles Geschehen in ihnen war in ewigem Fluß. Anfangs rasend rasch, dann allmählich in einen getragenen Rhythmus übergehend. Ein zunehmendes Gefühl der Befreiung kam über mich. Hierin mußte sich alles lösen, im Rhythmus lag letzten Endes das Weltgeschehen. Immer langsamer und feierlicher, zugleich aber auch immer eigenartiger, unbeschreiblicher wurde der Rhythmus, immer näher mußte der Augenblick kommen, wo die beiden polaren Systeme miteinander schwingen konnten, wo ihre Kerne sich zu einem gewaltigen Bau vereinigten. Dann sollte ich alles sehen können, dann waren meinem Erleben und Verstehen keine Schranken mehr gesetzt. Ein widerlicher Trismus riß mich aus dem Augenblick höchster Spannung heraus. Die Zähne knirschten, die Hände schweißten, und die Augen brannten mir vom Sehen. Ich hatte ein ganz eigenartiges Muskelgefühl. Ich hätte jeden einzelnen Muskel getrennt aus dem Körper herausnehmen können. Eine sehr unglückliche, unbefriedigte Stimmung kam über mich. Daß mich mein körperliches Empfinden immer aus dem höchsten seelischen Schwung bringen mußte!

Aber eines war mir unumstößlich klar: Im Rhythmus mußte sich alles lösen, im Rhythmus lag das letzte Wesen aller Dinge, ihm war alles untergeordnet, der Rhythmus war für mich metaphysisches Ausdrucksmittel. Und wieder kamen die Bilder, wieder die beiden Systeme, diesmal hörte ich aber zugleich mit ihrem Auftreten Musik. Von unendlicher Ferne kamen die Töne, sphärischer Klang, langsam schwingend, gleichmäßig hoch und tief, und mit ihr bewegte sich alles. Dr. B. machte Musik. Aber sie paßte gar nicht zu meinen Bildern und verstörte sie. Immer wieder kamen sie, immer wieder die starke seelische Spannung, der Wunsch nach Lösung, und immer wieder im entscheidendsten Augenblick der schmerzhafte Kaumuskelkrampf. Kristalle in magischem Glanze mit schillernden Facetten, abstrakte, erkenntnistheoretische Einzelheiten erschienen hinter dunstigem, feinem Schleier, den das Auge vergeblich ganz zu durchdringen suchte. Wieder kamen Formen, die miteinander kämpften. In konzentrischen Kreisen von innen her gotische, von außen romanische Formen. Immer jubelnder, immer kühner drängten die gotischen Spitzen zwischen die romanischen Rundbögen ein und drückten sie zusammen. Und wieder kurz vor der Entscheidung das Zähneknirschen. Ich sollte nicht dahinterkommen. Ich stand mitten im Weltgeschehen, im kosmischen Erleben kurz vor der Lösung. Diese Unmöglichkeit des letzten Erfassens, dieses Versagen der Erkenntnis war verzweifelnd. Ich war müde und litt unter meinem Körper...."

So stellen sich Wirkungsart und Wirkungsbereich dieser wunderbaren Pflanze dar. Es ist — wie ich schon ausführte — begreiflich, daß sie in einem Indianergehirn auch die Vorstellung auslöst, daß sie eine Gottesverkörperung sei. Durch das, was sie dem Indianer schafft, wird er aus seines Daseins Stumpfheit unbewußt in höhere Empfindungssphären gerissen und dadurch verhältnismäßig so beeindruckt wie der gebildete Europäer, der sogar in eine Analyse des Zustandes einzutreten vermag. Die bisweilen bei dem Einen oder Anderen sich einstellenden körperlichen Begleiterscheinungen, wie Übelkeit, Druckgefühl in der Brust, Schwere der Beine, oder die Empfindung von Muskelkrampf, z. B. in den Waden oder den Kaumuskeln, sind belang- und folgenlos. Inwieweit durch den gewohnheitsmäßigen Gebrauch des Mittels ein innerer Zwang zum Weitergebrauch bedingt wird, läßt sich jetzt noch nicht feststellen, auch nicht, ob durch den Anhalonismus, gleich dem Morphinismus, eine Änderung der Persönlichkeit durch Verschlechterung der Gehirnfunktionen stattfindet — was ich annehmen möchte.

Für die Gehirnphysiologie, die experimentelle Psychologie und die Psychiatrie schafft dieses Anhalonium für lange Zeit Arbeitsstoff. Diese Arbeit muß geleistet werden, weil sie aussichtsreicher für Ergebnisse ist als das Tierexperiment.

Der indische Hanf. Cannabis indica.

Aus der Zeit von 1378 wird berichtet, daß der Emir Soudoun Scheikhouni dem schon eingerissenen Mißbrauch des Hanfessens seitens der niedrigsten Volksklasse dadurch begegnen wollte, daß er in Djoneima alle Pflanzen dieser Art ausreißen und alle Hanfesser in das Gefängnis sperren ließ. Überdies befahl er, denjenigen die Zähne auszureißen, die überführt wurden, davon gegessen zu haben, und viele mußten diese Strafe erleiden. Aber schon um 1393 dehnte sich der Gebrauch dieses Genußmittels weiter im arabischen Gebiet aus.

Darüber waren etwa 400 Jahre vergangen, als in Ägypten abermals die Leidenschaft des Hanfgenusses Gegenstand der behördlichen Beachtung wurde. Unter dem 8. Oktober 1800 erließ der französische General folgende Verordnung:

Art. 1. Der Gebrauch des Getränkes, das von einigen Moslem aus dem Hanf *(Haschisch)* gemacht wird, sowie das Rauchen des Hanfsamens ist für ganz Ägypten verboten. Die Gewohnheitstrinker und -raucher dieses Krautes verlieren ihre Vernunft und verfallen in heftige Delirien, welche sie oft zu Exzessen jeder Art verleiten.

Art. 2. Die Herstellung des Haschischgetränkes ist in ganz Ägypten verboten. Die Türen derjenigen Kaffee- oder Wirtshäuser, in denen es verabreicht wird, werden vermauert und die Eigentümer auf drei Monate ins Gefängnis gesetzt.

Art. 3. Alle Ballen mit Haschisch, welche an die Zollstelle gelangen, werden konfisziert und öffentlich verbrannt.

Dies atmet noch Napoleons Geist, der ja kurz vor der bezeichneten Zeit Ägypten verlassen hatte. Die Maßnahmen gegen das Genußmittel waren die Abstraktion aus direkten Beobachtungen seiner Schädlichkeit. Sie haben ebensowenig Erfolg gehabt wie die neueren Verbote des Anbaues von Hanf in Ägypten. Das Kraut wird dort durch Schleichhändler, die es aus Griechenland beziehen, vertrieben. Die Leidenschaft auch für dieses Mittel hat allen Hemmnissen getrotzt, dehnt sich nunmehr über die ungeheueren Gebiete von Kleinasien, Asien und Afrika aus und wird von mehreren hundert Millionen betätigt.

Es handelt sich um *Cannabis indica*, den indischen Hanf, der sich von dem gewöhnlichen der *Cannabis sativa* äußerlich nicht unterscheidet. Zumal in Indien werden mehrere Präparate als Genußmittel hergestellt. Geraucht wird, meistens in Wasserpfeife, zumeist Ganja, d. h. die blühenden Spitzen der unbefruchteten weiblichen Pflanze, und auch Charras, das Harz aus den blühenden Spitzen, das man gewinnt durch Reiben derselben zwischen den Händen oder durch Bearbeiten mit den Füßen oder durch Abreiben auf einem rauhen Stoff oder Abschaben eines durch das Feld gegangenen Menschen, der eine lederne Schürze trägt. Zu Getränken wird vorzüglich Bhang verwendet, d. h. die grob gepulverten Blätter von weiblichen und harzreichen Pflanzen[1]). In anderen Erdgebieten werden kurzerhand die Blätter, auch mit Samen gemischt, in die Pfeife gestopft, oder die Produkte der angezündeten durch primitivere und schmutzige Vermittlungseinrichtung eingeatmet.

So unzuverlässig die meisten der im Handel befindlichen Hanfpräparate befunden werden, so stark narkotisierend wirken sie in frischem Zustande in den Ländern ihrer Produktion. Fast zwei Jahrtausende reicht vielleicht ihre Ver-

---

[1]) Majun ist eine Hanfstoffe enthaltende Süßigkeit, zu der angeblich auch noch Opium, Daturasamen u. a. m. hinzugefügt wird.

wendung als Genußmittel zurück. Unzählige Geschlechter haben daran teilgenommen und werden es voraussichtlich tun, solange noch die Pflanze wild wächst oder kultiviert zu erlangen ist. Neuerdings wird angegeben[1]), daß die Assyrier den Hanf seit dem siebenten oder achten Jahrhundert vor der üblichen Zeitrechnung gekannt und ihn als Räucherwerk verwendet hätten. Sie nannten ihn „Qunubu" oder „Qunnabu", offenbar entlehnt aus einem altostiranischen Worte „Konaba", also übereinstimmend mit dem skythischen „$Κάνναβις$" (Cannabis), den die Pflanze heute noch trägt, und dem aus urgermanisch „Hanapaz" erschließbaren Grundworte „Konabas". Diese Worte sind offenbar identisch mit dem griechischen „$Κόναβος$", d. h. „Lärm", und beziehen sich auf die durch den Hanfrauch hervorgerufenen lärmenden Gefühlsausbrüche[2]). Hiermit ist eine Stütze für die alte Deutung dessen, was der Geschichtsschreiber Herodot (484—406 der alten Zeitrechnung) erzählt, nämlich, daß die Skythen am Kaspischen Meer und am Aralsee ein Kraut zur Gewinnung von Samen bauten, die bei ihrer Verbrennung einen berauschenden Dampf lieferten. Die andere Annahme, daß es sich hier um eine der Belladonnagruppe zugehörige Pflanze gehandelt habe, kommt dadurch kaum noch in Frage. Diodor, der unter Cäsar und Augustus lebte, gedenkt der Pflanze. Die Weiber Thebens stellen nach ihm aus Hanf eine Flüssigkeit dar, die wie Nepenthes des Homer wirke, und Galen im zweiten Jahrhundert erwähnt ihn ausdrücklich als Genußmittel. Beim Nachtisch wurden, so sagt er, kleine Kuchen vorgesetzt, welche die Lust am Trinken erhöhten, aber im Übermaß genommen, Betäubung erzeugten. Etwa um das

---

[1]) B. Meißner in Ebert, Reallexikon der Vorgeschichte, Bd. 5, S. 117. Diesen Hinweis verdanke ich Herrn Dr. John Loewenthal.

[2]) L. Lewin, Lehrbuch der Toxikologie, 2. Aufl., S. 379.

Jahr 600 ist der Gebrauch in Indien bis zu den Mongolen gelangt. Bei alten Sanskritschriftstellern werden die „Fröhlichkeitspillen", ein Präparat aus Hanf und Zucker, erwähnt. Es mehrten sich in späteren Jahrhunderten, vor allem im sechzehnten, die Nachrichten über die Verwendung, so z. B. die des Garcias ab Horto, der Hanf als Genuß- und Schlafmittel in Indien weit verbreitet fand, und die des Prosper Alpini, der auch von der Art der Wirkung Kunde gibt, wie nämlich nach dem Genusse der in Zubereitung genommenen billigen gepulverten Blätter die Menschen trunken würden, von Sinnen kämen und lange in einer Ekstase „mit den von ihnen dabei ersehnten Visionen" verharrten.

Gerade die letzteren haben wohl dem Mittel den Weg so in Ländergebiete gebahnt, die der Jetztwelt erst näher bekannt geworden sind, wie sie im dreizehnten Jahrhundert und später den Assassinen (Haschischinen, Kräutler) als Mittel zu dem Zwecke dienten, Adepten zu gewinnen und sie auch für die gefährlichsten politischen Taten, einschließlich der Morde, als willenlose, fanatische, aufopferungsvolle Handhabe zu benutzen. Durch Haschisch, d. h. durch Hanf, erzeugten sie künstliche Begeisterung, Verzückung und Sinnestaumel und darin den Genuß ersehnter körperlicher Lust. „Er versetze sie", so schrieb im zwölften Jahrhundert der Abt Arnold von Lübeck, „in Ekstase oder Sinnlosigkeit und berausche. Dann kämen Magier und zeigten den im Schlafe Liegenden phantastische Dinge, Freuden und Ergötzungen. Ihnen wurde dann die ewige Dauer solcher Freuden versprochen, wenn sie mit den ihnen übergebenen Dolche die ihnen gewordenen Befehle ausführten"[1]). Viel Unheil haben

---

[1]) Arnoldi Abbatis Lubecensis Chronica Slavorum, Lib. III, Cap. XXXVII, p. 349, Lib. VII, Cap. X, p. 523 . . . „eis cultros quasi ad hoc negotium sacratos, administrat, et tunc poculos eos quodam, quo in ecstasin vel amentiam rapiantur, inebriat et eis magicis suis quaedam somnia phantastica, gaudiis et deliciis, imo nugis plena, ostendit . . ."

die so Beeinflußten geschaffen[2]). Solche Trugwahrnehmungen fesselten und fesseln noch heute die Menschen, die dadurch aus der kargen Wirklichkeit zu für sie schönerem inneren Genießen gelangen. Und welch ungeheure Erdstriche hat sich dieses Genußmittel erobert!

1. Die Verbreitung des Cannabinismus in Afrika.

In Ägypten frönen noch immer Menschen dem Haschischrauchen oder verwenden gewisse Zurichtungen, die der Geschmacksrichtung bestimmter Kreise angepaßt sind. In größerem Umfange geschieht dies noch an der Nordküste Afrikas, von Tripolis an bis Marokko. So stellt Tunis ein solches Verbrauchsgebiet dar. Im Rirhagebiet, östlich von Biskra, verwenden die Araber umfangreich den Hanf. Sie ziehen den rascher und andersartig berauschend wirkenden Hanf dem Opium vor. Die Leidenschaft hierfür wächst nach Osten hin. Ganz Algerien ist heute noch, besonders in der „Kabylie", voll Haschischraucher trotz jahrelanger Gegenbemühungen der Franzosen.

Der Marokkaner im allgemeinen nimmt keine geistigen Getränke zu sich, wohl aber liebt er den Kif. Hanfpräparate werden dort auch Schira und Fasuch genannt. Auch der arabische Name Bendsch wird gebraucht. Schira stellt, nach meinen Präparaten, hellbräunliche, sehr angenehm duftende, leicht pulverisierbare Stücke dar, die stark wirken. Zumal unter der ärmeren Bevölkerung ist das Hanfrauchen sehr verbreitet. Bei den meisten, z. B. Kamel- und Eseltreibern, ist es zum Bedürfnis geworden, alle paar Tage einen Kifrausch zu haben. Der feine Städter und die natürlichen Landbewohner haben noch bis gegen Ende des vorigen Jahrhunderts das Hanfrauchen verschmäht. In den meisten Städten finden sich in abgelegenen Quartieren kleine Butiken, in denen Kifraucher zu finden sind. In Wasan gab

---

[2]) L. Lewin, Die Gifte in der Weltgeschichte, 1920, S. 207.

es schon vor Jahren nicht weniger als 27 Haschisch-Rauchstuben, in denen den Kunden offen Kif dargeboten wurde.

Besonders stark an dem Hanfverbrauch beteiligt sind jedoch alle diejenigen, die das Rif bewohnen und den übrigen Atlas, alte und junge Männer, von der atlantischen Küste bis in die Sahara und hinüber an die Kyrenaika. Und wer aus den großen Oasengruppen der mittleren Sahara kommt, der berichtet unter Siegeln strengster Verschwiegenheit von den Männern des Senussiordens, die sich mit Haschisch betäuben, ehe sie Buß- und Strafpredigten halten oder ekstatische Taten vollbringen, wie man es bei diesen Sendlingen gewohnt ist[1]). Das Kraut wächst dort bis in die höchsten Regionen an sonnigen und geschützten Stellen und wird oft neben Tabak gebaut, nach der Ernte getrocknet und auf allein hierzu dienenden Brettern geschnitten. Man raucht ihn, fein geschnitten, aus winzigen Tonpfeifchen an langem, dünnem Rohr (sibsi). Mit drei bis vier Zügen ist die „sibsi" geleert, wird wieder gefüllt, dem Nachbar gereicht, der raucht, stopft sie von eigenem Vorrat, reicht sie seinem Nachbar und so fort, bis die Runde um ist.

In Bornu scheint das Hanfrauchen keine oder nur eine sehr kleine Stätte gefunden zu haben.

Vereinzelt mag an der afrikanischen Westküste die Leidenschaft dafür vorherrschen. Deutlicher wird sie in den Gebieten, in denen Kongoneger wohnen, z. B. in Liberia am Messurado River, im Grassteppengebiet von Oldfield, am Junk River, am Fisherman Lake, in der Nähe von Grand Bassa. Sie rauchen die frischen Blätter aus Pfeifen, in die glühende Holzkohle gelegt wird, aber auch trockne. Die kultivierte Hanfpflanze nennen sie „Diamba". Die Pfeife besteht aus einem Flaschenkürbis, dessen offenes Stielende als Mundstück dient und an dessen dicker Bauchseite sich ein Loch befindet, auf welchem der aus Ton geformte Pfeifenkopf sitzt.

---

[1]) Artbauer, Rifpiraten, 1911.

Am unteren Ogowe rauchen die Ininga Hanf, während die benachbarten Fan dies nicht tun.

An der Loangoküste wird Hanf aus Wasserpfeifen geraucht. Es sind Blätter und Samen, die, wie ich sie besitze, in dicke, lange wurstähnliche Rollen mit Basthülle verpackt, gehandelt werden. In Angola verhalten sich die verschiedenen Stämme nicht gleichmäßig gegenüber dem Hanfrauchen. Während es z. B. bei den Ngangela selten und dann auch nur im Verborgenen geübt wird, betreiben es die Tjivokve leidenschaftlich in Wasserpfeifen. Weiter südlich gelangt man in eine Zone, in der das Hanfrauchen zu einer Volksgewohnheit geworden ist. Dies gilt von den Bergdammara im Nama- und Dammaraland, den Ovambo und in noch höherem Maße von den Hottentotten, Buschmännern, Kaffern. Das Glück eines Kaffern besteht darin, den ganzen Tag auf dem Rücken zu liegen und gelegentlich ein paar Züge des Hanfs, der Dacha, zu rauchen. Zulukaffern legen eine Handvoll davon auf die Erde, darauf ein Stück brennenden Mistes, beides decken sie mit Erde zu, bohren von beiden Seiten mit den Fingern Luftlöcher und legen sich einer nach dem andern auf den Bauch und tun ein paar Züge mit Zurückhaltung des Rauches in den Luftwegen, denen stets ein starker Hustenanfall und Speichelfluß folgt. Statt dieser Erdpfeife benutzt man auch häufig Kuduhörner oder andere Gehörne oder Kalabassen als Wasserpfeife. Mit gewöhnlichen Tabakpfeifen vollzieht sich die Verwendung bei den Buschmännern. So rauchen die Heigum, d. h. Leute, die im Busch schlafen, den selbstgebauten Hanf, der gleichfalls Heigum *(Haium)* heißt. Er bringt den Schlaf im Busch. Ebenso leidenschaftlich rauchen Auin-Männer und -Frauen den Hanf, der von Kaffern in Oas und Betschuanen in Chansefeld, wohl auch von weißen Farmern angebaut wird und durch Tauschhandel zu ihnen kommt. Gelegentlich bauen sie ihn in primitiver Weise auch selbst. Anbau und Verbrauch finden sich weiter ausgedehnt in Süd-Zentralafrika, z. B. in Mambunda, Matabele und Rhodesia, im Zambesigebiet, z. B. bei den Makololo, wo ebenso wie bei den Batoko Hanf oder Hanfrauchen als „muto kwane" bezeichnet wird, ferner in Mozambique — in Quelimane heißt Hanf „ssrúma" oder „dumo" — und vor allem im Kongogebiet.

Hier begegnet man zuerst einer Verknüpfung des Hanfrauchens mit religiösen bzw. national-religiösen Anschauungen und Einrichtungen und auch wohl einer Art von Sektenbildung auf dieser Grundlage. Es findet sich verschiedentlich, zumal bei den Kassaivölkern, ein „Riamba"-kultus. So versammeln sich z. B. die Baluba nachts zu einer religiösen Feier, um gemeinsam Hanf zu rauchen, während bei einem den Bachilange am Luluaflusse benachbarten Teil der Baluba, die gleichfalls dieser Leidenschaft frönen, die Zusammengehörigkeit zu einer Sekte besteht. Sie nennen sich Freunde. Große Landstrecken um ihre Dörfer sind mit Hanf bebaut und genügen kaum dem Bedürfnisse. Bei der Bearbeitung besteht eine Art von Kommunismus. Der Riambakultus der Baluba ist von dem Häuptling Kalamba-Mukenge gewaltsam eingeführt worden. Sie wollten eine neue Religion schaffen. Die alten Fetische wurden zerstört, und an ihre Stelle der Hanf als Universalzauber- und -schutzmittel gegen alle Unbilden und als Symbol des Friedens und der Freundschaft gesetzt. Die Anhänger Kalambas nennen sich daher Bena-Riamba und begrüßen sich mit „Moio" (Leben). Der Genuß des Palmenweins ist verboten, aber das Hanfrauchen ist ihnen zur Pflicht gemacht. Alle Feste werden, wie Wißmann schildert, mit Riambagelagen gefeiert, und bei der Riambapfeife — einem großen Flaschenkürbis bis zu einem Meter Umfang, aus dem jeder drei bis vier Züge tut — werden Freundschaftsbündnisse geschlossen und Geschäfte abgewickelt. Hat sich jemand eines Vergehens schuldig gemacht, so wird er zu einer bestimmten Zahl Pfeifen Hanf verurteilt, die er unter Aufsicht bis zur Bewußtlosigkeit rauchen muß. Die Pfeife begleitet den Mann auf Reisen und im Krieg. An jedem Abend versammeln sich die Männer auf der Kiota, dem Hauptplatz, um Hanf zu rauchen. Die Stille der Nacht wird gewöhnlich von den spastischen Hustenanfällen eifriger Riambaraucher unterbrochen. Auch in Luluaburg spielt das Hanfrauchen eine, wenn auch nicht so große Rolle wie im Gebiete des Kalamba.

Auch Ostafrika — mit Ausnahme des Zwischenseengebietes — weist reichlich das Hanfrauchen auf. Schon östlich vom Tanganjika-See beginnt es. Die Wanyamwesi bauen überall die Pflanze. Sie rauchen die selbstkultivierte aus der Kalabassen-Wasserpfeife und schnupfen auch Haschisch. Sie nennen die Pflanze „njemu". An der Küste, z. B. in Khutu und Usegua, wird sie reichlich gepflanzt. Die Länder um den Victoria-See sind starke Verbrauchsgebiete für den Hanf, so z. B. Usukuma, die Landschaft Ututwa, Uganda, Kawirondo, Karagwe, Ukerewe. Die Wassinyanga, Waschaschi, die Néraleute pflanzen und rauchen das Genußmittel stark, während es in manche Gebiete Ostafrikas, so auch z. B. an der Tangaküste, wenig Eingang gefunden hat. Reichlich begegnet man ihm wieder bei den Nyam und in Kordofan, wo es, obschon verboten, auf den Märkten gefunden wird.

Auf Madagaskar heißt der Hanf „vongony".

2. Der Hanfgebrauch in Kleinasien und Asien.

Die Kultur des indischen Hanfes war früher in der Türkei sehr im Schwange, ist aber gegen Ende des vorigen Jahrhunderts verboten worden, was jedoch die heimliche Verwendung nicht hindert. Es findet ein Präparat Verwendung, das „Esrar", d. h. Geheimnis, heißt und das mit Tabak gemischt geraucht wird. Andere Herrichtungen mit Hanf werden auch gegessen. In Syrien wird die Hanfpflanze kultiviert und das Harz aus ihr sorgfältig gesammelt. In

Damaskus gibt es reichlich Höhlen, in denen Opium und Haschisch geraucht werden. Beide Stoffe werden auch in Persien geraucht. Hier wird „Heschisch" gewonnen, indem man die in Blüte stehenden Spitzen und die Blätter der Pflanze stundenlang auf rauhen, groben, wollenen Teppichen reibt, so daß der harzartige Saft, welcher zu dick ist, um in das Gewebe einzudringen, sich auf der Oberfläche des Teppichs ablagert. Von letzterem wird er mittels eines Messers abgenommen und sodann zu kleinen Kugeln oder länglichen, ungleichmäßigen Stäbchen geformt, die eine schmutziggrüne Farbe tragen. Die verwendeten Teppiche werden nachträglich mit wenig Wasser abgewaschen, die so erhaltene Brühe wird auf Porzellantellern in der Sonne eingedampft und auf diese Weise ein minderwertiges Präparat hergestellt. Zu dem Hanf soll in manchen Präparaten angeblich auch etwas Brechnuß hinzugefügt werden. Schon zu Beginn des vorigen Jahrhunderts bestrafte dort Mehemet Khan diejenigen, die Hanfgetränke gebrauchten, mit dem Tode.

Usbeken und Tataren sind dem Hanf ergeben. In Turkestan wird Haschisch für den Eigengebrauch hergestellt. Zur Zeit der einheimischen Khane standen schon auf den Verkauf dieses Genußmittels schwere Strafen — natürlich ohne jeden Erfolg. In Chiwa sind viele, auch Derwische, diesem Laster ergeben, das in Afghanistan und Beludschistan im Schwange ist. Auf dem Pamir, in Schnee und Eis, traf Bonvalot Afghanen, die von Kaschgar nach Kabul über den Badakchan zogen, um Baumwollgewebe und Haschisch zu bringen.

In einzelnen Provinzen Indiens, so in den nordwestlichen, ist die Hanfkultur, speziell die Gewinnung der Rauch-Ganja, gesetzlich verboten, dafür wird aber Bhang produziert, woraus man ein Haschischgetränk fabriziert. Der Verbrauch von Hanfpräparaten in Hindostan ist beträchtlich. In Kaschmir wächst die Cannabis in großer Menge an den Ufern des Ihelum und des Vishan, wo alles Land im Durchmesser von 5 m zu jeder Seite für das Wachstum dieser Pflanze reserviert bleibt. Das Recht der Ernte wird verpachtet. Geraucht werden die Blätter nicht, sondern Majun als berauschendes Genußmittel hergestellt[1]). Dem Hanfrauchen sehr ergeben sind die Bewohner von Bhutan, hoch oben im Himalaya. Auf dem Markt von Khatmandu in Nepal ist Charras ein wichtiger Handelsartikel. Auch in Bengalen wird der Hanfleidenschaft stark gefrönt. Hier und da lassen Händler aus einer mächtigen Pfeife (Hukka) gegen Bezahlung Liebhaber dieses Rauchens eine Anzahl von Zügen machen. So kann man diese Gewohnheit allenthalben durch Ostasien hindurch antreffen, im Norden bis in die Oase Chami, wo der chinesische mohammedanische Volksstamm der Tarantschen ihr frönt, bis zum Süden, bis Birma, Siam usw. — nicht überall in gleichem, oft in nur geringem Umfange, aber doch vorhanden.

Es dürfte an dieser Stelle auch der indischen Yogins mit ihren „Wundertaten" gedacht werden. Unter manchem anderen haben sie Visionen und können in „trance" und Katalepsie verfallen. Die Herbeiführung des Scheintodes, angeblich bis zu vierzig Tagen, auch mit Begrabenlassen — was von dem Yogin Haridās als ausgeführt angegeben wurde — könnte voraussetzen lassen, daß für diesen Zweck ein narkotisches Mittel eingenommen wird, vielleicht der indische Hanf in der Gestalt des im Sanskrit besonders hochgestellten Bhang oder der Ganja. Für geeigneter hielte ich freilich die bestätigte Verwendung von Stechapfel oder Bilsenkraut, deren wirksamer Bestandteil Skopolamin in neuester Zeit ziemlich ausgedehnt zur Erzeugung eines Dämmerschlafes arzneilich benutzt wird.

In anderen als den genannten Erdteilen fällt die Verwendung des Hanfes als Berauschungsmittel nicht ins Gewicht. So sollen ihm noch die chinesischen Kulis in Britisch-

---

[1]) Nach Hügel dagegen rauchen sowohl das Volk als auch die Brahminen die getrockneten Blüten.

Guyana, außer dem Opium, ergeben sein und beide Mittel unter Aufsicht der Behörde an sie verkauft werden.

3. Die Wirkungen des Hanfrauchens.

Verlauf und Färbung der akuten Hanfwirkungen sind abhängig von der Art und der Menge des benutzten Präparats und der Disposition des Individuums, seinem Charakter, seiner Geistesrichtung usw. Vielfach herrscht die Meinung, daß die erste Anregung zu dem Gebrauche des Mittels der Wunsch sei, die Geschlechtsfunktion zu steigern oder auch nur Wollustempfindungen während des Rausches zu haben. Dies mag der Fall sein, ohne daß über das Erreichen dieses Zwecks Bestimmtes angegeben werden kann. Erotische Vorstellungen mögen anfänglich das kurze Traumleben, in das sich der Haschischraucher oder -esser versetzt, durchweben und einen solchen Zustand erstrebenswert machen, das geschlechtliche Können mag auch anfangs erhöht sein, leidet jedoch, wie bei Opiumverwendern, bei vollem Ergebensein an diesen Genuß.

In manchen Fällen bringt der Hanf, nachdem die Empfindungen von Bangigkeit und Unruhe vorangegangen sind, eine Art von Glücksgefühl, bedingt durch Wohlbehagen und innere Zufriedenheit, hervor. Dies kann sich dann äußerlich durch eine Fröhlichkeit kundgeben, in der die Raucher die kindischsten und unsinnigsten Sachen treiben. Hierbei beobachtet man auch wohl ein eigentümliches, konvulsivisches Lachen, wahrscheinlich als Folge irgendwelcher bizarrer Halluzinationen oder Illusionen. Nach dem Lachen verfällt einer oder der andere in Weinen, angeblich über seine Leidenschaft. Der Zustand selbst kann mit Schwindel eingeleitet werden.

Es gibt andere gelegentliche Hanfgenießer, bei denen das innere Seelenleben sich, wie sie sagen, traumhaft schön abspielt, mit allen jenen Nuancierungen, die durch die äußeren Lebensbedingungen und das Geistesniveau des Individuums bedingt sind. Bestenfalls ist es so, als wenn die Sonne jeden Gedanken beschiene, der das Gehirn durchzieht, und jede Bewegung des Körpers eine Quelle von Lust wäre. Ein solcher Mensch fühlt sich nicht in der Art glücklich wie der Feinschmecker oder der Hungrige, wenn er seine Eßlust befriedigt, noch wie der Wollüstling, wenn er seiner Liebeslust frönt, sondern er ist glücklich, wie jemand, der erfreuliche Nachrichten hört, wie der Geizige, der seine Schätze zählt, wie der Spieler, wenn ihn das Glück begünstigt, oder wie der Ehrgeizige, den der Erfolg berauscht. Dabei kann noch ein gewisser Verwirrungszustand bestehen, in dem allerhand fernliegende Gedanken, über deren Auftauchen man sich Rechenschaft nicht zu geben vermag, heranstürmen. Verworrene Pläne, deren Klärung bisher unmöglich schien, glaubt das Individuum entworfen vor sich und der Verwirklichung entgegengehen zu sehen. Die Bande der Zeit und des Raumes sind gesprengt.

Trugwahrnehmungen begleiten häufig die gezeichneten Wirkungen, vorzugsweise solche des Gesichts, Gehörs und des Allgemeingefühls. Die letzteren tragen gewöhnlich einen unangenehmen Charakter. Die Sinne werden feiner und schärfer. So stehen z. B. die Schallempfindungen in keinem Verhältnis zu den Schalleindrücken. Wenn ein solcher Mensch zu lachen anfängt oder etwas spricht, so klingt es wie Kanonendonner an sein Ohr oder ein Geräusch erregt den Eindruck eines Wasserfalls. Der Kopf wird eine heiße Quelle von Kunstfeuerwerk und wirft Sternregen oder farbige Sträuße. Dieser Zustand kann für eine Zeit jäh unterbrochen werden durch Überkommen von Unlustgefühlen oder Erschauernlassen vor Todesangst bei gleichzeitigem Erschüttertwerden wie von heftigen elektrischen Schlägen und schwerster Fesselung oder Verzehrtwerden des Gehirns durch Feuer. Selten werden Harmonien von bezaubernder Klangfarbe empfunden. Dann wieder setzt wohlige Freude und inneres Glückseligkeitsgefühl ein. Auch das Gefühl, in die Luft gehoben zu werden, kann sich einstellen, so daß das Individuum in Gedanken sich an einen Baum anklammert oder auch die quälende Empfindung hat, in der Luft zu schweben, und angsterfüllt des Augenblicks harrt, in dem der Absturz erfolgt. Diese letztere Gefühlsnot erzeugte gelegentlich auch eines oder das andere der medizinisch verwendeten Hanfpräparate. Der ganze Vorgang kann einige Stunden andauern. Auch die Geschmacksempfindung läßt sogar nach Ablauf der Hauptwirkungen eine Änderung erkennen. Gerichte, die man einem solchen Menschen dann in einem Restaurant vorsetzte, hatten für ihn eine unerhörte Schmackhaftigkeit. Ein tiefer Schlaf folgt dem ganzen Ereignis.

Es gibt noch andere Varianten des akuten Wirkungsverlaufes. So verfallen manche afrikanischen Hanfraucher schon nach wenigen Zügen in vollkommene Unzurechnungsfähigkeit. Über deren inneres Empfinden ist natürlich keine Auskunft erhältlich. Andere Hanfraucher sitzen, wenn sie recht viel geraucht haben, stier blickend mit herabhängender Unterlippe da, und ein nervöses Zittern erschüttert ihren Körper unausgesetzt. Oder, nachdem der übliche heftige Rauchhusten vorübergegangen und die überstarke Speichelabsonderung im Gange ist, ertönt, wie dies Livingstone von Hanfrauchern des Zambesi beschreibt, ein reißender Strom sinnloser Worte oder kurze Sätze, wie: „Das grüne Gras wächst, das fette Vieh weidet." Keiner widmet dieser stürmischen Beredsamkeit Beachtung. Noch andere Raucher fallen in Betäubung und Verzückung und machen tolle Sprünge, bis Taumel und Mattigkeit sie überwältigt. Abnormen Bewegungstrieb sieht man gar nicht selten bei Europäern, die Hanf rauchen. Sie stürmen im Zimmer umher, und mit ihnen jagen sich in toller Flucht die Gedanken, die nie zu Ende gedacht, unfixierbar, aus einem inneren Drange, oft unter Lachen ausgesprochen werden müssen. Ein solcher Drang veranlaßt auch wohl jemand, der Hanf aufgenommen hat, auf Händen und Füßen zu kriechen. Obschon er sich seiner Handlungen bewußt ist, hat er dann doch nicht den Wunsch, etwas anderes zu tun. Schließlich gibt es Menschen, die nach aufgenommenen größeren Mengen von Hanfstoffen keine nervöse Erregung, sondern nur tiefes Benommensein oder gar einen komatösen Zustand bekommen. Kif rauchende Rifpiraten sieht man oft stumpfsinnig in einer Ecke kauern und teilnahmslos für alle Vorgänge der Umgebung still vor sich hinbrüten. Mancher lacht jeden Augenblick grell auf, andere grinsen stillvergnügt in sich hinein. Einer bildet sich ein, ein Schwiegersohn des Herrschers zu sein, der andere wähnt sich im Meer und macht verzweifelte Schwimmbewegungen, um auf seiner Holzpritsche nicht unterzugehen. Der dritte befiehlt einer nicht vorhandenen Sklavenschar unsinnige Arbeiten, die nie ausgeführt werden können, und ein vierter erklärt jedem, der es hören will, daß er eigentlich ein großer Zauberer sei und morgen die Felsennester der Spanier ins Meer senken lassen werde.

Das Ergebensein an das Hanfrauchen, der chronische Cannabinismus, ändert nach einer gewissen Zeit die Persönlichkeit, macht eine Charakterverschiebung nach der menschlich unangenehmen Seite. Marokkaner, die im Dienste von Europäern standen, waren dienstwillig und zuverlässig bis zu dem Augenblicke, wo sie Kif rauchten. Der Zwang zum Fortgebrauch besteht hier unter den gleichen Bedingungen wie bei dem Opium und Kokain. Die Hanfraucher frönen ihrer Leidenschaft täglich oder auch alle drei bis fünf Tage. Schon Ebn-Beithar gab am Ende des 12. Jahrhunderts an, daß Haschisch in Mengen von 4 bis 8 g berausche, größere Mengen Delirium und Wahnsinn erzeugen, der gewohnheitsmäßige Gebrauch dagegen Geistesschwäche oder Tobsucht hervorrufe. Dies trifft zu. Die intellektuellen Fähigkeiten solcher Menschen mindern sich. Es erzeugt, wie jener alte Araber es ausdrückte, böse Neigungen und Erniedrigung der Seelen, so daß sie unter das Niveau der Menschen herabsinken. Die Bevölkerung ganzer Dörfer des Kassai-Beckens ist durch den Hanfgenuß moralisch und körperlich zugrunde gegangen, und von den Wanyamwesi wird angegeben, daß ein guter Teil von ihnen halb blödsinnig dadurch geworden sei.

Schon seit geraumer Zeit weiß man, z. B. aus Irrenanstalten von Indien oder Ägypten, wie häufig und in welchen Gestaltungen die durch Hanf bedingten Geistesstörungen sich darbieten. Die bedeutsame Rolle, die er in dieser Hinsicht in Bengalen spielt, geht daraus hervor, daß er unter 232 Fällen von geistigen Erkrankungen 76 mal als Ursache angesprochen wurde. Nur 34 von diesen Erkrankten fanden Genesung. Im allgemeinen soll plötzliche und schnelle Wiederherstellung das einzige Erkennungszeichen dieser Leidensart sein, was meiner Ansicht nach für einen Bruchteil der Fälle und nur für die ganz leichten zutrifft. In der Irrenanstalt in Kairo fanden sich unter 248 Kranken 60 Männer und 4 oder 5 Frauen, die ihren Zustand dem Haschisch zu verdanken hatten. Diese geistig Gestörten bieten, ebenso wie die Gelegenheitsraucher oder Gelegenheitsesser von Haschisch, verschiedene Typen dar:

Die erste Gruppe zeigt einen allgemein gehobenen, ruhelosen Zustand mit optischen Halluzinationen und Illusionen, der sich manchmal zu Delirien steigert, die milder, weniger aggressiv und beeinflußbarer als das Alkoholdelirium sind und der ataktischen Symptome ermangeln. Die Wiederherstellung kann in einem Tage erfolgen. In dem Erregungszustand sind die Individuen als unzurechnungsfähig anzusehen.

Die zweite Gruppe umfaßt Zustände von Manie. Die Sinnestäuschungen nehmen schreckhafte Formen an und haben Verfolgungswahnideen und auch wohl Gewalttätigkeit als Folge. Der Kranke ist ruhelos, redselig, versunken in krankhafte Vorstellungen und wird schlaflos. Solche Fälle dauern einige Monate an und enden nicht immer in Genesung.

Die dritte, sehr zahlreiche Gruppe betrifft schwachsinnig Gewordene, die nach jedem Haschischexzeß in einen manischen Zustand verfallen. Solange sie im Krankenhaus sind, zeigen sie sich ruhig. Die vorhandene Schädigung des Gehirns verrät sich nur durch eine Übergesprächigkeit. Sie sind leicht zufriedengestellt, faul, energielos, gleichgültig gegenüber ihrer Zukunft, teilnahmlos für die ihnen Nahestehenden, wollen nur reichlich ernährt werden und Tabak erhalten, verfallen aber schon durch geringfügige Provokationen in einen hohen Reizzustand. Aus dem Krankenhaus entlassen, kehren sie im manischen Zustande bald wieder zurück. Sie bewegen sich dann ruhelos, schimpfen auf ihre Umgebung, fluchen und werden leicht aggressiv. Einen Augenblick leugnen sie den Haschischgebrauch, im nächsten rühmen sie seine wunderbaren Eigenschaften. Dieser manische Zustand wird bei vielen chronisch und endet in unheilbarer Demenz. Verbrechen werden von solchen Individuen selten begangen.

Auch allgemeine körperliche Verschlechterung kann — abgesehen von Bronchitis und Dysenterie, die durch die Reizstoffe des Hanfrauches entstehen — die Folge dieser Leidenschaft sein. Von weitem schon erkennt man die Hanfraucher an ihrem bleichen Gesicht, den eingefallenen Augen, dem schwankenden Gang. Auch die Nachkommenschaft starrer Hanfraucher kann minderwertig sein, wenn sie im Hanfrausche gezeugt worden ist. Bei den Rifpiraten bezeichnet man ,,skrofulöse" Kinder als ,,Uld l'Kif", Sohn des Kif. Was vom Alkohol in dieser Beziehung als wahr anzusehen ist, erscheint hier auch bei einem ganz anders gearteten Mittel. Der Same wird durch die Hanfbestandteile geschädigt und in diesem Zustande auf das Ei übertragen. Ich halte es für wahrscheinlich, daß sich auch die Leidenschaft für den Hanf vererben kann.

Wird, wie dies in Indien vorkommt, der Hanf noch mit Zusatz von Stechapfel verwendet, so sind die manischen Zustände und die Demenz leichter die Folge.

So deutet alles, was ich von dem Cannabinismus geschildert habe, darauf hin, daß es sich hier zwar um ein Phantasticum handelt, aber um ein solches, das neben den nicht immer angenehmen Sinnestäuschungen und neben der bei manchen Individuen auftretenden innerlichen Glücksempfindung — die ja im Gehirn überhaupt nicht zu lokalisieren ist, weil sie rein seelischer Natur ist — brutalere Wirkungen entfalten kann, die zu Geisteskrankheiten führen. Man wolle auf die große Verschiedenheit der letzteren von der durch Kokain erzeugten achten. Beide Veranlasser sind chemische Substanzen. Das Wie? ist hier absolut so dunkel wie bei anderen Stoffen. Als Reiz? Wenn dies angenommen werden sollte, so drängt sich die Frage auf, auf welcher Grundlage die Reizqualitäten derart verschieden sind, daß so verschiedene Funktionsänderungen im Gehirn die Folge sind. Aber selbst wenn man dies wüßte, so erhebt sich die weitere Frage, warum in so anderer Weise das eine diese, das andere eine andere Gehirnstelle beeinflußt, wenn wiederholt auf sie gewirkt wird? Nähme man dem allen gegenüber aber eine chemische, d. h. eine Affinitätswirkung an, so käme man, wie ich dies bereits erörtert habe, der Kausalität der Wirkung aller solcher Stoffe ein klein wenig näher. Es würde dann anzunehmen sein, daß Inhaltsstoffe des Hanfs z. T. besondere Beziehungen zu bestimmten Gehirnteilen besäßen, die zu Veränderungen mit den angegebenen Folgen führen, und zwar solchen, die z. B. dem *Anhalonium Lewinii* nicht zukommen, das in ganz anderer, man möchte fast sagen, edlerer Weise, Funktions- bzw. Zustandsänderungen an besonderen Gangliengruppen erzeugt.

Dem Mißbrauch des Hanfs als Genußmittel kann trotz strenger Verfügungen nicht gesteuert werden. Obschon z. B. auf französischer Afrikaerde Haschischrauchen verboten ist, und trotzdem es ausdrücklich auch in dem neuen

Gesetze, das sich auf eine Einschränkung des Verkehrs mit Morphin, Kokain usw. bezieht, genannt ist, vollzieht es sich doch ungeachtet des nicht leicht Erhaltenkönnens des Stoffes. Verbannt man die Betätigung dieser Leidenschaft aus öffentlichen Orten, so wuchert sie um so üppiger an verborgenen. Der öffentliche Anstoß ist dadurch beseitigt, die Leidenschaft selbst geschützter, da sie wenig oder gar nicht kontrollierbar ist.

Käme nun noch gar hinzu, daß durch den für medizinische Zwecke seit etwa 1917 in Deutschland betätigten Anbau von indischem Hanf ein für Genußzwecke verwendbares Haschisch erzielt würde, so könnte damit eine neue Quelle für die Schaffung schlimmer Süchtlinge geöffnet werden.

Der Fliegenpilz. Agaricus muscarius.

Die leidenschaftliche Begierde der Menschen, aus dem Alltagseinerlei ihrer körperlichen Betätigungen herausgehoben zu werden, bewußt oder unbewußt für eine, wenn auch nur kurze Zeit die Seele ihr eigenes, inneres Leben leben zu lassen, hat sie die eigenartigsten Stoffe instinktiv finden lassen, auch da, wo die Natur nur karg im Hervorbringen ist und das Gebotene weitab von Eigenschaften zu liegen scheint, die den Wunsch in Erfüllung gehen zu lassen vermögen. Im Nordosten Asiens, in dem sibirischen Gebiet, das, vom Ob, Jenissei, Lena durchflossen, im Norden vom sibirischen Eismeer und im Osten vom Beringmeer begrenzt wird, haben Samojeden, Ostjaken, Tungusen, Jakuten, Jukagiren, Tschuktschen, Korjäken und Kamtschadalen in irgendeiner Vorzeit im *Agaricus muscarius*, dem Muchamor der Russen, dem gewöhnlichen Fliegenpilz, Eigenschaften entdeckt, die ihnen Stunden ihres Glückes schenken. Es ist der wohlbekannte Giftpilz, mit dem sich manche chemische Untersuchung beschäftigt hat und der trotzdem heute noch in bezug auf seine wirksamen Bestandteile — vor allem denjenigen, der die Trugwahrnehmungen veranlaßt — erneute wissenschaftliche Arbeit heischt. Sicher ist nur, daß der Stoff Muscarin nicht derjenige ist, der mich veranlaßt, den Pilz in die Gruppe der Phantastica zu setzen.

Die Art der Rauschzustände.

Seine Wirkungen sind seit langer Zeit bekannt. Man hat sie sogar in Verbindung mit den alten Angaben gebracht, daß norwegische Männer oder Riesen des Altertums, die man

„Berserker" nannte, zeitweilig in eigenartige Zustände von Wildheit und Wut geraten sein sollen. Dies sei, so meinte man, durch Genuß von Fliegenpilz zustande gekommen, der für diesen Zweck bei allen nordischen Völkern bis nach Island hin Verwendung gefunden habe. Es kann dies nur eine Vermutung bleiben. Wenn dem so gewesen sein sollte, so ist als Überbleibsel eines so weiten Gebrauches nur das heute bei den angeführten Stämmen noch Bestehende anzusehen. Erst seit dem Ende des 18. Jahrhunderts weiß man darüber Genaueres, vor allem das außerordentlich starke Begehrtwerden des Mittels, das in jenen Gebieten nicht überall reichlich genug vorkommt, um dem Bedürfnisse zu genügen, z. B. stellenweis an Wohnorten der Korjäken. So wächst er z. B. nicht auf der Halbinsel Taigonos. Von Händler zu Händler wird er aus Kamtschatka, wo er reichlich sich findet, um den ganzen Penshina-Meerbusen herumgeführt. Die Korjäken bezahlten früher die Ware mit Renntieren, im Winter tauschten sie oft einen Pilz für ein Tier.

Zur Herbeiführung der gewünschten Wirkung und für einen Tag reichen ein großer oder zwei bis drei kleinere Pilze aus, die an der Luft oder auch im Rauche getrocknet wurden. Die kleineren, stark mit weißen Warzen versehen, sollen, wie die Kamtschadalen sagen und was mir zutreffend erscheint, stärker wirken als die großen blaßroten und weniger getüpfelten. Es werden auch kalte oder warme, wässerige oder milchige Auszüge aus dem Pilze als solche oder mit dem Safte von *Vaccinium uliginosum*, der Trunkelbeere, oder mit dem Saft des schmalblättrigen Weidenröschens, *Epilobium angustifolium*, getrunken. Aus dem letzteren, dem Weidenröschen allein, sollen sich angeblich die Kamtschadalen ein Getränk bereiten. Korjäken und Tschuktschen sah man kleine, runde, aus Birkenbast gefertigte Döschen oder Lederhüllen hervorholen, in denen sich kleine Stückchen von getrocknetem Fliegenpilz befanden. Sie nahmen von Zeit zu Zeit eines davon in den Mund und behielten es lange darin, ohne es zu verschlucken. Es scheint der Gebrauch bei Korjäken sich auch so zu vollziehen, daß die Weiber den getrockneten Pilz zerkauen, die gekaute Masse zwischen den Händen zu kleinen Würstchen rollen und die Männer diese Würstchen verschlucken.

Unter den so überaus vielen Rätseln, die mit dem Gebrauche der Genußmittel verbunden sind, ist nicht der geringsten eines, daß Korjäken, Kamtschadalen usw. gefunden haben, daß der Harn des durch Fliegenpilz Berauschten gleichfalls berauschende Eigenschaften besitze. Wer lehrte sie die Tatsache, daß das wirksame Prinzip des Pilzes im Körper nicht zerstört und durch den Harn so ganz ausgeschieden wird, daß dadurch die gleichen Gehirnwirkungen wie durch den Pilz selbst ausgelöst werden? Sobald der Korjäke merkt, daß sein Rausch schwindet, trinkt er seinen eigenen Urin, wenn er keinen Pilz mehr hat oder um ihn zu sparen. Dem Berauschten reichen die Korjäkenweiber ein lediglich für diesen Zweck bestimmtes Blechgefäß, in das sie in aller Gegenwart den Urin entleeren. Der oft noch warme wird von dem aus dem Schlaf Erwachten getrunken und übt nach wenigen Minuten wieder seine Wirkung aus. Diese soll sich auf diesem Wege mehrfach verlängern lassen. Der etwa übriggebliebene Harn wird für kurze Zeit aufbewahrt, um bei nächster Gelegenheit benutzt zu werden. Selbst während der Fahrt auf dem Renntierschlitten, wenn der Korjäke noch halb trunken die Ansiedelung verläßt, sammelt er seinen Harn in dem mitgeführten Gefäße. Auch der Harn eines anderen pilzberauschten Menschen übt die nämliche Wirkung aus — wie es scheint, nur ein Mal. Ein Reisender fuhr an der Jurte eines Korjäken vorüber und wollte für seinen Bedienten den Pilz haben. Der Korjäke befand sich gerade im Rausche und ließ Urin, mit dem der Bediente einen längeren solchen Zustand als der Harnlasser erzeugte. Als dieser aber nun tertiär die Wirkung mit dem Harn des von ihm Beglückten hervorrufen wollte, versagte das Sekret. Es ist unwahrscheinlich, daß — was man angab — das berauschende Prinzip noch nach dem Durchgang durch vier oder fünf Personen sich in deren Harn in wirksamer Menge findet. Nicht immer dürfte es Sparsamkeit oder Armut sein, die das Sekret gebrauchen läßt, da sogar die jukagirischen und tungusisch-lamutischen Schamanen vor ihren Begeisterungszuständen immer einen solchen Pilzharn zu sich nehmen sollen.

Die Individualität hat auf die Änderung der Gehirnfunktionen unter dem Einflusse des Fliegenpilzes nicht nur allgemein, sondern im speziellen bei dem Einzelmenschen eine nicht geringe Bedeutung, derart, daß derselbe Mensch bisweilen von einem einzigen Pilz sehr stark, aber ein anderes Mal von mehreren nicht oder nur wenig beeinflußt wird. Im großen und ganzen ähneln sich aber die Wirkungsbilder. Ihr Beginn fällt gewöhnlich in die erste, zuweilen auch erst in die zweite Stunde nach dem Einnehmen. In einzelnen Fällen leiten Ziehen und Zittern in allen Gliedern oder Sehnenhüpfen alles weitere ein. Das Bewußtsein ist in der Regel im Beginne noch erhalten, und selbst die leichte Betäubung hindert nicht, daß der Mensch sich leicht auf den Beinen fühlt und seinen Willen noch eine Zeitlang walten läßt. In diesem Zustande fühlt er sich sehr aufgeräumt und hat das Gefühl inneren Glückes und seelischer Zufriedenheit. Halluzinationen und Illusionen setzen ein. Er unterhält sich mit Personen, die nicht anwesend sind, die er aber mit seinem Seelenauge sieht, erzählt denselben höchst befriedigt, welchen Reichtum er besäße, welche schönen Dinge er sähe, wie wohl ihm wäre. Auch kann er von den Anwesenden gefragt werden und antwortet ihnen mitunter ganz vernünftig, aber immer mit Bezug auf die ihm im Rausche als Wirklichkeit erscheinenden Phantasmen. Dabei sitzt er ruhig, ohne zu toben oder wild zu werden, bleich und mit gläsernen Augen, wie abgestorben für die Umgebung. Selbständiges Handeln in diesem Zustande ist möglich. So fand man eine korjäkische Frau in ihrem

Zelt sitzen, die in dem Fliegenpilzrausch unausgesetzt die Trommel schlug und dazu leise wimmerte.

Andere fangen an, wie Krascheninnikow schon im Jahre 1776 es beschrieb, aberwitzig wie ein Kranker im hitzigen Fieber und, ihrer Gemütsbeschaffenheit nach, sehr traurig oder ausgelassen lustig zu werden. Einige hüpfen, tanzen, singen, andere weinen und sind in „erstaunlicher Angst". Illusionen ganz besonderer Art begleiten diese, aber auch andersartige Erscheinungsformen des Rausches. Ein solcher Mensch sieht bei erweiterten Pupillen alle ihm vorgelegten Gegenstände in ungeheurer Vergrößerung und äußert sich darüber. Ein kleines Loch erscheint ihm als schrecklicher Abgrund und ein Löffel voll Wasser ein See zu sein. Entsprechend diesem Trugsehen kann er auch zu einer Handlung veranlaßt werden. Legt man ihm — was Korjäken mit einem so Berauschten aus Scherz tun — nachdem er zum Gehen veranlaßt worden ist, ein kleines Hindernis, z. B. ein Stöckchen, in den Weg, so bleibt er stehen, mustert dasselbe und springt schließlich mit einem gewaltigen Satz darüber hinweg. Auf der Grundlage seiner Illusion ist seine Schlußfolgerung, die ihn zu diesem Sprunge veranlaßt, durchaus vernunftgemäß. **Daher müssen die beiden Gehirnstellen, von denen aus die Illusion, die Makropsie, das Vergrößertsehen entsteht bzw. das vernünftige Denken einsetzt, verschieden, der Verbindungsweg zwischen beiden aber der normale, gesetzmäßige sein**, der zwischen sinnlicher Wahrnehmung und Vernunfturteil besteht. Der Willensimpuls zur Handlung, nämlich des Springens, nimmt seinen Ausgang von dem folgerichtigen Denken und läuft in den natürlichen Bahnen zu den Muskeln, die in Bewegung gesetzt werden. Ich nehme an, daß die Stelle im Gehirn, deren Beeinflussung die Illusion des Gesichts veranlaßt, eine andere als diejenige ist, von der aus die Gesichtshalluzination ihren Ausgang nimmt.

Größere Mengen des Pilzes verursachen auch allerlei Wahnvorstellungen. So gab ein so Berauschter an, er stünde am Rande der Hölle und der Pilz befehle ihm, auf seine Knie zu fallen und ein Bekenntnis seiner Sünden abzulegen. Dies tat er auch unter dem Gelächter seiner Freunde. Dieser **religiöse Einschlag** in die Wirkungsäußerungen solcher Phantastica ist nicht ungewöhnlich. Auch nicht eine sehr starke anfängliche Erregungswirkung. Man sieht sie bei Fliegenpilzessern in allmählichem Wachsen bis zu Tobsuchtsanfällen gelangen. Ein solcher Mensch wollte in seiner Raserei sich durchaus den Bauch aufreißen, weil der Pilz es ihm befehle. In diesem wie in dem zuvor angeführten Falle waren es Gehörshalluzinationen, die eine Tat herbeiführten bzw. herbeiführen sollten.

Bei anderen überwiegt anfangs die Bewegungserregung. Die Augen nehmen einen wilden Ausdruck an, das Gesicht ist rot, gedunsen, die Hände zittern stark, das Individuum ergreift die Trommel aus Renntierleder und tanzt bzw. rast unter Trommeln in dem Zelt umher, bis es ermattet niedersinkt und in einen tiefen Schlaf verfällt, in dem es Phantastisches, ihm Angenehmes und Beglückendes sieht. Dies dauert eine halbe bis eine Stunde. Der Erwachte geht schwankend umher, bis eine neue Erregung mit dem gleichen Verlauf einsetzt. Dies kann sich noch einige Male wiederholen. Die Möglichkeit einer Gewalttat liegt nahe.

An Begleitstörungen kommen gelegentlich Erbrechen, Speichelfluß und Durchfälle vor.

Beobachtungen über schädliche Folgen des gewohnheitsmäßigen Pilzgenusses liegen aus begreiflichen Gründen kaum vor. Es ist anzunehmen, daß im Laufe der Zeit die sich immer von neuem wiederholenden materiellen Beunruhigungen des Gehirns Abstumpfungen in den Funktionen herbeiführen, die freilich bei dem niedrigen geistigen Niveau der in Frage kommenden Stämme nicht leicht erkennbar zutage treten. Immerhin wird doch schon angegeben, daß selbst innerhalb dieses Kreises geistiger Beschränktheit eine Abnahme bis zum Stumpfsinn zustande kommt. Der Grad muß nicht gering sein, um so noch auffallen zu können.

Auch für dieses Mittel bestehen wegen der Gefahren, mit denen es die Individuen bedroht, Bezugsschwierigkeiten. Es ist z. B. verboten, den Fliegenpilz an Korjäken zu verkaufen. Trotzdem sind sie im Besitze desselben, weil die Gewinnsucht hier wie in anderen Ländern jedem Verbote und jeder Gefahr, die mit Durchbrechung der Rechtsordnung verbunden ist, spottet.

Nachtschattengewächse.

Die Energie der giftigen Solanaceen aus der Gruppe der *Atropeae* und *Hyoscyameae*, deren wirksame Bestandteile in das Gehirn gelangen, entfaltet sich hier in ganz eigentümlicher Weise, verschieden von jedem anderen Nachtschattengewächs und ähnlich bzw. gleich bei jedem einzelnen der hier in Frage kommenden Pflanzen. Diese Übereinstimmung in der Wirkung wird durch die Übereinstimmung oder die nahe Verwandtschaft im chemischen Bau bedingt. Sie enthalten das Alkaloid Atropin oder Skopolamin oder nahe Verwandte dieser beiden Stoffe. Ihnen allen, wie auch manchen aus der Gruppe *Solaneae*, z. B. *Solanum incanum L*, aus Nordwestafrika, kommt die Fähigkeit zu, Funktionsstörungen im Gehirn zu erzeugen, die sich als Erregung von besonderer Färbung mit darauf folgender Depression kundgibt. Sie haben gerade durch die Besonderheit ihrer Wirkung in der Geschichte der Menschheit eine nicht kleine Rolle gespielt. Ihre Bedeutung in dieser Beziehung habe ich klargelegt[1]).

Nicht wenig von dem Unfaßbaren, das von menschenverheerenden, hirnverbrannten Fanatikern nicht nur direkt an Hexen und Zauberern, sondern auch an der ganzen Menschheit verbrochen worden ist, der stupide Aberglaube, der verkörpert in Kutten, Gerichtstalaren und närrischen Arztgewandungen teuflisch gegen den Teufel zu Gericht saß und die Opfer in Flammen aufgehen und in Blut ertrinken ließ — knüpft sich an diese Stoffgruppe. „Hexensalben" und „Hexentränke", die aus irgendeinem Beweggrund, be-

---

[1]) L. Lewin, Die Gifte in der Weltgeschichte, Berlin 1920.

wußt oder unbewußt, an und in solche Individuen gelangten, brachten Wirkungen hervor, die sogar nicht selten die Opfer selbst glauben und sagen ließen, daß sie mit bösen Geistern Umgang gepflogen, auf den Blocksberg geritten, auf dem Hexentanzplatz mit ihrem Buhlen gewesen seien oder andere durch Behexung in Schaden gebracht hätten. Ja, die Unordnung, die solche Stoffe, wie z. B. der Stechapfel, im Gehirn erregten, veranlaßten vereinzelt solche Individuen zur Selbstbezichtigung vor Gericht. So stark hatten sich bei ihnen die erzeugten eigenartigen Wahnvorstellungen aus dem bewußtlosen in den bewußten Zustand hinübergepflanzt, daß sie von den geistig Unkultivierten, in dem durch die Kirche gepflegten, blöden Aberglauben Großgewordenen für Wirklichkeit gehalten wurden.

Es ist ein Wahnsinnszustand, der durch solche Stoffe in geeigneter Menge für Stunden oder Tage hervorgerufen werden kann und, wie ich als sicher annehme, in verbrecherischer Absicht oft genug bei Menschen bewirkt worden ist, um sie als wirklich Geisteskranke darzustellen und auf diese Weise irgendeinen privaten oder politischen Zweck zu erreichen. Solche Fälle habe ich in der Weltgeschichte wiederholt angetroffen und durch die toxikologische Analyse auf ihren wahren Grund zurückgeführt[1]).

Manches andere, noch Abstoßenderes ist mit Stoffen dieser Gruppe vollzogen worden, so auch die Vergiftung von Mädchen für das Gewährenlassen unzüchtiger Handlungen. Sie können vorgenommen werden, ohne daß das Individuum in tiefe Bewußtlosigkeit gesunken zu sein braucht, vielmehr noch, offenen Auges, aber seelenblind den Übeltäter duldet, ja, bei gesteigerter sexueller Erregung ihm vielleicht sogar noch entgegenkommt.

Neben anderen unangenehmen Symptomen rufen diese Nachtschattengewächse und auch ihre wirksamen Prinzipe, vor allem Atropin, und noch mehr Skopolamin, Halluzina-

---

[1]) L. Lewin, Die Gifte in der Weltgeschichte, Berlin 1920.

tionen und Illusionen des Gesichts, Gehörs, Geschmacks hervor, die aber, anders als die von den übrigen Phantasticis erzeugten, nicht angenehmer, sondern schreckhafter und beängstigender Natur sind. Es ist auch fraglich, ob durch Essen oder Rauchen solcher Stoffe jener Zustand von hohem innerlichen Wohlbehagen geschaffen wird, der allgemein als die stärkste Triebfeder für ihren gewohnheitsmäßigen Gebrauch anzusehen ist. Von den verhältnismäßig wenigen Menschen, die ihn üben, waren Angaben darüber nicht zu erhalten. Vergiftungen, die mit einer oder der anderen der hierhergehörigen Pflanzen zustande kamen, geben in dieser Beziehung keinen Aufschluß, lassen vielmehr nur vermuten, wie die im Gehirn gesetzten gröberen Funktionsstörungen empfunden werden. Die Meinung, daß das Bilsenkraut, der arabische „Bendj", Nepenthes des Homer sei, ist durchaus falsch. Schon das einfachste Wissen über die Wirkung des Bilsenkrauts weist eine solche Annahme zurück.

Das Bilsenkraut. Hyoscyamus niger.

Was man im ersten Jahrhundert unserer Zeitrechnung in Rom wußte, daß es nämlich mehrere Arten von *Hyoscyamus* gäbe und daß der schwarze Wahnsinn erzeuge, war zu jener Zeit schon altes Wissen. Denn die Pflanze hat schon viel früher in Griechenland als Vergiftungs- bzw. geistige Krankheit vortäuschendes und „Wahrsagemittel" Verwendung gefunden. Eine zufällige erste Vergiftung mußte auf die Menschen schon dadurch Eindruck machen, daß der Betroffene sinnlos wurde, glänzende Augen mit weiten Pupillen bekam, irre Reden führte, „streitsüchtig" wurde, Sinnestäuschungen kundgab, die für innerlich Geschautes gehalten wurden und darauf in einen schlafähnlichen Betäubungszustand mit Gefühllosigkeit verfiel. Von dieser Erkenntnis bis zu der Verwendung als schmerzbetäubendes Mittel oder dem Gebrauche als Zaubermittel war nur ein kleiner Schritt. Das Mittelalter zeigte diese Umsetzung in die praktische Verwertung. So konnte der kenntnisreiche Bischof Albert der Große, der in seiner Zeit, dem dreizehnten Jahrhundert, auch als Zauberer angesehen wurde, sagen, daß bei der Dämonenbeschwörung durch Nekromanten die Eigenschaft des Bilsenkrautes eine Rolle spiele. Auf die durch die Pflanze erlangbare Befähigung zur Weissagung werden auch ihre alten Namen „Pythonion" und „Apollinaris" bezogen.

Neue Erfahrungen über die subjektiven Empfindungen von Kranken, die Skopolamin, den wirksamsten Bestandteil des Bilsenkrautes, als Heilstoff eingeführt erhalten haben, lehren mehr: Sie fühlen im Kopf einen Druck, wie wenn sich ein schwerer Körper auf denselben lagern würde. Gleichzeitig stellt sich das Gefühl ein, wie wenn eine unsichtbare Kraft die Lider niederdrücken würde. Die Gegenstände erscheinen dem unscharf sehenden Auge in die Länge gezogen. Es erscheinen bei offenen Augen allerlei Halluzinationen des Gesichts, z. B. ein schwarzer Kreis auf silberner oder ein grüner auf goldener Grundlage. Dann schließen sich die Lider zum Schlafe. Auch Geruch und Geschmack erleiden Veränderungen. Im Schlafzustande umgaukeln Phantasmen das Individuum.

Hyoscyamus muticus. (Hyoscyamus albus.)

Besonders stark ausgesprochen finden sich die vorstehend geschilderten Eigenschaften in dieser Hyoscyamusart, die von Arabern „Sekaran", „Ssakarân", d. h. die berauschende, genannt wird. Sie wächst in ganz Ägypten — nach den Exemplaren, die mir mein Freund Schweinfurth gab, besonders reichlich in der Oase Chargeh — und auf der Sinaitischen Halbinsel. Auf dieser letzteren rauchen Beduinen, die Towara und andere, die trocknen, filzigen Blätter. Danach bekommen sie einen Rausch mit Delirien.

L. Lewin, Phantastica.

Weiterhin trifft man einen solchen Gebrauch von *Hyoscyamus muticus (Hyoscyamus insanus Stocks)* in Beludschistan und im Pandschab, wo man ihn „Kohi-bhang", „Kohi-bung" bezeichnet. Die Eingeborenen rauchen ihn in kleinen Mengen wie indischen Hanf.

Der Stechapfel. (Datura Stramonium.)

„Antonius war in den Jahren 37 und 38 gegen die Parther gezogen, die im Orient einen fast unüberwindlichen Damm gegen römische Herrschaftsgelüste bildeten. Wie so mancher andere vor und nach ihm richtete er nicht nur nichts aus, sondern mußte fast täglich Demütigungen von diesem Volke erfahren. Der Rückzug der Truppen war ein trauriger. Nahrung fehlte. Die Truppen mußten ihre Zuflucht zu Wurzeln und Kräutern nehmen, die sie nicht kannten und deswegen erst auf ihre Genießbarkeit prüfen mußten. So stießen sie auch auf ein Kraut, das tötete, nachdem es geisteskrank gemacht hatte: „Wer etwas davon gegessen hatte, vergaß, was er bisher getan und erkannte nichts". Nichts anderes vollbrachte er mit großem Ernst — wie wenn es eine schwere Aufgabe wäre — als jeden Stein, den er antraf, um und um zu wenden. Man sah ein Feld, auf dem die Soldaten nichts anderes taten[1]."

Ich habe die Pflanze den Symptomen nach als Datura oder Hyoscyamus erkannt. Wahrscheinlicher ist es die erstere gewesen. Denn so sehr sich auch diese Gruppe der Nachtschattengewächse in dem allgemeinen Wirkungstypus ähnelt, so bestehen doch in den speziellen Vergiftungssymptomen Nuancen, die auf eine bestimmte Art dieser Pflanzen mit großer Sicherheit schließen lassen. Für Datura ist das geschilderte sinnlose Geschäftigtun der unter ihren Einfluß Geratenen bezeichnend. Dazu kommt der Ausfall des Gedächtnisses für alles, was während der Zeit der Geistes-

---

[1] L. Lewin, Die Gifte in der Weltgeschichte, 1920, S. 4.

verwirrung mit dem Individuum geschah. Dies ist schon vor Jahrhunderten mit aller verbrecherischen Nutzanwendung, die daraus gemacht werden kann und gemacht wurde, gewußt worden. Gegen Ende des siebzehnten Jahrhunderts wurde dem, im Anschluß an eine umfangreichere Vergiftung, in einer völlig zutreffenden Schilderung Ausdruck gegeben. So lautet sie:

„Wenn man Jemanden nur ein wenig davon eingiebt, wird er in seinen Sinnen dermaßen zerrüttet u. begauckelt, dass man vor ihm thun kann was man will und er dess andren Tages gar nichts drum weiss. Solche seine Sinn-Beraub- oder Bethörung und Betöberung währt 24 Stunden lang. Indessen kann man Einen die Schlüssel aus dem Schiebsack ziehen Truhen- u. Schreibtisch aufsperren vor seinen Augen: und muss er mit sich umgehen lassen wie man will: Er merckt und versteht nichts davon; so ist ihm auch folgenden Tages nichts davon bewusst.

Mit den Weibsbildern kann gleichfalls vermittelst dieses Mittels Mancher seines Gefallens pflegen und viel, ja gleichsam Alles von ihnen zu Wege bringen. Daher ich nicht glaube, dass ein schädlicheres Kraut auf Erden zu finden sei durch welches man so viel böse Sachen wiewohl natürlicher Weise stiften könne.

Bediente assen von einem Gericht Linsen in das durch Versehen Stechapfelsamen gekommen waren. Sie wurden danach alle närrisch. „Die Spitzen-Wirkerin hat sich ungewohnlich emsig u. sehr geschäftigt erzeigt, die Wirck-Kegel hin und her geworfen aber alle untereinander verwirrt. Die Kammer-Magd aber ist in die Stube gekommen u. hat überlaut geschrieen: Schau! alle Teufel aus der Helle kommen herein! Ein Diener hat das Holtz nacheinander ins heimlich Gemach getragen und vorgegeben er müsste allda Branntwein brennen; hingegen ein Anderer zwo Hacken oder Holz-Aexte auf einander geschlagen sagend er müsse Holtz hacken. Ein anderer ist herumgekrochen an der Erden hat mit dem Maul das Gras samt dem Erdreich aufgescharrt u. darinnen herumgewühlt wie die Sau mit dem Rüssel. Noch ein anderer liess sich bedünken ein Wagner zu sein; wollte alles Holtz durchbohren u. durchlöchern. Hernach nahm er ein großes Stück Holtzes, darin ein grosses Loch gebrannt war, hielt selbiges Loch zum Munde, stellte sich als ob er wollte trincken; u. sagete hernach: Jetzt hab ich mich kaum recht angesoffen. O, wie wohl schmeckt mir dieser Trunck! Hat sich also der gute Kerl mit Einbildung getraencket aus einem gantz truckenem durchbohrtem Holtz u. leeren Loch. Ein Anderer ist in die Schmieden gangen u. hat geruffen man solle ihm helffen Fische fahen, denn es schwömmen die Fische in der Schmieden bey gantzen Schaaren. Noch Andren hat dieses Narren-Kraut andre Einbildungen gemacht u. also allerley Handwercke ausgeteilt ohn einigen Lohn, ja eine rechte Komedie vorgestellt. Folgenden Tags hat keiner gewußt dass er gestern solche lächerliche Handel getrieben. Keiner hat glauben noch sich bereden lassen wollen, dass er solcher Gestalt phantasirt hätte."

Die wunderlichsten Zwangshandlungen sah man auch in unserer Zeit Menschen unter dem Einflusse der Datura verrichten, z. B. dauernd tanzen oder klettern. Ein Schneider, der unter den Einfluß von Belladonna und Datura gekommen war, zeigte die übliche Pupillenerweiterung neben Krämpfen. Nachdem diese nachgelassen hatten, setzte er sich im Bette so zurecht, als wäre er auf einem Schneidertisch, und manipulierte, als wenn er mit seiner Arbeit sehr beschäftigt wäre, die Nadel oft einfädeln müßte usw. Dabei hörte und sah er nicht. Das Bewußtsein fehlte. Dieser Zustand hielt fünfzehn Stunden an.

Schwerer aber wiegen die Wirkungen, die religiöse Fanatiker, Hellseher, Wundertäter, Magier, Priester, Betrüger durch Benutzung der Datura bei Menschen hervorriefen, die bei Kultzeremonien den Rauch des angezündeten Krautes einatmeten oder denen man innerlich das Mittel beibrachte. Das Zauberer- oder Teufelskraut — *Herbe aux sorciers, Herbe au diable* — diente dazu, phantastische Halluzinationen oder Illusionen und die daraus sich ergebenden Täuschungen hervorzurufen. **In der Dämonologie hat vor allem diese Pflanze eine bedeutsame, von Laien natürlich kaum geahnte Rolle gespielt.**

Die Sinnestäuschungen, die von Bewegungsstörungen und Störungen in der Auffassungsfähigkeit und Orientierung begleitet sind, treten mit Notwendigkeit auch da ein, wo Menschen die Blätter oder andere Teile der Pflanze gewohnheitsmäßig zu ihrem Vergnügen rauchen. Dies sieht man in Ostafrika bei Eingeborenen und Arabern. Geraucht werden *Datura Stramonium* und *Datura fastuosa L. (Datura alba Nees).* Die letztere heißt „Mnarà" und „Mnaràbu", Datura Stramonium bei den Arabern und Suaheli „Muranha".

Auch Indien hat Gebrauchszonen der Datura. So z. B. Bengalen. Besonders Leidenschaftliche rauchen *Cannabis indica*, Ganjah, mit Zusatz von zwei oder drei Stechapfelsamen oder einer Menge der Blätter. Um alkoholische Getränke in ihrer Gehirnwirkung zu verstärken und zu verändern, weicht man Samen in dem Getränk ein, seiht durch und mischt mit Palmwein. Dies geschieht z. B. in der Provinz Madras. Oder, man bringt, wie in Bombay, den Rauch der gerösteten Samen mit einem alkoholischen Getränk für eine Nacht in Berührung. Es ist sicher, daß wirksame Bestandteile der Pflanze sich dabei verflüchtigen und dann vom Alkohol aufgenommen werden können.

In Japan sollen die getrockneten Blätter von den diesem Genusse Ergebenen mit Tabak geraucht werden.

Zu den drei Weltteilen, in denen nach meiner Schilderung die Tatsache der eigentümlichen, Trugwahrnehmungen erzeugenden, und das Bewußtsein in sonderbarer Weise trübenden Wirkungen dieses Nachtschattengewächses bekannt sind, gesellt sich als vierter Amerika. In Darien und im Chocogebiete geben die Eingeborenen eine Abkochung der Samen von *Datura sanguinea Ruiz et Pav.* Kindern ein. Man nötigt sie, in der entstehenden Sinnesverwirrung zu gehen. Allmählich folgt auf die erste Erregung die Depression und in dieser das Versagen der Bewegung. Da, wo das Kind hinfällt, wird, in der Überzeugung, daß mit dem visionären Zustand auch die Gabe der Entdeckung von Gold im Erdboden verbunden ist, nach diesem gegraben, und da der Boden dort überall reichlich Gold führt, auch oft solches gefunden.

Ein solcher Divinationsglaube knüpft sich ja an manches andere Phantasticum. Er ist so alt wie die Meinung, daß die entstandenen Sinnestäuschungen auch höhere Sinnes- und Erkenntnisfähigkeiten brächten. So fanden die Eroberer Mexikos außer *Anhalonium Lewinii* noch eine Daturaart, die *Datura meteloides DC.*, „Ololiuhqui"[1]), vor, die gegessen, die Fähigkeit verleihen sollte, gestohlene Gegenstände ausfindig zu machen. Die Wirkungen einer solchen Pflanze wurden schon zu jener Zeit treffend geschildert: „Ajunt multa ante oculos observari phantasmata, multiplices imagines ac monstrificas rerum figuras, detegique furem si quidpiam rei familiaris subreptum sit": Sie behaupten, unter dem Einflusse derselben viele phantastische Erscheinungen, vielfältig wechselnde Bilder und wunderbare Gestalten zu sehen und einen Dieb entdecken zu können.

Diese Datura, *Datura quercifolia R. et P. (Brugmansia bicolor Pers)*, vielleicht auch *Datura arborea L.* und *Datura sanguinea, H. B. K.* wurden und sollen auch heute noch von Indianern als Berauschungsmittel verwendet werden, auch von südamerikanischen Stämmen, die Koka gebrauchen.

---

[1]) Vergl. S. 135.

Der Stechapfel

Tschudi beobachtete selbst die Wirkungen der *Datura sanguinea*, des Krauts der Gräber „*Bovaehero*", oder *Yerba de huaca, Yerba de Guacas*". Der Indianer, der das aus den Samenkapseln bereitete Getränk, Tonga, genossen hatte, verfiel in eine tiefe Betäubung. Er saß mit krampfhaft geschlossenem Munde da und starrte mit ausdruckslosen Blicken die Erde an. Nach einer Viertelstunde begannen die Augen zu rollen, Schaum trat zwischen den halbgeöffneten Lippen hervor, und sein ganzer Körper wurde von Krämpfen geschüttelt. Als diese Symptome nachgelassen hatten, verfiel er in einen mehrstündigen Schlaf. Am Abend traf man ihn in einem Kreise aufmerksamer Zuhörer, denen er erzählte, wie er mit den Geistern seiner Vorfahren Verkehr gehabt habe. Daher die Bezeichnung der Pflanze als „Kraut der Gräber". Die altindischen Priester genossen den Stechapfeltrank, wenn sie mit ihren Göttern verkehren wollten oder um prophetische Begeisterung zu erlangen. Die Übertragung dieser Tatsache auf die gleichartige Verwendung von Stechapfel als Priesterpflanze bei dem delphischen Orakel halte ich nach den Symptomenbildern toxikologisch für unzutreffend. In Delphi waren es schwefelwasserstoffhaltige Gase, die, aus einer Erdspalte hervorbrechend, auf die auf dem Dreifuß jeweilig sitzende Pythia einwirkten.

Die Blätter von *Datura Stramonium* sollen von Indianern am Großen Salzsee, den Utahs, auch den Pimas und Maricopas zusammen mit denen von *Arctostaphylos glauca* geraucht bzw. für sich allein gekaut werden.

Oft läßt sich der Gebrauch der Tropeïnpflanzen als Genußmittel nicht vollziehen, weil sämtliche Tropeïne, an die nur in sehr engen Grenzen Gewöhnung eintritt, am Herzen bedrohliche Symptome erzeugen, die seine Funktion gefährden. Das Gehirn verträgt demgegenüber Zwangserregungszustände, wie ich sie schilderte, sehr lange.

Datura arborea.

In den gleichen Wirkungsbahnen wie die der bisher geschilderten Nachtschattengewächse bewegen sich die von *Datura arborea* beobachteten, deren Verwendungsstätten sich bei südamerikanischen Stämmen des oberen Amazonas und weiter nach Norden hinauf finden. Die Jibáros nennen Pflanze und daraus bereitetes Getränk „Maikoa", die Canelos-Indianer „Guantuc" („huantuc"). Es ist ein Strauch, der wild in Ecuadors Wäldern, auch in subtropischen Gebirgsgegenden vorkommt, und von Indianern, die die Pflanze auch kultivieren, für einen Rauschtrank verwendet wird, um im Rausche Offenbarungen von Geistern zu bekommen. Nach den Beobachtungen von Karsten wird die Rinde abgekratzt und in Kalabassen ausgepreßt, bis etwa 200 g Saft erhalten sind. Dies ist die einmalige Dosis. Sie wird entweder zu Hause oder in dem für diesen Zweck gebauten „Träumer-Rancho" getrunken. Etwa drei Tage bringt der Indianer in ihm zu. Nur eine unreife, geröstete Banane darf er täglich zu sich nehmen, aber beliebig viel Tabakwasser, d. h. ein starkes wässriges Tabakextrakt und den Daturasaft. Auch wenn bei den Jibáros am Rio Upano oder Santiago die Knaben mannbar werden, trinken diese bei dem hierfür eingerichteten Feste „Maikoa". Ungezogenen Jungen wird Maikoatrinken unter Fasten als Radikalkur auferlegt. Zauberer trinken es, um Krankheiten zu heilen, aber auch um ihre Feinde aus dem Rauschzustande heraus behexen zu können. Ehe er die Schale leert, läßt er einen Beschwörungsgesang ertönen. Krieger trinken es vor dem Kriegszug, um zu erfahren, ob sie bedroht sind, lange leben würden usw., und andere trinken es, um von Geistern in irgendeiner Wunschart beraten zu werden oder innerlich zu „sehen."

Die Wirkungen werden durch exzessive Bewegungsimpulse eingeleitet. Besonders noch nicht daran Gewöhnte schlagen mit Waffen, Stöcken usw. um sich. Der Tobsuchtszustand, der dem durch Belladonna erzeugten ähnelt, kann so stark werden, daß der Sinnlose von seinen eigenen Leuten gefesselt werden muß. In diesem Zustande spricht er verworren und läßt Sinnestäuschungen erkennen von der Art, die ich schon geschildert habe. Bei dem Jünglingsfeste der Jibáros wird der Junge, der Maikoa getrunken, alsbald von hinten mit beiden Armen umfaßt und gehalten, bis das bei jedem dieser Trinker auf das Erregungsstadium folgende zweite, das narkotische, sich einstellt. In ihm vor allem zeigen sich die „Gesichte", die schönsten Nutzpflanzungen, die besten Nutztiere, große Biertöpfe und alles, was sonst das Herz des Jibáro erfreut.

So spannt sich der Erkenntnisfaden der Wirkungen der Tropeïne aus den Nachtschattengewächsen von jener fernen Welt zu uns, ebenso wie die Verwendung solcher Erkenntnis für die Beeinflussung der Seele, um zeitlich Zustände geistiger Alienation zu erzeugen, die das individuelle Normalempfinden aus der gewohnten Bahn so herausdrängen, daß man wohl verstehen kann, wie bei so geistig Undisziplinierten die „Gesichte" als Übernatürliches gelten dürfen.

Duboisia Hopwoodii.

Auch auf dem fünften Erdteil, Australien, findet ein Nachtschattengewächs, die *Duboisia Hopwoodii*, Verwendung als narkotisches Genußmittel. Es ist ein etwa 2,5 m hoher Baum mit schmallinealen Blättern, dessen Vorkommen auf Zentralaustralien beschränkt ist. Sein Hauptfundort liegt nahe der Grenze von Südaustralien, etwa zwischen dem 23. und 24. Grad südl. Br. und am 138. Grad östl. Länge, je 50 Meilen westlich und östlich von diesem. Als Gestrüpp begegnet man ihm vom Barcoo River und Darling River (Queensland) bis zur Grenze von Westaustralien. In Tasmanien und Victoria fehlt er. Wo er sich findet, wird er begierig gesammelt. Große Wanderungen werden unternommen, um ihn zu finden. Die Eingeborenen treiben damit untereinander Tauschhandel. Sie sammeln die Spitzen und Blätter im August, wenn er blüht, und hängen das Material zum Trocknen auf. Auch unter eine Schicht feinen Sandes wird es gelegt, getrocknet, gepulvert und in halbmondförmigen Säckchen oder Häuten für den Transport aufbewahrt.

Die Pflanze wie das daraus bereitete Genußmittel hat den Namen Pituri (Pitchery, Petgery, Bedgery). Das letztere stellt eine krümelige braune Masse dar, welche aus der gepulverten Blattsubstanz der Pituripflanze mit Stielen, Blattrippen und Stengeln besteht. Die Schwarzen von Wilson River, Herbert River, Cooper- und Eyre Creek usw., hauptsächlich aber der Stamm der Mallutha, machen davon Gebrauch. Der Stoff wird gekaut und geraucht. Man kaut ihn auch in Gesellschaft. Durch Kauen formt man daraus einen Priem, der von Mund zu Mund wandert, nachdem jeder Vordermann daran gekaut hat. Der letzte klebt ihn dem ersten hinter das Ohr. Der einzelne Piturikauer zerkaut die Masse und steckt den Bissen dann hinter das Ohr, von wo er von Zeit zu Zeit wieder hervorgeholt und gekaut und endlich verschluckt wird. Angeblich soll der Priem auch mit Holzasche hergestellt und in der angegebenen Weise benutzt werden. Geraucht werden die Blätter der Duboisia. Man feuchtet sie an, versieht sie mit der alkalischen Holzasche und rollt sie zu einer Zigarrenform. Diese Piturizigarre wird auch gekaut und der Speichel verschluckt[1]).

Hier tritt wieder jene wundersame Übereinstimmung in dem Zusatz alkalischer Stoffe zu erregenden oder betäubenden Genußmitteln zutage, der sich in diesem Werke wiederholt erwähnt findet, so bei dem Kokakauen, dem Betelkauen, stellenweise auch bei dem Tabakgebrauch. Instinktiv wurde hier das Geeignetste gefunden, um die wirksamen Stoffe aus dem Pflanzenmaterial freizumachen und

---

[1]) Gelegentlich sollen dem Pituri Akazienblätter hinzugefügt werden.

sie schnell in den Körper übergehen zu lassen. Aus Pituri wird ein stark wirkendes Alkaloid frei — nichts anderes als das auch im Bilsenkraut, Stechapfel usw. sich findende Skopolamin (Hyoscin), das am stärksten wirkende Prinzip in der hier in Frage kommenden Reihe der Nachtschattengewächse, von dem bisweilen schon Zehntelmilligramme schwere Vergiftungssymptome machen können. Die australischen Eingeborenen schätzen Pituri, das die Schleimhäute der Nase, der Augen, des Mundes stark reizt, als Kräftigungsmittel auf ihren langen Wüstenwanderungen. Sie schreiben ihm auch hungerstillende Wirkungen zu. Es wirkt primär, auch bei Tieren, sehr stark erregend, und dient den Verwendern aus diesem Grunde auch als Mut machendes Mittel für den Kampf. Sie kennen die hohe Giftigkeit desselben und benutzen sie sogar für die Vergiftung des großen Emustraußes.

Eine Vorstellung von der Art, wie die Wirkung sich gestaltet, wenn größere Mengen von Pituri gebraucht werden, erhält man aus dem Verhalten eines Menschen, der, um sich des Alkohols zu entwöhnen, täglich, dreiviertel Jahr lang, Skopolamin zu 0,0005—0,002 g sich beigebracht hatte. Er bekam eine Geistesstörung mit Halluzinationen, zumal des Gesichts, und Wahnvorstellungen, die zu den typischen Wirkungen der Tropeïne und Skopoleïne gehören, von der Tollkirsche an bis zu der Skopolia und der Duboisia. Der Vergiftete war unorientiert, verkannte seine persönliche Umgebung, konfabulierte, hatte Erinnerungstäuschungen und Minderung des Gedächtnisses. Er wurde in einigen Tagen wiederhergestellt. Kleine Mengen, wie sie der Pituri-Esser oder -Raucher von dem Skopolamin aufnimmt, rufen wesentlich, in ähnlicher Weise, wie dies Datura bewirkt, Halluzinationen und Illusionen hervor und jenen Grad von Bewußtseinsbeschränkung, die dem Individuum, das aus der Gegenwart und dem Raume herausgerückt wird, eigenartig und angenehm erscheint.

Banisteria Caapi.

In Nordwest-Amazonien vom Orinoko über den Rio Negro bis zu den Kordilleren, an den Katarakten des Orinoko, am Rio Uaupés, Rio Içana, am Rio Meta, Rio Sipapo, Rio Caquetá, am oberen Putumayo, am Rio Napo, in dem so überaus großen Gebiete, das sich über Teile von Kolumbien, Ecuador, Peru und Brasilien erstreckt, wird von sehr verschiedenen Stämmen neben dem, was sie alle bindet — den alkoholischen Getränken und dem Tabak, teilweise auch der Koka — mehrere bisher nur wenig gekannte Pflanzen, hauptsächlich die *Banisteria Caapi*, als Phantasticum verwendet. Zu den Gebrauchern gehören die Guahibo, Tukanostämme, z. B. die Correguáje und Táma, die Zaparo, Uaupé, Yekuaná, Baré, Baniva, Mandavaka, Tariana, Cioni, Jibáros, Kolorados, Cayapas und andere.

Die Banisteria ist eine Liane aus der Pflanzenfamilie der Malpighiaceae, die in Urwäldern, vor allem Ecuadors, vorkommt, aber von Indianern auch gepflanzt wird. In Ecuador wird sie in der Quichuasprache „Aya huasca", bei den Jibáros „Natema", bei den Colorados „Nepe", bei den Cayapas „Pinde", bei den Yekuaná „Kahi" geheißen, ebenso auch das daraus bereitete Getränk. Unter Umständen werden noch andere Pflanzen, darunter vielleicht auch die Liane *Haemadictyon amazonicum* mitverwendet. Falls das letztere in den Trank eintritt, so bekommt der Charakter des Genußtrankes eine andere Gestaltung, weil diese zur Gattung Echites gehörende Pflanze ziemlich starke Giftwirkungen besitzen muß. Ich weiß, daß z. B. *Haemadictyon suberectum* (Echites venenosa) sie äußert und daß *Echites maculata* einen betäubenden Milchsaft besitzt. Zu dem Getränk wird von Indianern auch wohl Tabakwasser hinzugefügt.

Sicher scheint jetzt zu sein, daß die gewöhnlich allein verwendete *Banisteria* einen Zustand geistiger Unordnung machen kann, der an den vom Stechapfel erzeugbaren erinnert. Um ihn herbeizuführen, wird, wie der vorzügliche Beobachter Karsten angibt, ein Stück des unteren Teiles der Liane abgeschnitten, gereinigt und zerkleinert. Die zerkleinerte Masse wird verschieden lange Zeit — von zwei bis zu vierundzwanzig Stunden — mit Wasser gekocht und auf einen kleinen Teil der ursprünglichen Flüssigkeitsmenge eingeengt, je nach der gewünschten Wirkungsstärke. Diese hängt aber nicht nur hiervon, sondern auch von den getrunkenen Mengen und von dem Füllungszustande des Magens ab. Bei leerem Magen und oberem Darm findet eine sehr viel schnellere und stärkere Überführung des Mittels in die Säftebahnen statt. Diese Bedingung erfüllt sich bei dem gewöhnlichen Caapitrinken, weil gewisse Dosen des Mittels Erbrechen erzeugen, das als Einleitung der späteren Gehirnwirkung gewünscht und in einem gewissen Umfange auch erforderlich ist, und sich nach dem absatzweisen Trinken von insgesamt etwa ein Liter jedesmal wiederholt. So wird den weiteren Dosen des narkotischen Stoffes der Weg gebahnt.

Gewöhnliche Leute bekommen ein etwas anders zubereitetes Getränk als Zauberer, die, um Krankheitsursachen zu erkennen oder Krankheiten zu heilen oder Feinde zu verhexen, dem äußerst bitteren Banisteriatrank unter bestimmten Zeremonien noch Holz und Blätter einer anderen, „Jahi" genannten Schlingpflanze hinzufügen. Dadurch werden sie in einen ekstatischen Zustand versetzt. Diese Zauberpflanze „Jahi", „Yaje" oder „Yahe" ist wohl mit dem obengenannten Haemadictyon identisch — jedenfalls scheint es eine mit Banisteria gleichsinnig wirkende zu sein.

Während des Kochens des Materials und beim Trinken wird gleichmäßig die Trommel geschlagen. Der Verteiler des Getränkes bei den speziellen Trinkfesten („Natema"-Festen) der Jibáros, die bis zu acht Tagen dauern und an denen Männer, Frauen und halberwachsene Kinder, überhaupt Leute teilnehmen, die „träumen" wollen, murmelt, ehe er die Trinkschale dem Begehrenden überreicht, eine Beschwörungsformel. Es gibt außerdem viele einzelne andere Gelegenheiten, die zu dem, wie es scheint, bei manchen auch gewohnheitsmäßigen „Natema"-Trinken, nicht bei dem Gelage, sondern zu Hause, Veranlassung geben, so z. B. sogar der Wunsch einer Witwe, sich einen neuen Mann zu wählen, und allgemein die Begierde, sich in einen Trancezustand zu versetzen, in dem das Individuum das für ihn in der Zukunft Wünschenswerteste in bezug auf allen Erfolg in seinen kommenden Lebenstagen zu erkunden begehrt.

Die Wirkungen, die der Rauschtrank macht, verlaufen gewöhnlich so: Nachdem er seine Reizwirkungen auf den Magen in der Gestalt des Erbrechens erfüllt hat und an das Gehirn genügend gelangt ist, befällt den Genießenden Schwindel. Er schwankt, stützt sich auf einen Stock, so lange er sich noch halten kann, und fällt dann in eine von Sinnestäuschungen erfüllte Narkose. Wie bei jeder derartigen Substanz geht gesetzmäßig in irgendeinem Grade auch hier ein mehr oder weniger ausgeprägtes Erregungsstadium dieser Narkose voran, das sich durch Bewegungsdrang, Tanzen, auch Schreien usw. kundgibt. Es ist fraglich, ob, wie behauptet wurde, Krampfzustände zu diesem Wirkungsbilde gehören.

Das, was den Indianer den „Aya-huasca-Trank" lieben macht, sind, abgesehen von den Traumgesichten, die auf sein persönliches Glück Bezug habenden Bilder, die sein inneres Auge während des narkotischen Zustandes schaut: Tiere, in denen in seiner Vorstellung Dämonen verkörpert sind, oder eigentümliche, auch angenehme Phantome, vielleicht auch sexuelle Empfindungen. Es scheinen hauptsächlich Illusionen und Visionen hervorgerufen zu werden.

Einige Male haben Reisende Selbstversuche mit der Banisteria vorgenommen. So empfand Koch-Grünberg, der zwei kleine Kalabassen des Zaubertrankes genossen hatte, nach einiger Zeit, besonders wenn er in die Dunkelheit hinaustrat, ein merkwürdiges, grellfarbiges Flimmern vor den Augen und beim Schreiben ein Huschen über das Papier wie rote Flammen. Um das zu erfahren, was die Indianer von dem Phantasticum an sich erfahren, war die von ihm genommene Menge ungenügend. Immerhin zeigt schon das geschilderte Teilsymptom, daß hier auch Gesichtshalluzinationen vorkommen, wie sie *Anhalonium Lewinii* in vollendeter Form bewirkt. Ein anderer sah, nachdem er das Getränk zu sich genommen hatte, die schönsten landschaftlichen Bilder, Städte, Türme, Parke, auch wilde Tiere, gegen die er sich verteidigte. Dies war von Schlafgefühl gefolgt. Ein dritter Versuch ergab bis auf das Sehen glänzender Lichtkreise oder bunter Schmetterlinge und einer Empfindung von gespaltener Persönlichkeit körperliche Symptome, die in der Form, wie sie dargestellt worden sind[1]), schwere medizinische Bedenken über ihre Zusammengehörigkeit erwecken. Danach sollten sich gezeigt haben: ausgesprochener Kinnbackenkrampf und andererseits Zähneklappern, ferner „völliges" Verschwinden des Pulses und der Atmung bei bewußtem Denken und Handeln, um die „Vergiftung", von der sich der Betreffende erfaßt glaubt, zu beseitigen.

---

[1]) Reinburg, Journ. de la Société des Américanistes de Paris, T. XIII, p. 25, 1921. Was hier sonst noch aus medizinischen Lehrbüchern über Curare und anderes zusammengetragen worden ist, hat keinerlei Beziehungen zu dem in Frage kommenden Mittel.

Es handelt sich hier um ein Phantasticum, dessen Verwendung so mit religiösen Vorstellungen verknüpft ist, wie ich es auf den vorigen Blättern auch von anderen Stoffen geschildert habe. Die Verknüpfung ist deswegen erklärlich, weil die Sinnestäuschungen, die von ihm erzeugt werden, von dem Berauschten als wirklich vorhandene, von ihm real empfundene aufgefaßt werden. Es ist ein aus der Alltagswirklichkeit herausgerückter Seelenzustand, der dem Individuum auch Neues, Unfaßbares und Angenehmes bietet und ihm deswegen unentbehrlich geworden ist und bleiben wird.

Gelsemium sempervirens.

Die vorstehend geschilderten Stoffe schließen die Reihe derer, die am häufigsten von Menschen aus siegendem Verlangen nach einer ihnen angenehmen seelischen Zustandsänderung gebraucht werden. Daß auch durch Zufall einmal noch andere, mit Gehirnwirkungen versehene, dem gleichen Zweck dienstbar gemacht werden können, liegt nahe. So hatte ein Mann in einem Anfall von Rheumatismus größere Mengen einer alkoholischen Tinktur von *Gelsemium sempervirens* genommen, einer Pflanze, durch die das Großhirn und schließlich auch das verlängerte Mark beeinflußt werden können. Da er davon Erfolg bemerkte, wiederholte er das Einnehmen häufiger und unterlag schließlich der Angewöhnung. In fortgesetzter Steigerung der Mengen kam er zuletzt auf Einzeldosen von 30 g der Tinktur. Allmählich war er blaß, unruhig, unzufrieden geworden. Er magerte ab. Hallunzinationen stellten sich ein. Dieser Zustand verschlimmerte sich bis zum Erscheinen von Intelligenzstörungen, und da er noch weiter fortfuhr, die Mengen zu erhöhen, versank er in Idiotie und starb in Betäubung.

Die Loco-Kräuter.

Der allgemeinen Gesetzmäßigkeit, daß Stoffe, die an sich geeignet sind, einen eigenartigen Zustand von Euphorie zu erzeugen, auch dadurch den Trieb zu häufigem Gebrauch erwecken, unterliegen, wie ich dies bereits vom Morphin auf Grund von eigenen Beobachtungen an Tauben hervorhob, auch Tiere. Eigenartig sind in dieser Beziehung die Erfahrungen, die man in Amerika und Australien mit gewissen, der Familie der Schmetterlingsblütler zugehörigen Pflanzen gemacht hat, deren chemische Untersuchung bisher noch wenig gefördert worden ist.

Pferde, Rinder, Schafe, die auf den Weiden in Texas, Neumexiko, Dakota, Colorado, Montana usw. *Astragalus mollissimus* Torr. eine Zeitlang gefressen haben, bekommen psychische Erregung, auch als Trugbilder, die das Tier z. B. veranlassen, wenn es einen kleinen Gegenstand am Boden liegen sieht, mit einem ungeheuren Kraftaufwand darüber hinwegzuspringen[1]) oder, wenn man einen Arm vor ihm plötzlich erhebt, wie vor Schreck gelähmt zu Boden zu stürzen, sich im Kreise zu drehen und anderes ähnliches mehr zu tun. Bei Pferden kommen auch noch andere Sinnestäuschungen vor. Die Tiere benehmen sich so, daß man auf einen eigenartigen Zustand von Geistesverwirrung schließen muß, der mit demjenigen von Menschen verglichen wurde, die unter dem Einfluß von Alkohol usw. stehen. Dies dauert monatelang an. Während dieser Zeit ver-

---
[1]) Vgl. das Kapitel Der Fliegenpilz. *Agaricus muscarius*.

weigern sie jedes andere Futter und suchen nur das bisherige begierig zu erlangen, wie der Morphinist das Morphium. Auf dieses Erregungsstadium folgt ein körperliches Verfallen, dem die Tiere erliegen. Ungeheurer Schaden wird dadurch der Viehzucht verursacht.

Dem gleich wirkt *Swainsonia galegifolia* R. Br. Die dadurch vergifteten, in Australien als „Indigoesser" bezeichneten Tiere schließen sich von der Herde aus, sind geisteskrank, bekommen Sehstörungen u. a. m. Sie nehmen kein Gras mehr auf, sondern wollen nur noch dieses Futter fressen. Auch hier folgen schwere und tödliche körperliche Leiden.

Auch *Oxytropis Lamberti* erzeugt bei Pferden und Rindern Halluzinationen und anderweitige psychische Erregungszustände.

Besonders stark wirken in dieser Stoffreihe die als Büsche vorkommenden *Aragallus*-Arten, z. B. *Aragallus spicatus* Rydb. (White loco weed), *A. Besseyi* Rydb., *A. Cagopus*. Hat einmal ein Schaf oder ein Pferd davon größere Mengen gefressen, so scheint es der Leidenschaft, nur dieses Futter aufzunehmen, unheilbar verfallen zu sein, solange es erhältlich ist. Ja, ein einziges solches Tier kann eine ganze Herde verleiten, *Aragallus* zu fressen. Die Sucht danach wird namentlich jüngeren Tieren angelehrt, ältere lassen sich selten dazu verleiten. Sperrt man Aragallusfresser ein, so werden sie von der Lokokrankheit geheilt. Diese verläuft so, daß die Tiere zuerst erhöhte Lebhaftigkeit, dann ein allgemeines Abgestumpftsein zeigen. Sie taumeln wie Trunkene, und dann sieht man sie, wie in Erstarrung, tagelang unbeweglich an derselben Stelle stehen, von der sie nur schwer fortzubringen sind.

* *

*

kurzschwänzigen Schafe der Heide, zumal der Lüneburger, haben eine Vorliebe für ihn. Man sät ihn deswegen oft in der Heide aus und treibt die Schafe langsam durch die Ginsterplantagen hindurch, denn zuviel ist ihnen sehr schädlich. Die Pflanze hat Herzwirkungen wie der rote Fingerhut. Einzelne Tiere — die Trunkenbolde — fressen mit Gier und Leidenschaft davon und geraten dann in einen Zustand der Aufgeregtheit, dem völlige Bewußtlosigkeit folgt. So sollen sie oft Füchsen oder Krähenschwärmen zum Opfer fallen.

Inebriantia. Berauschungsmittel.

Der Alkohol.

1. Bemerkungen zu der akuten Vergiftung.

Der erste Besitz eines alkoholischen Getränks schuf akute oder chronische Vergiftung. Dies liegt in der Eigenart eines jeden derartigen Stoffes und der Veranlagung von Menschen.

Wie die akute Vergiftung aussieht, weiß jeder auf der Welt, das Schulkind wie der Mann und die Frau, der Eingeborene fernster Inseln wie der Bewohner zivilisierter Erdgebiete. Mit ihren häßlichen Folgen findet sie sich im ältesten Urkundenbuch der Welt, der Bibel, geschildert, Künstler haben sie in mannigfacher Auffassung des abwegigen, im Gesicht und im Gehaben des Berauschten zum Ausdruck kommenden Gehirnlebens dargestellt, und Dichter und Nichtdichter haben solche Wirkungen des Alkohols, je nach ihrer billigenden oder verurteilenden Auffassung, gereimt oder ungereimt, der Welt geschildert. Humor, Ironie und empfindsamer Ernst finden sich in solchen Darbietungen, welche reine, tendenzlose Realistik zeigen sollen oder den Zweck verfolgen, die moralische und ethische Auffassung der mißbräuchlichen Alkoholverwendung und ihrer Folgen seitens des Schilderers darzulegen. Über zweitausend Jahre alt ist die griechische Grabschrift, die ein Dichter als Epigramm einem in der akut erworbenen Trunkenheit durch Zusammenwirken des Alkohols und der Kälte Gestorbenen zugedacht hat:

Ξεῖνε, Συρακόσιός τοι ἀνὴρ τό δ᾽ ἐφίεται Ὄρθων
χειμερίας μεθύων μηδαμὰ νυκτὸς ἴοις.
καὶ γὰρ ἐγὼ τοιοῦτον ἔχω πότμον· ἀντὶ πόληος
πατρίδος ὀθνείαν κεῖμαι ἐφερράμενος.

Wanderer, höre die Warnung des Orthon aus Syrakus hier.
Geh' du nie einen Weg, nachts und im Winter berauscht!
Denn ich, siehst du, erfuhr dies Unglück: statt in der Heimat
Liege ich hier, mit fremdländischer Erde bedeckt!

Warum gerade der Alkohol so viele derartige Äußerungen geschaffen hat und dauernd noch schafft, liegt in der einzigartigen Stellung, die er unter allen Genußmitteln betäubender oder erregender Natur sowohl als Erzeuger der akuten Vergiftungsformen, des Rausches und der Trunkenheit, vor allem aber in seinen Wirkungsfolgen bei gewohnheitsmäßigem Gebrauch größerer Mengen hervorruft. Hierzu kommen die Leichtbeschaffbarkeit, die Universalität der Gebrauchsverbreitung und, was besonders ins Gewicht fällt, die zahlreichen Möglichkeiten, ihn aus pflanzlichen Produkten, die in hierfür geeigneter Beschaffenheit auf der Welt weit verbreitet sind, zu gewinnen. Es hat nicht nur einen Noah gegeben, der als alkoholhaltiges Produkt aus Trauben den Wein zu keltern verstand und lehrte — es gab deren viele auf dem Erdballe, denen die Abstraktion, die sie aus Zufallsbeobachtungen machten, dazu verhalf, Schöpfer von Gewinnungsmethoden alkoholischer Getränke zu werden.

So gab es wahrscheinlich keine Zeit und kein Gebiet auf der Erde, in denen nicht von solchen Getränken bei einzelnen besonderen Gelegenheiten oder auch ohne solche Gebrauch gemacht wurde, immer für den gleichen Zweck und sehr oft mit dem gleichen Erfolge: die Seele aus dem Alltagsleben, wenn auch zwangsweis, in eine andere Bahn zu führen, in der sie nicht mehr eingeengt ist durch die Gatter eines gleichmäßig und gewohnheitsmäßig dahinfließenden platten täglichen Einerlei oder bedrückt ist durch traurige

Affekte oder Unlustempfindungen irgendwelcher Art, vielmehr zum Frohsinn mit der Empfindung zeitlichen Glückes und auch zum Vergessen gelangt. Alles dies trieb immer Menschen zu alkoholischen Getränken, die in der Tat für die Erfüllung durchaus geeignet sind, insofern sie in geeigneten Mengen in ein dafür körperlich geeignetes Individuum gelangen.

So war es nicht nur immer, sondern wird so auch immer sein, solange der Mensch und die Getränke hienieden sein werden. Und falls in Äonen nach einer Erdkatastrophe eine Neuordnung auf diesem Weltkörper zustande kommen sollte, so werden die dann entstandenen Menschen wieder lernen, alkoholische Getränke zu gewinnen und sich an ihnen zu laben. Sie werden dann aber auch die weiteren gleichen Erfahrungen machen, die seit der Verwendung solcher Stoffe unzählbare Menschen gemacht haben, nämlich, daß die gewünschte Wirkung auch von unerwünschten begleitet sein kann, die vielfach subjektiv unangenehm, weil zu weitgehend, und objektiv abstoßend sich darstellen. Daher zwang man die Heloten, sich mit Wein zu berauschen, und führte sie dann in die Speisesäle, um den jungen Spartanern zu zeigen, wie schändlich die Trunkenheit sei.

Die unangenehmen Begleitwirkungen, die ebenso gesetzmäßig entstehen wie jede andere Arznei- oder Giftwirkung, richten sich in manchen ihrer Äußerungsformen nach Individualgesetzen. So haben Menschen aller Zeiten nach alkoholischen Exzessen Erbrechen bekommen, wie dies auf der Darstellung einer brechenden Dame aus dem ägyptischen neuen Reich, also etwa um 1500 vor unserer Zeitrechnung, ersichtlich ist[1]), und Bewegungsstörungen, Sinnverwirrung, Bewußtseinsverlust und manche viel schlimmeren Nachwirkungen davongetragen. Die Folgen eines gelegentlichen Exzesses, der nichts anderes als eine akute Vergiftung darstellt, belasten das Individuum — falls nicht besonders

---

[1]) Erman-Ranke, Ägypten, 2. Aufl., S. 288.

erschwerende Umstände vorliegen — körperlich für eine verhältnismäßig nur kurze Zeit. Sie erregen aber Anstoß, weil der Trunkene dadurch bekundet, sich, frei oder unfrei, aus dem Kreise der Gesittung hinausbegeben zu haben.

Die Stärke der Empfindung des sichtbarlich Anstößigen unterlag von jeher Schwankungen, die wesentlich von der seelischen Veranlagung des Beobachters abhängen. Sie umfaßt weite Grenzen: von milder Toleranz bis zu strengster Verurteilung. Aus einem derartigen weiten Beurteilungsrahmen tritt die Bedeutung der akuten Vergiftung heraus, falls der Vergiftete eine mit Strafe belegte Handlung begangen hat. Ein solches Ereignis unterliegt in Beziehung auf den Geisteszustand zur Zeit der Begehung der Tat der ärztlichen Beurteilung wie jedes andersartige, bei dem sich Zweifel an der Willensfreiheit des angeschuldigten Individuums erheben. Liegt keine Straftat vor, vielmehr nur ein akuter Trinkexzeß an sich, so ist dieser, meiner Meinung nach, in der Regel als eine private Angelegenheit anzusehen, die als solche einen Dritten ebensowenig etwas angeht, wie die Willensbetätigung, sich in den morphinisierten oder kokainisierten Zustand oder in den Koffeinrausch durch sehr viel und konzentriertes Kaffeegetränk versetzt zu haben oder leidenschaftlich zu spielen usw. Jeder Mensch hat das Recht, sich selbst zu beschädigen, das naturgemäß ihm nicht genommen werden kann, solange er nicht militärdienstpflichtig ist. In irgendeinem Umfange ist die akute Vergiftung durch alkoholische Getränke eine, wenngleich bald ausgleichbare, so doch immerhin eine Körperbeschädigung. So faßte man es auch sehr oft im Altertum auf. Und wenn Plato im Symposion den Eryximachos sagen läßt: „Mir nämlich ist, dies glaube ich, ganz klar geworden, daß der Rausch den Leuten gar nachteilig ist", so hat er in einer gewissen Breite recht. An dieser Stelle setzt nunmehr die Frage nach der Beurteilung des chronischen Alkoholismus ein, jenes Zustandes, der das Säufertum umfaßt.

2. Der chronische Alkoholismus.

Ich verstehe unter chronischem Alkoholismus den Zustand eines Menschen, der eine besondere Neigung oder Begierde betätigt, täglich oder nach gewissen Intervallen eine auch individuell große Menge eines konzentrierten alkoholischen Getränkes zu sich zu nehmen, die in ihrer Gehirnwirkung ihm selbst als Funktionsstörung bewußt oder anderen sichtbar wird und als endliche Folgen materielle körperliche Veränderungen zeitigt. Eine solche zeitliche, erworbene Artung umfaßt den Begriff des Säufertums, und der ihm verfallene Mensch ist ein Alkoholist. Überträgt man diese Definition auf das Wirklichkeitsleben, so fällt unter sie nur ein Teil der Menschen, die überhaupt Alkohol aufnehmen. Die Säufer sind kranke und deswegen unglückliche Menschen, und wo sie in den Völkern der Erde sich in großer Menge finden, da bleiben sie auch für ihr Land ein Unglück, vor allem, weil das Säufertum geordnete Arbeitsleistungen ausschließt, auf der die Blüte eines Landes sich aufbaut.

Das Individuum ist unglücklich, weil es meistens auch fühlt, daß es der eisernen Umklammerung seiner Begierde verfallen ist. Die energetische Gewalt des Alkohols macht den Willen klein oder schaltet ihn ganz aus. Eine gewisse Ähnlichkeit waltet in dieser Beziehung mit dem Morphinismus — aber nicht mehr! Im Wesen bestehen zwischen beiden Stoffen und den durch sie veranlaßten Trieben große Verschiedenheiten. Das Verlangen nach Alkohol ist nicht so zwingend wie nach Morphin. Kein Zerren an den Nerven und alles andere subjektive Elend, wenn, wie bei dem letzteren, die Gehirnwirkung verrauscht ist, und deswegen auch nicht die Notwendigkeit, dann dem Gehirn alsbald die neue narkotische Nahrung zuzuführen. Der Säufer ist auch nicht durch inneren Zwang genötigt, die Mengen seines Getränkes — ungleich dem Morphinspritzer — zu erhöhen, und wenn an ihm in einer Anstalt die Entziehungskur vorgenommen wird, leidet er, wie ich es oft genug beobachtet habe, nicht wie der letztere. Abstinenzdelirien der Trinker sind nicht sicher erwiesen.

Auch Tiere können derart an alkoholischen Getränken Geschmack finden, daß sie, falls die Gelegenheit sich ihnen darbietet, sich dieselbe mit einem gewissen Aufwand von Intelligenz zunutze machen. So wurde das Pferd eines Weinhändlers im Keller inmitten eines Haufens zerbrochener Weinflaschen, gegen die Weinfässer ausschlagend, gefunden. Wurde es aufgerichtet, so fiel es wieder um. Es war völlig betrunken. Schon während einiger Zeit war es dem Besitzer aufgefallen, daß das Pferd schwindlig war und öfter niederstürzte. Man hatte dem Tier gelegentlich wegen Überarbeitung zur Stärkung Hafer mit Wein gegeben. Der faule Knecht hatte ihm denselben dann, anstatt ihn unter das Futter zu mischen, aus der Flasche zu trinken gegeben. Das intelligente Pferd hatte sich in einer Nacht losgemacht, die Klinke des Kellers mit den Zähnen geöffnet und Verwüstungen unter dem Wein angerichtet.

Ich sah bei meinen Versuchen, wie ein Igel, dem ich in einer Schale stark gesüßten, warmen Kognak vorsetzte, denselben in Absätzen restlos austrank und nach Stunden — so wie ein alkoholüberladener Mensch — die typischen Symptome eines Katzenjammers bekam.

a) Alkoholismus und Nachkommenschaft.

Das Säufertum ist bei Menschen noch nach einer anderen Seite hin ein Unglück, weil nicht nur das Individuum, an dessen Einzelexistenz im Weltbetriebe ja wenig liegt, darunter leidet, sondern weil auch die während der Trunksucht gezeugte Nachkommenschaft minderwertig sein kann. Dies wird hier mehr als bei anderen Giften, die gewohnheitsmäßig, auch beruflich, in den Körper gelangen, verständlich. Alle Stoffe, die mit Giftenergie versehen sind und unter solchen Umständen zu wirken Gelegenheit haben, können Samenzellen oder Ei treffen und in ihren Bestimmungsfunktionen chemisch schädigen. Die Art, wie dies zustande kommt, hat bei dem Alkohol eine gute Erkenntnisgrundlage. Er gehört zu jener Gruppe von Stoffen, die gleich Chloroform, Äther, Benzol, Schwefelkohlenstoff usw. fettartige Stoffe des Körpers, Lipoide, Lezitin, und ähnliche aus ihrem Organbestande zu lösen vermögen. Die Möglichkeit, dies erleiden zu können, liegt auch im Samen und im Ei vor. So können beide untauglich werden, d. h. auch durch akute chemische Veränderung Eindrücke bekommen, die, auf das durch sie entstandene Lebewesen übertragen, diesem eine krankhafte Anlage mitteilen, die zumeist in Störungen des Nervensystems zum Ausdruck kommen. Die bekannten Alkohole wirken hier, wie auch in bezug auf andere durch sie erzeugbare körperliche Störungen, verschieden stark, aber alle gleichsinnig ein.

Dies läßt sich auch an entwicklungsfähigen Hühnereiern nachweisen.

Injiziert man in solche in geeigneter Weise verschiedene Alkohole, so kann aus der größeren oder geringeren Zahl der normal zum Hühnchen entwickelten, oder der nicht, oder der monströs entwickelten auf die toxische Stellung der einzelnen Alkohole zueinander ein Schluß gezogen werden.

So ließ sich nun das folgende feststellen:

Zahl der Eier	Injiziert	Verhältnis für 100 Embryonen		
		Normal	Nicht entwickelt	Monstra
24	Wasser	75	16,66	8,34
63	Äthylalkohol . . .	53,96	11,11	34,93
63	Methylalkohol . . .	23,08	11,11	65,09
24	Propylalkohol . . .	0	12,5	87,5
12	Amylalkohol . . .	0	58,33	41,63

Die Minderwertigkeit der Nachkommenschaft, die irgendwen derselben treffen und irgendwann erkennbar werden kann, hat drei Äußerungsformen:

1. Die Neigung zum Alkoholgenuß.
2. Geistesstörungen.
3. Das Verbrechen.

Hierfür sprechen viele Erfahrungen. Sie besagen auch, daß die alkoholische Belastung Glieder der ersten oder einer anderen Generation überspringen kann, mindestens aber nicht zutage zu treten braucht. Eine Vorstellung von positiven Grundlagen, die man für die Erkenntnis des Einflusses des Säufertums auf die angegebene erste und zweite Wirkungsfolge hat, liefert das folgende:

Von 600 Trinkern waren	Trinker	Geisteskranke
Die Väter	168	3
Mütter	9	3
Väter und Mütter	12	—
Väter und Brüder	7	—
Väter und Schwestern	2	—
Väter und Großväter	7	—
Väter und Onkel	4	—
Mütter und Großmütter	—	1
Onkel	—	6
Tanten	—	4
Großväter	12	—
Großväter und Großmütter	2	1
Brüder	16	6
Schwestern	—	7
Vettern	—	7
Andere Verwandte	26	—
	265	38
	= 40,4 %	

Andere Erhebungen, die in der Anstalt Bicêtre in Paris an Kindern angestellt wurden, ließen die unheimliche Rolle erkennen, die der Alkohol bei der Hervorbringung degenerierter, idiotischer, epileptischer, geistesschwacher und moralisch minderwertiger Kinder spielen kann. Die Nachforschungen über 1000 solcher anormalen Kinder ergaben:

Zahl der Kinder	1000
Trunksucht der Väter	471
Trunksucht der Mütter	84
Trunksucht der Väter und Mütter	65
	620 = 62 %
Leidensursache unbestimmbar bei	171
Nichttrunksucht der Eltern	209
	1000

Daß die Trunksucht in der Aszendenz auch die Wurzel für Verbrechertum in der Nachkommenschaft werden kann, ist aktenmäßig an einer toxikologisch interessanten Familie erwiesen worden:

Ada Jucke, 1740 geboren, lebte noch nach 1800. Sie war Trinkerin, Diebin, Vagabundin. Im Jahre 1874 fand man sechs von ihren Nachkommen im Gefängnis.

Man wies 834 direkte Nachkommen derselben nach, von denen man bei 709 die Lebensverhältnisse sicher ermittelte. Davon waren:

Uneheliche	106
Prostituierte	181
Bettler	142
Armenhäusler	64
Verbrecher (mit sieben Mordtaten)	76

Die Verbrecher brachten 116 Jahre im Gefängnis zu, und 734 Jahre wurden sie aus öffentlichen Mitteln unterstützt. In der fünften Generation waren fast alle Frauen Prostituierte und die Männer Verbrecher.

Die Benachteiligung des Gehirns hat als erste Ursache das Hineingelangen und durch immer erneute Zufuhr sich vollziehende lange Verweilen des Alkohols in demselben. So fand man schon im Beginne des vorigen Jahrhunderts in den Gehirnkammern eines unmittelbar nach dem Tode geöffneten Säufers eine klare Flüssigkeit, die Geruch und Geschmack des Wachholderbranntweins hatte, und in unserer Zeit wurde auch die Menge des Alkohols im Gehirn nach akuten Trinkexzessen bestimmt. So fand man bei einem solchen Menschen 3,4 ccm, bei einem anderen 1,04 ccm und bei einem dritten in 720 g Gehirn 3,06 Alkohol. Am längsten und hartnäckigsten haften im Gehirn, wie ich weiß, die höheren Alkohole, vor allem Amylalkohol und die mit dem Alkohol in das Gehirn gebrachten ätherischen Öle.

Wendet sich nun der Blick von diesen in irgendeiner Häufigkeitszahl bei Säufern entstehenden Alkoholfolgen zu dem Individuum selbst, so bietet sich hier eine so große Fülle von direkt oder indirekt kausal mit dem Alkoholgebrauche in Verbindung stehenden Symptomen als möglich dar, wie sie sonst nur nach wenigen Giften vorkommen, und nur solchen, die, wie Kohlenoxyd, Schwefelkohlenstoff, Blei usw. einwirken und mit hoher chemischer Energie versehen sind. Hier vereinigen sich primäre, im Nervensystem und an großen Körperorganen sich abspielende Störungen mit solchen, die als Abhängigkeitsleiden von diesen, sobald sie einmal eingeleitet sind, ihren eigenen Weg gehen.

Es ist hier nicht der Ort, auf die einzelnen körperlichen Leiden, die die Trunksucht schafft, näher einzugehen. Sie ergeben sich ohne weiteres aus dem allgemeinen Grundsätzlichen, das vorstehend umrissen ist. Viele Bände könnten leicht mit Schilderungen der Alkoholsymptome gefüllt werden. Sie würden mit den Schilderungen aus der Bibel beginnen und die Erfahrungen von Jahrtausenden zur Darstellung bringen lassen müssen. Sie decken sich in großen

Zügen, aus welcher Zeit immer sie zu uns gekommen sind, und werden immer wahr bleiben.

„... Daher die blasse Gesichtsfarbe, das Zittern der Nerven in dem mit Wein getränkten Körper ... die Gedunsenheit der Haut ... die Gefühllosigkeit und Abgestumpftheit der Nerven, oder auf der anderen Seite Zucken im ganzen Körper. Was soll ich von der Neigung solcher Menschen zum Schwindel sagen? Was von ihren Beschwerden des Gesichts und Gehörs?" So sprach ein Römer vor neunzehnhundert Jahren. Und nach vielen weiteren, ebenso langen Zeiträumen wird es noch ebenso wahr sein, daß es kaum ein Organ oder eine Organfunktion gibt, die nicht bei episodischen, rezidivierenden, impulsiven und Gewohnheitssäufern Störungen erleiden können. Wie und in welcher Auswahl im Einzelfalle läßt sich im voraus nicht einmal ahnen. Das „individuelle Glück", wie ich es nenne, schafft hier die mannigfaltigsten Variationen. Die Vergangenheit lehrt aber weiter noch, daß, ebenso wie die üblen Folgen des Alkohols nimmer enden werden, so auch nicht die Begierde von Menschen, lieber solche Folgen zu tragen, als ihn zu meiden. Was einst in dieser Beziehung im ersten Jahrhundert unserer Zeitrechnung Martial satirisch schilderte, ist wahr und typisch und auch bei anderen derartigen Suchten nachweisbar:

Phryx, der wackere Zecher, war auf einem
Aug' erblindet und das andere triefte.
Ihm sagt Heras, der Arzt: Den Wein gemieden!
Trinkst du weiter so, wirst du gar nichts sehen.
Phryx drauf lächelnd: Leb' wohl, mein Auge!
Mischen läßt er sich sofort Deunzen,
Aber viele. Willst du das Ende wissen?
Phryx trank Wein und das Auge trank Vergiftung.

Es erscheint auch nicht erforderlich, im einzelnen die sittlichen Folgen zu zeichnen, die bei einem Säufer Platz greifen können. Sein Verhalten gegen sich selbst unter dem Alkoholeinflusse und das gegenüber der Familie und der Allgemeinheit läßt oft auch da, wo es nicht gegen das Gesetz verstößt, sittliches Gewissen und sittliche Pflicht in weitem Umfange vermissen. Zuerst leiden die höchsten seelischen Eigenschaften, dann die niederen. Die endliche charakterliche Veränderung hängt in ihrer Gestaltung auch von dem Temperament ab. „Der Choleriker neigt noch mehr zu Zornausbrüchen, der Sanguiniker zu einer noch stärkeren Gemütslage, der Melancholiker zu trüber Willenlosigkeit und der Phlegmatiker zum schwächlichen Sichgehenlassen." Noch immer ist die Klage wahr, die in ägyptischer Zeit ein bekümmerter Vater seinem trunksüchtigen Sohne gegenüber laut werden ließ[1]):

> *Man sagt mir, du verläßt die Bücher ...*
> *Du gehest von Straße zu Straße;*
> *Der Biergeruch.....*
> *Das Bier scheucht die Menschen (von dir).*
> *Es richtet deine Seele zugrunde (?).*
>
> *Du bist wie ein zerbrochenes Ruder im Schiffe,*
> *Das nach keiner Seite hin gehorcht;*
> *Du bist wie eine Kapelle ohne Gott,*
> *Wie ein Haus ohne Brot.*

b) Individuelle toxische Störungen in der Trunksucht.

Hiermit ist die Tragweite des Säufertums gekennzeichnet. Den Säufer beschwert sein Unglück, gleichgültig, ob und in welchem Umfange er es körperlich empfindet, schließlich objektiv stark. Der Grad der Beschwerung hängt von dem hohen Stand der durchschnittlich gewohnheitsmäßig auf-

---

[1]) Erman-Ranke, l. c.

genommenen alkoholischen Getränkemengen, deren Konzentration und der individuellen Widerstandskraft ab. Es ist deswegen müßig, feststellen zu wollen, wie groß die Menge „Alkohol" sein muß, um einen Menschen zum Trinker stempeln zu können. Man kann auch nicht angeben, wieviel Blei ein Arbeiter bei seiner täglichen Beschäftigung damit aufnehmen muß, um ein schwer Bleikranker, oder ein dem Quecksilber Ausgesetzter, um Merkurialist zu werden. Für unangenehme Alkoholfolgen ist die individuelle Toleranz — gerade durch den rätselhaften Faktor der Gewöhnung — meistens bedeutend. Daher kommt es, daß der eine lange, der andere nur kurze Zeit braucht, um Defekte in seinem körperlichen oder geistigen Befinden zu erlangen. Die regulatorischen Kräfte, über die der Organismus verfügt, leisten Bedeutendes, um auch viele Jahre hindurch das Individuum arbeitsfähig sein zu lassen. Zu dieser langjährigen Konservierung solcher widerstandsfähigen, „alkoholfesten" Individuen sollte, wie man gemeint hat, auch der durch Alkoholgenuß veranlaßte Schlaf — als Erholungszeit für Verbrennung bzw. Ausscheidung des Alkohols und für teilweisen Ausgleich gewisser Störungen im Gehirn — dienen, also gewissermaßen als kompensatorische Schutzvorrichtung aufzufassen sein. Ich halte dies für bedeutungslos. Nach der anderen Seite hin findet man reichlich solche Individuen, die von dem gewohnheitsmäßigen starken Trinken besonders schnell und rauh angefaßt werden, darunter Frauen, Kinder und oft auch hochbegabte und besonders künstlerisch veranlagte Männer.

Außer den gewöhnlichen Störungen in dem Verhalten der Blutgefäße, der Leber, des Herzens, der Nieren bringt eine hohe, besondere Disposition für schlechte Alkoholwirkungen im Verlaufe des Trinkertums auch pathologische Rauschzustände oder die Dipsomanie, das Quartalsäufertum hervor. In jenen wird der Trinker von zwei Affekten, der Angst und dem Jähzorn, beherrscht, die gelegentlich, auch ohne daß er Zeichen der Trunkenheit aufweist, explosionsartig sich entladen und zu Verbrechen Anlaß geben können. Solche Fälle, deren einer in Süddeutschland in den letzten Jahren viel Aufsehen erregt hat, habe ich begutachtet und, entgegen psychiatrischer Auffassung, so beurteilt, daß der Mörder seines Schwagers — ein Arzt — außer Verfolgung gesetzt worden ist. Die Dipsomanie, eine mehr intervalläre Trunksucht, die unter völliger Verkennung des Krankheitsbildes ganz abwegig als eine Form psychischer Epilepsie beschrieben wurde, ist charakterisiert durch eine depressiv gefärbte, kurz dauernde Verstimmung mit mächtigem Verlangen nach Alkohol, welches den Menschen zu Trinkexzessen veranlaßt. Die Mächtigkeit der Begierde nach dem Alkohol, der dem Zwecke dienen soll, die Verstimmung zu lindern, hat, wie richtig angenommen wurde, ihre Wurzel in einer Konstitutionsanomalie.

c) Rückblicke in die alkoholische Vergangenheit.

Für die geschilderten, so überaus zahlreichen seelischen und körperlichen Veränderungen, die das Säufertum schafft, gibt die Gegenwart täglich leider reichliche Belege und nicht minder die Vergangenheit. Von den Menschen, die sich auf den Blättern der Weltgeschichte verzeichnet finden, bis herab zu jenen unzählbaren und unahnbar vielen, die im Dunkel entstanden, im Dunkel ihr Leben verbrachten und so eindruckslos wie ein vorüberhuschender Schatten dahinschwanden, hat es genug solcher gegeben, die der Neigung, geistige Getränke im Übermaß gewohnheitsmäßig zu sich zu nehmen, zu widerstehen unfähig, ihnen zum Opfer fielen, und dadurch, daß sie Trunksüchtige geworden, viel Unheil auf der Welt angerichtet haben, wenn sie hierfür Gelegenheit und Macht besaßen.

An Völker und Fürsten knüpft sich der Mißbrauch alkoholischer Getränke. Keine menschliche Vergangenheitsurkunde ist alt genug, um den Beginn desselben zu verzeichnen. Er wurde Wirklichkeit mit den ersten Gebrauchern, weil Vernunft so wie die Unvernunft zum Menschen gehören und beide in ihren Äußerungsformen von jeher parallel laufen. Das Biszuendedenken, das abwägende Beurteilen des Verhältnisses von Ursache und Wirkung ist nicht jedermanns Sache, und besonders dann nicht, wenn sinnliche Genüsse oder Affekte dabei im Spiele sind. So stand zu allen Zeiten ein oder das andere Volk in dem Rufe, dem Trinken alkoholischer Produkte in besonders starkem Maße ergeben zu sein. Wüßte man dies nicht auf anderem Wege, so würden die Warnungen und gesetzlichen Bestimmungen gegen das Trinken, die uns aus der Frühzeit der Menschheit überkommen sind, den Beweis dafür liefern — freilich ist hier nicht immer bestimmbar, ob sie gegen den Alkoholgebrauch überhaupt oder nur gegen den Mißbrauch gerichtet waren.

Was die Bibel über Alkoholwirkungen laut werden läßt, bewegt sich durchaus in den Erkenntnisbahnen, die auch wir anerkennen. Abgesehen von Schilderungen von Vorkommnissen schwerer Trunkenheit und ihren Folgen, beginnen etwa im achten Jahrhundert vor unserer Zeitrechnung die Warnungen vor nachteiligen Folgen der Trunksucht laut zu werden. Sie treten uns bei Jesaia, Jeremia, Amos, Hosea und in den Sprüchen Salomonis entgegen. Für mich unterliegt es keinem Zweifel, daß das Säufertum auch damals schon nicht gar selten vorgekommen ist. Man war sich auch über die allgemeinen Folgen klar:

> *Buhlerei, Wein und Most betören den Menschen.*
>
> *Wehe denen, die sich des Morgens früh aufmachen, berauschenden Getränken nachjagen, die lange verweilen in der Dämmerung, der Wein erhitzt sie.*

Es sind Säufer, die Jesaiah hier bezeichnet. Auch ohne daß er die Wirkungen selbst schildert, kann man sie als solche erkennen.

Oder die herbe Ironie:

> *Wehe über die, die Helden sind im Weintrinken und Männer der Tapferkeit im Mischen von Berauschendem.*

Der Vorwurf der alkoholischen Unmäßigkeit wurde gelegentlich in Jesus Sirach dem Stamme Ephraim gemacht:

> *Wehe der stolzen Krone der Trunkenbolde Ephraims und der welkenden Blume, seinem herrlichen Schmuck.*

Es fehlen auch nicht spezielle Hinweise auf unangenehme körperliche Folgen, z. B. auf Magenstörungen, Bewegung, Sehstörungen und Gesichtshalluzinationen:

> *Sie taumeln im Weinrausch, schwanken durch das berauschende Getränk. Priester und Propheten gehen irre durch den Rauschtrank, sind zugrunde gerichtet vom Weine... wanken beim Rechtsspruch.*
>
> *Alle Tische sind voll des Gespeies von Unflat — kein Platz ist mehr.*
>
> *Wer hat Ach? Wer hat Weh? Wer hat Zänkereien? Wer Klagen? Wer Wunden unnötigerweise? Wer Röte der Augen?*
>
> *Deine Augen sehen fremdartige Gestalten, und dein Herz redet verkehrte Dinge.*

Der Säufer von ehedem verhielt sich gegen Warnungen der Menschen und seines Leibes vor der Trunksucht wie der von heute. Strafe und Schande schrecken den nicht, der im Banne des Alkoholismus ist:

*Sie schlagen mich, ich empfinde keinen
Schmerz. Sie stießen mich, ich fühle nichts.
Dann werde ich erwachen und mich ihm (dem
Wein) von neuem ergeben.*

Es waren nicht nur der Wein, sondern auch schnapsähnliche Getränke, die vertilgt wurden. Das Wort: מִמְסָךְ, das in den Sprüchen und bei Jesaiah gebraucht wird, bezieht sich auf mit Gewürzen gemischte, starke alkoholische Getränke, die also ätherische Öle enthielten.

Wo ein Stoff von dem Wirkungscharakter des Alkohols kennengelernt wurde, da blieben auch Mißbrauch und seine Folgen nicht aus. Wein und Bier taten in Ägypten das ihrige. Beider Gebrauch findet man schon in den frühesten Berichten. Die Hieroglyphe der Weinpresse erscheint, wie Flinders Petrie neuerdings angab, schon in der Mitte der I. Dynastie unter der Regierung von Den-Semti. Wein wurde bei Gesellschaften verlangt. Es gibt keinen Vorwurf gegen die Trunkenheit bis zur XIX. Dynastie. In der XVII. bittet ein Diener den Gast zu trinken, bis zur Trunkenheit zu trinken: „Mach Feiertag!" Und eine Dame sagt: „Gib mir 18 Schalen Weins: Siehe, ich liebe die Trunkenheit." An Mannigfaltigkeit der gebotenen alkoholischen Getränke war kein Mangel. Ein Blick in die Speiselisten der Gräber lehrt, daß schon für den Verstorbenen nicht weniger als sechs Sorten Wein und vier Sorten Bier beansprucht wurden. Und an Klagen und an Warnungen für die Lebenden und besonders die Jugend hat es, wie ich schon anführte, auch dort nicht gefehlt.

Wie es in Griechenland und vor allem im Rom der Kaiserzeit, dem Schmutzpfuhl unsittlicher, roher Menschen, mit der Trunksucht bestellt war, haben die damaligen Sittenschilderer abschreckend genug und gewiß wahr geschildert. Sie war gerade in dem raffinierten Gebaren der besitzenden Stände schamloser und abstoßender als woanders in jener Zeit.

Aber es fielen auch Christen schon damals als Säufer auf. Bemeisterten sich doch nach dem Zeugnis des Apostel Paulus einige der ihrigen so wenig, daß sie sich bei den gemeinsamen Liebesmahlen betranken. Der Kirchenvater Novatian schilderte im dritten Jahrhundert, wie Christen schon morgens, nüchtern, trinken, in die noch „leeren Adern" Wein gießen und, ohne daß sie gegessen haben, bereits trunken sind. „Sie laufen nicht nur in die Kneipen, sondern sie tragen eine Kneipe mit sich herum, und ihr Genuß besteht im Trinken." Und was mögen wohl die in den römischen Katakomben aufgefundenen gläsernen, flachen Trinkgefäße mit gravierten oder goldgemalten Heiligenfiguren und kurzen Inschriften, teils mit den Namen jener Heiligen, teils mit einem „Bibe in pace" bedeuten?

So war es und so blieb es im Westen und Osten der Welt. In dem als göttliche Offenbarung in Ehren gehaltenen Rigveda wird von dem berauschenden Getränk der Inder, von dem vielerörterten, seiner Herstellungsart nach noch immer unbekannten Soma[1]) und der Sura gesprochen. Ich halte Soma für ein durch Fermentation aus einer Pflanze hergestelltes, stark alkoholisches Getränk, das wie die Pflanze selbst vergöttlicht wurde. Sura scheint ein Branntwein gewesen zu sein. Strabo läßt sie einen Wein trinken, der aus Reis statt aus Gerste gemacht war, also etwa Arrak sein würde. Es gab ein Branntweinbrenngewerbe, das der Vorliebe der Inder für das Somagetränk und wahrscheinlich auch für andere gegorene Getränke, wie z. B. den Kilala und den Parisrut, gerecht wurde. Und so mußte auch die Trunksucht in entsprechendem Umfange bestanden haben mit den üblichen Folgen, als deren schlimmste „die

---

[1]) Soma oder Homa sollte sein: *Periploca aphylla*, oder *Sarcostemma brevistigma*, oder *Setaria glauca*, oder *Ephedra vulgaris* u. a. m. Keine von diesen Pflanzen kann Wirkungen veranlassen, wie sie von dem Soma geschildert werden.

Schmähung der Götter" durch den Suratrinker bezeichnet wird.

Es würde das Gesagte nur in anderer Äußerlichkeitsfärbung wiederholen heißen, wollte ich auf die Trunksuchtsverhältnisse der späteren Jahrhunderte bis auf unsere Zeit eingehen. Geändert hat sich ja in den Zeiten, soweit der Mensch als solcher, vor allem in seinen schlechten Instinkten und seinen Begierden und ihren äußerlichen Betätigungsformen in Frage kommt, überhaupt nichts. Manieren, Sitten, Kleider wechseln — Abwegigkeit seelischen Empfindens, einschließlich derjenigen des Urteils über sich selbst, bleibt in der Menschheit so wie das Gegenteil. Das Saufen der germanischen Stämme, deren Bekehrung zum Christentum nichts an diesem ihrem Vergnügen änderte, das der Goten im sechsten Jahrhundert, der Franken, deren Frauen an den Gelagen teilnahmen, die Unmäßigkeit nicht nur des gewöhnlichen Volkes, sondern auch der Mönche und Geistlichen im neunten Jahrhundert, wogegen sich Kapitulare Karls des Großen richteten, die alkoholische Völlerei, die in späteren Jahrhunderten, zumal in der ersten Hälfte des sechzehnten Jahrhunderts, einer Blüteepoche des Alkoholismus in Deutschland, und deren Fortsetzung herrschte und oft satirisch, z. B. von Sebastian Brant, geschildert worden ist, und schließlich alles das, was die letzten hundert Jahre in dieser Beziehung auf der Erde gelehrt haben — alles, alles läßt die Grundwahrheit laut erklingen, daß der Mißbrauch ein Bruder des Gebrauches ist, gleichgültig, ob es sich um Recht, um Herrschen, um Freiheit, um Liebe, um Spiel, um Abführen und Aderlassen, um Essen oder um Trinken alkoholischer Stoffe handelt. Bei keinem Gebrauch jedoch ist die Versuchung, aus ihm Mißbrauch werden zu lassen, so groß wie bei den erregenden und betäubenden Mitteln. In ihren eigenartigen Beziehungen zu den Gehirnfunktionen und in der Eigenart des Individuums liegen, wie ich schon hervorhob, die Wurzeln für Art und Umfang der schlechten Folgen im Mißbrauche, für das hartnäckige Beharren im Säufertum und das Rühmen des Alkohols, selbst wenn er den Tod gebracht hat. Bezeichnend gerade hierfür ist die Grabschrift eines Säufers in einer Kirche von Florenz:

> *Wein gibt Leben, mir gab er den Tod.*
> *Nüchtern konnte ich den Morgen nicht schauen —*
> *Jetzt dursten die Knochen!*
> *Wanderer! Besprenge das Grabmal mit Wein,*
> *Leere dann den Kelch und geh'!*
> *Lebt wohl, ihr Trinker!*

Gebiert soziales Elend oft das Säufertum und schafft dieses seinerseits soziales und allgemein menschliches Elend, wo es nicht vorhanden war, so können auch weite Volkskreise darunter leiden. Aber anderes noch verzeichnen die Blätter der Menschheitskunde: Wie Mächtige der Erde, die bestimmend auf Menschengeschicke einwirken konnten, durch ihre Trunksucht indirekt Not und Verderben über Einzelne oder Nationen gebracht haben — bisweilen so, daß jeder den Zusammenhang zu erkennen vermag, oder auch so, daß nur der medizinisch Kundige die Geschehnisse auf die bewegende Ursache zurückzuführen imstande ist. Viele Blätter ließen sich mit Belegen hierfür füllen. Von Antiochus Epiphanes, d. h. dem „Berühmten", an, der infolge seiner in Trunkenheit begangenen Taten den Spottnamen „Epimanes", d. h. der Rasende, erhalten und von den Makkabäern seine Züchtigung bekommen hat, bis zu Philipp von Mazedonien und seinem Sohne, Alexander dem Großen, der, alkoholisch sehr schwer belastet, als starker, mitunter zwei Tage und zwei Nächte im betrunkenen Zustande daliegenden Säufer manche Tat und Untat in einem dipsomanischen Anfalle verübt und nur durch den Alkohol sein frühes Ende gefunden hat, bis zu dem König Antigonus, bis zu Dionys, dem jüngeren sizilianischen Tyrannen, von dem berichtet wird, daß er mitunter drei Monate hindurch betrunken war und dadurch Sehstörungen bekommen hatte, bis zu Darius, dem Sohn des Hystaspes, der auf seiner Grabschrift ausdrücklich bemerken ließ, daß er viel Wein ohne Nachteil hätte trinken können:

> . . . ἡ δυνάμην καὶ οἶνον πίνειν πολὺν
> καὶ τοῦτον φέρειν καλῶς . .

bis zu Tiberius, den man wegen seines unsinnigen Trinkens auch Biberius nannte, bis zu Caligula, Claudius, Nero, auch wohl Trajan, und weiter bis zu den Spätkaisern Heliogabal, Galerius, Maximinus, Jovianus, der in der bei ihm nicht ungewöhnlichen Trunkenheit durch Kohlenoxyd in seinem Schlafzimmer tödlich vergiftet wurde, und bis zu anderen römischen und byzantinischen Herrschern, die echte Säufer waren, sind bisher kaum — fast gar nicht von Historikern — ihre häßlichen Taten als Folge ihrer Trunksucht erkannt worden. Und so blieb es in der Zeiten Läufte. Gekrönte Säufer gab es immer und in allen Ländern, in Frankreich, England, Deutschland, Rußland. König Wenzel, der Sohn Kaiser Karls IV., stellt sich hierin vielen Potentaten, wie z. B. dem Zar Peter I. oder der Elisabeth von Rußland, die bei Tag und Nacht trank und meistens betrunken war, oder deutschen Potentätchen an die Seite, oder auch christianisierten Heiden, wie dem „König' Pomare II., der die Bibel ins Polynesische übersetzt hat, eine Kirche von 712 Fuß Länge baute und unter einem Arm die Bibel, unter dem anderen die Rumflasche tragend, zur Arbeit ging.

Unter den Päpsten waren Säufer nicht minder anzutreffen, z. B. Alexander V., Sixtus V., Nikolaus V., Leo X. und mancher von denen, die in Avignon residierten. Unter dem Klerus war die Trunksucht, wie aus den Ermahnungen des heiligen Hieronymus hervorgeht, schon frühzeitig eingerissen, wogegen Konzile, wie das zu Karthago, Tours, Worms, Trier usw. eiferten. Erasmus von Rotterdam sagte von seiner Zeit: „Monachorum nunc nihil aliud est, quam facere (!), esse, bibere."

Und wie gar manchen derer, die in ihrer Zeit — von einst bis jetzt — mit hohem Geist und Scharfsinn auf Gottes Schaffensspuren wandelten, oder durch ihre Phantasie auch Unsterbliches geschaffen haben, muß man zu der Säuferklasse rechnen! Sie, die wahren Helden der Welt, zahlten dem Alkohol schließlich ihren Lebenstribut, weil sie nach dem Epigramm des Epigonus handelten, das er auf einen in ein Weinfaß gefallenen Frosch machte:

. . . . $Φεῦ$ $τινες$ $ὕδωρ$
$Αἴνουσι, μανίην σώφρονα μαινόμενοι.$

Wehe denen, die die kluge Narrheit begehen und Wasser trinken.

d) Die alkoholischen Getränke.

Sie alle und viele ihresgleichen, die so die Welt, ihre Zeit und das Menschliche in ihr in irgendeinem Sinne und in irgendeiner Zukunftstragweite beeinflußt haben und beeinflussen, sie bedienten und bedienen sich alkoholischer Getränke sehr verschiedener Art, die stets wohl Äthylalkohol, nebenher aber noch andere Alkohole oder von der Bereitungsart herstammende oder auch absichtlich beigemischte Zutaten enthalten. Schon Ammianus Marcellinus berichtet aus dem vierten Jahrhundert von den Galliern, daß sie keinen Wein in ihrem Lande hätten, obschon sie nach ihm gierig seien. Sie machten sich aber andere Getränke, die dem Wein ähnliche Wirkungen hätten: „Vini avidum genus adfectans ad vini similitudinem multiplices potus." Ein umfangreiches Buch würde nicht ausreichen, um die alkoholischen Getränke der Vergangenheit und Gegenwart zu schildern. Es ist aber erforderlich, wenigstens an den Haupttypen zu zeigen, was Menschen ersonnen haben, um zum Alkohol zu gelangen. Dadurch wird auch für diejenigen, die den Alkohol als Genußmittel der Welt zu kennen glauben, Licht gebracht, das sie die Unabwendbarkeit seiner Verwendung erkennen läßt.

Der Vielheit der Vornahmen für ihre Gewinnung kann man, wie es in dem Folgenden zum ersten Male geschieht, drei Hauptprinzipe zugrunde legen:

a) Die Überführung von Zucker in alkoholische Gärung. Dieses Verfahren ist die Grundlage der Bereitung von Wein oder Honigwein bzw. Honigbier — das letztere auch heute noch in Abessinien (Biṭō, Tej der Amhara, Tadi der Oromo), den Gallaländern, im Massailand, in Südwestafrika weit verbreitet. Schon im ersten Jahrhundert erwähnt Plinius den Met als einen Wein, der nur aus Wasser und Honig bestände. Am besten würde er aus Regenwasser bereitet, das man schon fünf Jahre hätte stehen lassen. Manche, so erzählt er, mischten ein Drittel abgestandenes Regenwasser mit einem Drittel frischen, aber auch abgekochten Wassers und einem Drittel alten Honigs. Die Edda sagt, daß die Zwerge Fjalar und Galar, nachdem sie den weisen Koasin ermordet hatten, sein Blut mit Honig mischten und ein Getränk daraus bereiteten, das jedem, der es trank, die Gabe des Gesanges verlieh. Die Skandinavier tranken den Met leidenschaftlich gern. Sie führten ihn auch nach England mit, und da der Metbecher bei der Hochzeitsfeier, die 30 Tage dauerte, eine große Rolle spielte, so nannte man den ersten Monat nach der Verheiratung den „Honigmond". Von Attila erzählt man, daß er infolge von übermäßigem Metgenuß in der Hochzeitsnacht gestorben sei.

Hierher gehört auch eines der am frühesten gebrauchten Getränke, der Palmwein, von dem schon Herodot, etwa 420 vor der jetzigen Zeitrechnung, angibt, daß ihn, den φοινικήιος οἶνος, die Landleute auf Kähnen nach Babylon gebracht hätten. Verschiedene Palmen scheiden nach Verletzung ihrer Blütenstände oder des oberen Teiles ihres Stammes eine Zeitlang beträchtliche Mengen von Zuckersaft aus. Hierfür ist eine öfters wiederholte Erneuerung der Wunde erforderlich. Der Wundreiz scheint das Zuströmen des Saftes zu veranlassen. Ein solcher Wein wird in großen Mengen verwendet in Süd- und Mittelamerika, in Afrika (in Tunis, am Kongo, an der Westküste, am oberen Niger, in Liberia, im Hinterland von Togo, an der Loangoküste, an der Ostküste bis zu den Somali und zum Monbuttu-Land, am Tanganjika), in Asien (Ceylon, Indien, den Philippinen, den Karolinen, Neu-Guinea, Neu-Kaledonien, den Salomon-, Gilbert-, Marshall-, Ladronen-Inseln, den Neu-Hebriden, Markesas usw.). Benutzt werden hauptsächlich die folgenden Palmen: *Raphia vinifera, Elaeis guineensis, Borassus flabelliformis, Arenga sacchariſera, Hyphaene coriacea, Cocos, Attalea speciosa, Mauritia flexuosa, Phoenix*, die Dattelpalme.

Wo die Banane vorkommt, findet auch sie Verwendung, z. B. im afrikanischen Seengebiet, auch am Sommerset-Nil, im Massailand. So begehen z. B. die Warundi täglich Alkoholexzesse mit Bananenwein.

Als weitere Pflanzen sind die Agavenarten, z. B. *Agave americana (Maguey)*, im Gebrauch, von deren Verwendung schon Sahagun, der bedeutendste Historiograph Amerikas, Kunde gibt. Sie liefert die Pulque oder das Metl-Getränk. Der zuckerhaltige Saft wird durch Herausschneiden des Blütenschaftes gewonnen. Er wird der Gärung überlassen. Viele Millionen Südamerikaner, zumal Mexikaner, trinken Pulque.

Statt der Agaven wird auch aus dem Safte von Kakteen, z. B. aus *Cereus giganteus* (Indianer und Mexikaner in Sonora und Unter-Kalifornien), ferner aus *Opuntia Tuna* (das Produkt heißt Colonche) und *Opuntia Ficus indica* ein solches gegorenes Getränk bereitet.

In den Gebieten, in denen das Zuckerrohr wächst, wird es für den gleichen Zweck benutzt, so z. B. bei den Bangala und den Baschilange in Afrika, wo es „Massanga" heißt, in Surinam, Westindien usw.

Wo die Natur die Länder nicht mit solchen zuckerhaltigen Pflanzen versah, da verfiel der menschliche Instinkt auf Produkte, deren Zuckergehalt die Wissenschaft erst Jahrtausende später feststellte. Die Völkerschaften, die vom Kaspischen Meere an bis in die Mongolei und Ost-Sibirien leben, Kirgisen, Tekinzen, Burjäten, Mongolen, Tungusen usw., haben — wer weiß, seit wie lange — verstanden, zumal aus Stutenmilch durch fermentative Zersetzung des Milchzuckers und dessen Übergang in gärungsfähigen Zucker, alkoholische Getränke (Kumys mit 1,5—3% Alkohol, bei den Tekinzen in der Oase Merw „Tschal", in Armenien „Mazun", tatarisch: „Katych") zu gewinnen. Schon der Grieche Zemarchus, der im Jahre 568 vom Kaiser Justin II. als Gesandter an den Türken-Khan Dizabulus nach Zentralasien geschickt worden war, erzählt, daß bei den ihm zu Ehren gegebenen Festgelagen große Mengen eines barbarischen Getränkes, „Kosmos" genannt, vertilgt worden seien. Desgleichen erwähnt Priscus, den der Kaiser Theodosius II. an Attila sandte, das gleiche, dort gebrauchte Getränk „Kamos".

Dem gleichen Zwecke dient der „Kefyr" oder durch andere Pilzsymbiosen, die als Fermente wirken, erzeugte alkoholische Milchgetränke, z. B. der armenische „Mazun".

b) In allen bisherigen Präparaten wurde präformierter Zucker der Vergärung ausgesetzt. Das zweite Prinzip, das die Menschen schon in frühester Zeit unbewußt anwandten, um alkoholische Getränke zu erhalten, und das bis in unsere Zeit hinein in wachsender Ausdehnung für diesen Zweck benutzt wird, besteht in der Umwandlung von stärkemehlhaltigen Pflanzenprodukten in Dextrose bzw. Maltose.

Das älteste hierfür gebrauchte Material scheint die Hirse zu sein, die überall auf der Erde als Rückstand einer Halbkulturepoche angesehen wird, die der Anwendung des Pfluges voranging. So bereitet man aus der viel Stärke enthaltenden *Eleusine corocana* ein alkoholisches Hirsebier, z. B. bei den A-Sandé („batossi"), am Kongo — hier auch zusammen mit Sorghum —, in Indien („bojah" oder „bojali"), in den Mahratta-Staaten, in Sikkim („marva") und von da nach Osten in Bhutan, zwischen Assam und Tibet im Dharma-Reich, weniger nach Westen in Nepal.

Eine noch weitere Ausdehnung hat das in Afrika dominierende, aus *Sorghum vulgare* („Durrha", „Duchn", „Mtama"), der Neger-, Mohren- oder Kaffernhirse, hergestellte Bier. Man trifft es schon in der oberen Nilgegend („bilbil", „merissa"), in Ostafrika — hier als berauschendes „pombe" und nicht berauschendes „togwa" — vom Somalilande an, in Harar („bôsa", „kuhîja"), Abessinien („dalla", „soa"), im Kongogebiet („pombe", „bussera", „malafu") und südlich bis zu den portugiesischen Besitzungen, durch den Sudan („merissa", „dawa", „bosa") und Südafrika („oala", „boyaloa").

Wahrscheinlich jünger als Hirsebier ist das aus Gerste — von den Äthiopiern nach Strabo noch mit Hirse — dargestellte Bier, das von Ägypten seinen Ausgang genommen zu haben scheint, und sich im Laufe von Jahrtausenden vorzugsweise west- und nordwärts im Gebrauche ausgedehnt hat. So schrieb Isidorus von Sevilla im Beginne des siebenten Jahrhunderts in seinen „Origines" von dem Gebrauche desselben in Spanien als Ersatz des Weins. Das älteste Bier war ohne Hopfen bereitet. In den Klöstern Deutschlands wurde die Bierbrauerei vervollkommnet auch in dem Sinne der Haltbarmachung. Für die Herstellung benutzte man meistens Gerste, wie der Name andeutet, denn

„bere" ist, nach Grimm, altsächsisch, Gerste. Der althochdeutsche Name ist „Pior", der nordische „Eolo", der angelsächsische „Ale" und „Beer". Der Biergebrauch war allgemein, in Klöstern der tägliche Trank. Die Städte hatten ihre Brau- und Malzhäuser, z. B. die Stadt Freiberg im Jahre 1653 von den letzteren sechs und von den ersteren zwölf. An den Höfen der geistlichen und weltlichen Fürsten wetteiferte man, namentlich im sechzehnten Jahrhundert, in der Bierherstellung mit den bürgerlichen Brauereien. In Städten gab es primitive Hausbrauereien für eigenen und fremden Bedarf. In einzelnen Städten, wie z. B. in Hamburg und Lübeck, stellte man auch Bier aus Weizen, das „Weiße Bier" her. Welche Produktion und welcher Verbrauch jetzt Platz gegriffen hat, kann danach bemessen werden, daß in London täglich allein von englischem Bier etwa zwei Millionen Liter verbraucht werden, in Bayern auf Kopf und Jahr über 220 Liter kommen, und in Deutschland fünf Milliarden Liter jährlich zur Darstellung gelangen. Auch in weiter Entfernung, z. B. in Tibet, wird heute aus Gerste ein mildes Bier, „Chang", gebraut, aus dem durch Destillation ein sehr stark wirkendes Produkt Arak — nicht mit Rum gleichen Namens zu verwechseln — erhalten wird.

Bei den Dajak auf Borneo („tuak"), auf Formosa, sehr ausgedehnt in Japan wird der Reis für die Gewinnung von alkoholischen Getränken durch Gärenlassen benutzt. In Japan soll „Sake" oder Reiswein schon vor 2600 Jahren bereitet worden sein. Sicheres weiß man darüber aus der Zeit 90 vor unserer Zeitrechnung. Durch bestimmte Hefe- und Schimmelpilze („koji") vollzieht sich die Verzuckerung der Reisstärke und die Überführung in Alkohol. Auch in China wird Sake getrunken. In Peking gibt es Brauereien für Reiswein.

Auch der vierte Kontinent — Mittel- und Südamerika — hat seine Besonderheit in dem Gebrauche alkoholischer Genußmittel. Hier ist es der Mais, der dafür nutzbar gemacht wird. Man kocht ihn zuerst und dann wird er gekaut. Die gekaute Masse wird in große Tonkrüge gelegt, die mit Blättern bedeckt werden und dann sich selbst, d. h. der Fermentierung, überlassen. Schon aus dem Jahre 1526 wird davon berichtet. Von Mexiko an bis über Guatemala, Yucatan, Darien, südwärts über das Hochplateau von Bogotá hinaus, bei den Bewohnern der Anden, in Ecuador, Peru, Chile bis nach Araucanien und ostwärts vom Orinoko an, in Guyana bis in das Amazonasgebiet gebrauchen als nationales Getränk die Indianer der Guaranigruppe, besonders die Abas oder Chiriguanos, wie auch die halbzivilisierten Indianer der Anden, die Quichuas, Aymara, Coroados usw. „Chicha", das Maisbier („Cangüi"). Auch hier vollzieht sich der Herstellungsprozeß durch Umwandlung der Maisstärke in Dextrin und Zucker und des letzteren Vergärung. Es ist eine schmutziggelbe, jungem Wein gleichende, säuerliche, ziemlich berauschende Flüssigkeit. Das Eifern über den Mißbrauch der Chicha bildete in der Zeit der Christianisierung von Peru usw. den Inhalt vieler Predigten der Missionare. Der „Chichinismus" ist keine besondere Krankheitsform, sondern ein, wesentlich durch die Begleitstoffe des Alkohols, ziemlich schwerer Alkoholismus. Einige als absonderlich bezeichnete Folgezustände, wie z. B. die öfters zu beobachtenden Flecke an den Händen, kommen gelegentlich auch nach anderen alkoholischen Getränken vor.

Die quichuasprechenden Indianer in den Gebirgsgegenden Ecuadors bereiten ihr Maisbier „Asua" durch Kochen und Zerquetschen von Mais, der in dichtgeschlossenen Gefäßen durch vorhandene Fermente Zucker und weiterhin Alkohol liefert.

Noch eine andere Übung in der Gewinnung eines gärungsalkoholischen Produktes weist Südamerika auf. Die reich stärkemehlhaltige *Jatropha Manihot*, der Kassavastrauch, deren Stärke ja als brasilianischer Arrowroot, Mandioka, Tapioka in den Handel kommt, enthält nebenher einen blausäurereichen Saft, der abgepreßt wird. Auch diese Stärke wird in Zucker übergeführt, um vergoren werden zu können. Auch hier bewundert man die Methode, auf die der menschliche primitive Spürsinn früher kam, ehe die Wissenschaft zu der Erkenntnis des Geschehens gelangte. Die Eingeborenen kochen die Mandioka, dann kauen die Weiber die Breimasse und speien sie in ein Gefäß. Der Speichel wandelt Stärke in Zucker um, und hineingelangende Fermente sorgen für die Umwandlung des letzteren in Alkohol. Das so entstandene Getränk heißt „Paiwari", „Paiva" in Britisch-Guyana, „Taroba" am Tapajós, „Caysúma" in Ega, „Cachiri" bei den Roucouyennes, „Cauim" bei den brasilianischen Urbewohnern oder „Pajuarú". Der Gebrauch dieses Getränkes erstreckt sich über das Gebiet westlich vom Magdalenastrom, östlich etwa bis zum 50. Grad westlicher Länge, nördlich zum Karaibischen Meer und südlich zum Amazonas und zum Oberlauf des Tapajós.

Die Überführung von Stärke in Zucker durch den Speichel bewerkstelligen übrigens einzelne Volksstämme, z. B. auf Formosa, mit dem Reis und wieder südamerikanische Stämme mit der Yucca, wohl zumeist von *Yucca angustifolia (Yucca glauca, Yucca filamentosa)*.

Diese Pflanze ist dort vielfach zugleich Speise und Material für die Bereitung eines ungemein beliebten Getränkes. Für viele Stämme, z. B. die Jibáros und Canelosindianer im Osten von Ecuador, die Cholonen am oberen Huallaga usw., hat das Yucca-Bier noch größere Bedeutung als das Algorobo-Bier für die Chaco-Indianer und das Maisbier für die Chiriguanos und die Quichuas. Frauen leisten die Arbeit. Die Frucht wird gekocht — bei den Cholonen scheint die Wurzel Verwendung zu finden. Ein Teil der gekochten Masse wird von den Frauen an einem besonderen, hierfür bestimmten Tage gekaut und gut mit Speichel vermengt, der andere wird nur zerstoßen. Die Masse wird nun der weiteren Verzuckerung und alkoholischen Gärung in einem Tonkrug überlassen. Nach 24 Stunden ist die Masse fertig. Sie wird mit Wasser verdünnt getrunken. Auch auf Wanderungen nimmt der Indianer etwas von der Yuccamasse, in Bananenblätter gewickelt, mit sich. Durch Wasserzusatz erlangt er aus ihr ein fast milchweißes, leicht berauschendes Bier, das ihn im Notfalle auch Speise entbehren lassen kann. An den Trinkfesten tritt bei den Indianern nicht nur die Trinklust für dieses Erregungsmittel zutage, sondern auch eine gewisse Beziehung zu religiösen Anschauungen oder Handlungen mit einem solchen Anstrich. Schon bei der Gärung der Masse in den Tonkrügen wird, wie Karsten beobachtete, von Frauen, die um diese sitzen, ein Zauberlied gesungen, das dem Gelingen förderlich sein soll, und später werden beim Trinken der Chicha oder des Yuccabieres und noch anderer ähnlicher Getränke Gesangs- oder Tanzzeremonien verschiedener Art erfüllt, die schon vor der erzeugten Trunkenheit beginnen und in ihr sich fortsetzen.

Bei Indianern Ecuadors wird in gleicher Weise wie aus der Yucca aus der Frucht der angebauten Chonta-Palme („Chuntáruru der Canelos-Indianer, ,,Ui" der Jibáros), *Guilelma speciosa*, ein Bier gewonnen, dessen Bereitung und Trinken sich gleichfalls unter Zeremonien vollzieht.

Als weiteres Material für die Lieferung eines alkoholischen Trankes ist die Algorobo aus den Früchten der Leguminosen *Prosopis alba, Prosopis pallida*[1]), *Prosopis juliflora* zu bezeichnen. Mit Ungeduld erwarten Indianer in Ecuador, Südbolivien, Paraguay und den nördlichen Gebieten Argentiniens — alle Stämme des Gran Chaco — die Reife der Früchte, die auch als wichtiges Nahrungsmittel dienen. Matacos, Chorotis, Ashluslay u. a. verwenden allerlei Zeremonien, um böse Geister, die das Reifen hemmen könnten, zu verjagen. Die reifen Samen mit Fruchtfleisch werden gekaut, eingespeichelt und in einer Ziegenhaut nach Übergießen mit heißem Wasser der Gärung überlassen, die zur

---

[1]) Ein Getränk aus dieser Pflanze heißt im Süden des Gran Chaco „Kiwa".

Abwehr hindernder Dämonen sich unter Singen und Klappern vollzieht. Getrunken wird das Produkt nur von Männern bis zur Trunkenheit.

Das gleiche Ziel erreichen sie durch Biere aus *Acacia aroma* („Tusca") oder *Gourliea decorticans* („Chañar"), einem Fruchtbaum mit pflaumenartigen Früchten, oder aus *Zizyphus mistol* („Mistol"), deren an überreife Weintrauben erinnernde Früchte in gleicher Weise wie die vorerwähnten durch Kauen und Vermischen mit Speichel in den Zucker bzw. Alkohol liefernden Zustand übergeführt werden. Immer wird bei dem Genießen solcher Tränke vorausgesetzt, daß die körperlichen Leistungen dadurch in einer besonderen Bewirkungsart gesteigert werden.

Und nun ist es nötig, von den geschilderten primitiven Alkoholgetränken ferner Regionen, die in Europa vielleicht nur ein Analogon in dem russischen Kwaß haben, der durch saure und alkoholische Gärung aus Weizen-, Roggen-, Gerste-, Buchweizenmehl oder Brot hergestellt wird, zu denjenigen überzugehen, die sonst auf der Erde gebraucht und in einer Gewinnung höher konzentrierten und verhältnismäßig reineren Alkohols bestehen.

c) **Dieses dritte Prinzip, das der Destillation alkoholischer Flüssigkeiten**, verrät einen höheren Grad von Erkenntnis. Wo asiatische Völker niedriger Zivilisation sie verwirklichen, da haben sie das Verfahren wahrscheinlich von Europäern, vielleicht auch teilweis von den Chinesen gelernt. Die alkoholarmen Getränke genügten nicht mehr. An ihre Stelle traten die Branntweine.

So berauschen sich die Burjäten Süd-Sibiriens mit dem durch Destillation gewonnenen Milchbranntwein „Tarassun", die altaischen Kalmücken und Tataren mit aus Milch bereiteter „Araka", die Tekinzen der Oase Merw mit „Tschal", einem Destillationsprodukt aus entsprechend vorbearbeiteter Kamel- oder Kuhmilch.

In sehr großen Mengen wird in Ostasien Reisbranntwein hergestellt. In China heißt dieser „Samschu"[1]). Je nachdem er einmal bis dreimal destilliert worden ist, heißt er „Mei Chau" („Leu Pun Chau") oder „Scheung Ching Chau" oder „Sam Ching Chau". Der Alkoholgehalt beträgt 50 bis 62 Proz. Dem Gebrauche dieser Branntweine huldigen auch die Chinwan auf Formosa, die Giljaken, die Kakhyens im Khasiagebirge und viele andere Stämme. Auch aus Hirse, gewöhnlich aber aus *Sorghum vulgare* wird chinesischer Branntwein hergestellt. In der Mandschurei werden jährlich über zwei Millionen Wedro „Chanschin" („Suli") in besonderen Fabriken produziert. In einigen Gegenden machen ihn die Leute in primitiver Weise im Hause. Wegen der Billigkeit dringt solcher Branntwein, trotz des Verbotes, in das Amur- und Transbaikalgebiet. Von diesem Getränk wird angegeben, daß es eine zweimalige Trunkenheit hervorrufe. Am Tage nach dem Trinken einer größeren Menge tritt zugleich mit dem Katzenjammer starker Durst ein. Trinkt der Betreffende nun ein Glas Wasser, so stellt sich bei ihm abermalige, stärkere und nachhaltigere Trunkenheit ein als durch russischen Branntwein erzielbar ist. Der chinesische Branntwein enthält viel Fuselöl.

Eine fast unübersehbare Fülle gebrannter Wässer gibt es auf der Welt für viele Hunderte von Millionen Menschen. Wo Kartoffeln, Korn, Trauben usw. nicht zur Verfügung stehen, da greifen die Menschen zu irgendwelchen anderen Stärke oder Zucker enthaltenden Stoffen, aus denen nach geeigneter, auch primitivster Vorbereitung ein Branntwein destilliert wird. So benutzt man in Ostasien neben Reis nicht nur *Sorghum vulgare*, aus deren Samen die Karen in Burma einen Schnaps bereiten, sondern auch weniger bekannte Pflanzen. So schaffen die Kamtschadalen aus *Heracleum Spondylium*, der Bärenklau, indem sie die

---

[1]) Unter dem Namen „Samschu" werden wohl auch aus Melasse erhaltene Branntweine bezeichnet.

Stengel vergären lassen, ein starkes schnapsartiges Destillationsprodukt, die Eingeborenen von Honolulu aus den Wurzeln von *Cordyline terminalis* („tishaulh"), die Tahitier und die Eingeborenen der Tuba- und Sandwichinseln sowie die Maoris aus *Cordyline australis* oder jetzt häufiger aus dem Brotfruchtbaum, der Ananas oder aus Orangensaft, Leute von Vandiemensland aus den Beeren von *Cissus antarctica*, die Hottentotten aus den Früchten der Grewia-Gattung, Indier aus den Blüten von *Bassia latifolia* („Mahwá", „Mahua"), Indianer in Ost-Ecuador durch Destillation gerösteter Yuccafrüchte ein alkoholisches Getränk, und in Deutschland und anderwärts dienen für den gleichen Zweck gelegentlich *Sorbus aucuparia*, die Vogelbeeren oder *Sambucus* usw.

Was weiter von künstlichen Zubereitungen aus mehr oder minder reinem Alkohol in zivilisierten Ländern hergestellt und über unzivilisierte verbreitet wird, ist so mannigfaltig in den Mischungen mit ätherischen Ölen oder anderen Stoffen, erregt die Gaumen und die Gehirne in so verschieden starker und eigenartiger Weise und enthält meistens so viele unerfreuliche Begleitstoffe, wie Fuselöl, Aldehyde, Furfurol usw., daß sie toxikologisch mit in erster Reihe in Frage kommen, wo ihr Gebrauch chronisch vor sich geht und auch die Individualgrenzen für die Toleranz überschritten werden. Dies gilt z. B. für das jetzt in Frankreich verbotene Getränk, das eine alkoholische Lösung des ätherischen Absynthöls darstellt, für alle jene zahlreichen Getränke, die in Likörstuben von professionellen Leuten — auch von Damen am Schenktisch, Circen, die, gleich der homerischen Circe, Menschen in Schweine verwandeln können — gemischt werden und wesentliche alkoholische Lösungen ätherischer Öle sind und für die Eau de Cologne, die in Afrika, in Tabora und auf Sansibar sowohl wie in Britisch-Indien, in Amerika und in Europa von Säufern getrunken und dem Kognak, Rum und anderen derartigen Getränken vorgezogen wird. Hierher gehören auch Trinkbranntweine, die mit spanischem Pfeffer, *Capsicum annuum*, bereitet werden, die, wie es scheint, den Trinker ganz besonders verelenden.

Zu chinesischen Getränken soll u. A. auch die Cytisin enthaltende Wurzel von *Sophora tomentosa* hinzugesetzt werden, die stark erregend wirkt. Von *Sophora secundiflora* wird übrigens angegeben, daß ihre Samen in der Gegend von San-Antonio (Texas) von Indianern zu Berauschungszwecken, und zwar zu einem halben Samenstück, gebraucht worden seien oder noch gebraucht werden. Auf einen Erheiterungszustand soll Schlaf von zwei bis drei Tagen Dauer folgen.

Auch mit Hilfe von *Epilobium angustifolium* und vielen anderen Pflanzen werden alkoholische Getränke mit besonderen Wirkungssignaturen auf der Welt hergestellt. Alle solche enthalten außer Alkoholen noch andere Stoffe, ätherische Öle und anderes mehr, von denen eine Verstärkung oder eine Modifizierung der Alkoholwirkung nach einer unangenehmen Seite erwartet werden kann.

Ich habe oben die Wirkung von Alkoholen auf die Entwicklung befruchteter Eier dargelegt. Wie ätherische Öle der angeführten Art wirken, lehrt das Folgende:

Beeinflussung der künstlichen Entwicklung von Hühnereiern durch eingespritzte alkoholische Lösungen ätherischer Öle.

Zahl der Eier	Eingespritzte Stoffe	Normal entwickelt	Nicht entwickelt	Mißbildungen
24	Äthylalkohol . . .	62,50	16,66	20,83
24	Alkohol. Lösung von Anisöl	41,66	25,—	33,33
24	Alkohol. Lösung von Absynthöl . .	16,66	21,43	62,50

Es ist gestattet, in irgendeinem Umfange Abstraktion aus dieser Tabelle zu machen — wie klein aber auch immer ihre praktische Bedeutung für den Menschen bemessen werden mag, immer wird es richtig sein, daß ein Säufer eine noch weitere Verschlechterung der auf ihn einwirkenden Alkoholmengen erfahren wird, wenn ätherische Öle, die meistens dem Alkohol nicht gleichsinnig wirken, Begleiter sind. Und gar wenn den Trinkbranntweinen, um sie stärker berauschend und mundgerecht zu machen, so giftige Stoffe wie Nitrobenzol absichtlich beigemischt werden, so bekommt das alkoholische Getränk einen Charakter, der in jeder Beziehung als unerfreulich anzusprechen ist. Schon vom Kognak wird angegeben, daß er sich, infolge seines Gehaltes an Furfurol und höheren Alkoholen, unvergleichlich viel giftiger im Tierversuche erweise als Äthylalkohol.

Ein Stück der Erkenntnis von der Verschlechterung der Alkoholwirkung durch ätherische Öle wurde bereits vor Jahrhunderten, rein erfahrungsgemäß, mitgeteilt, nämlich, daß z. B. Bier, dem Rosmarin bei der Bereitung zugesetzt worden sei, nicht nur Kopfschmerzen, sondern auch Benommenheit erzeuge. In dieser Beziehung ist auch daran zu erinnern, daß von frührömischer Zeit an bis in das 17. Jahrhundert hinein sich die Mischweine, d. h. Weine, die aus Pflanzenmaterial ätherische Öle ausgezogen hatten, z. B. Rosmarin, Fenchel, Anis, Wermut, Augentrost, Salbei, Ysop erhalten haben. Ein solcher „Würzwein" aus Honig, Nelken, Paradieskörnern *(Amomum Melegueta Rosc.)*, Zimtrinde und Ingwer stellte den Claret dar, und den berühmten Hippokras gewann man noch im 18. Jahrhundert aus Wein mit Zimt, langem Pfeffer, Nelken, Macisblüte, Ingwer, Reineclaudenapfelschnitten, auch noch mit Zusatz von Mandeln, Bisam und Ambra. Schon Plinius berichtet aus der ersten Kaiserzeit, daß nicht nur aromatische Pflanzen, sondern sogar die üble Mandragora, die ja für sich allein einen Dämmerschlaf erzeugen kann, für parfümierte Weine

— *vina odore condita* — Verwendung fanden. Die Gehirnwirkung war und ist auch bei den noch heute beliebten Würzweinen eine stets unangenehm verstärkte Alkoholwirkung, selbst wenn die entsprechenden subjektiven Empfindungen nicht alsbald zum Ausdruck kommen.

Es ist mithin nicht allein die Menge — diese oft sogar nur in sehr untergeordnetem Maße — die bei dem Säufer Körper und Geist im Laufe der Zeit schädigt, sondern auch die Beschaffenheit des Getränkes. Schon gewisse Weinsorten leisten in dieser Beziehung Schlimmeres als andere alkoholische Getränke. Unvergessen ist der so geartete Estwein von Montefiascone. Ein Diener mußte seinem Herrn, dem Edelmann Johann v. Fugger, einem Säufer, voranreiten, um ihm immer an jedes Wirtshaus, in dem er guten Wein getrunken habe, „Est", Hier! auf die Tür zu schreiben. In Montefiascone schrieb er dreimal das „Est". Der Herr kam und trank sich zu Tode. Die Grabschrift, die der Diener ihm setzte, und die noch vorhanden sein soll, lautete:

> *Est, est, est, propter nimium est*
> *Dominus meus mortuus est*
>
> Hier! Hier! Hier! Zu viel von diesem „Hier",
> Trank mein Herr, drum liegt er hier.

e) Mäßigkeitsbestrebungen und Abstinententum.

Meine Auffassung des Säufertums habe ich auf den vorstehenden Blättern auf der Grundlage toxikologischer Erkenntnis und dem, was ich davon selbst gesehen und auch als Gutachter erlebt habe, genügend klar und ernst geschildert. Auch ohne daß ich das Heer von statistischen Zahlen über die Zunahme der Trunksucht in zivilisierten und unzivilisierten Erdgebieten und die Verheerungen, die hier und da am Volkskörper dadurch bewirkt werden, hersetzte, auch ohne daß ich mich noch über die sozialen Folgen, das Familienelend, die Verarmung, das Sinken der Lebenshaltung usw. als Selbstverständlichem auszulassen brauchte, ist die Bedeutung des Übels für jeden ohne weiteres klar und auch einleuchtend, daß, wenn es aus der Welt geschafft werden könnte, dadurch ein Stückchen Weltgut geschaffen würde unter dem vielen, freilich noch schwerer die Menschheit Bedrückenden, das es gibt.

Nun kenne ich keine Zeit der Welt, in der hierfür nicht Versuche gemacht worden sind, großangelegte und kleinliche, von Gemeinschaften oder einzelnen Männern, die mit den Worten der Religion oder der reinen Vernunft oder der Stahlhärte realer Spezialgesetze zu Säufern sprachen oder die Existenz des Alkoholismus, ja sogar die Existenz des Alkohols als Genußmittel zu vernichten bestrebt waren. Alles dies hat aus Gründen, die ich schon bei der Betrachtung des Morphinismus darlegte, keinen oder einen nur sehr mäßigen Erfolg gehabt, wenn man vom Mohammedanismus absieht, der einen großen Teil der sich zu ihm Bekennenden eine Fülle von Jahrhunderten hindurch von alkoholischen Getränken ferngehalten hat, aber nicht verhindern konnte, daß Äquivalente dafür gebraucht wurden. Aber auch Mohammeds Worte sind schon seit geraumer Zeit durch das Hineinbeziehen des Orients in das Getöse, zumal des modernen Abendlandes, so vielfach in das Nichts verhallt und gegenüber der stärkeren Energie der neueren alkoholischen Getränke wirkungslos zerschellt, daß man schon auch von einer nicht ganz schwachen Alkoholisation des Morgenlandes sprechen kann, wenngleich zugegeben werden muß, daß das Volksbewußtsein dort noch immer den Alkohol als einen Gesetzesbrecher ansieht. So steht es auch mit den Hindus. Sie sind von Natur ein nüchternes und enthaltsames Volk. Kein anständiger Hindu trinkt Branntwein, weil Religion und hergebrachte Sitte ihm den Genuß von Spirituosen ebenso streng verbietet, wie z. B. das Essen von Rindfleisch. Und doch hat auch hier der Alkohol und manches andere, was nicht hätte eindringen sollen, den früheren Zustand schon gewandelt. Es darf auch an die Methodistensekte erinnert werden, die eine religiöse Vorschrift für die Enthaltsamkeit von alkoholischen Getränken besitzt.

In der Neuzeit hat nun der alte, vielgestaltige Kampf eine neue Front erhalten. Sie richtet sich vorzugsweise gegen den Alkohol an sich. „Wissenschaftlich-psychologisch" werden alle seine Wirkungen, zu Untugenden umbenannt, bis ins kleinste auf experimentellem Wege dargelegt, um zu zeigen, daß nicht nur die Trunksucht ein Übel sei, sondern schon jeder Mensch, der, auch ohne säufermäßigen Drang nach ihm, ihn in irgendwelchen Mengen zu sich nimmt. So ist die schon Jahrtausende alte, früher nicht große, jetzt beträchtliche Gemeinde der Abstinenten entstanden, unter denen gar mancher als überzeugter Apostel dieser Auffassung in Wort und Schrift propagandistisch für sie tätig ist.

Ich habe für den Entschluß, sich aus irgendeinem Grunde des Alkohols zu enthalten, die gleiche Hochachtung, wie ich sie für die Befolger irgendwelcher religiöser Vorschriften, z. B. für das Halten des Ramadan, des Fastenmonats der Mohammedaner, oder für das Halten von Gelübden, oder für irgendeine Gestalt der Askesis, oder für den Vegetarianismus, oder Antinikotinismus usw. hege. Dies sind private Angelegenheiten. Auch das Abstinententum ist eine solche. Für dieses mag sich jeder privatim Gründe zurechtlegen, ebenso wie er deren haben kann, um zu rechtfertigen, warum er nicht diese oder jene Speise seinem Magen zumuten will. Aber, um über Alkoholwirkungen in ihrem ganzen Umfange zu urteilen und andere zu diesem Urteil zu bekehren, gehört mehr als eine subjektive Auffassung, auch mehr als in Büchern oder Flugschriften darüber steht. Von den meisten Abstinenten, die in sich ein Apostolat fühlen, gilt das Wort von Lessing: „Wer will, wenn er erleuchtet zu sein glaubt, nicht gern wieder erleuchten. Der Ungelehrteste, der Einfältigste ist darin am geschäftigsten. Man sieht dies alle Tage. Es bekomme ein eingeschränkter Kopf gewisse halbe Kenntnisse von dieser oder jener Wissenschaft und Kunst, bei aller Gelegenheit wird er davon plaudern."

Man arbeitet hier, wie auch sonst in unserer Zeit, mit suggestiven Imperativen. „Zahle bargeldlos!" steht lapidar über dem Postscheckamt. Händler befehlen: „Schlafe patent!" die Gasanstalt: „Koche mit Gas!" und der Jugenderzieher: „Fort mit dem Klapperstorch!" Warum „Fort mit dem Alkohol!?" Dies ist nichts als ein Schlagwort, eine Phrase. Und warum so unendlich viel Mühenaufwand nur gegen ihn, wo es doch so viele andere Leidenschaftsbetätigungen hoher Ordnung gibt, die auch ein Stück apostolischer Arbeit beanspruchen dürften? Warum nicht auch allgemeiner Kampf gegen Morphinismus, Kokainismus, Nikotinismus, Koffeinismus, Liebessucht, Spielsucht? Der Kampf gegen den Alkohol gründet sich vor allem bei den Laienvorkämpfern, aber auch bei manchen Medizinprofessoren, die, wenn sie sich einmal auf Verkehrtes eingestellt haben, in der Hartnäckigkeit des Verharrens noch dem Basalt vorbildlich sein könnten, nicht auf klarem Urteil, weil er mit Parteileidenschaft geführt wird. Ein Urteil läßt sich nicht aus psychologischen Versuchen gewinnen, sondern aus Wissen, aus Wirklichkeitswissen. Dies, wie gesagt, vermisse ich.

Man lächelt über die Begründungen für die völlige Ablehnung des Alkohols, die jene, in uralter Zeit sich breit machenden christlichen Sekten der Enkratiten, der Tatianer, Marcioniten, Aquarier hatten: Weingenuß sei eine Sünde, oder, wie die Servianer sagten: Der vom Himmel gestürzte Teufel nahm Schlangengestalt an, vermischte sich mit der Erde und die Frucht der Vermischung sei der Weinstock. Die Ranken, die Schlangenarme des Weinstocks bewiesen seine teuflische Herkunft. Es muß aber mindestens Lächeln, wenn nichts anderes erregen, wenn man die sinnlosen Worte liest, daß der Alkohol „ein Rassengift sei, das zuletzt zu Entartung breiter Volksschichten führe", oder daß er „unter allen Umständen ein Gift im landläufigen Sinne sei", oder, daß „schon durch den Genuß eines Glases Wein oder Bier die geistige Leistungsfähigkeit verkümmert werde", oder daß „der Alkohol das Leben überhaupt und speziell das wirtschaftlich brauchbare Leben verkürzt", oder — was den Gipfel törichter, jeder Lebenskenntnis barer Meinung darstellt — daß die Lebensdauer der Abstinenten länger als die der mäßig Trinkenden sei usw.

Wäre dem wirklich so, dann läge doch die Beantwortung der Frage dringlich nahe: Wem hat die Jetztwelt Aussehen und menschlichen Betätigungsinhalt zu verdanken? Abstinenten oder Nichtabstinenten? Nur den letzteren. Sie haben die Wissenschaften geschaffen und gefördert, die höchsten Kunstleistungen der Hände an den Tag gebracht, die herrlichsten Werke dichterischer Phantasie der Menschheit zum Genießen gereicht, die Tonkunst in ihren edelsten Gestaltungen aus der Tiefe ihres inneren Empfindens gehoben und der Menschheit geschenkt. Sie haben neue Welten in den fernsten Welträumen errechnet und dann sinnlich entdeckt, durch ihren Scharfsinn Welträtsel gelöst, Stücke von dem, was ist und von dem, was sein wird — als sei es ihnen durch göttliche Offenbarung geworden — kundgegeben, Ätherwellen über die Erde als Sprache geschickt und Wege auf dieser Erde, entdeckungs- und schaffensfroh, gebahnt, die ohne sie noch unbegangen wären. Mag auch unter diesen Scharen Begnadeter einer oder der andere gewesen sein, der, schwach am Leib, dem Alkohol entsagt hat — was besagt dies gegenüber allen den anderen, die dem Alkohol wenn auch nur frohe Stunden und wie oft auch den Antrieb zu Leistungen für die Menschheit verdanken?

Es ist eine unbegreifliche, durch nichts gerechtfertigte Überheblichkeit, deren sich so oft Abstinente schuldig machen, einen Menschen, der Freude am Weine hat, als minderwertige Kreatur anzusprechen. Selbst wenn ein solcher viel tränke, so läge auch nicht die mindeste Begründung hierfür vor, und erst recht dann nicht, wenn er den Menschen wertbeständige Gaben gereicht hat. Man denke doch an das Wort des Apostels Paulus: „Welcher ißt, verachte den nicht, so da nicht isset, und welcher nicht isset, der richte den nicht, so da isset." Mir erzählte einst ein Heidelberger Mathematiker, daß, als er einmal zusammen mit einem Heidelberger Philosophen den Schloßberg hinaufgegangen sei, der letztere ihn plötzlich verlassen habe, weil er nicht an dem Denkmal eines Säufers vorübergehen wolle. Der „Säufer" war Viktor v. Scheffel, der dort steht. Wenn schon kein Mensch mehr von Philosophie etwas wird wissen wollen, wird man dieses „Säufers" Dichtungen in der Welt singen und lesen. Auch Goethe — so kann man lesen — sei dem Dämon Alkohol ergeben gewesen, und deswegen sei seine Familie schon in der dritten Generation dem Untergange geweiht gewesen. Selbst wenn dies wahr wäre — es ist in allen Teilen unwahr und von einem fanatischen abstinenten Nichtwisser geschrieben worden —, so würde die Scheltung derer, die Wein trinken, als solcher Menschen, die der geistigen Imbezillität rettungslos verfallen seien, durch das einzige Wort „Goethe" sich in Lob wandeln, so wandeln, wie Jesus, der sich in seiner Zeit einen Weinsäufer hat schelten lassen müssen, weil er den Wein zu schätzen wußte, wie es geschrieben steht, Wasser in Wein gewandelt hat. Tatsächlich erbte der Sohn Goethes die Trunksucht von seinem Großvater Vulpius, der als Säufer seine Familie ins Unglück gebracht hat. Er versetzte oft seine Kleider, um Geld für das Trinken zu bekommen. Goethes Frau Christiane hat diese verderbliche Neigung in späteren Jahren im Weingenuß stark betätigt und ihr Sohn August so fortgesetzt, daß man ihn als einen Säufer bezeichnen konnte. Trank er doch, wie Frau v. Stein schrieb, einmal siebzehn Glas Champagner in einem Klub!

Die psychophysischen, jeden Alkoholgenuß als Gehirnvergiftung kennzeichnenden Versuche lehne ich als Pharmakologe und Toxikologe völlig ab. Sie mögen an sich interessant sein, sie besitzen jedoch, angesichts der Erfahrungen, die über die Wirkung mäßiger Mengen von Alkohol allbekannt sind und stündlich neu gemacht werden, keinerlei Wirklichkeitswert. Es sind Experimente, die etwa den homöopathischen mit kleinsten Arzneimengen an Gesunden gleichzusetzen sind: hier wie dort an Menschen angestellt, die als Experimentierobjekte aussagen müssen oder wollen und, durch Suggestion beeinflußbar, Interessantes aussagen. Man lese die vielen Symptome, darunter auch schwere körperliche, die nach homöopathischen Experimenten an einer „Prüferin" mit Wasser, das über reinem Gold eine kurze Zeit gestanden hatte, angeblich erlangt worden sind und stelle sie in Parallele zu der Wirklichkeit, in der viele Millionen von Menschen Gold als Plomben, Zahnkappen usw. in ihrem Munde dauernd tragen. Aber ich gehe noch weiter und behaupte, daß selbst, wenn man die Fehler, die durch Suggestion in den Aussagen entstehen, vernachlässigen wollte, die Ergebnisse, die dazu dienen sollen, die Entscheidung über die Wirkung kleiner Alkoholmengen in bezug auf Grundeigenschaften der Persönlichkeit, nämlich: die Übungsfähigkeit, die Anregbarkeit, Ermüdbarkeit usw., zu treffen, **nur für diejenigen Geltung haben, an denen sie gewonnen worden sind.**

Die Psychologen, die anders urteilen, scheinen mir lebensfremd zu sein. Sie sollten nur jahrzehntelang, wie ich es getan habe, z. B. Präzisionsarbeiter oder Schwerarbeiter in Betrieben daraufhin, d. h. auf ihre verschieden starke und verschieden geartete Individualempfindlichkeit beobachten und prüfen. Nichts oder nur sehr wenig bliebe dann von den angeblich allgemein zutreffenden, an einigen wenigen Menschen gewonnenen Ergebnissen psychologischer Prüfung übrig, wenn man die Leistungen vor und nach dem Genusse eines Glases Bier von etwa $3/10$ Liter feststellte. Und diese Menge — so lautet die generelle psychologische Entscheidung — sollte nach anfänglicher Verkürzung der psychischen Reaktion bereits eine Erschwerung zur Folge haben. Und Tausende von geistigen Arbeitern können abends Wein trinken, ohne etwas anderes als anregende Wirkungen dadurch zu empfinden, die sich in der während derselben vollzogenen Denkarbeit kundgeben, ohne von einer als „lähmend" empfundenen Beeinflussung gefolgt zu sein. Nähme man selbst in höflichster Nachgiebigkeit eine solche Wirkung kleiner Mengen von Alkohol als wahr an, so kommt es ja praktisch ganz allein auf das Selbstbewußtwerden derselben bei geistiger oder mechanischer Arbeit an. Dem Wort „Lähmung" muß doch eine irgendwie belangvolle Unterlage zukommen. Der Ausspruch, daß alle Alkoholwirkungen, die gewöhnlich als Erregungen gedeutet würden, wie die psychischen, oder die gesteigerte Herzarbeit oder die Betäubung des Müdigkeitsgefühls „im Grunde" nur Lähmungserscheinungen seien, verstößt gegen elementare biologische Erkenntnis. Hier ist es Willkür, eine Lähmungswirkung anzunehmen, und gar, sie mit ausgeklügelten Versuchen zu umkleiden. Sie treibt zu einer Irreführung pharmakologisch unkundiger Ärzte und Laien, die den Eindruck bekommen, als seien die Versuchsergebnisse Konstanten, während sie, wie ich schon ausführte, nichts anderes sein können, als für die Wirklichkeit bedeutungslose Erfragungen von voreingenommenen oder besonders beeinflußbaren Menschen.

Es ist ein Grundirrtum, daß auch die Beeinflussung des Seelenlebens durch den Äthylalkohol für alle Menschen die gleiche sei. Dieses Diktum hat gar keine Bedeutung für solche, die, auch täglich, eine mäßige, **ihrem selbstbegrenzenden Empfinden des Vertragens entspre-**

chende Menge eines alkoholischen Getränkes, und auch nur eine bedingte für solche, die mehr zu sich nehmen. Man schlage nur mein Werk über die Nebenwirkungen der Arzneimittel auf, und man wird auf jeder Seite auf Tatsachen stoßen, die beweisen, daß der Einfluß der Individualität jede gewollte Wirkungsfestsetzung und Wirkungsbegrenzung eines chemischen Stoffes auf den Menschen illusorisch macht.

Schon an sich, und zumal in bezug auf die Individualität ist die summarisch als Axiom emsig verbreitete Meinung, daß der Alkohol ganz allgemein die höheren seelischen Funktionen lähmt, die geistige Arbeit minderwertig macht, die Schärfe und die Sicherheit der Auffassung, die Klarheit des Urteils, die Festigkeit des Erinnerungsvermögens leiden läßt, zurückzuweisen. Sie paßt auf einen Angetrunkenen — daran zweifelt niemand —, trifft aber in dieser Allgemeinheit und apodiktischen Form nicht einmal für einen Trinker bzw. Säufer zu. Die psychologischen Versuchsmethoden, die eine Meinung, wie die soeben angeführte, begründen sollen, habe ich schon als untauglich für die Entscheidung bezeichnet, ob kleine Alkoholmengen so Furchtbares anrichten können, wie z. B. die Verminderung der Fähigkeit, sich 25 Zeilen der Odyssee einzuprägen, wenn 25 ccm Spiritus getrunken worden sind. Ich bin sicher, daß ich auch ohne Alkohol zu einer solchen Leistung unfähig bin, während ich sonst über ein vorzügliches Gedächtnis für Tatsachen aus meinen speziellen wissenschaftlichen Gebieten und den Grenzgebieten einschließlich der Chemie, Physik, Botanik und der Geschichte verfüge. Ich halte auch die Versuche an Abstinenten, denen 0,5 Liter Wein, entsprechend etwa 2 Liter Bier, beigebracht wurden, und die als Ergebnis eine Verlangsamung des Addierens, Erschwerung des Auswendiglernens usw. für eine 12- bis 24-, ja einige Male sogar für eine 48 stündige Dauer aufwiesen, für die Kennzeichnung der Versuchspersonen ebenso interessant wie ein paradoxes Chininfieber, oder den Eintritt von Durchfall nach Opium oder das Auftreten von Parotitis bei manchen Bleiarbeitern oder einen Hautausschlag nach Krebsgenuß oder einen Kollaps nach Riechen an einer für andere gut duftenden Pflanze — aber auch für nicht mehr! Bei den allermeisten Menschen erfolgt die Regulierung einer materiell so geringen alkoholischen Gehirnbeeinflussung so schnell, daß nach täglicher Erfahrung von irgendwelcher praktisch ins Gewicht fallenden Nachhaltigkeit nicht die Rede sein kann.

Nach alledem kann das Abstinententum, wie es sich zumal in den Vereinigten Staaten durch gesetzlichen Zwang und anderwärts ohne einen solchen gibt, nicht den Anspruch erheben, für sein Tun eine wissenschaftliche Stütze in den vorhandenen psychologischen Experimenten, auch nicht in irgendwelchen Zeugnissen, die etwa körperliche Störungen durch mäßige Mengen von Alkohol behaupten, zu besitzen. Der Abstinente handelt trotz dieser ebenso subjektiv, wie vor fast zwei Jahrtausenden bestimmte Sekten gehandelt haben, als sie das Abendmahl mit Wasser feierten, d. h. aus individueller Abneigung oder Furcht vor den Alkoholfolgen — also den gleichen Gründen, die Menschen zu Nichtrauchern machen. Objektiv können sie nichts anderes vorbringen, was ihre Enthaltsamkeit begründen hülfe.

Zwischen Zuviel und Nichts steht das Mäßige. Die Mäßigkeitsbestrebungen gegenüber dem Mißbrauche geistiger Getränke haben viele Äußerungen darüber zuwege gebracht, darunter auch ganz unzulängliche von dem oder jenem „Sozialhygieniker", die weder von Hygiene noch von den Alkoholwirkungen, noch von dem Arbeiterleben genügend wußten, um von ihrem ungedeckten Tische aus die Welt mit ihren Emanationen beglücken zu dürfen. Über das Richtige, was in der Mäßigkeit liegt, braucht, da es selbstverständlich ist, nichts gesagt zu werden. Die Mäßigkeit ist eine eherne Lebensnotwendigkeit. Sie sollte deswegen für alle Wunschbetätigungen des

Menschen auch ein ehernes Lebensgesetz sein. Die Mäßigkeit schließt die Leidenschaft des Begehrens aus oder läßt sie nicht bis zum Krankhaften anwachsen. Deswegen erwecken die auf alkoholische Mäßigung hinzielenden Schriften Sympathie, selbst wenn man der Meinung ist, daß ihr Nutzen nicht in einem richtigen Verhältnis zu den Aufwendungen steht.

Immerhin erscheinen sie in wohltuender Gegensätzlichkeit zu dem, was die letzten Jahre in Amerika an Alkoholprohibitionsgesetzen gebracht haben, vor allem zu dem „Volstead-Gesetz", dem achtzehnten Verfassungszusatz, gegen den der Präsident Wilson im Jahre 1919 vergeblich sein Veto eingelegt hat. In den Vereinigten Staaten sind jetzt Herstellung, Verkauf und Transport von berauschenden Getränken wie auch ihre Einfuhr und Ausfuhr verboten. Es gibt aber Erlaubnisscheine für Ärzte, die das Recht haben, bei ihnen hierfür geeignet erscheinenden Körperzuständen Wein und Whisky zu verordnen, und zwar derselben Person in zehn Tagen nicht mehr als etwa ½ Liter. Angeblich sollen in einem Jahre 45 000 Ärzte hiervon Gebrauch gemacht und 13 800 000 Alkoholatteste ausgestellt haben. Aus dem Jahre 1925 wird in bezug auf scheinbar regulären Alkoholabsatz angegeben, daß viele frühere Wirte und Schankkellner unter dem Namen von geprüften Apothekern neue Apotheken lediglich zu dem Zwecke, um Whisky zu verkaufen, eröffnet haben. Die Zahl der Apotheken wuchs im Staate New York von 1565 im Jahre 1916 auf 5190 im Jahre 1922 und ist weiter gewachsen. Diese Whisky-Apotheken verkaufen legitime Ware unter dem Preis, um Kundschaft für ihr Whiskygeschäft anzuziehen. Ich habe auf meinen amerikanischen Reisen von Ozean zu Ozean in den damals „trockengelegten" Staaten Beobachtungen gemacht und Nachforschungen angestellt, die mir die Überzeugung beigebracht haben, daß die Antialkoholheuchelei schon damals eine recht unerfreuliche Größenordnung angenommen hatte. Man urteilt jetzt über die neue Zwangsenthaltsamkeit so, daß derjenige, der nicht neuerdings mit seinen eigenen Augen die Verhältnisse geschaut hat, kaum zu glauben vermag, daß dem Gesetze so reichlich, auch öffentlich, mit fröhlichster Keckheit Hohn gesprochen wird, daß die ironische Frage von Ausländern, „wann eigentlich die Prohibition eingeführt werden solle", nach den Tatsachenschilderungen Berechtigung zu haben scheint.

Liest man dagegen eine amerikanische Schilderung des bisherigen Erfolges, so sollte man meinen, daß das wahre goldene Zeitalter über das Land gekommen sei, denn, so sagen sie: „der Wohlstand hätte zugenommen, die Sparkasseneinlagen stiegen, ebenso die Anlagen in Aktien, die Arbeitsleistungen wüchsen, die Betriebsunfälle seien seltener geworden, der Umsatz der Geschäfte sei gestiegen, die Kaufkraft wäre erhöht, und es würden mehr Bücher gekauft, mehr Zeitschriften gehalten, es werde mehr Milch getrunken, die Prostitution sei zurückgegangen, Ehebruch seltener geworden, die Geschlechtskrankheiten und Selbstmord wären vermindert, die Kindersterblichkeit gesunken, Mord, Überfälle, Räubereien und nächtliche Diebstähle, sogar Taschendiebstähle hätten in New York eine Verminderung erfahren, ebenso die Verhaftungen wegen Trunkenheit um 30 bis 80% — die freilich 1921 und 1922 wieder zugenommen hätten — und die der Landstreicherei. Die „Alkoholpsychose" sei zurückgegangen, stellenweise um 50%, und die „Alkoholtodesfälle" seien in 14 großen Städten von 1916 bis 1920 um 84% gesunken, usw." Wahrlich, nun fehlt nur noch, daß in solchem beglückten Lande durch das Alkoholverbot auch das Wort Jesaiah in Erfüllung ginge von jener köstlichen messianischen Zeit: „Und es wohnt der Wolf mit dem Lamme und der Tiger lagert mit dem Böcklein und Kalb und junger Leu und Maststier zusammen, und ein Knabe leitet sie."

Sieht man demgegenüber auf neuere statistische Bekundungen über die Kriminalität in der Stadt New York, so treten — ihre Wahrheit vorausgesetzt — Zahlen an den Beurteiler heran, die, auch in ihrer Gegensätzlichkeit zu den eben gemachten Ausführungen, höchst unangenehm wirken. So sollen dort im Jahre 1921: 237, 1923: 262 und 1924: 333 Morde vorgekommen sein, deren Verursacher zum größeren Teil unentdeckt blieben. Im Jahre 1924 fanden ebendort 7000 Prozesse wegen Einbruchs statt, von denen nur 587 mit Verurteilung endeten.

Da alkoholische Getränke in den Kreis der Lebensbedürfnisse der überwiegenden Zahl der Menschen getreten sind, so muß notwendig, zumal in den „trockengelegten Ländern", ein Erlangenwollen zu Gesetzverletzungen, zum Schmuggel, führen. Noch in diesem Jahre sind in Cleveland viele Menschen in einen dadurch bedingten Strafprozeß verwickelt worden.

Arge Übertreibungen in der Beurteilung der weitschichtigen Alkoholfragen wie die geschilderten finden, obschon ihre Tendenz offenkundig ist, auch eingeschworene, fanatische Gläubige. Demgegenüber ist als Erfahrungswahrheit auszusprechen: Kein sittlich minderwertiger Zustand einer ganzen Bevölkerung läßt sich denken, der nur eine einzige Ursache hätte — hier angeblich nur der Alkohol —, und kein Mittel läßt sich erdenken, auch nicht die restlose Vernichtung sämtlichen Alkohols, das in so kurzer Zeit so wunderbare Wandlungen nach der idealsten Vollkommenheitsseite hin zuwege bringen könnte, wie der angeführte Bericht glauben machen will. Solche sinnlosen Übertreibungen sollen Gläubige und Bewunderer der neuen amerikanischen Alkoholgesetzgebung finden, die Gerechte und Sündige, Menschen, die sich in jedem Augenblicke der Grenzen ihrer Alkoholtoleranz bewußt sind, und Säufer gleichmäßig mit dem Alkoholinterdikt belegt — auf dem Papiere! Und so ist das Land alkoholfrei und ein Vorbild für die ganze Welt und für alle Zeiten! Nicht für alle Zeiten! Denn mir will scheinen, als wenn der fanatische Zwang schon Gegenkräfte wachgerufen habe, die ein vernünftiges Niveau herzustellen imstande sein werden.

Nein! Das Weltverbesserertum in dieser Gestalt hat keine so weitgehende Rechtfertigungsgrundlage. **Die Alkoholmengen, die ein Mensch mit normalen Hemmungen zu sich nimmt, schaden ihm weder körperlich noch geistig und leisten ihm etwas.** Übergehe man ganz, daß der Alkohol auch nahrungsstoffliche Wirkungen hat. Schon der heilige Clemens von Alexandrien kennt die Wertschätzung, die die Bibel dem Weine zuteil werden läßt, er wußte auch, daß kein Sabbat und kein Fest der Juden — wie noch heute — beginnt und verläuft, ohne daß vor der Mahlzeit ein Segens- oder Dankspruch über die Frucht des Weinstocks erklingt.

Gepriesen seist Du, Ewiger, unser Gott! Herr der Welt!, der Du die Frucht des Weinstocks erschaffen hast.

Er erhebt den Wein, weil er die persönliche Stimmung und die Selbstbeurteilung heller, das Benehmen gegen Fremde und das Gesinde sanfter und gegen Freunde gütiger werden läßt. Der Wein kann aber noch viel mehr leisten: **Er hat sich, seit er zu Menschen gekommen ist, Unzähligen in Zeiten seelischer Not als ein Freund erwiesen, hat ihnen in sorgenvollen, bedrückenden Stunden „das Herz erfreut", es in** der Freude freudiger schlagen gemacht, es in Kummer, Sorge, Furcht zum Gleichmaß gehoben, Mißmut von der Stirn gescheucht, hat Hoffnungslose, Verbitterte, Sorgenvolle und Verzweifelte ruhiger werden und sie für Stunden das hoffnungsvolle Morgenrot eines neuen, besseren Tages schauen lassen, körperlich Gepeinigte, denen nimmer eine ruhige oder frohe Stunde zu schlagen scheint, wenn auch für kurze Zeit den Balsam des befreienden Vergessens in das Herz geträufelt, und dem, dessen Seele im Begriffe ist, den Körper zu verlassen, sie oft genug noch für so lange festgehalten, daß bewußte und auch bestimmende Worte den Lippen entklingen konnten.

Einst erklärte das große Orakel den Sokrates für den weisesten der Menschen, und dieser Weiseste ließ sich so vernehmen: „Mir will, o Freunde, richtig erscheinen, daß man trinke, denn der Wein erquickt die Seele, besänftigt den Kummer, wie die Mandragora die Menschen, und belebt den Frohsinn, wie das Öl die Flamme."

... ἀλλὰ πίνειν μὲν, ὦ ἄνδρες καὶ ἐμοὶ πάνυ δοκεῖ, τῷ γὰρ ὄντι ὁ οἶνος ἄρδων τὰς ψυχὰς, τὰς μὲν λύπας, ὥσπερ ὁ μανδραγόρας, ἀνθρώπους κοιμίζει· τὰς δὲ φιλοφροσύνας ὥσπερ ἔλαιον φλόγας ἐγείρει.

Und wie war es in den späteren Zeiten? Stets bestand bei Einsichtigen die Erkenntnis, daß der vernünftige, mäßige Gebrauch des Weines keinen Schaden stiftet, die Trunksucht aber ein Übel sei. Ein anderer Weiser hoher Größenordnung des 12. Jahrhunderts, Maimonides, wies darauf hin, daß nicht jeder zu erkennen vermöge, wie der Wein richtig zu gebrauchen sei, daß seine Verwendung als Trunkenheit erzeugendes Mittel ein Unheil sei, denn die Trunkenheit sei eine Gehirnstörung, daß Junge ihn meiden sollten, daß er jedoch Greisen förderlich sei, und daß er sogar gewissermaßen ein Prophylaktikum für die Gesundheitserhaltung darstelle. Man mag an der letzteren Auffassung oder an der Jahrhunderte später in noch stärkerer Betonung von Ambroise Paré[1]) geäußerten: „L'eau de vie, une espèce de panacée, dont les vertus sont infinies", Einschränkungen

---

[1]) Ambroise Paré, Opera, p. 1154.

vornehmen — ein Stück Wahrheit enthalten sie. So wie Ärzte im Bedarfsfalle den Alkohol auch als Gutes schaffend ansahen, haben viele Nichtärzte geurteilt. Als Achilles Ratti, der jetzige Papst Pius XI, ein hervorragender Bergsteiger, die Dufourspitze bestiegen hatte und von den Beschwerden und der Kälte litt, Wein und Eier gefroren waren, da nahmen er und seine Begleiter zur Schokolade und einem Rest „vorzüglichen Kirschs" ihre Zuflucht[1]). Dies war pharmakologisch richtig gehandelt.

Von allem diesem Guten entfernt stehen die häßlichen Bilder der Trunkenheit mit ihren Koordinationsstörungen für Leib und Seele, die Montaigne[2]) mit Recht als „vice lasche et stupide" bezeichnete. Ist aber all das Gute wahr — und nur von einem parteiischen Sektenstandpunkt aus kann darüber Zweifel laut werden — dann bedauern wir die Säufer und haben Nachsicht mit dem Nichttrunksüchtigen, der sich einmal nach dem Jenseits des Guten verirrt hat, möchten aber nicht, daß diejenigen, die diesseits des Guten bleiben, wenn sie Wein trinken, als Minderwertige gescholten werden.

Der Abstinente ist kein höherer Mensch, nur weil er dem Alkohol entsagt, ebensowenig wie derjenige, der das Gelübde der Keuschheit abgelegt hat, sich höher dünken darf als der, der den naturgemäßen körperlichen Trieben gehorcht, und ebensowenig wie der Nichtraucher, der zwar vor den auch einmal unerfreulichen Wirkungen des Nikotins bewahrt bleibt, aber die angenehm entspannende Wirkung nicht kennt, die bei vielen Menschen das Rauchen einer Pfeife Tabak oder einer Zigarre veranlaßt. **Das Abstinententum hat das Recht eines Individualtums, aber nicht eines Evangeliums.**

---

[1]) Bobba u. Mauro, Alpine Schriften des Priesters Achille Ratti, 1925, S. 44.

[2]) Montaigne, Essais, Liv. II, chap. II.

f) Schlußbetrachtungen.

In dem unendlich großen Weltbetriebe, der auch alles Belebte umfaßt, kann der Mensch mit seinem im Verhältnis dazu so unendlich kleinen Können, wenn überhaupt, so nur in den allerbescheidensten Grenzen Einfluß auf eingeborene oder erworbene Triebe des Einzelnen ausüben. Er kann wohl einige Löwen, Tiger, Bären unter Zwangsbedingungen zähmen, er vermag einige Pflanzenfresser zu Fleischfressern zu machen, niedere Süßwassertiere für eine Zeit in Salzwasserbewohner zu wandeln — sein Können hat aber nur Erfolg oder Mißerfolg, wenn die von ihm angewandten Mittel den Trieb oder die Eigenschaften aus irgendeinem zureichenden Grunde weit an Energie überragen. Dem verwirklichten, gesetzwidrigen Triebleben eines Verbrechers mag man durch Einschließung für eine Zeit ein Ende bereiten, den Alkoholisten entmündigen — aber nach allen bisherigen, Jahrtausende alten Erfahrungen ist allem solchen Eingreifen kein Dauererfolg beschieden. Eine sichere Heilung des Alkoholisten ist bis auf prozentisch wenige Menschen unwahrscheinlich.

Keine der seit ältester Zeit gegen das Betrunkensein und die Trunksucht ersonnenen Strafen und Vorbeugungsmaßnahmen haben einen allgemeinen, halbwegs annehmbaren Erfolg gehabt. Einige Hinweise dafür werden zur Erkenntnis genügen. Im ganz alten Rom, auch in Milet und in Massilia (Marseille), war es den Frauen verboten, Wein zu trinken. Die Gattin des Egnatius Mecenius, welche Wein aus einem Fasse getrunken hatte, wurde von ihrem Manne totgeprügelt und dieser von Romulus freigesprochen. Pompilius Faunus ließ seine Frau, die einen Weinkrug geleert hatte und trunken geworden war, mit Ruten zu Tode peitschen, und eine andere römische Frau von Stande wurde von ihrer Familie zum Hungertode verdammt, weil sie sogar nur einen Schrank, worin die Schlüssel zum Weinkeller waren, geöffnet hatte.

Bei den epizephyrischen Lokrern, den ersten Prohibitionisten, gab es ein Gesetz, nach dem unter Todesstrafe verboten war, Wein zu trinken, wenn es nicht auf Anordnung eines Arztes als Medikament geschah. In Rom sollten Jünglinge nicht vor dem 30. Lebensjahre Wein trinken.

Solche und noch schlimmere Gesetze hat es zu allen Zeiten bei zivilisierten Völkern gegeben, ohne daß ihnen gehorcht wurde. In den Kapitularien Karls des Großen vom Jahre 801 wird den Priestern befohlen, das Laster der Trunksucht sowohl von sich selbst fernzuhalten, als auch andere nicht zum Trinken zu nötigen [1]). Wer dem zuwider handle, solle exkommuniziert oder körperlich gezüchtigt werden [2]). Der Trunk sei der Herd und die Amme aller Laster. Außer an Geistliche ging an das Heer ein solcher Befehl. Im Jahre 812 wurde verordnet, daß im Heere keiner einen anderen zum Trinken zwingen dürfe, wenn aber einer betrunken gefunden werde, so solle er so lange bei Wasser exkommuniziert bleiben, bis er sein schlechtes Handeln eingesehen habe. Trotz derartiger Verordnungen, die in Konzilbeschlüssen noch Verstärkung fanden, wurde weitergetrunken, sogar an heiliger Stelle. So blieb es stets, obschon es nicht an Sittenschilderungen in den folgenden Jahrhunderten fehlte, die als abschreckende Spiegelbilder dienen sollten, und obschon im Jahre 1524 die Kurfürsten von Trier und Pfalz, die rheinischen fünf Pfalzgrafen, der Markgraf Casimir von Brandenburg, der Landgraf von Hessen mit den Bischöfen von Würzburg, Straßburg, Speyer, Regensburg usw. einen Mäßigkeitsverein gegründet hatten, der sie für ihre Person verpflichtete, aber sie auch band, agitatorisch in diesem Sinne zu wirken und sogar Beamte,

---

[1]) Balusius, Capitularia regum Francorum, Venetiis 1722, p. 257, 177, 782.

[2]) „ . . . a communione statuimus submovendum aut corporali subdendum esse supplicio."

die das Gebot, auch des Zutrinkens, verletzten, sofort zu entlassen und in dem Entlassungszeugnis den Grund der Entlassung anzugeben.

Unter Franz I. wurde in Frankreich durch ein Edikt vom Jahre 1536 wer sich öffentlich betrunken zeigte, erstmals mit Gefängnis bei Wasser und Brot bestraft, bei dem zweiten Male auch mit Ruten und Peitsche gezüchtigt, bei dem dritten Male öffentlich gestäupt. Sollte die Rückfälligkeit andauern, so sollte ein Ohr abgeschnitten und der Trunkenbold verbannt werden. Straflosigkeit für Rechtsverletzungen in der Trunkenheit war ausgeschlossen. Alle jene überaus zahlreichen anderweitigen, verhütenden und strafenden Bestimmungen der letzten Jahrhunderte gegenüber dem Alkoholismus bis zu den modernen Gestaltungen derselben haben aus den von mir auseinandergesetzten Gründen einen kaum merklichen Wirkungsradius gehabt.

Auch die in neuester Zeit [1]) in bester Absicht ersonnenen Maßnahmen werden nicht mehr ausrichten, zumal sie zumeist nur von Juristen verfaßt werden. Die Technik des Gesetzemachens reicht für solche Fragen nicht aus. Was z. B. der moderne Jurist durch das Hineinbringenwollen des Begriffs der „Schuldhaftigkeit der Trunkenheit" in das Gesetz zu erreichen bestrebt war, entbehrt der praktischen Durchführbarkeit. Der Begriff „schuldhaft" setzt einen freien Willen, eine Einsicht in die Folgen der Tat voraus. Eine solche kann aber beim Trinken alkoholischer Getränke aus zwei Gründen fehlen:

a) wegen der Unfähigkeit, die individuelle Toleranz selbst einzuschätzen, d. h. der Möglichkeit, den gefährlichen Augenblick zu verpassen, in dem das nach Aufnahme einer gewissen Menge von Alkohol „sittlich noch vor-

---

[1]) L. Lewin, Die Bestrafung der alkoholischen Trunkenheit (Kritik des Strafgesetzentwurfes von 1919), Münchn. Med. Wochenschrift, 1921, Nr. 45.

wurfsfreie Individuum" sittlich tadelnswert und demnach straffällig wird, wenn es etwas darüber hinaus trinkt, und

b) wegen der Unmöglichkeit, in jedem Falle die Qualität des Getränkes in bezug auf seine berauschende, Trunkenheit erzeugende Eigenschaft richtig einzuschätzen.

Dem in Trunkenheit Befindlichen kann man nicht ohne weiteres ansehen, ob er in dem alkoholischen Getränk, unabhängig von seinem Willen, nicht auch Methylalkohol oder Fuselöle oder Nitrobenzol oder unangenehme ätherische Öle und anderes zu Trinkbranntweinen Hinzugefügtes aufgenommen hat, was, wenn es nicht vorhanden gewesen wäre, seinen Zustand der Trunkenheit bzw. eine darin begangene strafbare Handlung nicht hätte entstehen lassen können.

Fällt aber die Schuld fort, so kann auch eine Strafe keinen Platz haben. Dem Betrunkenen ist dann kein „sittlicher Vorwurf" mehr zu machen. Es ist meines Erachtens unmöglich, für das Zuvieltrinken von Alkohol bzw. die sichtbaren Folgen desselben ein gerechtes Strafgesetz zu formulieren. Aber auch die reichste toxikologische Lebenserfahrung muß in dieser Beziehung versagen, weil es unmöglich ist, auf diesem Wege mit Erfolg, nämlich dem Erfolge der Verhütung, direkt vorzugehen. In die Schule und in das Haus müssen die Bestrebungen verlegt werden, der Entstehung der Trunksucht vorzubeugen. Vor allem muß in der Schule so viel Unterrichtszeit gewonnen werden, um dieses Stück der praktischen Lebenskunde zu lehren. Und manches andere daran Angrenzende würde in die jungen Seelen und den keimenden Verstand gelegt werden können.

Hoffmannstropfen.

Die Arzneibücher führen eine Mischung von drei Teilen Alkohol und einen Teil Äther. Es gibt nicht wenige „enthaltsame" Menschen, insbesondere Frauen, die diese Hoffmannstropfen gegen Schwächeanwandlungen, denen sie öfter unterworfen sind, auch oft gebrauchen. Diese würden dagegen Einspruch erheben, wollte man sie als Alkoholistinnen oder Äthersüchtige bezeichnen. Und doch besteht bei ihnen ein gewisses Gebundensein an einen solchen Gebrauch, der zur Leidenschaft auswachsen kann. Ich kenne einen vor Gericht verhandelten Fall, in dem eine Frau es fertiggebracht hat, in vier Jahren angeblich für 30 000 M. davon verbraucht zu haben. Auf Trinkerinnen und Trinker von solchen Tropfen ist das Augenmerk zu richten.

Die Chloroformsucht.

Kaum ein Jahr nach der ersten Anwendung des Chloroforms als Inhalationsanästheticum gab es schon Menschen, die dasselbe als Genußmittel gewohnheitsmäßig einatmeten. Schon damals wurden Warnungen laut, die darauf hinwiesen, daß akute und chronische Geistesstörung durch einen solchen Mißbrauch entstehen können. Die Zahl dieser Chloroformriecher hat, wie ich schon im Jahre 1893 darlegte[1]), im Laufe der Zeit zugenommen. Ärzte, Apotheker, Heilgehilfen, Drogisten frönen am häufigsten dieser Leidenschaft. Manche nehmen die Einatmungen vielmals täglich, andere seltener an einem Tage oder auch nur in Intervallen von ein bis drei Tagen vor. Hier und da wird auch Chloroform wie Äther eingeatmet und innerlich genommen. Durch die Gewöhnung wird eine Toleranz geschaffen, die jedoch nicht weite Grenzen hat. Der größte Teil der Chloroformsüchtigen wird nach längerer oder kürzerer Dauer ihrer Leidenschaft krank. Das freie Intervall ist jedoch fast immer kürzer als bei Morphiumsüchtigen. In einem Falle war Chloroform gegen eklamptische Anfälle, später gegen Kopf- und Kreuzschmerzen öfter zu Inhalationen verwandt worden. Die Kranke wurde reizbar und begann bald so dringend weiter nach Chloroform zu verlangen, als wenn sie es schon jahrelang gebraucht hätte. Sie erhielt nichts, und nun entstand eine typische Geisteskrankheit mit Halluzinationen, Verfolgungsideen usw. Akute Exzesse in demselben Genußmittel seitens eines daran

---

[1]) L. Lewin, Die Nebenwirkungen der Arzneimittel, 1893, S. 67, 1899, S. 51.

Gewöhnten schaffen so schwere Folgen, als wenn ein Nichtgewöhnter die gleiche Menge aufgenommen hätte, ja, lassen solche Individuen vielleicht noch leichter als andere unterliegen. So hatte sich z. B. der Lehrling eines Drogisten wegen der Aufregung und der angenehmen Gefühle, die ihm die Chloroformeinatmung verursachte, gewöhnt, täglich eine solche vorzunehmen. Als er aber an einem Tage, wahrscheinlich noch unter dem Einflusse einer Berauschung, eine erneute Einatmung mit etwa 12—15 g Chloroform, die er auf ein Handtuch goß, vornahm, fiel er, auf den Ladentisch gelehnt, mit dem Gesicht auf das Handtuch und verharrte etwa zehn Minuten in dieser Situation. Man fand ihn pulslos und konnte ihn trotz aller erdenklichen Hilfsmittel nicht zum Leben zurückrufen. Die Beweggründe für den Chloroformgebrauch sind die gleichen wie beim Morphium.

Manche Morphinisten frönen auch noch dem Chloroform. So behandelte ich einen Generalstabsoberst, der, um sich des Morphins zu entwöhnen, an dem auf das Taschentuch geträufelten Chloroform dauernd schnüffelte. Die Mengen, die in 24 Stunden verbraucht werden, schwanken je nach dem Gewöhnungsgrad und der Leidenschaftlichkeit des Genusses. Tagesmengen von 40 bis 360 g und wahrscheinlich vereinzelt noch mehr werden aufgenommen. In zwei Monaten verbrauchte ein Apotheker in dieser Weise 8000 g Chloroform. Ein Morphinist, der sich durch Morphin keinen Schlaf mehr verschaffen konnte, brachte den größeren Teil des Tages im Bett zu und chloroformierte sich', so oft er erwachte. Ein anderer goß sich anfangs tagsüber einige Tropfen auf ein vor die Nase gehaltenes Tuch so lange, bis ein Verblassen der Sinneseindrücke eingetreten war. Des Nachts versorgte er sich reichlicher. Später war das Verlangen nach dem Narkoticum so ungestüm, daß er fast den ganzen Tag das Läppchen mit Chloroform auflegte, jede Rücksicht auf Beruf, Stellung, Flehen der Angehörigen wich, und die verbrauchte Menge zu wiederholten Malen dem Volumen nach eine gewöhnliche Weinflasche voll in 24 Stunden, in der Nacht allein 500 g betrug. Die Sehnsucht nach jeder neuen Chloroformeinatmung erwies sich bei manchen solchen Personen als so stark wie die nach Morphin bei stark dem Morphin Ergebenen.

Als Folgen der Chloroformsucht erscheinen körperliche und geistige Störungen. Die Verdauung leidet. Epigastrische Schmerzen und Erbrechen von Mageninhalt und Blut kommen zuweilen nach innerem Gebrauch, aber auch nach Einatmungen vor. Körperliche Schwäche und Abmagerung treten bei einigen Kranken besonders sichtbar in den Vordergrund. In manchen Fällen entsteht Gelbsucht. Man sah dies z. B. bei einem Arzte, der nur alle zwei bis drei Tage Chloroform einatmete. Der Geschlechtstrieb fehlt meist. Als ein für die Diagnose dieser Leidenschaft verwertbares Symptom halte ich die örtlichen Reizerscheinungen an der Nase, die den Kranken zu fortwährendem Schnüffeln veranlassen. Mehrfach wurde Zittern der Glieder beobachtet. Allgemeiner Marasmus kann das Schlußphänomen dieses Zustandes darstellen.

Meistens überwiegen jedoch die Störungen des Zentralnervensystems, besonders des geistigen Zustandes, während des ganzen Leidens. Sie kommen entweder periodisch oder sind dauernd. Die Individuen zeigen gewöhnlich eine Verschlechterung des allgemein sittlichen Verhaltens. Sie sind meistens verlogen. Ihr Gedächtnis leidet. Alle geistigen Funktionen sind verlangsamt. Ihr Wesen wird mißtrauisch, unselbständig, launisch, in Extremen sich bewegend. Sie sind reizbar und besonders empfindlich. Der Schlaf ist schlecht oder fehlt. Bei einigen erscheinen neuralgische Beschwerden, Ziehen in den Gliedern, auch Gürtelschmerzen. Zeitweilig werden manche dieser Kranken von Halluzinationen heimgesucht, an die sich ein dem Delirium tremens alcoholicum ähnlicher Zustand anschließen kann. Andere bekommen plötzlich, nachdem der Mißbrauch ein oder zwei Jahre angehalten hat, heftige Manie mit Verfolgungswahn.

Vereinzelt macht ein solcher Mensch den Eindruck eines Quartalsäufers. Er erscheint gewöhnlich normal; mit dem periodischen Eintritt einer gewissen Erregung wird er ein anderer. Leidenschaftlich und rücksichtslos verlangt er nach Chloroform und verfällt geistig und körperlich.

Einige dieser Chloroformsüchtigen müssen nach relativ kurzem Gebrauch des Mittels, andere, nachdem sie immer wieder rückfällig geworden sind, ihren dauernden Aufenthalt im Irrenhause nehmen. Das letztere illustriert jener Arzt, der auf eine eigentümliche Art zu seinem Chloroformismus kam. Sein herzleidender Vater, ein Arzt, hatte eine Zeitlang gegen seine Beschwerden Chloroforminhalationen vorgenommen und war gestorben. Der Sohn, der wissen wollte, ob das Chloroformriechen zum Tode des Vaters beigetragen habe, stellte an sich Inhalationsversuche mit Chloroform an. Mit diesen Experimenten war ihm jedoch bald die Unabweislichkeit des Fortgebrauches als Genußmittel gekommen. Nach zwei Jahren stellte sich Manie mit Verfolgungswahn ein, die ihn in Irrenanstalten brachte. Zeitweilige Unterbrechungen des Gebrauches halfen nichts. Er wurde immer wieder rückfällig und schließlich Dauerinsasse einer Anstalt.

Wie demgegenüber auch eine lange Toleranz für die Chloroformwirkung bestehen kann, bewies jene Frau, die 30 Jahre lang das Mittel einatmete und innerlich nahm und nebenher noch dem Äthergenuß und starken Weinen frönte. Im 70. Jahre bekam sie ein heftiges Delirium, so daß sie im Bette gefesselt werden mußte. Nach einer dann überstandenen Krankheit soll sie angeblich kein Chloroform mehr genommen haben, dafür aber sehr dem Alkohol und den Hoffmannstropfen ergeben gewesen sein. Verstand und Gedächtnis schienen nur wenig gelitten zu haben.

Diese weiten Schwankungen in den Symptomen und den Verlaufsarten werden nur durch die Individualität bedingt. Eine chloroformsüchtige Arztfrau, die behufs Operation eines kleinen Abszesses in Gegenwart ihres Mannes Chloroform bis zum Benommensein atmete und in der halben Narkose einen der Totenstarre ähnlichen Zustand bekommen hatte, wurde von dem Tage dieses Vorfalls an geistig nicht wieder normal, bekam eine schmutzige Hautfarbe, magerte ab und starb zwei Jahre später. Wahrscheinlich ist hier der Mißbrauch des Mittels heimlich weitergetrieben worden.

Nach der Entziehung des Chloroforms zeigen sich meistens ähnliche Symptome wie nach der Morphiumenthaltung. Die Erregung nimmt einen ungewöhnlichen Umfang an. Unter dem Einflusse von hochgradigen Angstvorstellungen, Gefühls-, Gehörs- und Gesichtshalluzinationen toben die Kranken, zerstören alles, dessen sie habhaft werden können, werfen sich ruhelos umher und schreien so lange, bis die Erschöpfung ihnen das Rasen nicht mehr gestattet. Erbrechen, Durchfall und Herzschwäche können neben den psychischen Symptomen auftreten. Bei einer psychopathisch veranlagten Person, die 15 Jahre lang fast täglich 40—60 g Chloroformspiritus, also etwa 20—30 g reines Chloroform eingeatmet und zeitweilig deliriumähnliche Zustände bekommen hatte, fehlten die Abstinenzsymptome gänzlich. Nur wenn der Gebrauch des Narkoticums sehr kurze Zeit angehalten hat, ist die Möglichkeit der Wiederherstellung gegeben, aber ebenfalls nicht groß. Alte Chloroformriecher sind unheilbar. Angebliche Heilungen in zweieinhalb bis fünf Tagen nach der Entziehung können nur ganz Unkundige für wahr halten.

Auch der § 51 des Strafgesetzbuches hat schon bei einem des Diebstahls angeklagten Chloroformisten Anwendung gefunden. Es erfolgte Freisprechung, weil der seit fünf Jahren unter dem Einflusse dieses Narkoticums stehende zwanzigjährige Mann bei Begehung der Tat unter der Nachwirkung des Chloroformrausches gestanden habe.

Die Äthersucht.

Was ich über den gewohnheitsmäßigen Gebrauch von narkotischen Stoffen bei der Besprechung des Chloroforms angegeben habe, trifft auch für die Ätheromanie zu. Dieselbe ist lange bekannt. Bereits 45 bis 50 Jahre, bevor der Äther zu arzneilichen Zwecken empfohlen wurde, hatte er zu berauschenden Verwendung gefunden. Von England wanderte dieses Laster nach Frankreich, Deutschland usw., ohne daß in den letztgenannten Ländern die Zahl der Opfer sehr groß wurde und besonders, weil der Morphinismus bald auf der Bildfläche erschien, der mancherlei Vorteile, besonders die bessere Möglichkeit des Verheimlichens, besitzt. Es gibt aber leider noch Menschen, die den Äther in Gestalt der Einatmungen, aber auch innerlich als Genußmittel in immer steigenden Quantitäten zu sich nehmen.

Sehr verschiedenartig sind die Gründe für den Gebrauch. Nachahmung, Verleitung durch Schilderung besonders angenehmer Wirkungen, Stillung körperlicher und psychischer Schmerzen stellen einige davon dar. Die Individualität schafft Verschiedenheiten in der Wirkung. Illusionen des Gesichts und Gehörs, das Träumen eines glücklichen, paradiesischen Zustandes, der sich nach den Wünschen des Betreffenden gestaltet, das Hören schöner Musik, das Sehen schöner Frauen, lasziver Situationen und anderes mehr können sich einstellen, eine Zeitlang bestehen und die Erinnerung an einen köstlichen Traum hinterlassen. So besang ein französischer Dichter die Empfindungen einer unter Äther Gebärenden als die höchste Leistung dieses Stoffes in bezug auf das Entstehenlassen von Lustgefühlen:

Oh, d'un double mystère ineffable pouvoir,
Au moment qu'elle enfante elle croit concevoir.

Die Gewöhnung bedingt eine Toleranz für schließlich auch sehr große Dosen, schützt aber nicht vor dem Tode, falls die Einatmung zu lange fortgesetzt wird. Auch Äthertrinker können akut durch zu starke Berauschung zugrunde gehen, besonders wenn nicht regelmäßig Nahrung aufgenommen wird. Die körperlichen und geistigen Störungen stellen sich bald früher, bald später ein. Besonders der moralische Defekt läßt nicht lange auf sich warten. Schon hat sich diese Leidenschaft, wenngleich nur vereinzelt, auch auf die Jugend verbreitet.

Ein zehnjähriger Knabe, der sich, abgesehen von einem leichten Geräusch am ersten Herzton und etwas bleichsüchtiger Gesichtsfarbe, vollkommen wohl befand, war ungewöhnlich intelligent und frühreif und schrieb selbst seine außerordentlichen Erfolge in der Schule dem Genusse von Äther zu. Er nahm anfangs tagsüber 20—50, ja 100 g innerlich und ebensoviel nachts in Dampfform durch Riechen zu sich. Wenn er von dem Ätherrausch erwachte, konnte er die schwierigsten mathematischen Probleme lösen. Vergebens waren alle Versuche, ihn von dieser Leidenschaft zurückzuhalten. Er stahl seinen Eltern Geld und schlich nachts in die Apotheken, um sich das Mittel zu verschaffen. Im Laufe von neun Jahren stieg der tägliche Verbrauch desselben bis zu einem Liter, dem er im letzten Jahre auch noch subkutane Morphiuminjektionen hinzufügte. Er starb an einem Herzfehler, den ich nach meinen jetzigen Erfahrungen ursächlich auf den Äther zurückführe.

Es gibt auch Menschen, die den Äther nie innerlich nehmen, sondern ihn, wie die Chloroformriecher, nur als Dampf einatmen. In einem solchen, einen gebildeten Menschen betreffenden Falle, zeigte sich nach einiger Zeit körperlicher Verfall, der Kranke kam in seiner sozialen Stellung herunter, war matt und schwach, hatte Appetitmangel und Muskelzittern und verbreitete einen unangenehmen Geruch. Über einen Ätherriecher wird berichtet, der dieser Leidenschaft, um sie zu verheimlichen, während des Spazierfahrens im Wagen frönte. Er atmete das Mittel allmählich ein, die Exzitation wurde dadurch länger, und während derselben stritt und schlug er sich mit seinem Kutscher und machte das Dazwischentreten der Polizei erforderlich.

Eine Frau, deren Vater Trinker und deren Mutter ein „nervöses Original" gewesen war, die Äther zu arzneilichen Zwecken im Alter von 22 Jahren 4 Monate in steigenden Mengen genommen, aber dann ausgesetzt hatte, fing im 42. Jahre aus den gleichen Gründen wieder damit an. Das Verlangen nach dem Mittel nahm derart zu, daß sie im Laufe jeder Nacht etwa 250 g davon verbrauchte. Ihr Körper litt, sie wurde mager, bleich, anämisch, klagte über Magenschmerzen, war reizbar, mißtrauisch, hatte Selbstmordideen, irrte allein, auch nachts, auf den Straßen umher, schlief im Ätherrausche nachts auf einer öffentlichen Ruhebank ein und bettelte schließlich, während sie früher eine Dame der feinen Welt war, auf den Straßen, um ihre Sucht befriedigen zu können. Angeblich soll sie nach einer Entziehungskur wiederhergestellt worden sein.

Verhältnismäßig häufig scheint das Äthertrinken zu sein. Es ist begreiflich, daß da, wo starre Temperenzbestrebungen einen gewissen äußeren Erfolg erzielen, das Gelüste vieler nach betäubenden Stoffen auf Aushilfsmittel führt. Der Äther wird als ein solches angesehen. Alkohol wird nicht berührt, aber Äther oder Hoffmannstropfen in immer steigenden Mengen gebraucht. Das weibliche Geschlecht, bei dem ja auch sonst die gewohnheitsmäßige Aufnahme konzentrierten Alkohols als nicht schicklich angesehen wird, stellt ein reichliches Kontingent zu diesen Ätheromanen. Ein Ätherfläschchen als Vademecum ist bei solchen Frauen eine Notwendigkeit. Manche Äthertrinker treiben es mit den täglichen Dosen arg. Der Chemiker Bucquet trank täglich über einen halben Liter, Rouelle verbrauchte täglich einen Liter.

Die körperlichen Beschwerden beginnen gewöhnlich mit Störungen der Magenfunktionen. Dyspepsie, Magenschmerzen, Erbrechen stellen sich ein. Seltener ist Zittern und Muskelschwäche sowie Glykosurie. Bei einer Frau, die täglich Äther, auf Zucker gegossen, vor dem Essen nahm und so im ganzen 180 g verbraucht hatte, zeigten sich nach zweieinhalb Monaten Schwäche und Zittern der Hände, später auch der Beine, krankhafte Kontraktion einzelner Beinmuskeln beim Gehen, Brustschmerzen, Schmerzen zwischen den Schulterblättern, Erbrechen, Ohrensausen, Kopfweh, Herzklopfen und Wadenkrämpfe. Der Appetit war geschwunden. Am Morgen tritt, wie bei Trinkern, Erbrechen auf. Die Herzarbeit wird unregelmäßig und schwach, die Haut mißfarbig. Der Charakter ändert sich ebenfalls bald. Reizbarkeit, Stimmungswechsel, Launenhaftigkeit neben Verlust der Willenskraft lassen sich erkennen. Die Individuen werden nachlässig und faul. Dagegen wird hervorgehoben, daß ein Delirium wie bei Alkoholikern nicht vorkomme und eine Kachexie fehle, wie sie bei Morphinisten beobachtet wird. Unter den gleich zu erwähnenden irländischen Äthertrinkern soll es aber auch solche geben, deren Körper gesund bleibt und bei denen nur psychische Veränderungen auftreten. Man bezeichnet es sogar als eine Wohltat, die den Irländern durch den katholischen Klerus erwiesen sei, daß sie dem Alkohol abwendig gemacht und dem harmloseren Äther zugeführt seien.

Seit längerer Zeit ist die Aufmerksamkeit auf Irland gelenkt worden, wo das Äthertrinken allgemein zu werden schien. Der Ursprung dieses Mißbrauchs ist nicht festzustellen. Die einen behaupten, die irländischen Bauern hätten das Äthertrinken im Jahre 1840, zur Zeit der Predigten des Pater Matthew gegen den Alkohol, begonnen, die anderen beschuldigen die Ärzte, den Äther zu freigebig verordnet zu haben, noch andere führen diesen Unfug auf die Einschränkung der Branntweinbrennereien zurück. Die Bevölkerung des nördlichen Teils von Irland trinkt den in England fabrizierten billigen Äther mit Alkohol gemischt. Im Norden Irlands wird mehr Äther gebraucht als im ganzen übrigen England. In Draperstown und Cookstown war an Markttagen die Luft mit Ätherdämpfen geschwängert, und derselbe Geruch herrschte auch in den Waggons der dortigen Eisenbahnen. In dieser Gegend trinken Männer, Weiber und Kinder Äther, die ersteren meist in Dosen von 8 bis 15 g mehrmals nacheinander. Um das brennende Gefühl, das der Äther erzeugt, abzuschwächen, aber auch um den Verlust an Äther durch Aufstoßen möglichst zu verringern, trinken die Anhänger Wasser nach. Manche dieser Menschen können 150—500 g Äther in mehreren Portionen vertragen. Die Trunkenheit tritt rasch auf und schwindet ebenso rasch. Die ersten Symptome bestehen in heftiger Aufregung, profusem Speichelfluss und Aufstoßen. Zuweilen treten auch epileptiforme Krämpfe auf. Nach großen Dosen zeigt sich ein Stadium von Stupor. Solche Äthertrinker sind zänkisch, lügnerisch, leiden an Magenstörungen und nervöser Prostration.

Der Kleinverkauf des Äthers ist infolgedessen jetzt eingeschränkt. Das Mittel ist in die Reihe der Gifte aufgenommen, so daß es nur in Apotheken auf einen Giftschein verkauft werden darf.

Auch in Norwegen scheint der Äther jetzt als Genußmittel in einer gewissen Breite bei Jung und Alt, Männern und Frauen einen Platz gefunden zu haben, besonders für Festtage.

In manchen Gegenden Deutschlands, z. B. in den früheren Kreisen Memel und Heydekrug, hat das Äthertrinken unter der litauischen Landbevölkerung eine seuchenartige Verbreitung gefunden. Im Jahre 1897 wurden allein in der

Die Äthersucht

Stadt Memel für Trinkzwecke 69 Ballons Äther zu je 60 Liter und im Landkreise Memel 74 Ballons zu je 70 Liter, zusammen 8580 Liter verkauft. An Markttagen machte sich der Äthergeruch, der aus der Ausatmungsluft der Menschen stammt, auf Schritt und Tritt bemerkbar, und wenn an den Passanten der Landstraße zwischen Heydekrug und dem Nachbarort ein mit lärmenden Insassen gefüllter Wagen, auf dessen Pferd der betrunkene Besitzer erbarmungslos dreinschlägt, im gestreckten Galopp vorbeisauste, so flog an ihnen gleichzeitig ein ätherduftender Luftzug vorüber.

Am Schlusse des Markttages sah man ebenso viele äthertrunkene Männer wie Weiber herumtaumeln. Selbst Kindern im zartesten Alter wurde Äther gegeben und dadurch bei ihnen Gewöhnung geschaffen. An Schulkindern sind infolgedessen geistige Schäden entstanden. Ganze Familien sind durch das gewohnheitsmäßige Äthertrinken verarmt. Wie diese Verhältnisse seit dem Kriege sich geändert haben, vermag ich nicht anzugeben.

Ähnliches wurde in Rußland, besonders aber in Galizien, von Landärzten festgestellt. Insbesondere bei der ärmeren Landbevölkerung hat der Äther Eingang gefunden. Mit kleinen Mengen Alkohol gemischt, genießt sie ihn in unglaublichen Mengen. Im Laufe der Zeit entwickelt sich bei solchen Menschen ein krankhafter Stumpfsinn, der in schweren Fällen den Individuen die Denkfähigkeit raubt. Herzstörungen beenden gewöhnlich das Leben.

Aus einzelnen Vorkommnissen kann man schließen, daß bei einem und dem anderen Individuum sozial hochstehender Kreise der Ätherismus gesundheitlich verheerend wirkt, wie neuerdings bei jenen englischen Baronets, von denen der eine als Narkomane neben Äther noch Morphin drei Jahre lang gebraucht hatte und daran zugrunde ging, oder der andere, ein Graf, der als Ätheromane „Extravaganzen" aufwies, die nach der moralischen Seite ihn als einen geistig Minderwertigen charakterisierten.

Ich zweifle nicht daran, daß bei genauerer Untersuchung solcher Äthertrinker sich anatomische Veränderungen werden finden lassen, die denen des Alkoholismus ähnlich sind.

Eine Heilung von dieser Leidenschaft ist fast ausgeschlossen. Die Entziehung kann zwar mit Erfolg bewerkstelligt werden, indessen bleibt nur selten der Rückfall aus. Während der Kur treten Abstinenzsymptome wie bei der Morphiumentziehung auf. Besonders hervorzuheben von Symptomen ist die Schlaflosigkeit. Auch Delirien kommen vor, an die sich Krämpfe anschließen können. Man sah einen Kranken in solchen zugrunde gehen.

Der Benzinrausch.

Bei einzelnen Menschen wurde die Unsitte wahrgenommen, absichtlich Benzindämpfe zur Herbeiführung einer angenehmen Betäubung einzuatmen. Daß auf diesem Wege ein Erfolg zu erzielen ist, kann nicht wundernehmen, da dieser Stoff zu der Gruppe Chloroform-Äther gehört, denen generell die Fähigkeit zukommt, das chemische Gleichgewicht von Gehirnbestandteilen zu stören. Wie ich dies zuerst ausgesprochen habe[1]), können alle flüchtigen Stoffe, denen die Fähigkeit zukommt, die fettartigen des Gehirns zu lösen, je stärker sie dies vollziehen, auch um so tiefer Funktionsstörungen in dem angegebenen Sinne — auch an Sinnesnerven, z. B. den axialen Sehnervenfasern — veranlassen.

Kommen die Fälle von Benzinsucht auch nur selten vor, so lehren auch sie doch, wie das Begehren nach einer Gehirnbeeinflussung anderer Art als der alltäglichen, normalen, auch wenn dies bei dem Individuum nur durch ein so scheinbar ungeeignetes Mittel wie Benzin zu erreichen ist, gewählt und beibehalten wird, wenn sie nur in irgendeiner Art subjektiv angenehm ist.

Einige Kinder und Erwachsene, die an Benzin gewohnheitsmäßig zu ihrem Vergnügen rochen, bildeten den Gegenstand mehrfacher Untersuchungen. Ein solches Mädchen, das an unangenehmen Sehstörungen wegen zentraler Sko-

---

[1]) L. Lewin, Die Nebenwirkungen der Arzneimittel, 1893 usw. Leitsätze zum Kapitel: Inhalations-Anästhetika. Was dort gegeben wurde, erschien später in Arbeiten anderer, auch mit Arabesken verziert, um die Quelle unkenntlich zu machen.

tome litt, hatte — wie die Mutter, eine Handschuhwäscherin, angab — schon seit Jahren, aber in den letzten Monaten ganz besonders intensiv der Neigung gefrönt, an einem mit Benzin getränkten Lappen zu riechen oder eine mit Benzin gefüllte Flasche an die Nase zu halten; besonders vor dem Schlafengehen war diese Sucht so stark, daß weder Strafen noch Ermahnungen nützen konnten, und wenn auch die Mutter bestrebt war, ihre Benzinvorräte zu verschließen, so war doch die Patientin immer mit Vorrat versorgt, den sie einem in einem benachbarten Garten versteckten Depot entnahm, welches sie immer wieder ergänzte, sobald ihr ein Groschen in die Hände kam. Das Kind wurde aus dem Hause entfernt und in einem Kloster untergebracht. Es war nicht mehr, nach Aussage der Schwestern, in der Lage gewesen, seiner alten Neigung zu folgen, obwohl es in den ersten Tagen nichts unversucht gelassen hat, um Benzin in die Hände zu bekommen. Nach etwa drei Monaten waren die relativen Skotome für rot und grün gänzlich geschwunden, dagegen das gestört gewesene Sehvermögen noch nicht beseitigt.

Auch benzinsüchtige Handschuhwäscherinnen lernte man kennen und erfuhr weiter aus der Schilderung eines Mannes, der gewerblich mit Benzin zu tun hatte, wie die subjektiven Empfindungen sich nach der jedesmaligen Einatmung gestalteten. Er gab an, früher ziemlich viel Spirituosen getrunken zu haben, seit sechs Monaten sei aber kein Tropfen Schnaps mehr über seine Lippen gekommen, statt dessen habe er Dämpfe von Benzin, das ihm bei seiner Beschäftigung als Bandagist reichlich zur Verfügung stand, eingeatmet, und diese Benzineinatmungen hätten ihm den Alkoholgenuß vollständig ersetzt. Er habe danach ein „wunderbares Gefühl der Beruhigung" verspürt und angenehme, wonnige Träume gehabt. Einen solchen Gebrauch des Benzins wollte er durch einen süddeutschen Kollegen kennengelernt haben. Die angenehme Wirkung des Benzins ließ aber mit der Zeit nach.

Es stellten sich Halluzinationen ein, der Kranke hörte unangenehme Musik von Drehorgeln und mißtönenden Gesang von ihm bekannten Stimmen, rote Ameisen krochen auf seinem Körper umher, er sah verschiedene Tiergestalten und kleine Menschen, einmal schien ihm das ganze Zimmer erfüllt von bunten Seidenfäden, welche hin und her flimmerten. Es kann angenommen werden, daß diese Symptome Wirkungsäußerungen des Benzins selbst darstellen und mit dem Nichtweitergebrauch des Alkohols nichts zu tun haben.

Die Stickoxydulsucht.

Ein Chemiker gewöhnte sich nach und nach, eine kleine Quantität von Stickoxydul (N_2O), Lachgas, Lustgas, täglich einzuatmen. Im Anfange war ihm der süßliche Geschmack des Gases sehr unangenehm, doch mit der Zeit gewöhnte er sich daran. Um zu jeder Zeit leicht einatmen zu können, brachte er an seinem Reservoir einen kleinen Apparat an, von welchem er nach Belieben eine kurze Einatmung vornehmen konnte. Er wurde dadurch in eine anhaltende, künstliche Berauschung versetzt, welche bei ihm die angenehmsten Gefühle verursachte. Er hatte die schönsten Träume, in welchen er wunderschöne Gegenden, reizende Gestalten und Landschaftsbilder sah. Der junge Mann fing an, seine Berufspflichten zu vernachlässigen, war jedoch nicht imstande, dem Genuß zu entsagen. Er wurde wahnsinnig und schließlich einer Irrenanstalt übergeben.

Hypnotica. Schlafmittel.

Ein Menschenübel harter Not ist die Schlaflosigkeit, gleichgültig, ob sie den in schwerer Lebensfronde tagsüber Schaffenden oder den mühelos Nurgenießenden befällt. Wehe dem Wehgepeinigten, der dem Morgen auf seinem harten oder weichen Pfühle entgegenwacht. Aber auch diejenigen, denen schwere Geistesüberarbeit das Gehirn so erregt hat, daß Ermüdung in dasselbe nicht einziehen will, oder alle jene, denen drückende Sorge vor dem kommenden Tag die Lider sich nicht zum Schlafe senken lassen will, oder solche, deren Seele, aus dem Gleichgewicht gebracht, krampfhaft vibriert, denen das Gewissen selbstanklägerisch die Ruhe bannt — sie alle harren so manche Nacht vergeblich auf die Erfüllung der Worte Egmonts:

Süßer Schlaf, du kommst wie ein reines Glück, ungebeten, unerfleht, am willigsten. Du lösest die Knoten der strengen Gedanken, vermischest alle Bilder der Freude und des Schmerzes; ungehindert fließt der Kreis innerer Harmonien und, eingelullt in gefälligen Wahnsinn, versinken wir und hören auf zu sein.

Und wie oft erklingt nicht aus dem Dunkel der schlaflosen Nacht, hinaus in die Unendlichkeit, die stöhnende, wehe Klage, daß der Schlaf beglücke, wen er beglücken wolle, und so unendlich viele andere Stunde um Stunde dem Morgengrauen vergeblich entgegenharren lasse? Wie läßt Shakespeare den König Heinrich IV. ihn anflehen!

...... O Schlaf!, o holder Schlaf!
Du Pfleger der Natur, wie schreckt' ich dich,
Daß du nicht mehr zudrücken willst die Augen
Und meine Sinne tauchen in Vergessen.
....

*O blöder Gott, was liegst du bei den Niedern
Auf eklem Bett und läßt des Königs Lager
Ein Schilderhaus und Sturmesglocke sein?*

....
Gibst du, o Schlaf, parteiisch deine Ruh?

Endlich heischt die seelische und körperliche Zermürbung Hilfe um jeden Preis.

Was hilft gegen das Wogen der Gehirnunruhe? Als einst den König Xerxes der Schlaf floh, da suchte er durch Vorlesenlassen der Reichschronik müde zu werden. Diese Schlaflosigkeit trug dem Mordechai die höchsten königlichen Ehren, den Juden des Reiches Errettung und Haman den Galgen ein. Es ist unwahrscheinlich, daß Xerxes in jener Nacht geschlafen haben wird. Bisweilen freilich verhilft das Selbstlesen, aber nur eines recht langweiligen Buches, vor allem eines medizinischen und besonders eines von einem ordentlichen Professor verfaßten, zum Schlafe. In der Regel greifen Schlafgebannte nicht zu geistigen, sondern zu chemischen Schlafmitteln.

Bei diesen setzt dann die Forschung nach den Folgen ein. Sie ergibt, daß die Befriedigung des Schlafbedürfnisses durch solche Mittel bei nicht wenigen Menschen zu dem dauernden Verlangen danach führt. Sie können kaum die Abendzeit erwarten, um aus dem Wirklichkeits- in das Traumleben zu gelangen. Es ist ferner sicher, daß die Toleranz für einen langen Gebrauch der Schlafmittel von der Gehirnkonstitution des Individuums, noch mehr aber von ihrer chemischen Artung und ihrer chemischen Beziehung zu den Gehirnteilen abhängt. Die Unterschiedlichkeit im Vertragenwerden ist unter diesen Zwangsmitteln für das Gehirn recht beträchtlich. Frei von jeden unangenehmen Wirkungsfolgen bleibt auf die Dauer kein Gebraucher. Selbst wenn sie ihm nicht stark oder überhaupt nicht auffallen, so sind sie als Tribut für das Schlafen doch in irgendeiner

Form von nervöser Störung, auch als Abhängigkeitsleiden, vorhanden und der Feststellung zugänglich. Einige der bekannter gewordenen Schlafmittel, die mißbräuchlich gebraucht werden, schildere ich in dem Folgenden. Die Ergebnisse sind ohne Einschränkung auch auf den einen oder anderen der so benutzten, hier nicht erwähnten Stoffe übertragbar.

Eine böse Hemmung in der Erfüllung des Strebens nach einer Minderung des Gebrauches von narkotischen Stoffen bilden einzelne chemische Fabriken, die einen Stab medizinischer und jetzt sogar philologischer Helfer haben, die in immer wechselnden, sogar in lateinischer Sprache verfaßten und römische Dichter zitierenden Reklameschriften Ärzte dahin zu beeinflussen bestrebt sind, neue Schlafmittel zu verschreiben, von denen immer wieder fälschlich betont wird, daß sie ungiftig, oder „weitgehend ungiftig" seien. Verhängnisvoll können die Folgen dann sein, wenn unter solcher Flagge das Gehirn schwer belastende Stoffe in die Hände von schlafgehemmten Menschen gebracht werden, die die Annehmlichkeit des beliebig herbeizuführenden Zwangsschlafes wiederholt gekostet haben und nicht mehr missen wollen. Es gibt keinen unschädlichen Dauergebrauch eines Schlafmittels. Dies sollten in erster Reihe Ärzte beherzigen, um das schon so hoch aufgeschossene Übel der gewohnheitsmäßigen Verwendung narkotischer Stoffe nicht noch weiterwachsen zu lassen. Die Gewinnsucht mag sonstwo ihre häßlichen Blüten treiben — auf diesem Gebiete darf sie sich nicht auswirken, weil es schädigende, giftgetränkte Blüten werden.

Chloralhydrat.

Manche der Ursachen, die den Morphiummißbrauch schaffen, rufen auch die Chloralsucht hervor. Glücklicherweise ist diese jetzt seltener geworden, weil das Chloralhydrat, das heute aus der Reihe der Arzneimittel so gut wie gestrichen ist, unangenehmer zu nehmen ist und die Folgen seines chronischen Gebrauches in ihrer körperlichen Beschwernis bekannter geworden sind. Bald nach der Einführung des Mittels hat die Gewinnsucht der Händler und manches anderen dabei beteiligt Gewesenen nicht wenige Chloralisten geschaffen. Manche dieser rühmen die Unschädlichkeit des Mittels auch bei längerem Gebrauche, tun also das gleiche, was der Säufer tut, wenn er den ihm lieb gewordenen Branntwein als eine Quelle von Freuden lobt. Die Tendenz, sich an das Mittel zu gewöhnen, liegt hier so wie bei jedem anderen narkotischen Genußmittel vor. Bei manchen Menschen finden Gewöhnung und Steigen mit den Dosen nicht so schnell wie bei dem Morphin statt. Aber dafür, daß solche Individuen einen Chloralhunger besitzen, d. h. das Mittel bis zu dem Range eines normalen Reizes bei ihnen anwächst, liegen genügende Beweise vor. Es ist zweifellos, daß das Mittel weit gefährlicher als Morphin in dieser Beziehung ist, nicht nur weil es schwerere Störungen im Zentralorgan hervorrufen kann, sondern weil die Möglichkeit plötzlicher Todesfälle durch Herzlähmung gegeben ist. Mancher, bei dem die ursächliche Diagnose nicht gestellt worden ist, ging auf diese Weise zugrunde. Die Dosen, welche einige Menschen täglich davon einführen, betragen 15—20 g. Auch die Kombination von Morphin und Chloralhydrat kommt vor. Die folgende Schilderung gibt ein Bild des Leidens.

Bei manchem Chloralisten ist das Gesicht bald nach dem Einnehmen hoch gerötet, fast bläulich, andere weisen ein fahles, mißfarbiges Aussehen auf. Häufig sind die Augäpfel gelblich verfärbt, die Haut mit Flecken, Blutflecken, Knötchen, Pusteln, Hautschwellungen usw. besetzt. Die Finger sind geschwürig und die Fingernägel verändert. Das Allgemeinbefinden leidet, Frösteln, Mattigkeit und Schwächegefühl werden von Störungen im Magen und Darm, Verdauungsstörungen und belangreicher Abmagerung, Durstgefühl bei Rissigsein der Zunge und Durchfällen begleitet. Der gewohnheitsmäßige Gebrauch soll auch Blasenkrampf und andere Beschwerden in der Harnabsonderung sowie Schwäche der Herzarbeit und Herzklopfen, auch Atmungsstörungen, Lungenentzündung sowie gelegentlich Druckbrand erzeugen. Der Geschlechtstrieb fehlt meistens und die Menstruation wird gestört. Dazu können sich in irgendwelcher Kombination gesellen: Schmerzen in den Gliedern — diese bisweilen ringförmig umgebend — auch im Rücken und den Gelenken, ferner gesteigerte Hautempfindlichkeit, Ameisenlaufen, Beinschwäche, Fazialislähmung u. a. m.

Chloralisten sind wie Morphinisten moralisch schwach und unfähig, ihrer Leidenschaft zu entsagen. Ihre Schlaflosigkeit wird oft durch den Gebrauch des Narkoticums größer. Die Geisteskräfte werden geschwächt, so daß das Benehmen mancher dieser Individuen kindisch und dumm wird. Ihr Gedächtnis leidet und in vorgeschrittenen Stadien werden sie körperlich und geistig leistungsunfähig. Vielfach drängt sich eine hochgradige Nervosität in den Vordergrund. Der Kranke befindet sich in fortwährender Hast und Unruhe, die ihn keine Minute auf derselben Stelle läßt. Zu einer ausgebildeten Geisteskrankheit ist bei solchen Menschen nur ein kleiner Schritt. So sah man bei manchem Chloralisten Tobsuchtszustände, Delirien und Halluzinationen. Aber auch melancholische Erkrankungsformen kommen vor, die sich mit Prostration, Kräfteverfall, kachektischem Aussehen, Nahrungsverweigerung und Selbstmordideen vergesellschaften. Die Stimmung solcher Menschen wird immer trüber und sie werden menschenscheu. Die

Selbstmordideen treiben zum Versuch. Ein solcher kommt vielleicht häufiger vor, als er der Ursache nach erkannt wird. Er ist direkt dem Chloralhydrat als Schuld zuzuschreiben, das die verkehrte Geistesrichtung schafft. Ein Chloralist suchte sich durch eine übermäßige Chloraldosis zu töten. Er wurde von den akuten Symptomen wiederhergestellt, wurde aber dann schwachsinnig.

Von motorischen Störungen kommen vor: Zittern der Hände und des Kopfes, ataktisches Gehen und epileptoide Krämpfe mit oder ohne geistige Zerrüttung. Krämpfe mit Bewußtlosigkeit entstanden auch mehrfach bei Morphiochloralisten. Ein solcher lag zwischen den Anfällen im Sopor, aus dem er erweckt werden konnte. Fortlassen des Chloralhydrats schaffte die Bewußtlosigkeit weg, während Gedächtnisschwäche und zeitweiliges Verwirrtsein fortbestanden. Ein anderer bekam oft Halluzinationen und war stets in niedergedrückter Stimmung. Eines Tages fiel er um und hatte einen epileptischen Anfall.

Die Geisteskrankheit, in die Fr. Nietzsche verfiel, wird der Überproduktivität seines Gehirns und der immer mehr wachsenden Beschleunigung seines Denkens in Verbindung mit dem Gebrauche des Chloralhydrats zugeschrieben. Ich halte den letzteren Umstand für besonders erschwerend. Sein Geist war so rastlos tätig, daß er nachts kaum mehr den Schlaf fand. Da wurde ihm von Ärzten dagegen Chloralhydrat angeraten, auch mit der törichten Begründung, daß dieses Mittel vollkommen harmlos sei. Er hat es übermäßig zu sich genommen und dadurch seinen geistigen Ruin mindestens beschleunigt.

Ebenso verfiel Gutzkow in den Bann dieses Mittels. Er litt an hartnäckiger Schlaflosigkeit. Als er es an einem Dezemberabend des Jahres 1878 eingenommen hatte, setzte ein in der Betäubung umgeworfenes Licht sein Bett in Brand. Er erwachte nicht mehr.

Die Heilung von dem Chloralismus wird in derselben Weise wie die des Morphinismus versucht, macht die gleichen Beschwerden und ist mit Bezug auf den Erfolg so aussichtslos wie dieser. Die plötzliche oder langsame Entziehung mit oder ohne kleine Morphinmengen läßt stets die Schwere des dadurch in die Ökonomie des Körpers, besonders des Gehirns, gemachten Eingriffes erkennen. Es erscheinen meist Erregungszustände, hochgradige Unruhe, Poltern, Lärmen und halluzinatorische Verrücktheit mit depressiver Grundstimmung. Es waren in einem Falle fast ausschließlich Halluzinationen des Gehörs, von denen die Kranke gequält wurde. Bei einem anderen Kranken entstanden trotz Weitergabe von Morphin und Alkohol vier Tage nach der Entziehung erhöhter Bewegungs- und Zerstörungstrieb und Delirien mit Halluzinationen des Gesichts, die 48 Stunden anhielten. Zittern blieb noch nach dem Verschwinden der Halluzinationen zurück. Die Rückbildung dieser Erregungszustände kann in einigen Tagen, aber auch erst in Wochen beendet sein. Schmerzen und Ziehen in den Beinen, besonders den Schenkeln und Waden, Kleinheit und wechselnde Frequenz des Pulses, Anfälle von Herzversagen, Diarrhöe, Zucken der Gesichtsmuskeln, Zittern der Zunge, lallende Sprache sind häufigere Symptome.

Veronal.

Auch an dieses Mittel kann sich der gewohnheitsmäßige Gebrauch und — was dabei nicht ungewöhnlich ist — eine Steigerung der Dosen knüpfen. Wie alle ähnlich wirkenden Gehirngifte erzeugt es Euphorie. Schon ein nur zweimonatlicher Gebrauch von täglich 4 g, zusammen 250 g, rief bei einem Morphinisten körperlich motorische Unsicherheit,

Schwäche, taumelnden Gang, lallende, schleppende Sprache, und **nach der geistigen Seite Anregung der Phantasie und Heiterkeit** wie in einem Rauschzustande hervor. Die Symptome erwiesen sich als viel schlimmer, wenn der Gebrauch sich über noch längere Zeiträume erstreckte. Die Empfindlichkeit des Individuums übt, selbst wenn die Tagesdosen nicht 0,5 g übersteigen, auf die Gestaltung der körperlichen Funktionsstörungen einen schweren Einfluß aus. Ist sie groß, dann setzen schnell Stoffwechselstörungen, rapide Abmagerung, Störungen des Blutlebens ein, unter anderem die Bildung eines unangenehmen Zersetzungsproduktes des Blutfarbstoffs, des im Harne erscheinenden Hämatoporphyrins. Ein solches Krankheitsbild erzeugte das Veronal in einem halben Jahr.

Es muß für gewisse nervöse, schlaflos gewordene Menschen ein dringend zu erfüllendes Verlangen bestehen, den Körper an ein solches Mittel zu ketten, selbst wenn die ersten, ärztlich verordneten Dosen, wie auch noch am Tage anhaltende Schläfrigkeit, Bewegungsstörungen u. a. m. als warnende Anzeichen erzeugen. Diese achtete ein hysterisches Mädchen gering, verschaffte sich auf ältere Rezepte Veronal und verbrauchte elfeinhalb Monate lang täglich zuletzt 1—2 g. Sieben Monate hatte sie im Bett unter fortschreitendem Kräfteverfall und Brechneigung zugebracht. Sie litt an lebhafter depressiver Erregtheit, leichter Verwirrtheit, Erinnerungstäuschungen und Erinnerungsdefekten, taumelndem Gang. In eine Anstalt gebracht, stellten sich stärkere Bewußtseinsstörungen, unterbrochen von klaren Intervallen, und nach elf Tagen halbseitige Zuckungen im Gesicht, Pupillenstarre und allgemeine Krämpfe ein. In einem solchen Krampfanfall starb sie. Erkrankung und Tod sind sicher auf den Veronalismus zu beziehen.

Ich nehme an, daß die Veronalisten nicht selten zu finden sind.

Paraldehyd.

Daß auch mit diesem Mittel Mißbrauch getrieben wird, kann bei der Neigung vieler Menschen, narkotische Genußmittel zu sich zu nehmen, nicht befremden. Es sind Kranke beobachtet worden, die 35 bzw. ca. 40 g, und einige, die beträchtlich mehr Paraldehyd täglich, einer von ihnen länger als ein Jahr, schließlich sogar unverdünnt zu sich nahmen. Nach Verlauf von 26 Monaten hatte ein Mann es zu einem wöchentlichen Verbrauch von 480 g gebracht. Die Symptome, die dadurch entstanden, waren dem chronischen Alkoholismus ähnlich: Abmagerung und Anämie, abendliches Fieber, Verstopfung und Flatulenz neben Heißhunger, irreguläre Herzarbeit mit Palpitationen, Albuminurie, Gehörs- und Gesichtshalluzinationen sowie Illusionen, oder ein Delirium tremens, Abnahme des Gedächtnisses und der Intelligenz, Sprachstörungen, andauerndes Benommensein oder Angstgefühle und Aufregung, Muskelschwäche, Zittern der Zunge, des Gesichts und der Hände, unsicherer Gang, Ruhelosigkeit und Parästhesien. Trotz vorsichtiger Entziehung können Delirien mit epileptiformen Anfällen entstehen. Eine Dame, die nach Morphin und Chloralhydrat sich dem Paraldehyd ergeben hatte und nur unter dem Einflusse dieser Substanz schlafen konnte, wurde, falls die Entziehung des Mittels auch nur einige Stunden andauerte, ruhelos, deprimiert, bekam neuralgische Beschwerden und kollabierte. Die Menstruation hatte aufgehört. Die Entwöhnung davon war unmöglich.

Der Sulfonalismus.

Es kann nach allem vorher Geschilderten nicht wundernehmen, daß Menschen sich gewohnheitsmäßig auch dem Sulfonal ergeben und an diesem Gebrauche Vergnügen finden. Unausbleiblich sind neben körperlichen Veränderungen, vor allem denen des Blutes, in dem sich aus Oxyhämoglobin Hämatoporphyrin bildet, und den vereinzelt beobachteten Lähmungssymptomen an Gliedmaßen und Rumpf auch solche seitens der geistigen Sphäre wie: Gedächtnisschwäche, Somnolenz, Sprachstörungen u. a. m. Die Entziehung des 3 bis 5 Monate gebrauchten Mittels rief Schwindel und Bewegungsstörungen hervor.

Bromkalium.

Da Bromkalium billig und leicht erhältlich ist, greift heute der Überarbeitete und deswegen Schlaflose nach ihm und ist bald daran gefesselt wie der Morphinist an Morphin[1]). Ja, mancher lügt in bezug auf diesen Gebrauch wie ein Morphinist und läßt sich nur bei Überführung zu einem Geständnis herbei. Der Mißbrauch wächst durch den Gebrauch, und damit entstehen auch mannigfaltige Gesundheitsstörungen. Eine Euphorie bedingt das Mittel nicht.

Das Bromsalz verbreitet sich überall im Körper. Das Gehirn hält beträchtliche Mengen davon fest. Wenn eine Schwangere es vor oder auch vor und während der Schwangerschaft gebraucht, kann das Kind bromkrank geboren werden. Ein solches Neugeborenes war abgemagert, die Haut schlotterte wie ein leerer Sack um die Schenkel, das Antlitz erschien greisenhaft, die Färbung bläulich. Es schlief ununterbrochen und erwachte nur des morgens und abends für kurze Augenblicke. Im weiteren Verlaufe erschienen die auch sonst bei Bromkaliumgebrauchern nicht seltenen, starken Hauterkrankungen, die bis zu geschwürigen und umfangreichen knotigen Formen sich ausbilden können.

---

[1]) L. Lewin, Die Nebenwirkungen der Arzneimittel, 3. Aufl.

Die Individualempfindlichkeit schwankt auch hier in weiten Grenzen. Die Gewöhnung an Bromide schafft allmählich Abstumpfung der Wirkung. Die Symptome des gewohnheitsmäßigen Gebrauches sind vielfältig: Abnahme des Geschlechtstriebes, Störungen im Atmungs- und Herzapparat, seitens des Auges eine eigentümliche Art zu fixieren sowie ein ausdrucksloser Blick, vor allem aber Störungen in Funktionen des Gehirns, wie Apathie, Gedächtnisschwäche, Abstumpfung der Intelligenz usw. Zu dieser geistigen Depression können sich Bewegungsschwäche und Koordinationsstörungen gesellen. Gelegentlich erscheint statt der Depression ein Erregungszustand. Entziehungsfolgen können auch hier entstehen.

Bromural.

Auch an diesen Stoff kann eine Gewöhnung nach Steigerung der Dosen eintreten. An Symptomen beobachtete man: Sprach- und Reflexstörungen, zeitliche und örtliche Desorientierung und Unsicherheit im Gehen.

Das Kawa-Trinken.

Die so überaus große Inselwelt im Stillen Ozean lenkt den Blick des Menschenforschers auf sich, vielleicht mehr als auf kontinentale Gebiete. Denn sie zwingt unter anderem zu der Beantwortung der Fragen: Gestaltet die Natur in ihrer wunderbaren Schaffenskraft auch hier für die Menschen Genußmittel narkotischen Charakters, und leitete der Instinkt auch diese, die meerumschlossen, isoliert, auf kleinen Erdflecken lebend ihr nur vegetatives Dasein fristeten, auf solche Produkte, die in ihrer Wirkung auch sie aus dem täglichen Einerlei gewöhnlichster nur tierischer Betätigungen in einen Zustand anders gearteter angenehmer Empfindungen versetzen? Nicht nur diese Fragen werden durch das Vorkommen und den Gebrauch des von mir zuerst untersuchten[1]) *Piper methysticum* auf jenen Eilanden bejaht, sondern auch die Tatsache, die ich über die Verwendungsverbreitung solcher Stoffe wiederholt berührt habe, weiter erhärtet: daß nichts, auch nicht das flutende Meer mit seinen für solche Inselbewohner besonders hohen Gefahren, der Verbreitung des Gebrauches eines Narkoticums Widerstand entgegenzusetzen vermag. Narkotica bezwingen nicht nur die Menschen, sondern auch Meere. Ein Kennzeichen Ozeaniens, d. h. aller jener Inselschwärme zwischen den Wendekreisen, die sich über einen Raum

---

[1]) L. Lewin, Über *Piper methysticum* (Kawa-Kawa). Monographie, Berlin 1886. — Berlin. klin. Wochenschr. 1886, Nr. 1. — A lecture on Piper methysticum, Detroit 1886.

von 66 Millionen Quadratkilometern ausbreiten, ist die *Kawa, Piper methysticum,* der Rauschpfeffer. Wer lehrte die Pflanze, gerade so wie es geschieht, d. h. in bester Weise verwenden? Ein unlösbares Problem, deren es ja auf diesem Gebiete so viele gibt!

Der Rauschpfeffer, ein sorgfältig kultiviertes Pfeffergewächs mit mehreren Varietäten, wird Kawa oder Kawa-Kawa, oder Ava oder Yangona genannt. Sie findet sich etwa 500 bis 1000 Fuß über dem Meeresspiegel und stellt eine malerische, strauchartige, in dichten Gebüschen wachsende Pflanze dar. Der Charakter des im ganzen langsam vor sich gehenden Wachstums gleicht dem des Bambus.

Der wesentliche Teil der Pflanze ist die Wurzel. Diese ist knotig, dick, mit bis zu 6 Fuß langen, rankigen und stellenweis fadendünn endenden Wurzelfasern und sieht frisch graugrün, trocken leicht graubraun aus. Frisch wiegt sie durchschnittlich 1—2 Kilo. Nach Abtrennung der Rinde kommt ein Netzwerk von Holzgewebe zum Vorschein, das z. T. mit weicher, gelblichweißer Zellularsubstanz erfüllt ist. Auf dem Durchschnitt sieht die frische Wurzel je nach der Varietät gelblichweiß, resp. grauweiß, zitronengelb oder rosafarben aus. Der zentrale Teil der Wurzel ist weich, mit wenigen Holzbündeln. Die Masse, welche die Holzbündel einschließen, ist weich, schwammig, mit dem Fingernagel leicht auszukratzen.

1. Die Verbreitung der Kawa und des Kawatrinkens.

In dem sich fast über 20 Breitengrade erstreckenden Gebiete der australischen Inselwelt leben zwei Gruppen von Ureinwohnern. In dem Binnengürtel, der nördlich von Neuguinea, dem Louisiadenarchipel, den Salomoninseln und dem Neubritannia-Archipel, woran sich südlicher Neukaledonien und die Loyaltyinseln anschließen, östlich von den Neuen Hebriden, St.-Cruz-Inseln und der Fidschigruppe und ganz im Süden von Neuseeland begrenzt wird, wohnen mit Ausnahme der letztgenannten Doppelinsel dunkelfarbige, kraushaarige Ureinwohner, Melanesier oder Papuas. In dem Außengürtel und den zerstreuten Inseln, u. a. umfassend: die Karolinen-, Marianen- und Gilbertinseln, Samoainseln, Tongainseln, Marquesasinseln, Gesellschaftsinseln, Futunainseln, Herveyinseln, Australinseln und die Paumotuinseln wohnen hellfarbige, straffhaarige Stämme, Mikronesier und Polynesier. Das Vorkommen und der Gebrauch der Kawa sollte sich auf die Inseln beschränken, die von hellfarbigen Ureinwohnern besetzt sind, und auf den von Papuas bewohnten Gruppen gar nicht vorkommen. Eine derartige Scheidung kann nicht vorgenommen werden, da z. B. für Neuguinea, also einer wesentlich von Papuas bewohnten Insel, der Gebrauch der Kawa sicher ist, während andererseits, z. B. auf den Tokelauinseln und manchen anderen, die hellfarbige Einwohner haben, das Vorkommen der Kawa sich nicht hat nachweisen lassen.

Meine Nachforschungen über die geographische Verbreitung von *Piper methysticum* und seinen Gebrauch haben zu folgenden Ergebnissen geführt. Es besitzen ihn:

Neuguinea. Miklouho-Maclay sandte mir einst einen Bericht über das berauschende Getränk „Keu", das von allen männlichen Einwohnern der Wohnstätten bei Festen aus *Piper methysticum* bereitet wird, dessen Genuß aber nur den älteren Leuten erlaubt sei. Dieser Gebrauch findet sich nicht nur an der Maclay-Küste und der Astrolabebai, am Finschhafen, sondern auch am Fly River und sehr wahrscheinlich weit nach Osten und in den Süden hinein. Auf den Karolinen sind viele Kulturen durch Missionare ausgerottet und das Kawatrinken ist sehr eingeschränkt worden. Es besteht indessen noch auf den Salomon-Inseln. Neukaledonien besitzt die Pflanze, von der aber kein Gebrauch gemacht wird. An den Neuen Hebriden kreuzen sich Kawa- und

Betelgebrauch. Man trinkt Kawa auf Tanno, Erromango, Meli, weiter östlich ist Kawa auf Rotuma, auch den Futunainseln, Die Fidschiinsulaner benutzen sie, auch die auf den Tongainseln, die jeden Morgen Kawa trinken. Junge Mädchen zermalmen die Wurzel zwischen Steinen. Mäßige Gebraucher dieses Genußmittels sind die Samoaner. Sie pflanzen aber so viel, daß sie davon exportieren können. So wurden im Jahre 1908 davon 34350 kg und 1909, weil ein Teil der Kulturen durch einen Vulkanausbruch vernichtet worden waren, doch noch 16299 kg ausgeführt. Auf Wallis (Uvea), wo die Pflanze in guter Qualität vorkommt, haben die Missionare das Kawatrinken beseitigt. Im Cooks-Archipel und auf den Tubuaiinseln gibt es Kawa. Auf den Gesellschaftsinseln wurde die Pflanze zu Cooks Zeiten (1768) kultiviert. Heute ist die Kultur auf Tahiti schon seit vielen Jahren ganz erloschen. Schon am Ende des dritten Jahrzehnts des vorigen Jahrhunderts konnte man fast kein Exemplar mehr auftreiben. Manche Eingeborene kennen nicht einmal mehr den Namen der Pflanze. Sehr vereinzelt sah man im Innern von Tahiti einzelne verkrüppelte, schmalstenglige Exemplare, und auch auf Raiatea und Moorea. Kawa findet sich weiter auf den Tuamotuinseln und im Marquesas-Archipel. Gerade hier — fast auf allen elf zu dieser Gruppe gehörenden Inseln findet sie sich — wird sie auch reichlich kultiviert und als Genußmittel verwendet.

Auf den Sandwichinseln bestehen noch Kawakulturen. Verbreitung und Verwendung der Pflanze hat jedoch, wie es scheint, gegen früher zugunsten alkoholischer Getränke abgenommen.

Die geographische Umgrenzung von Vorkommen und Gebrauch der Kawa ist mithin — mit einigen Ausnahmen — auf die Inseln zwischen den beiden Wendekreisen beschränkt. Sie erstreckt sich zum 23. Grad n. Br., zum 23. Grad s. Br., zum 135. Grad östl. L. und zum 130. Grad w. L.

2. Die Bereitung und Verwendung des Getränkes aus der Kawa.

Die Kawa war mit dem sozialen, religiösen und politischen Leben der Südseeinsulaner so innig verwoben, und war für jede friedliche oder kriegerische Unternehmung des Einzelindividuums oder der Gesamtheit, für jedes freudige oder traurige Ereignis dieser Menschen so die Begleiterin, daß es nicht wundernehmen kann, wenn schon die ersten Entdecker dieser Inseln die Pflanze und ihren Gebrauch zum Teil eingehend erwähnten. Hierzu kommt, daß dieselbe von den Zauberern und Ärzten der Eingeborenen als Medikament hochgehalten wurde, weil sie nicht nur bald nach dem Genusse Euphorie, sondern sogar Schmerzlosigkeit zu erzeugen imstande sei.

Die Missionare haben überall das ihrige getan, um den Kawagebrauch zu unterdrücken, sehr wahrscheinlich nicht zum Segen der Insulaner. Der heftige Feldzug der presbyterianischen Missionen gegen Kawa ist in keiner Weise gerechtfertigt. Er zeugt von einem hohen Maße von Unverstand der Bekehrer, die sich freilich in alter Zeit noch an viel anderem vergriffen haben. Vernunft verhülle dein Antlitz! Die anglikanische Mission war dem Kawatrinken nicht so abgeneigt. Es kann darüber kein Zweifel herrschen, daß der physische und moralische Zustand der Insulaner durch den Alkohol in unverhältnismäßig schlimmerer Weise sich verschlechtert hat und verschlechtert als durch den Kawagebrauch. Mit der Verbreitung der Trunksucht ist erst, wie von Missionsseite mit Recht betont wurde, Verbrechen und Elend z. B. über die Tahiten gekommen. Schon zu Beginn des vorigen Jahrhunderts begann die Verdrängung der Kawaverwendung durch den allgewaltigen Alkohol. Die Kenntnis seiner Darstellung aus gegorenem zuckerhaltigem Material hat stellenweis sogar zur Verwendung derartiger einheimischer Produkte geführt. Auf den Marquesas-Inseln wird z. B. Branntwein aus gegorener Kokosmilch gewonnen.

Vor der Ankunft der Missionare war der Kawaacker in drei Teile geteilt. Den besten erhielten die Unheilsgötter — er war tabu, d. h. sakrosankt, den zweiten die Atuas, die Schlafgötter, und der dritte war der Familienteil. Also auch hierbei, wie bei dem Gebrauche manches der bereits abgehandelten narkotischen Stoffe, die **Verquickung des Genußmittels mit religiösen Vorstellungen**. Heute besteht im allgemeinen nicht mehr der Götterteil, nur auf den Samoa- und Wallisinseln haben einzelne Familien noch ein paar Fuß Landes für die alten Götter reserviert. Auf einzelnen der letztgenannten Inseln gibt es aber gemeinsame Kawaäcker, an denen jede Familie partizipiert.

Das Kawatrinken bildet oft die Einleitung zu einem Feste. Das Pflanzen von Bäumen z. B. wird durch ein Kawagelage gefeiert. Bei Palavers mit anderen Stämmen, bei Besprechung öffentlicher Angelegenheiten, bei geselligen Zusammenkünften, zur Bewirtung Fremder, als Genußmittel, um sich in eine angenehme Stimmung zu versetzen, und schließlich als ein schmerzbetäubendes, Ruhe für den kranken und ermatteten Körper schaffendes Medikament wird die Kawa getrunken. Auf einzelnen Inseln bildet sie ein so regelmäßiges Getränk wie unser Tee und Kaffee. Auf entlegenen Inseln des Stillen Ozeans werden auch Europäer von den Landsleuten mit Kawa bewirtet. Cook sah die Eingeborenen mehrmals vormittags trinken. Die Samoaner nehmen die Kawa immer vor und nicht nach der Mahlzeit zu sich. Ältere Samoaner trinken eine Schale des Gebräus des Morgens beim Aufstehen. Bisweilen finden Kawagelage auch spät abends bei Fackellicht statt. In Wailevu wurden solche für die Fremden regelmäßig eingerichtet. Manche leidenschaftlichen Kawatrinker nehmen das Getränk sechs- bis achtmal täglich zu sich. Es gibt auch viele auf jenen Inseln wohnende Europäer, die einen häufigen Gebrauch von dem Mittel machen.

Auf den Fidschi-Inseln sind hierzu die niederen Klassen der Weißen zu zählen. Es gilt in der besseren Gesellschaft als ein Zeichen von Respektabilität, dieses Getränk nicht zu sich zu nehmen.

Auf den Neuen Hebriden soll für die größeren Kawagelage ein besonderes öffentliches Haus vorhanden sein, meist in der Nähe eines Bananenbaumes gelegen. Zu ihm begeben sich die Männer bei Sonnenuntergang zu einer Schale Kawa. Auf den Samoainseln ist es ein in der Nähe eines Bananenbaumes gelegener öffentlicher Platz, der demselben Zwecke dient. Auf anderen Inseln ist es eine vielleicht beliebige Hütte, die hierzu gewählt wird. Das Zeremoniell, das die Darstellung und das Trinken der Kawa begleitet, ist auf den einzelnen Inselgruppen, ja selbst an verschiedenen Stellen einer Insel verschieden. So sind z. B. in den gebirgigen Teilen der Fidschiinseln die Melodien der beim Yangonabrauen gesungenen Mekegesänge und die dieselben begleitenden Körperbewegungen der Sänger von den an der Küste gebräuchlichen verschieden. Stellenweise wird dasselbe noch so geübt, wie es in der Vorzeit üblich war. An anderen Orten hat der nivellierende Einfluß der über diese Inseln hereingebrochenen Kultur nur das Vergnügen am Trinken übrig gelassen, das Zeremoniell aber beseitigt oder doch sehr eingeschränkt. Die Samoaner bitten die Götter bei öffentlichen Kawagelagen um Gesundheit, langes Leben, gute Ernte und erfolgreiche Kriege. Gewöhnlich sind bei öffentlichen Kawagelagen keine Frauen zugegen. Auf den Samoa- und anderen Inseln wurden Frauen und Männer als Teilnehmer beobachtet. In Waja (westlich von Viti Levu) sollen die Frauen, wie die Tongafrauen, eigene Trinkgesellschaften haben.

Alte oder junge Wurzeln werden von der Oberhaut befreit, gereinigt und in mundgerechte Stücke zerschnitten.

Nunmehr beginnt der Prozeß des Kauens der Wurzel. Diese allgemein übliche Methode ist die ursprünglich tonganische, während das Zerreiben der Wurzel die Fidschimethode darstellt. Letztere ist ungebräuchlich. Die zum Kauen ausersehenen Individuen reinigen sich vorher die Hände und den Mund. Meist sind es Jünglinge und Knaben mit guten Zähnen, aber auch das weibliche Geschlecht hilft oft mit. Auf den Fidschi-Inseln läßt man, wenn ein Kawagelage ohne Zeremoniell abgehalten wird, die Wurzeln meist von Mädchen kauen, durch sie kredenzen und dazu singen. Das Kauen geht langsam und feierlich vor sich, bis die genommene Portion zu feinem, faserigem Detritus geworden ist. Von dem im Munde sich ansammelnden Safte darf nichts hinuntergeschluckt werden.

Die Methode, die manche Weißen und Mischlinge auf jenen Inseln üben, nämlich die Wurzeln ohne Einspeichelung und Kauen, nur durch Zerreiben auf einem Reibeisen gebrauchsfähig zu machen oder nur mit Wasser zu mazerieren, soll kein so gutes Getränk liefern. Ja es wird angegeben, daß ein Aufguß der geriebenen Wurzel mit Wasser in seiner Wirkung von der gekauten Kawa sich verhält wie Johannisbeerwein zu Champagner. Man rechnet gewöhnlich zwei Bissen für einen Mann. Sobald das Kauen beendet ist, nehmen die Betreffenden den Bissen aus dem Mund und legen ihn in die aus einem Stücke verfertigte, etwa 2 bis 6 Liter haltende Holzschüssel. Alsdann wird genügend Wasser in sie gegossen. Der Mann an der Schüssel rührt nun mit den Händen einige Minuten um. Schon beim Wassereingießen oder vom Mischen an beginnt das auf den verschiedenen Inselgruppen verschiedenartig gehandhabte, aber noch nicht unterlassene Zeremoniell, das in Anrufen der Götter, der Verstorbenen usw. besteht. Nachdem das Wasser genügende Zeit mit den gekauten Kawabissen in Berührung geblieben ist, wird die ausgelaugte Pflanzenmasse von dem Getränk getrennt. Jeder Einheimische hat seine eigene Trinkschale, gewöhnlich eine halbe leere Kokosnuß, die mit dem fertigen Kawagetränk gefüllt und auch unter Zeremonien nun geleert wird.

Das Aussehen der Kawa ähnelt dem eines Kaffeeaufgusses mit Milch. Es ist schmutzig graubraun oder grauweiß, zumal beim Umschütteln, wenn der feinste, graugelbe, durch die von den Insulanern geübte Filtration nicht zu entfernende Wurzeldetritus in der Flüssigkeit verteilt ist. Ist wenig von diesem Detritus vorhanden oder wird die Kawa nach dem Absetzen des Niederschlages in der Schale ausgeschöpft, so hat sie ein mehr lichtbraunes oder dunkelbraunes Aussehen. Der Geschmack des Kawagetränkes ist ebenfalls je nach der Behandlungsart verschieden. Er ist fade oder streng bitter, aromatisch und beißend, seifenartig oder adstringierend. Die Ursache der Geschmacksdifferenz liegt in der Genauigkeit der Abtrennung der im Wasser unlöslichen Wurzelteile von dem Kawagetränk. Letzteres enthält sehr geringe Mengen der wirksamen, schmeckenden Substanzen gelöst. Vor allem kommt die Anwesenheit von gleich zu schildernden Harzen in Frage. In um so größerem Maße diese vorhanden sind und in den Mund gelangen, um so intensiver wird auch der Geschmack des Getränkes sein. Eine Gewöhnung an den eigenartigen Geschmack dieser Flüssigkeit scheint nicht stattzufinden, denn Cook sah, wie die Insulaner sie nicht ohne saure Gesichter nahmen und sich nachher schüttelten.

3. Die wirksamen Stoffe in der Pflanze und ihre Wirkungsart.

Bis zum Beginne meiner eigenen Untersuchungen bestand die allgemeine Annahme, daß in der geschilderten Art der Bereitung des Kawagetränkes das Geheimnis seiner Wirkung läge. Durch den Speichel sollte beim Kauen die angeblich in der Wurzel vorhandene Stärke in Zucker, und dieser durch Ferment in Alkohol übergeführt werden. Diese Meinung erwies ich in allen ihren Teilen als falsch, was doch nicht gehindert hat, daß irgendein Schreiber noch in neuester Zeit aus Unwissenheit sie wieder anführte.

Neben unwirksamem, kristallinischem Methysticin (Kawahin) bzw. ψ-Methysticin und neben dem nicht wirkenden, von mir als Yangonin bezeichneten kristallinischen Anhydrid des Yangonasäuremethylesters, einem Lakton der Formel $C_{15}H_{14}O_4$ findet sich in der Kawa eine Harzmasse, die das allein Wirksame in ihr darstellt. Ich zerlegte sie nach einem besonderen Verfahren in zwei Komponenten, das α- und β-Kawaharz, von denen ich in dem ersteren die stärkere Wirkung auf den menschlichen Körper erkannte. Das α-Kawaharz besitzt die Eigenschaft, an Schleimhäuten, auch am Auge, gleich dem Kokain Unempfindlichkeit zu erzeugen. Außerdem kommen beiden Harzen Allgemeinwirkungen zu. Ein sorgfältig bereitetes Kawagetrank, in kleinen Mengen aufgenommen, veranlaßt nur leichte, angenehme Zustandsänderungen. Es stellt dann ein leicht stimulierendes Getränk dar, nach dessen Aufnahme Strapazen ertragen werden können. Es erfrischt den Körper nach ermüdenden Anstrengungen, macht den Kopf klar und schärft die Geisteskräfte. Man fühlt sich danach frisch, behaglich und besonders wohl. Der Appetit mehrt sich, zumal, wenn man die Kawa eine halbe Stunde vor der Mahlzeit nimmt. Manche Reisende ziehen sie dem Champagner vor, glauben aber, daß diese Wirkung nur in heißen Klimaten ganz empfunden wird. Wird genügend von den wirksamen Bestandteilen genossen, so treten eigenartige narkotische Erscheinungen auf. In dem ersten Bericht über Cooks Reise findet man bereits angegeben, daß, als einige Leute von der Schiffsmannschaft das Getränk zu sich genommen hatten, an ihnen eine Wirkung wie die einer starken Dose eines spirituösen Getränkes oder vielmehr eine Betäubung, wie sie Opium hervorruft, beobachtet wurde.

Nach nicht zu großen Mengen tritt ohne jede körperliche oder gemütliche Erregung das Gefühl einer glücklichen Sorglosigkeit, Behaglichkeit und Zufriedenheit auf. Es ist eine wirkliche Euphorie, die auch mit einer vermehrten Leistungsfähigkeit der Muskeln einhergeht. Die Sprache ist anfangs leicht und frei und Gesicht und Gehör für feinere Eindrücke geschärft. Das Mittel äußert eine besänftigende Macht. Die Trinker werden nie ärgerlich, böse, streitsüchtig oder lärmend wie durch Alkohol. Die Eingeborenen und die Weißen sehen es als ein Beruhigungsmittel bei Unglücksfällen an. Das Bewußtsein und die Vernunft bleiben erhalten. Sind etwas größere Mengen genommen, so werden die Glieder matt, die Muskelkräfte scheinen nicht mehr unter der Botmäßigkeit und Kontrolle des Willens zu stehen, das Gehen wird langsam und unsicher, die Leute sehen wie halbtrunken aus. Man fühlt das Bedürfnis, sich hinzulegen. Das Auge sieht die vorhandenen Gegenstände, will und kann sie aber nicht gehörig fixieren, ebenso wie das Ohr perzipiert, ohne sich über das Gehörte Rechenschaft geben zu können und zu wollen. Allmählich verschwimmen die Gegenstände mehr und mehr. Bei dem Trinker macht sich eine überwältigende Ermattung und ein jedes andere Gefühl beherrschendes Bedürfnis zu schlafen bemerkbar. Er wird somnolent und schläft schließlich ein. Manche Europäer haben diese gleich einem Zauber die Sinne lähmende und schließlich zum Schlaf führende Kawawirkung an sich selbst beobachtet. Oft bleibt es nur bei dem torpid-somnolenten, von unzusammenhängenden Träumen begleiteten Zustande, der auch gelegentlich von erotischen Visionen begleitet sein soll.

Der rauschähnliche Schlaf, aus dem das Individuum sich nur unwillig herausreißen läßt, tritt nach mäßigen Mengen ca. 20—30 Minuten nach der Aufnahme des Mittels ein und hält ca. zwei Stunden, aber auch noch länger, bis acht Stunden an, je nach der Gewöhnung des Trinkers. Wenn das Getränk konzentriert ist, d. h. viel von den harzigen Bestandteilen der Kawa enthält, tritt diese Berauschung viel schneller ein. Man findet die Trinker an der Stelle liegen, wo sie den Trank genommen hatten. Den Trinker kann vor dem Schlaf noch ein kurzes nervöses Zittern ergreifen. Die

Sensibilität ist im Schlafe herabgesetzt. Keine Erregung leitet die geschilderten Symptome ein.

In Rotumah wird wohl die stärkste Kawa dargestellt. Die Eingeborenen machen sich dort das Vergnügen, die an Land gehenden Matrosen so vollständig berauscht zu machen, daß sie weder stehen noch gehen können und an Bord getragen werden müssen.

Es ist begreiflich, daß diejenigen Europäer, welche die Gelegenheit hatten, die angenehmen Wirkungen der Kawa an sich zu erfahren und sich diese verschaffen zu können, das Getränk öfter gebrauchen. Mannigfache Berichte liegen darüber vor, daß auch gebildete Europäer sich schwer diesem Kawaismus entziehen können, nachdem sie einmal daran Gefallen gefunden haben. Auf den Fidschi-Inseln werden manche Weißen in niederer sozialer Stellung regelmäßig im Kawarausche gesehen. Nachwirkungen desselben sind kaum bemerkenswert.

Hinsichtlich des moralischen Einflusses auf das Individuum verhält sich diese Leidenschaft wie alle anderen ähnlichen, wie Alkoholismus, Morphinismus usw. Der Kawatrinker wird von fortwährendem Verlangen nach seinem Lieblingsgetränk gequält, welches er sich nicht selbst bereiten kann. Es ist ein erniedrigender Anblick, alte, weißhaarige Leute zu sehen, welche durch jahrelanges Hingeben an diesen Gebrauch heruntergekommen sind und von einem Hause ins andere gehen, um gerade bereitete Kawa zu erbetteln, oft auch, um abgewiesen zu werden. Auch geistige Schwäche wird als Folge des Kawaismus bezeichnet. Die Augen sollen bei alten Kawatrinkern eingefallen, rot, stark injiziert, entzündet, auch trübe und triefend und das Sehvermögen gestört werden. Die Individuen werden auffallend mager. Die Hände werden zitterig, so daß sie schließlich die Trinkschale nicht mehr an die Lippen zu bringen vermögen. Die zahlreichen Hautaffektionen, die bei den Insulanern des Stillen Ozeans vorkommen, sind mit dem Kawagebrauch in Verbindung gebracht worden, besonders ein Schuppungsprozeß, der schließlich zu einer pergamentartigen Beschaffenheit der Haut führen soll. Ich glaube nicht, daß hier ein ursächlicher Zusammenhang besteht.

Kanna.

Mit dem Namen Kanna (Channa) bezeichnete Kolbe vor etwa 200 Jahren eine Pflanze, deren Wurzel er von Hottentotten als Genußmittel habe gebrauchen sehen. Sie kauten sie und hielten sie lange im Munde. Davon würden sie trunken und erregt. Ihre „tierischen Geister belebten sich", die Augen funkeln, ihr Gesicht zeige Lachen und Frohsinn. Tausend charmante Ideen entstünden in ihnen, eine sanfte Freude, die sie über die einfachsten Scherze amüsiere. Nähmen sie das Mittel im Übermaß, so verlören sie zuletzt das Bewußtsein und verfielen in schreckliche Delirien.

Heute werden als „Channa" Mesembryanthemumarten, z. B. *Mesembryanthemum expansum* und *M. tortuosum* („Kaugoed") bezeichnet, die hinter der Küste vom Kap der guten Hoffnung, vorzugsweise in der dürren Hochebene der Karroo, aber auch im Namaquagebiet usw. vorkommen. Wurzel, Blätter und Stamm dieser Mesembryanthemen werden zerstampft, und dieses Material wird gekaut und geraucht. In *Mesembryanthemum tortuosum* findet sich ein beruhigend wirkendes Alkaloid, ein Pflanzenstoff, der bei Fröschen Lähmung und Atmungsstillstand, bei Kaninchen Krämpfe erzeugt, während bei Menschen 5 g der Droge Benommensein machen soll.

Keinesfalls sind die bezeichneten Pflanzen imstande, das zu erzeugen, was Kolbe von der Kanna schilderte, und was er wohl mit Wirkungen des indischen Hanfs, dem die Hottentotten sehr ergeben sind, verwechselt hat. Was andererseits auf experimentellem Wege erzielt wurde, spricht für eine so geringe pharmakologische Energie dieser Mesembryanthemumarten, daß es unverständlich ist, weswegen die Hottentotten sie gebrauchen sollten. Hier besteht eine vorläufig nicht überbrückbare Erkenntnislücke. Es gibt andere Pflanzen in jenen Gebieten, wie z. B. die *Sclerocarya caffra*, die wie *Sclerocarya Schweinfurthi* berauschend wirkt und für diesen Zweck auch Verwendung findet.

Excitantia. Erregungsmittel.

Das Wesen der Erregungsmittel.

Ziemlich scharf getrennt von allen bisher abgehandelten Stoffen ist die Grenze derjenigen auf der Welt gebrauchten Mittel, denen die Eigenschaft zukommt, auf das Großhirn, speziell die Großhirnrinde einen Reiz auszuüben, der, selbst wenn er über eine gewisse hochgelegene Reizschwelle ansteigt, im wesentlichen nur Reizfolgen, meist insensibel, bewirkt, ohne schwerere Ermüdungs- bzw. Ausschaltungssymptome von Gehirnfunktionen danach folgen zu lassen. Es werden dadurch, erkennbar, die psychischen Funktionen länger auf dem ursprünglichen Niveau erhalten, trotz der natürlichen Ermüdungsimpulse, die sich nach einer gewissen Arbeitsdauer einstellen. Die sensitive Tätigkeit des Großhirns führt nach dem Gebrauche mancher dieser Stoffe auch zu lebhafterer Perzeption von Gefühlseindrücken, und der Wille findet, selbst für Bewegungsleistungen, einen Zwangsgehorsam seitens des Zentralnervensystems, der, ungleich anderen nicht so gearteten Stoffen, subjektiv als Zwang nicht empfunden wird. Keinerlei Einbuße an Bewußtsein und freiester Entfaltung körperlicher oder geistiger Arbeitsfähigkeit, wofern nur — was ja selbstverständlich ist — nicht Mengen von solchen Stoffen akut verbraucht werden, die jeder Vernunft widerstreiten, und dann als Träger hoher Energie Funktionen des Gehirns und von diesem abhängige anderweitige im Sinne einer krankhaften Erregungsunordnung schädigen.

Fast alle in diese Reihe gehörigen Stoffe dehnen ihre Reizwirkungen auch auf die Herzarbeit aus, so daß sie in der Heilkunde zugleich wesentliche Hilfsmittel für ein Höhertreiben geminderter Leistung dieses Organs darstellen.

Der Gebrauch mancher von ihnen ist bei zivilisierten und unzivilisierten Menschen zur Lebensgewohnheit geworden. Von Pol zu Pol sind sie ihnen ergeben ohne Unterschied der Religion und des Standes. Allein ein Produkt wie der Tabak hat in der für das Weltgeschehen so kurzen Spanne einiger Jahrhunderte, von dem Augenblick an, wo sein Gebrauch bei den Entdeckern des amerikanischen Kontinents Verwunderung erregte, sich die gesamte Welt unterjocht.

Die von solchen Erregungsmitteln verbrauchten stofflichen Mengen sind bei weitem höher als die Summe aller anderen Genußmittel. Sie bedeuten heute für die wirtschaftliche Ökonomie der Welt viel. Sie sind aus dem Rahmen einer kleinen Besonderheit herausgetreten und zu der Bedeutung von Stoffen angewachsen, die jetzt für Hunderte von Millionen Menschen fast zu einem Erfordernis, wenn nicht gar zu einer Notwendigkeit ihres Lebens geworden sind. Sie schließen den großen Kreis der auf das Gehirn wirkenden Genußmittel und stellen, vielleicht noch mehr als andere Stoffe, Aufgaben für die wissenschaftliche Erforschung des Mechanismus ihrer Wirkung auf das Gehirnleben, ihrer Angriffspunkte im Gehirn und der Gründe, warum sie — obschon sie Gehirnreizstoffe wie die anderen darstellen — doch so große Verschiedenheiten gegenüber anderen besitzen. Der Gehirnphysiologie und der Psychologie bieten sie Probleme dar, für deren Lösung bisher kaum noch der erste Schritt getan worden ist. Ihre Wirkungen als Lebensäußerungen sehen wir — nach dem Wie? fragen wir vergebens.

Der Kampfer.

Als die Äbtissin, die heilige Hildegardis, vom Ruprechtsberg bei Bingen, im zwölften Jahrhundert den Kampfer erwähnte, oder als Petrus Magrus um das Jahr 1000 in seinem „Ricettario" seiner auf Grund eigener Beobachtungen gedachte, war er in Ostasien schon seit dem sechsten Jahrhundert als Arzneistoff nicht nur seiner Herkunft, sondern auch seiner arzneilichen Bedeutung nach gut gekannt. Daß man ihn in den genannten Zeiten oder später auch als Genußmittel gebraucht habe, ist nicht bekanntgeworden. Selbst die Tatsache, daß er wegen seiner überaus großen Kostbarkeit als Völkertribut an Fürsten und von diesen an ihresgleichen gesandt wurde — wie er zwischen 1342 und 1352 von dem chinesischen Kaiser zusammen mit Baumwolle und Edelsteinen dem Papst Benedict XII. verehrt wurde — spricht nicht dafür.

In unserer Zeit begann, wenn auch in sehr beschränktem Umfange, wahrscheinlich weil das Ergebnis von Selbstversuchen, die früher wiederholt mit kleinen und größeren Mengen von Kampfer angestellt worden sind, hier und da bekanntgeworden ist, oder weil vielleicht auch der präservative Gebrauch, der in Cholerazeiten oder in Südamerika gegen Fieber davon gemacht wurde, unvergessen geblieben ist, die Verwendung als Genußmittel.

Tatsächlich begegnet man seit etwa zwei Jahrzehnten in den oberen Kreisen der englischen Gesellschaft Kampferessern und Kampferesserinnen, die das Mittel in Milch, Alkohol, in Pillen usw. nehmen. Das gleiche findet man in den Vereinigten Staaten und in der Slowakei. Frauen behaupten, dadurch einen frischen Teint zu bekommen. Der wahre Beweggrund scheint aber zu sein, einen gewissen Erregungs- bzw. Rauschzustand dadurch zu erlangen, der freilich, wie mir scheint, eine besondere Disposition hierfür erfordert.

Nach Einnehmen von etwa 1,2 g können sich einstellen: angenehm empfundene Hautwärme und eine allgemeine Nervenerregung, Bewegungsdrang, Kribbeln in der Haut und eine eigentümliche, rauschähnliche, ekstatische, geistige Aufregung. „Klar und deutlich lag einem solchen Selbstversucher seine Bestimmung mit Tendenzen der schönsten Art" vor. Dieser Zustand hielt anderthalb Stunden an. Nach Einnehmen von 2,4 g stellte sich Bewegungsdrang ein. Alle Bewegungen waren erleichtert. Im Gehen hoben sich die Schenkel über die Maßen. Geistige Arbeit war unmöglich. Ein Gedankensturm stellte sich ein, eine Vorstellung folgte wild der anderen, schnell, ohne daß eine verharrte. Das Bewußtsein der Persönlichkeit ging verloren. Nach dem bewerkstelligten Erbrechen kehrte das Bewußtsein wieder, obschon das Zerstreutsein, die Vergeßlichkeit und die Gedankenflucht noch anhielten. Die Zeit erschien dem Erwachten sehr lang und voller Ereignisse, deren ihm keines erinnerlich war. Nach drei Stunden konnte er sich zur vollen Besinnung zusammenraffen, doch war die Unordnung im Gehirn noch so stark vorhanden, daß nach einer weiteren Stunde sich wieder Bewußtlosigkeit und konvulsivische Bewegungen für eine halbe Stunde einstellten und dann erst allmählich Klarheit und Muskelruhe.

Verlust des Orientierungsvermögens und kurzdauernde Gedächtnislücken folgen den meist sich einstellenden Reizfolgen im Magen und den Krämpfen. Die verlorengegangene Erinnerung kehrt schließlich zurück, aber auch — wie dies ein Selbstversucher ausdrückte — auf eine so seltsame Art, daß „alle vergessen gewesenen Geschäfte, Verrichtungen und

Dinge ihm so vorkamen, als wäre er nie zuvor damit bekannt gewesen, und als er schon jeden von seiner Familie wiedererkannte, waren ihm alle Gegenstände in seinem Zimmer so fremd und neu, als hätte er sie erst jetzt bekommen".

Krampfzustände von epileptischem Charakter kommen bei Kampferessern in der Slowakei, wie es scheint, so häufig vor, daß man die regionär dort auftretenden Fälle auf den Kampfer zurückgeführt hat. Damit ordnet sich dieser in die Reihe jener ätherischen Öle ein, die eine stark erregende Wirkung auch auf das Zentralnervensystem — freilich mit einer Besonderheit, die sich auf die zeitlichen Störungen der intellektuellen Fähigkeiten beziehen — ausüben. Ich halte es für unwahrscheinlich, daß in der Gesamtwirkung sich auch eine irgendwie geartete Empfindung von Euphorie findet.

Das Betelkauen.

Das Verlangen, Betel zu kauen[1]), steht an Stärke kaum einem anderen Nervenmittel nach, ja übertrifft an täglicher Häufigkeit und an Ausdauer, die das Individuum hierbei zeigt, vielleicht jeden anderen derartigen im Gebrauch befindlichen Stoff. Kein Nahrungsmittel wird in Ostasien so gern genommen und so erstrebt wie Betel. Der Siamese oder der Manilese würden eher dem Reis, der Stütze ihres Lebens, als dem Betelkauen entsagen. Dieses hat weit mehr Gewalt über diese Menschen als das Tabakrauchen über daran Gewöhnte. Mit Kauen aufhören, hieße für einen Betelkauer sterben. Die größten Entbehrungen und Härten des menschlichen Lebens, unzureichende und schlechte Nahrung, schwere Arbeit, Unbilden der Witterung oder Krankheit verlieren ihr Unangenehmes gegenüber der Labung des Betelkauens. Aber nicht nur hinsichtlich der Dringlichkeit des Verlangens danach und der Häufigkeit des Genusses, sondern in noch höherem Grade in bezug auf die räumliche Ausdehnung, die das Betelkauen auf der bewohnten Welt besitzt, und auf die Massigkeit des Verbrauches sowie die Allgemeinheit des Gebrauches erscheint es fast allen anderen Genußmitteln überlegen. Es erstreckt sich über 100 Längen- und etwa 20 Breitengrade. Man findet es fast auf dem ganzen Festlande zwischen dem 68. und 178. Grad östl. L. und zwischen dem 12. Grad südl. Br. und

---

[1]) L. Lewin, Über Areca Catechu, Chavica Betle und das Betelkauen. Eine Monographie, Stuttgart 1889.

30. Grad nördl. Br., auf einer Ländermasse von über mehr als acht Millionen Quadratkilometer, zwischen denen die ungeheuren Flächen des austral-asiatischen Mittelmeers, des Indischen und Stillen Ozeans ausgebreitet sind. Von dem Königin-Charlotte-Archipel rückt der Gebrauch nach Westen und Nordwesten vor, über einen großen Teil der Inselgruppen des Stillen Ozeans, Niederländisch - Indien, geht von den Philippinen bis zu den Ufern des Jang-tse-kiang und von der Ostküste Hinterindiens, alle Inseln und Inselgruppen des Indischen Ozeans einschließend, bis zum Indus. Der Indus bildet heute die Grenze nach Westen, während früher zweifellos auch über diesen hinaus, vielleicht sogar bis zum Euphrat und in einem Teile von Arabien, dem Betelgenusse gehuldigt wurde. Im Südosten scheint die Arafurasee und die Torresstraße eine starre Scheidelinie nach Süden hin zu bilden.

Im einzelnen würden die folgenden Länder und Inseln in den Bereich dieses Gebrauchs fallen: Am südlichsten findet man ihn wohl auf der Insel Réunion als eine allgemein verbreitete Sitte, vereinzelt auch auf Madagaskar. Auf Sansibar wird Betel in allen Ständen, auch von Frauen, gekaut. Auch an dem gegenüberliegenden ostafrikanischen Küstengebiet, z. B. an der Tangaküste, lieben die Suaheli und Araber den Betelbissen mehr noch als Tabak, ebenso die Bewohner der Insel Mafia, der südlichsten der Eilande des Sansibar-Archipels, und die Leute von Hadramaut. Persien und Beludschistan lassen eine umfangreiche Verwendung vermissen. Jenseits des Indus beginnt der Massenverbrauch. Betelkaugebiete sind: die Konkanküste, ganz Kanara, der Malabarbezirk bis zum Kap Comorin, Travancur, die Laccadiven und Malediven, Ceylon, die Koromandelküste, Assam, Bengalen, Hindustan, Pandschab, Himalayastaaten, die Andamanen und Nicobaren, Malakka, Birma, Shanstaaten, Siam, Kambodja, Cochinchina, Anam,

Tonkin, der Süden und der südöstliche Küstenstrich von China, zumal Jün-nan, Kuang-si, Kuang-Tung und Tsche-Kiang, auch Hainan, die Sundainseln, z. B. Timor, Celebes, Borneo, Java, Sumatra, Nias, Banka, Billiton, die Molukken: Bandainseln, Amboina, Buru, Ceram, Ternate usw., die Philippinen mit Ausnahme der Westküste von Palawan, Formosa, die Karolineninseln mit Ausnahme von Ponape, Marianeninseln, Neuguinea und der Louisiadenarchipel, die Hermiten- und Admiralitätsinseln, der Bismarckarchipel, Neu-Irland (Neu-Mecklenburg), Neu-Britannien (Neu-Pommern), Heathinsel, die Salomoninseln, Bougainville u.a. Die Duke-of-York-Insel (Neu-Lauenburg), die Shortlands- und Santa-Cruz-Inseln, die Insel Tukopia, die Fidschi-Inseln. Frei scheinen die Neuen Hebriden und Neu-Kaledonien zu sein. Nur auf den Banksinseln wird Betel gekaut, vereinzelt wohl auch auf den Marquesasinseln.

Ich schätze die Zahl der in den vorgenannten Gebieten Betel kauenden Menschen auf 200 Millionen. Nicht überall ist der Gebrauch ein gleich ausgedehnter. So ist er z. B. an den Küstenstrichen Ostindiens intensiver als in den Binnenländern. In den Zentraldistrikten von Sumatra findet man ihn weniger häufig, z. T. wegen Mangel an Kalk. Im Norden Chinas gilt das Betelkauen für einen großen Luxus, weil der Betelpfeffer hier nicht mehr frei wächst.

Männer und Weiber, alle Altersklassen, alle Stände: Fürsten, Priester, Arbeiter und Sklaven, alle Religionsrichtungen: Christen, besonders dunkle Missionslehrer, Mohammedaner, Buddhisten, Brahmadiener, Fetischanbeter und andere nicht definierbare, alle Rassen: Kaukasier, Mongolen, Malaien, Papuas, Alfuros, einigen sich in diesem Genußmittel. Manche dieser Stämme sind unmäßiger in dem Gebrauche als andere. So sollen Malaien und Burmesen demselben leidenschaftlicher huldigen als z. B. die Bengalesen. Bei den Doresen sind es meistens nur Häuptlinge, die Betel kauen. Angeblich haben sie diese Gewohnheit von den Tidoresen angenommen. Überall beginnt der Gebrauch fast mit dem ersten Kindesalter und hört erst mit dem Tode auf. In Burmah gibt es ein altes Wort, das den frühzeitigen Gebrauch illustriert, daß nämlich keiner ordentlich burmesisch sprechen kann, bevor er Betel kauen gelernt hat. Täglich und stündlich, während der Arbeit und der Ruhe im Gehen oder Sitzen, im eigenen und fremden Hause wird das Kauen ausgeübt. Wie leidenschaftlich diesem Genusse gefrönt wird, mag aus der Angabe ersehen werden, daß nur die Liebe denselben für kurze Zeit aufhören machen kann. Tagalische Mädchen sehen es als einen Beweis der Aufrichtigkeit der Gesinnung und der Heftigkeit der Leidenschaft ihrer Geliebten an, wenn diese den Betelbissen aus dem Munde nehmen. Ja sogar während des Schlafes sollen manche Indier den Betelbissen im Munde behalten. Das erste, wonach der erwachende Neu-Britannier greift, ist Arekanuß und Betelpfeffer, und bis in die Nacht hinein setzt er diesen Genuß fort. Der Wilde vom südöstlichen Neuguinea setzt diesen Genuß dem Tanz und Schlaf gleich.

Auch viele Europäer haben sich dieses Genußmittel angewöhnt.

1. Die Geschichte und die Art des Betelkauens.

Ein so ausgedehnter Gebrauch eines Genußmittels muß als Bedingung eine lange Vergangenheit haben. Nur so ist die jetzige Verbreitung über die genannten großen Weltgebiete und ihr Eindringen in die verschiedenartigsten Volksschichten erklärlich. Dies ist in der Tat der Fall. Dieses Genußmittel wird erweislich seit mehr als 2000 Jahren benutzt. Denn nicht nur beschrieb Theophrastus um 340 vor unserer Zeitrechnung die Arekapalme, deren Nüsse einen Bestandteil des Betelbissens ausmachen, sie wird auch im

Sanskrit als Guváka und in chinesischen Schriften um 150 als Pinlang, dem malaiischen Namen, den sie auch heute noch trägt, erwähnt. Ja, das Betelblatt, das zweite wesentliche Ingrediens für das Betelkauen, wird bereits in der ältesten einheimischen geschichtlichen Urkunde Ceylons, nämlich in dem in der Pálisprache verfaßten Maháwanso, um das Jahr 504 v. Chr., als ein Geschenk einer Prinzessin an ihren Geliebten erwähnt. In dem Kampf des Duthagámini mit den Malabaren, 161 v. Chr., sahen die Feinde an seinen Lippen jene eigentümliche blutrote, durch das Betelkauen bedingte Farbe und verbreiteten das Gerücht, er sei verwundet worden.

Auch aus den ersten Jahrhunderten unserer Zeitrechnung finden sich Berichte vor, die schon auf einen sehr verbreiteten Gebrauch dieses Mittels in Indien schließen lassen. Die im achten und neunten Jahrhundert nach Hindostan gelangten Araber und Perser lernten diese Gewohnheit als eine eingewurzelte kennen und brachten sie in ihr eigenes Land. Indessen ist der Gebrauch in Persien ein viel älterer. Der persische Geschichtschreiber Ferishta schreibt, daß in der Hauptstadt Kanyakubja zur Zeit des Königs Khosru Parviz (d. i. Chosroës II., 600 n. Chr.) zum Verkaufe des Betelblattes allein 30 000 Kramläden vorhanden gewesen wären. Masûdi, der im Jahre 916 Indien durchwanderte, beschreibt das Betelkauen als eine nationale Gewohnheit, die selbst der freiwillig zum Scheiterhaufen Schreitende als letztes Labsal noch übt und deren Unterlassen eine gesellschaftliche Isolierung des betreffenden Individuums zur Folge hat. Die Areka bezeichnet er als eine von den Einwohnern von Mekka, Jemen und Hedjah sehr geschätzte Droge, die sie damals dem Mastix substituiert hätten. Die berühmten Reisenden des Mittelalters, ein Marco Polo, der Zentralasien, China, Indien, Persien im dreizehnten Jahrhundert durchwanderte, ein Ibn Batuta, der im vierzehnten Jahrhundert die ganze mohammedanische Welt bereiste, beschreibt das Wachstum des Betelpfeffers, der sich, Weinreben gleich, an Spalieren oder Palmen emporranke, die Art, wie Betel mit Arekanuß und Kalk genossen wird und welche Wirkungen danach erfolgen. Erweiterungen dieser Kenntnis schufen die späteren Jahrhunderte in reicher Fülle bis in unsere Tage hinein.

Die typische Zusammensetzung des Betelbissens besteht in einem Stück der Arekanuß, der Frucht der Palme *Areca Catechu* in irgendeinem Zustande ihrer Reife, einem Betelblatt, dem Blatte von *Piper (Chavica) Betle* und einer Menge von gebranntem Kalk. In manchen Gebieten wird noch Tabak oder Gambir bzw. Katechu — die letzteren beiden stark gerbsäurehaltige Stoffe — hinzugefügt. In der Art, wie diese Bestandteile in den Mund gebracht werden, in ihrer Reihenfolge, Beschaffenheit usw. bestehen in den einzelnen Verwendungsgebieten Verschiedenheiten. Ist der Bissen im Munde, so beginnt sein fleißiges Schieben zur anderen Mundseite, das Kauen und das Herandrücken desselben an oder das Einschieben zwischen die Zähne, um den Saft auszupressen, so daß er bisweilen noch zwischen den Lippen hervorsieht.

Der erste bemerkbare Einfluß dieses Kauens ist das Entstehen eines mächtigen Speichelflusses. Der zuerst abgesonderte Speichel wird von manchen ausgespien, von anderen gleich den folgenden übermäßig gelieferten Speichelportionen nebst dem Betelsaft verschluckt. Und so kaut man und kaut wieder, wenn die Nuß hart ist, auch mit ziemlichem Kraftaufwand, verschluckt die rotgefärbten Saftmassen, bis nur wenige holzige, wergartige Fasern übrigbleiben, die ausgespien werden. Reste der Nuß sieht man trotzdem oft in allen Zwischenräumen der Zähne haften.

Nicht immer wird der Betelbissen ex tempore bereitet. Auf dem indischen Festlande und den indischen Inseln sind im Hause oder in dem Betelbeutel die schon fertig zubereiteten Bissen vorhanden und werden auch in kleinen Läden verkauft. In Manila machen diese mundrechte Zurichtung des Betels (Buyo) die weiblichen Glieder des Hauses. In jedem Wohnzimmer findet sich ein Kästchen, das die für diese Herstellung notwendigen Bestandteile und Instrumente enthält. An einem derartigen Buyo wird wohl eine halbe Stunde gekaut. In Siam beschäftigen sich Frauen und Kinder mit dem Abpräparieren der dünnen Schale der frischen Arekanuß. Frauen machen dies für ihre Männer, Schwestern für Brüder, Geliebte für ihre Liebhaber. Ist die Nuß sehr trocken und fehlen die frischen noch ganz, dann bereiten die Siamesen fertige Betelbissen auf folgende Weise: Sie zerstampfen die Nuß in einem mörserähnlichen Gefäß, das an beiden Seiten offen, an einer aber verjüngt und hier durch einen Holzpflock verschlossen ist. Das Nußpulver mischen sie mit der Kalkpaste und dem Betelblatt innig, entfernen den Holzpflock und drücken den dadurch Form erhaltenden Bissen aus dem verjüngten Teile des Gefäßes heraus. Auch an der Neuguinea-Küste werden Arekanuß, Betelblatt und Kalk gestampft.

Das Betelblatt wird überall nur frisch genossen, weil ältere jede Wirkung verlieren. Die leicht gelblichen wurden von jeher bevorzugt. Durch öfteres Anfeuchten können sie länger frisch erhalten werden. An indischen Fürstenhöfen sind die Betelblätter vergoldet, welche den Gästen dargeboten werden.

Die Mengen, die von jedem der Bestandteile relativ und von allen zusammen in einem Tage verbraucht werden, unterliegen natürlich je nach der Individualität großen Schwankungen. Die Areka macht in einem Betelbissen ungefähr drei Viertel des ganzen Gewichtes aus, während das übrige dem Betelblatt und dem Kalke zukommt. Auf Java wird von den größeren Betelblättern nur ein einziges, von den kleineren anderthalb oder zwei für einen Bissen verbraucht. Vom Kalk fügt man zu letzterem zirka 0,5 g. In Siam gilt als höchste Menge für den täglichen

Verbrauch eines Erwachsenen 50 Portionen (K'āms), d. h. zirka 12½ Nuß, und als kleinste der vierte Teil hiervon. Linschoten führt an, daß Männer und Frauen täglich 36 und mehr Betelblätter verbrauchen. Einer anderen Angabe nach werden in China durchschnittlich täglich 24 Stück davon gekaut.

Vom Kalk, der meistens sorgfältig vor dem Zutritt der Luft in seinem Behälter geschützt wird, gebraucht man etwa ein erbsengroßes Stück oder ungefähr 0,6 g. Bisweilen wird mehr hinzugesetzt, bis zu einem Viertel des Gewichtes des ganzen Bissens.

2. Die Wirkungen des Betelkauens.

Bald nachdem man den Betelbissen durchzukauen begonnen hat, empfindet derjenige, der nicht an den Genuß gewöhnt ist, eine unangenehme, gewürzhaft brennende Schärfe im Munde und ein Gefühl des Zusammengezogenseins im Schlunde. Auch leichtes Wundwerden der Zunge und des Schlundes kommen bisweilen zustande. Je häufiger gekaut wird, um so mehr stumpft sich diese zum erstenmal fast unerträgliche Wirkung ab und wird zuletzt fast nicht mehr empfunden oder wandelt sich sogar in eine angenehme um, so daß z. B. ein Mann, wie der Bischof Heber, der die Mischung nahm, sagen konnte, er begriffe, daß die daran Gewöhnten sie lieb gewännen. Die Geschmacksempfindung wird nicht selten, wahrscheinlich durch die Wirkung des in dem Betelblatt enthaltenen Öles, vielleicht auch durch Beteiligung des Kalkes, für kurze Zeit herabgemindert und die Zunge taub. Wenn man sich aber an den Geschmack vielleicht gewöhnen könnte, so ist der im Beginn des Kauens am stärksten auftretende und zum Speien nötigende, bisweilen stundenlang anhaltende Speichelfluß doch dasjenige, was den Europäer am meisten von diesem Genusse abzuhalten vermöchte, zumal der Speichel dabei je nach der Menge des hinzugefügten Kalkes eine gelbbraune bis braunrote oder blutrote Farbe annimmt. Die starke Speichelung hat nach meinen Eigenversuchen ihren Grund in einer Reizung der Schleimhäute des Mundes durch die Bestandteile der Arekanuß, in zweiter Reihe erst durch den Kalk. Auch die Färbung des Speichels rührt im wesentlichen von dem Farbstoff der Nuß her, der unter der Einwirkung des alkalischen Kalks die bezeichneten Tönungen annimmt. Die gewöhnliche dreifältige Mischung: Arekanuß, Betelblatt, Kalk liefert einen braunroten, die vierfältige: Arekanuß, Betelblatt, Gambir oder Katechu und Kalk einen mehr blutroten Speichel. Groß sind die Unterschiede nicht.

Nachdem die erste Wirkung der Erregung der Speicheldrüsen und die Reizung der Mundschleimhaut vorübergegangen sind, bleibt ein angenehmer Duft im Munde zurück. Dies ist von jeher als eine wesentliche angenehme Wirkung des Betelkauens bezeichnet worden. Das Betelblatt allein ruft nichts Derartiges hervor. Der Duft, der dadurch erzeugt wird, ist keineswegs angenehm, wenn auch aromatisch. Es ist in der Tat nur die Arekanuß, die diese Wirkung veranlaßt. Aus meinen Untersuchungen geht hervor, daß durch Einwirkung des Kalkes auf die Nuß eine riechende Substanz entsteht, die in winzigen Mengen einen besonderen Wohlduft besitzt. Derselbe hält ziemlich lange an, wenn z. B. etwas von der konzentrierten ätherischen Lösung des Duftkörpers mit Händen oder Kleidern in Berührung gelangt. Auch der Mund zeigt diesen Duft, wenngleich in viel geringerer Weise. Ich kann mir aber wohl denken, daß auch dieses Duftes und Wohlgeschmackes wegen Menschen dem Betelgenusse huldigen. Dem widerspricht nicht, daß manche alte, eingefleischte Betelkauer, wie dies von Siam berichtet wurde, einen nicht angenehmen Geruch aus dem Munde von sich geben, der wegen seiner Eigenartigkeit als „Betelgeruch" bezeichnet werden könnte. Er soll so stark werden können, daß man die Windseite zu erlangen streben muß, wenn man mit solchen Menschen spricht. Dieser Geruch rührt von Zersetzung der zwischen den Zahnlücken liegenbleibenden Stückchen des Bissens her, wenn keine Reinigung des Mundes vorgenommen wird. Trotzdem empfinden diese Individuen die Annehmlichkeit des aus dem Bissen sich entwickelnden Duftes und den angenehmen Geschmack genügend, um den Gebrauch trotz der Fäulnis in ihrem Munde und später vielleicht gerade deswegen fortzusetzen. Im übrigen ist hervorzuheben, daß z. B. Jagor bei Betelkauern nie schlecht riechenden Atem bemerkte und deswegen sagen konnte: Man möchte wünschen, daß diese Sitte auch in Europa bestände, da bei uns das Übel des schlechten Atems doch namentlich unter älteren Leuten so häufig ist. Bei eingefleischten, nicht sauberen Betelkauern bildet sich im Laufe der Zeit eine Kruste an Zähnen und Zahnfleisch, die wohl im wesentlichen aus kohlensaurem Kalk besteht. Auf den Admiralitätsinseln gilt die Bildung dieses „Zahnsteins" fast als ein Attribut der Häuptlingswürde, denn nur sehr Wohlhabende können sich einen derartigen reichlichen Betelgenuß leisten, daß sich beträchtliche Mengen von Zahnstein bilden. Bei geschlossenem Munde schauen diese Zahnwucherungen wie eine glänzend schwarze Zungenspitze zwischen den Lippen heraus, und die Eitelkeit dieser Menschen läßt sie — wie Vogel schildert — die Unannehmlichkeit dieser Zierde — die Zähne werden wegen ihrer Lockerung zum Kauen fester Speisen unbrauchbar — ruhig ertragen.

Das so intensiv und von so vielen Menschen geübte Betelkauen muß aber noch anderes bewirken können, um die Menschen so zu fesseln, wie es geschieht. Dies andere ist vorhanden und bezieht sich auf eine Gehirnbeeinflussung. Diese scheint bezüglich der Mannigfaltigkeit und Intensität von der Art und dem Reifezustand der Nuß sowie davon abzuhängen, ob man an den Genuß gewöhnt ist oder nicht. Im allgemeinen ist der Betelbissen in dieser Beziehung als ein sehr mildes, narkotisch stimulierendes Genußmittel anzusehen. Der Betelkauer empfindet eine Art von Wohlbehagen, gute Laune und Aufheiterung, langweilt sich nicht oder weniger, ist bei Humor, wird auch wohl, wie dies die burmesischen Mönche behaupten, wenn er sonst Anlage dazu hat, zum Nachdenken und zur Arbeit angeregt, aber dies alles in nicht stärkerer Weise, als es etwa der Genuß des Tabaks in einer der vielen Formen seines Gebrauches bei denen, die daran gewöhnt sind, tut. Der berühmte Reisende Kaempfer sagt aus eigenem Erleben von dem Betelbissen, daß, da er das Gehirn leicht berausche, er besänftigend wirke und gute Stimmung mache. Eine noch stärkere narkotische Wirkung anzunehmen, hieße aber den Tatsachen widersprechen. Ich halte es daher für sehr übertrieben, wenn behauptet wird, daß das Betelkauen für die Singhalesen die nämliche Wirkung wie der Opiumgenuß habe. Dagegen scheint bei manchen Menschen, die an den Produktionsorten zum erstenmal Betel kauen, eine ausgesprochene zerebrale Einwirkung zustande zu kommen. Wahrscheinlich ist der Zustand der benutzten Stoffe hierbei von entscheidendem Einflusse. Die Symptome ähneln nach der Angabe derjenigen, die sie an sich selbst sahen, sehr denen des Tabaks. Beängstigung, Brustbeklemmung, besonders Schwindel, leichte Aufregung, eine Art Rausch, Übelkeit, kalter Schweiß, sehr selten Benommensein zeigen sich, halten aber nicht lange an, und die erfolgte Gewöhnung soll sie überhaupt nicht wieder auftreten lassen.

Hunger- und Durstgefühl sollen durch Betelkauen gestillt und die Geschlechtstätigkeit erregt werden. Das letztere ist unrichtig.

Von Wichtigkeit ist die Beantwortung der Frage, ob der dauernde Gebrauch des Betelgemisches nachteilige Folgen für den Körper nach sich ziehe, in ähnlicher Weise wie dies bei dem größten Teil der narkotischen Genußmittel der Fall ist. Ich glaube, daß sich dies selbst für jene Fälle verneinen läßt, in denen eine Unmäßigkeit im Genusse herrscht. Es ist vom toxikologischen Standpunkte aus sehr viel weniger gegen diesen Gebrauch einzuwenden als z. B. gegen den von Tabak und Alkohol. Ja, die Summe der Anschuldigungen bezüglich einer Gesundheitsstörung ist eigentlich verhältnismäßig so sehr gering, daß man nur wünschen könnte, daß die anderen Genußmitteln frönenden Menschen ebensowenig darunter zu leiden hätten wie die Betelkauer vom Betelessen. Freilich eines teilt dieser Genuß mit den anderen. Die ihm Ergebenen bleiben, nachdem sie sich an ihn gewöhnt, meistens ihm auch untertänig. Die Gewohnheit führt zur Notwendigkeit und zum Zwang, und da jeder Zwang das Individuum unfrei macht, besonders aber ein so körperlicher Genuß, der gewisse Zellgruppen des menschlichen Organismus alsbald veranlaßt, gebieterisch den ihnen liebgewordenen Reiz dauernd zu verlangen, so ist auch der Betelgebrauch von diesem Gesichtspunkte aus als eine Schädlichkeit anzusehen. In dieser Beziehung ist besonders anzuführen, daß, wenn Betelkauer sich des Genusses enthalten wollen oder aus äußeren Gründen enthalten müssen, sie Abstinenzerscheinungen bekommen, die sich freilich der Stärke und der Allmählichkeit ihres Auftretens nach von anderen unterscheiden. Es treten allgemeine Mattigkeit, Abgeschlagenheit und Schwäche auf, weil die Verdauungsorgane die Reizwirkung des Mittels verloren haben. Im Munde wird ein unangenehmer Geschmack empfunden, der Atem nimmt einen schlechten Geruch an und mannigfache andere, der Schwäche entspringende Körperbeschwerden können sich hierzu gesellen.

Gegenüber der Festigung, die, neben dem subjektiv Angenehmen, das Betelkauen vielleicht gegenüber gefährlichen klimatischen Einflüssen erteilt, verschwinden an Bedeutung die geschilderten Nachteile. Mit einem unerklärlichen Instinkte haben gerade Ostasiens Völker dieses tonisierende Mittel als Schutzmittel gegen eine Schädigung seitens ihrer Nahrung ausfindig gemacht. Die nicht stickstoffhaltigen Nahrungsmittel, etwa mit Ausnahme der Brotfrucht und einiger Bohnenarten, überwiegen in ihrer Ernährung. Die Entstehung eines Übermaßes von sauren Zersetzungsprodukten derselben im Magen mit allen ihren Folgen sollte der dauernden Gleichmäßigkeit dieser Nahrungsmittel baldige Folge sein. Dem wirkt der alkalische Betelbissensaft als säuretilgendes und adstringierendes, die Magenschleimhaut festigendes Mittel entgegen, und man kann jenem Ausspruche unbedingt zustimmen, daß kaum ein für diesen Zweck gegebenes Rezept besser das Gewünschte erfüllen würde. Alle, die mit Verständnis die dortigen Verhältnisse betrachteten, sind zu der Überzeugung gekommen, daß ein mäßiges Betelkauen, gerade mit Rücksicht auf die eigenartige, denkbar einfachste, kärgliche Nahrung der Inder und die vielfach schlimmen klimatischen Verhältnisse, der Gesundheit nur förderlich sein könne. Daß sich die meisten Europäer, ohne an ihrer Gesundheit Schaden zu nehmen, von dieser Gewohnheit freihalten, beweist nichts, da sie sich anders ernähren und sich alkoholische Exzitantien genugsam zuführen. Trotzdem leidet noch ein großer Teil derselben an vielfältigen Störungen des Verdauungskanals, allgemeiner Schwäche und Prostration sowie Dysenterie, welche letztere wahrscheinlich nach Betelgebrauch nicht aufgetreten wäre.

Welchem Bestandteile des Betelbissens kommt die erregende Beeinflussung des Nervensystems zu? Die Antwort auf diese Frage ist leicht zu geben. Es ist im wesentlichen die Arekanuß, die einen nach dieser Richtung hin wirkenden Inhaltsstoff, das ölartige, flüchtige Arecolin, besitzt. Neben Reizwirkungen an Schleimhäuten (Speichelfluß, dünnflüssige Darmentleerungen usw.) erzeugt dasselbe im Experiment auch solche am Zentralnervensystem, z. B. Steigerung der Reflexerregbarkeit eventuell bis zu Krämpfen, die von Lähmung gefolgt werden. Nebenher sieht man die Atmung häufiger und die Herzarbeit geringer werden. Varianten der Nervenwirkungen können natürlich verschiedene Äußerungsformen aufweisen, denen z. B. allgemeine oder individuelle Dispositionen zugrunde liegen. So bekommen Hunde nach Aufnahme der Arekanuß hochgradige Erregung, Frösche dagegen Depressionssymptome. Auch die Beschaffenheit der Nüsse selbst scheint einen Einfluß auszuüben. Beobachtungen an Menschen ergaben z. B., daß nach Genießen einer bestimmten Sorte derselben, besonders aber nicht ganz reifer, rauschartiger Schwindel eintrete, so als ob man unter dem Einflusse von Wein stünde. In Siam hat sogar der durch solche Nüsse erzeugte Rausch einen besonderen Namen: „San Makh".[1]) Ich führte indessen schon die Tatsache an, daß auch alte Nüsse Gehirnsymptome erzeugen können. Im wesentlichen wird eine solche Zustandsänderung auf einen entsprechenden Gehalt an Arecolin zurückzuführen sein.

Das ätherische Öl des Betelblatts, das nach meinen Versuchen bei Tieren zuerst Erregung und dann einen Zustand von Benommensein hervorruft, ist an der Nervenwirkung des Betelbissens untergeordnet mitbeteiligt. Es ist ferner zu berücksichtigen, daß der zu dem letzteren hinzugefügte Kalk um so besser das Alkaloid Arecolin aus seiner Verbindung in der Arekanuß freimachen wird, je alkalischer er ist, d. h. um so mehr Kalziumhydrat durch ihn in diesem Sinne einwirken kann.

---

[1]) Junge Nüsse sollen jedoch weniger Arecolin als ältere enthalten.

Das Kat.

„Wenn ich", so schrieb mir mein Freund G. Schweinfurth, „auf meinen Reisen durch Jemen spät am Abend die hohen, vielstöckigen Häuser der Gebirgsdörfer hell erleuchtet sah, die Fenster al giorno leuchtend, und dann fragte, was alle diese Bewohner so spät veranstalteten, da wurde mir gesagt: Es sitzen die Bekannten stundenlang vor dem Kohlenbecken zusammen und trinken eine Schale um die andere von ihrem Schalenkaffee[1]) und kauen dazu ihr unentbehrliches Kat, das sie wach erhält und freundliches Plauschen miteinander befördert." Es macht dem Katesser Vergnügen, jeden in dem Kreise reden zu hören, und er gibt sich Mühe, seinerseits zu dieser Unterhaltungsgeselligkeit beizutragen. Die Stunden fliegen ihm hierbei schnell und angenehm dahin. Das Kat verursacht eine erfreuliche Erregung und Aufheiterung, Fernhaltung des Schlafbedürfnisses, Auffrischung der Energie in den heißen Stunden des Tages und ebenso auf langen Märschen und Nichtaufkommenlassen des Hungergefühls. So benutzen Boten und Krieger Kat, da es Nahrungsaufnahmen während mehrerer Tage unnötig macht.

So eigenartige, an koffeinhaltige Genußmittel erinnernde, aber doch von ihnen wirkungsverschiedene Beeinflussungen ruft das Kauen von frischen Knospen und jungen Blättern von *Catha edulis (Celastrus edulis)* hervor, einer großen Staude, die sich auch zum Baume ziehen läßt. Sie wird nur in kühlen, hochgelegenen Tälern von 3000 bis 4000 Fuß in Nordostafrika und Südwestarabien einschließlich Abessiniens für den Verbrauch kultiviert, reichlich in Harar, in Tigre, Schoa, in Kafa, Jemen usw. Die nördliche Grenze der Catha liegt bei etwa 18 Grad nördl. Br. Wild findet man

---

[1]) Man trinkt in Jemen nur den Aufguß der Kaffeeschalen.

sie bis etwa zum 30. Grad südl. Br. bis Natal und Pondoland. Mit der Verbreitung des Islam in den Gallaländern ist zwar der Konsum, aber nicht der Anbau der Catha gestiegen.

In Jemen verwandte man Kat (čāṭō, Khat der Amhara, Ćat oder Jimma der Oromó), schon ehe Kaffee dort gebraucht wurde. Die Verwendungsart hat sich nicht geändert: Es werden die frischen, grünen Blattspitzen, Blätter und Zweigsprossen gegessen und nur in Innerarabien ein Aufguß der Blätter genommen. Die Leidenschaft ist so groß, daß ihr auch materielle Opfer gebracht werden. Es gibt Feinschmecker in Hodeida, Mocha und Aden, die täglich „zwei Taler" für Kat ausgeben, und von dem jemenitischen Scheich Hassan gab ein Reisender an, daß er täglich für mehr als 100 Frcs. davon verbrauchte, weil er viel vornehmen Besuch bei sich zu sehen gewohnt war. Da in der Stadt Aden viele Leute aus Jemen als Arbeiter, Händler usw. leben, ist dort ein eigener Katmarkt in Betrieb. Täglich müssen, weil der Katstrauch im Tiefland nicht gedeiht, durch Eilboten Bündel der beblätterten Zweige über Nacht vom Hochland her zu Markt gebracht werden. Je 40 Zweige werden zu einem Bündel zusammengeschnürt und in ein aus Palmblättern sorgfältig geflochtenes oder aus Bananenblättern hergestelltes Futteral gesteckt, um sie frisch zu erhalten bei dem viele Stunden dauernden Ritt. An manchen Orten, z. B. in Harar, steht der Katgebrauch mit der Verrichtung des Gebets in engem Zusammenhang. Außer den Jemeniten sind es die Harari, die moslemischen Oromó, die Kaffitscho, die Galla u. a. m., die den Genuß des Kat lieben. Auch im Eyssaland wird das Material genossen, das aus Harar und Arabien eingeführt wird. Gänzlich ungebräuchlich ist das Kauen des Kat in Hedschás. Nicht einmal in Dschedda soll es gewöhnlich sein.

Als Träger der erregenden Wirkung des Kat wird ein Alkaloid angesehen, das bis zu 0,07% oder 0,12%

in besten Blättern vorkommt. Ich glaube aus Analogien mit gewissen Arzneipflanzen schließen zu müssen, daß das nebenbei noch in der Pflanze sich findende zimtesterähnliche ätherische Öl bzw. Harz an der Erzeugung der eigenartigen Erregungswirkung mitbeteiligt ist.

Es ist hier wie bei jedem stark energetischen Stoff unausbleiblich, daß Mißbrauch diejenigen körperlichen Funktionen, die fast dauernd einem Reize ausgesetzt sind, schließlich ermüden läßt oder in eine andere krankhafte Arbeitsbahn drängt. Und Mißbrauch wird reichlich mit dem Kat von Niedrigen und Hohen getrieben. Des Katessers bemächtigt sich eine Ruhelosigkeit, die ihm auch den Schlaf raubt. Die erregte Großhirnhemisphäre kommt nicht zu ihren normalen Erholungspausen, und als Folge davon leiden dann auch peripherische Organfunktionen, vor allem die des Herzens, derart, daß Beobachtungen an einer großen Zahl von Katessern in Harar reichlich Herzaffektionen feststellen konnten. Die Störungen im Nervensystem haben dann bei manchen auch allgemeine Stoffwechselstörungen im Gefolge, an deren Entstehen der durch Katessen bedingte chronische Appetitverlust mitbeteiligt ist.

Schweinfurth teilte mir auch mit, daß er nirgends im mohammedanischen Orient so häufig unverheiratete Männer angetroffen habe als in Jemen. In anderen Ländern des Islam gilt dies geradezu als Schande. In Jemen wurde ihm offen gesagt, daß Leute, die viel Kat essen, gegen sexuelle Erregung und Wünsche abgestumpft seien und daher aus Sparsamkeit gar nicht heiraten oder es aufschieben, bis sie Geld genug zum Heiraten hätten. Dieser Verlust der Libido sexualis ist auch sonst bei Menschen jener Gebiete festgestellt worden.

Mohammedanische Kasuisten haben viel darüber gestritten, ob der Genuß des Kat sich mit den Vorschriften des Koran vertrage, nach denen man weder Wein noch irgend etwas zu sich nehmen dürfe, was berauscht. Selbst wenn die Ausleger zu der Ansicht gekommen wären, daß auch Kat zu solchen Stoffen gehöre, so würde kein Katesser sich von einem Genießen desselben abhalten lassen.

Der Gebrauch ist bodenständig geworden. Von Abessinien ausgegangen, hat er sich seit dem Jahre 1332, in dem seine erste bis jetzt nachweisbare Erwähnung stattfand, mit der Pflanze über Jemen und weiter ausgedehnt. Zweifellos hat man in Abessinien Kat schon lange vor dem bezeichneten Jahr gegessen und wird es in allen Zeiten weiter tun, denn Genußmittel, die das Gehirn erregen, überdauern die Zeiten.

Die Koffeinpflanzen.

Schon bei jedem anderen auf das Gehirn wirkenden Genußmittel drängt sich die Frage auf, welchen Wegzeiger wohl die Menschen benutzt haben mögen, um in der unübersehbaren Fülle der pflanzlichen Gebilde gerade dieses oder jenes als für sie wünschenswert erkannt zu haben. Ist es nur der stumpfe Zufall, der sie hat finden lassen — nicht was sie erhofften, sondern was sie durch Erfahrung später als für sie kostbar erkannten? Mag man immerhin annehmen, daß ein Mensch in der Urzeit Tagen den weißen Milchsaft eines unreifen Mohnkopfes verschluckt habe und dadurch eingeschlafen sei und somit zum Entdecker und Verbreiter der Kenntnis der Opiumwirkung wurde, oder daß ein Kamtschadale einen Fliegenpilz, vielleicht als Abwechslung für seine einförmige Nahrung sich ausersehen, danach Visionen und Halluzinationen bekommen und dadurch andere dazu gebracht habe, das gleiche, Angenehme an sich zu erfahren, oder daß ein nordmexikanischer Indianer aus Neugierde oder Langerweile ein *Anhalonium Lewinii* gegessen habe — in allen solchen Fällen handelt es sich um ein einzelnes Pflanzenprodukt von einem nur ihm zukommenden speziellen chemischen Bau und einer nur zu ihm gehörigen Wirkung, den kein anderes Naturprodukt besitzt.

Gelangt man aber im Verfolg solcher Überlegungen zu den Pflanzen, denen eine Gehirnerregung deshalb zukommt, weil sie Koffein oder eine andere ihm nahestehende Purinbase enthalten, so laufen alle Annahmen ins Leere hinein. Denn nun steht man mit einem Male vor der Tatsache, daß

Menschen in drei der größten Weltteile, in Asien, Afrika und Amerika an sich gestaltlich so überaus verschiedene Pflanzen gefunden haben, die alle ein einziges, wesentliches Band, nämlich ein Koffeingehalt, umschlingt, das nicht nur für das körperliche Leben des einzelnen, sondern auch weit darüber hinaus für ganze Völker und für die Welt mit ihrer alle verbindenden Warenproduktion und ihrem Warenaustausch eine weittragende Bedeutung gewonnen haben. Welche langen, dunklen Wege wurden begangen, um schließlich zu dem Endziel gelangt sein zu können: daß der Araber in Jemen oder dem glücklichen Arabien die Kaffeebohnen nicht nur fand, sondern sie auch als erregendes Genußmittel erkannte, zubereiten lernte und lehrte, daß der Bewohner des Sudans die Kolanuß, die gleichfalls Koffein enthält, aus dem gleichen Grunde schätzen und lieben lernte und sie weit verbreitete, daß der Ostasiate den Teestrauch als ein hohes Wertobjekt erkannte und die Blätter richtig behandelte, um daraus gleichfalls ein Koffein enthaltendes Getränk zu gewinnen, daß Südamerikaner von Brasilien, Paraguay just eine Ilexart unter den Tausenden sie umgebender Pflanzen der äquatorialen und subäquatorialen Flora als ein gehirnerregendes Produkt erkannt haben, das diese Wirkung durch Koffein erzeugt, oder schließlich, daß der Indianer am Amazonas ein Produkt der *Paullinia sorbilis* als koffeinhaltiges Material benutzt?

Das Unfaßbare ist hier zur Wirklichkeit geworden: Kein bewußtes Suchen, keinerlei Prüfungsmöglichkeit der Stoffe und doch ein Finden gerade des Besten, was verlangt wird, auf der arabischen Halbinsel so gut wie im wilden, unbekannten Matto grosso bis herab zum Parana, in fieberschwangeren Urwäldern des Amazonas wie im Stromgebiete des großen Niger. Man versteht, daß zumal der Orientale dieses unbewußte Finden als etwas Wunderbares fühlte und es vielfach mit dem Gewande des Märchens umgab. Hierin ist wenigstens Poesie, die über unbeantwortbare Fragen hinwegtäuscht, während die nackte Wirklichkeit, in der die Wissenschaft sich bewegt, die wichtigen Fragen nach den Ursprüngen solcher wunderbaren Zusammenhänge, wie sie der Gebrauch koffeinhaltiger Stoffe auf der Welt offenbart, mit einem poesielosen „Wir wissen nicht" beantworten muß.

Die Wirklichkeitswelt hat die Koffeinpflanzen und ihre Produkte mit unzerstörbarer Liebe, die jeden Tag neu zum Wunsch und zur Erfüllung führt, umgeben. Mit Recht! Was sie leisten, ist abgrundweit getrennt von dem Wirken und Walten anderer in diesem Werk abgehandelter Stoffe. Kein Einhüllen des Bewußtseins in Dämmerschleier oder Nacht, keine Degradierung des Individuums zur völligen Willensunfreiheit und zu tierischem Zwangsbegehren, auch kein Aufpeitschen der Seele und des seelischen Empfindens bis zur Innenwahrnehmung von Phantasmagorien, sondern eine zulässige, nicht als Qual empfundene Erregungswirkung an dem Großhirn. Dies alles verleiht diesen Stoffen eine Ausnahmestellung.

Der Kaffee.

1. Die Vergangenheit des Kaffeegebrauches.

Welch überaus schnellen Siegeszug über die ganze Erde hätte der Kaffee gemacht, wenn es wahr wäre, daß er, wie ein arabisches Manuskript der Pariser Bibliothek aus dem Ende des sechzehnten Jahrhunderts, von dem Scheïkh Abd-Alkader ben Mohamed verfaßt, mitteilt, erst gegen die Mitte des fünfzehnten Jahrhunderts in Jemen als Getränk allgemein in Gebrauch gekommen sei, mithin also ein Verwendungsalter von nicht mehr als vierundeinhalb Jahrhunderten besäße!

In Aden, so heißt es dort, lebte ein Mufti Djemaleddin Dhabhani, der auf einer Reise an die Westküste des Roten Meeres den Kaffeegebrauch und dessen auch arzneiliche Vorteile kennengelernt habe. Durch ihn sei derselbe dann in seiner Heimat verbreitet worden und durch Wallfahrer nach Mekka und dem übrigen Arabien gelangt. Man kann die Richtigkeit dieser Angaben zugeben und doch der Meinung sein, daß die Kaffeebohne den Arabern oder Persern schon länger als ein Wirkungswunder bergendes Produkt bekannt gewesen sei, von dem bei ihnen die Sage ging, daß der Erzengel Gabriel es dem kranken Mohammed für seine Genesung gereicht habe. Hatte man doch von ihm erkannt, daß er den Kopf leicht mache und den Schlaf verhindere. Gerade hier setzte schon früh die Sage von der Findung dieser Wirkung ein:

Der Vorsteher eines mohammedanischen Klosters, so erzählt der Maronit Faustus Nairo, hätte von seinem Hirten erfahren, daß die Ziegen, nachdem sie die Bohnen des Kaffeestrauches gefressen, sehr wach blieben und in der Nacht umhersprängen und hüpften. Dies hätte ihn darauf gebracht, aus diesen Früchten ein Getränk zu bereiten, um sich und seine Derwische wachzuhalten, wenn sie die ganze Nacht damit zubringen sollten, in der Moschee Gebete zu verrichten. „Kahweh" sei das Getränk genannt worden, d. h. das Aufregende oder das den Appetit nach Speisen Unterdrückende. So suchte man — hier nicht zum ersten Male — die erste Erkenntnis der Wirkung eines solchen Stoffes auf einen einfachen Zufallsvorgang zurückzuführen. Zu irgendeiner Zeit in Arabien.

Hat um das Jahr 1000 der große arabische Arzt Avicenna mit „Bunc" oder „Buncho" Kaffee gemeint, oder gar schon 100 Jahre früher Rhazes? Wie heute bei den Amhara in Abessinien ein Kaffeeabsud „Buno" oder „Bun" und bei den Oromó ebendort „Safira Buno" heißt? Daß die Kreuzfahrer nichts von dem Kaffeegetränk mitteilen, bedeutet nichts, denn erstens hatten sie anderes, wichtigeres zu tun, besonders nach vorheriger Einübung Juden, Griechen und Türken zu erschlagen und schließlich nach der Erstürmung Jerusalems in Blut zu waten, und zweitens waren sie in das schon deswegen besonders „glückliche Arabien" nicht eingedrungen. Auch nicht in Abessinien, wo sich wahrscheinlich schon früh die Kaffeeverwendung ausgebreitet hat. Araber haben wiederholt ausgesprochen, daß sie den Kaffee dorther erhalten hätten. Ich nehme an, daß ein solcher Gebrauch erst lange Zeiträume hindurch regionär blieb, ehe er sich weiter ausdehnte. Dies gilt natürlich ganz besonders von alten Zeiten, in denen rege Verbindungen von schwer erreichbaren Ländern nicht bestanden und bestehen konnten. Im Jahre 1511 ernannte der ägyptische Sultan einen neuen Statthalter in Mekka. Dieser kannte den Kaffee nicht und war erbittert, als er einst in der Moschee einige Derwische antraf, welche in einem Winkel saßen und Kaffee tranken, um den asketischen Übungen in der Nacht obliegen zu können, ohne schläfrig zu werden. Er jagte sie heraus und berief eine Versammlung von Theologen, Gesetzkundigen und angesehenen Männern der Stadt, um festzustellen, ob Kaffee berausche. Man disputierte lange. Einer der Anwesenden brachte die Versammlung zum Lachen, indem er erklärte, daß der Kaffee in seiner Wirkung dem Weine gleiche, und weil er dadurch eingestand, das vom Gesetz verbotene Getränk gekostet zu haben, so erhielt er dieses Verbrechens wegen die auf Übertretung des Weinverbotes gesetzte Anzahl von Hieben über die Fußsohlen. Da die Versammlung nicht einig werden konnte, nahm sie ihre Zuflucht zu zwei Ärzten, die erklärten, daß der Kaffee der Gesundheit schädlich sei und zu Handlungen veranlassen könne, die einem ordentlichen Moslem nicht geziemen, worauf die Versammlung ihn verdammte. Man verbot, ihn zu verkaufen, alle Vorräte wurden verbrannt, und derjenige, welcher überwiesen wurde, Kaffee getrunken zu haben, wurde auf einem Esel reitend in der Stadt umhergeführt. Das Verbot hob man jedoch bald wieder auf, denn der Sultan in Kairo war selbst ein Kaffeetrinker, und seine gelehrtesten Berater erklärten ihn für zulässig und unschädlich. Zwanzig Jahre später wurde jedoch in Kairo, wo das Kaffeetrinken ganz allgemein geworden war, von neuem gegen den Kaffee gepredigt und erklärt, daß der Kaffeetrinker kein guter Muselmann sein könne. Die dadurch angefachte Erregung tobte sich in Mißhandlung von Kaffeegerätschaften und Menschen aus. Wiederholt noch versuchte die Geistlichkeit gegen den Kaffeegenuß zu agitieren. Alle Widersprüche verebbten aber, so daß schließlich sogar ein türkisches Gesetz gebot, daß, wenn ein Mann seiner Frau Kaffee verweigere, sie einen gesetzlichen Grund zur Scheidung habe. Und so hatte der Kaffee gesiegt. Auf der nun von Hindernis freien Bahn konnte er die Länder erobern und tat es.

So konnte der Augsburger Arzt Rauwolf[1]) auf seinen Reisen durch Kleinasien, Syrien und Persien in den Jahren 1573 bis 1578 den Kaffee von der Bevölkerung gleich wie in uralter Gewohnheit genießen sehen. War doch schon 1551 unter der Regierung Solimans das erste Kaffeehaus in Konstantinopel eröffnet worden. Er berichtet:

„Under andern habens ein güt Getränk, welliches sie hochhalten, Chaube von jnen genennet, das ist gar nahe wie Dinten so schwartz, und in Gebresten, sonderlich des Magens, gar dienstlich. Dieses pflegens am Morgen frü, auch an offenen Orten, vor jedermenigklich, one alles abscheuhen, zutrinken, auss irdinen und Porcellanischen tieffen Schälein, so warm als sies könnden erleiden, setzend offt an, thond aber kleine trincklein, und lassens gleich weitter, wie sie neben einander im Krayss sitzen, herumb gehen. Zu dem Wasser nemmen sie Frücht Bunnu von Innwohnern genannt, die aussen in jrer grösse und farb, schier wie die Lorbeer, mit zway dünnen Schölflein umbgeben, anzusehen, ... Dieses Tranck ist bei jnen sehr gemain, darumb dann deren, so da solches außschencken, wie auch der Krämer, so die Frücht verkauffen, im Batzar hin und wider nit wenig zu finden ...."

Es hatte das Kaffeegetränk damals schon Kleinasien und Ägypten erobert und anderes verdrängt. So bringt es der türkische Dichter Belighi zum Ausdruck[2]):

Zu Damask, Alepp und in der Residenz Cairo
Hat sie die Runde gemacht, mit großem Hallo!
Die Kaffeebohne, der Ambrosiaduft!
Bevor im Serail sie einzog, in der Bosporluft.

---

[1]) Leonharti Rauwolfen, Aigentliche Beschreibung der Raiß in die Morgenländer, 1582, p. 102.
[2]) Carl Ritter, Vergleichende Erdkunde von Arabien, Bd. II, S. 579.

Die Verführerin der Doktoren, der Kadis, des Koran
Zu Parteiung und Martyrtum! — doch wohlan!
Nun hat sie gesiegt! Sie verdrängte,
Von glücklicher Stund' an, im Moslemenreich
Den Wein, den bisher man überall schenkte!

Europa schloß sich bald in den Kreis der Kaffeefreunde.

Im Jahre 1690 zählte man in Paris, wohin der Kaffee 1643 gelangt war, schon 250 Kaffeehäuser, unter Ludwig XV. 600 und im Jahre 1782: 1800. Um 1702 gab es dort ein luxuriös ausgestattetes Kaffeehaus mit Wandteppichen, großen Wandspiegeln, Kristallkronen, Marmortischen, an denen man sich Kaffee, auch Tee und Schokolade aufwarten lassen konnte. Dieser Luxus trug viel dazu bei, das Kaffeetrinken so in Aufnahme kommen zu lassen, daß seine Verbreitung sich über alle Bevölkerungsschichten zu vollziehen begann. Trotzdem bestand neben Vorliebe auch Abneigung dagegen. Frau v. Sévigné kommt in ihren so berühmt gewordenen Briefen an ihre Tochter, Frau v. Grignan, wiederholt auch auf den Beurteilungswechsel zurück, der sich diesem Gebrauch gegenüber in kurzen Zeiträumen auch bei ihr und anderen Personen vollzog, je nachdem dafür oder dagegen geschrieben wurde. Und was wurde nicht alles über seine Wirkungen gesagt! Im Jahre 1697 wurde er in einer Pariser Dissertation medizinisch empfohlen, 1715 dort bewiesen, daß er das Leben kürze, 1716 von ihm gerühmt, daß er das geistige Arbeiten fördere, 1718, daß er keine Apoplexie erzeuge, später, daß er Leber und Milz entzünde, Nierenkoliken erzeuge, dem Minister Colbert den Magen ruiniert habe usw. Merkwürdigerweise hat schon damals ein Arzt auf die durch Kaffee erzeugte stärkere Blutbewegung, und ein anderer, richtig, auf die Entstehung seines schädlichen Mißbrauches hingewiesen, wenn Menschen ihn nehmen, um sich bei der Nachtarbeit wachzuhalten. Bis zum Beginne des achtzehnten Jahrhunderts war das Kaffeetrinken auch.

anderorts vielen Menschen in die Lebensgewohnheiten gedrungen, hier und da nicht kampflos. Die Opposition dagegen begann schon im Jahre 1511, war aber selten von dauernder Wirkung, gar nicht in Deutschland, wo einige Potentätchen, wie der gottesgnadliche von Waldeck 1775, nicht nur das Kaffeetrinken untersagte, sondern auch zehn Taler Belohnung für den Denunzianten aussetzte. Selbst Wäscherinnen und Büglerinnen wurden belohnt, die ihre Arbeitgeber anzeigten, von denen sie Kaffee erhalten hatten. Hohe Strafen auch für Kaffeeverkäufer in Landstädten und auf dem platten Lande. Die Honoratiores durften ihren Kaffee in den Hauptstädten kaufen. Der Fürstbischof Wilhelm von Paderborn erklärte 1777 das Kaffeetrinken für ein Privilegium des Adels, der Geistlichkeit und des höheren Beamtenstandes. Bürgern und Bauern war es streng verboten. Ja, selbst Stockprügel wurden in Deutschland den Kaffeetrinkern angedroht. Da auch in Preußen der Verbrauch von Kaffee wuchs, belegte ihn Friedrich II. mit einer hohen Steuer. Die Leute sollten sich wieder an Biersuppen gewöhnen, mit denen er, nämlich ,,Seine Königliche Majestät höchstselbst", wie es in dem Edikt heißt, in der Jugend erzogen worden sei. Das sei viel gesunder als der Kaffee. Und deswegen läßt Kotzebue in einem Lustspiel eine junge Frau von dem Gatten ihre Sparsamkeit mit den Worten rühmen:

> ...... hab' ich mir nicht den Kaffee abgewöhnt,
> die Morgenstunde bei dem Bier verstöhnt?,
> weil unsre Väter sich dabei, die alten Knaben,
> wie Hufeland versichert, wohlbefunden haben?

Indessen Genußmittel mit Gehirnwirkung spotten jeder Verbreitungsbeschränkung. Ihre Lockung durchfliegt unhörbar, sicher und wirksam die Lande und — schlägt schließlich die Verordnungsmacher selbst in ihre Bande.

Dies hat auch der Kaffee zuwege gebracht, nach dem sich noch vielleicht unzählbare Seelen, die sich hienieden an ihm gelabt, im Jenseits sehnen.

2. Kaffeeanbau und Kaffeeverbrauch.

Mit großer Schnelligkeit hat sich die Kaffeekultur in den Tropen und Subtropen verbreitet. Um die Mitte des achtzehnten Jahrhunderts pflanzte der Franziskanermönch Villaso Kaffeepflanzen in den Garten des San-Antonio-Konvents in Rio de Janeiro. Von hier aus brachten Jesuiten und Kapuziner sie in die Missionen von São Paulo. Zu Beginn unseres Jahrhunderts belief sich die Ausfuhr allein aus den brasilianischen Häfen auf 12—14 Millionen Sack von je 60 kg. Der Staat São Paulo zusammen mit Minas Geraes bringen mehr als doppelt soviel Kaffee hervor als alle anderen Produktionsländer, Afrika, Indien, Niederländisch-Indien, Mittelamerika, Venezuela und die Antillen. Der Verbrauch von Kaffee schwankt in den einzelnen Ländern und in einzelnen Zeitabschnitten. Es verbrauchten:

Nordamerika in 1912 über .. 7 Millionen Sack (à 60 kg)
Deutschland in 1912 über ... 3 „ „ (à 60 „)
Frankreich in 1912 über .... 1¾ „ „ (à 60 „)
Österreich-Ungarn in 1912 über 1 „ „ (à 60 „)
Holland verbraucht am meisten: für den Kopf und das Jahr 5 kg.

Besteuerung des Kaffees und die schweren Weltereignisse haben die Einfuhr und den Verbrauch in Deutschland jahrelang besonders stark heruntergesetzt. Die Kurve steigt wieder an, obschon Tee und Kakao ihre Verbrauchszunahme weiter fortsetzen. Die folgende, überaus lehrreiche Tabelle gibt nicht nur über Abstieg und Aufstieg, sondern auch über die Herkunft des Kaffees wichtige Aufklärungen:

Einfuhr von Kaffee, roh, nach Deutschland.

Mengen in Doppelzentnern = 100 kg

Herkunftsländer	1911	1912	1913	1920	1921	1922	1923	1924	1925
Im ganzen.	1 831.902	1.708.671	1.682.504	405.724	1.037.367	367.963	387.309	553.271	904.430
davon aus									
Britisch-Ostafrika . . .	525	589	217	906	4.548	906	1 000	1.402	1.082
Deutsch-Ostafrika . . .	5.419	3.443	3.996	43	793	174	80	706	519
Liberia.	500	395	311	202	285	61	211	308	179
Portugiesisch-Westafrika	6.257	3.567	1.709	5	1.586	1.123	455	193	1.066
Arabien						146	537	1.206	1.844
Britisch-Indien.	22.287	22.010	28.989	3.945	7.595	650	2.870	7.554	13.718
Niederländisch-Indien .	41.306	51.313	58.520	64.807	67.439	25.855	5.312	26.331	36.229
Brasilien	1.413.933	1.272.993	1.159.494	297.907	793.909	268.406	289.479	266.189	389.946
Columbien	21.759	18.753	27.928	2.435	7.572	3.022	2.056	7.162	25.724
Costarica	26.704	22.668	29.633	2.807	9.740	1.395	2.935	24.657	43.934
Cuba						162	11	272	287
Guatemala.	170.189	183.613	215.361	12.946	99.034	43 465	46.746	125.925	192.368
Honduras	1.500	1.812	1.771	229	896	154	268	511	641
Mexiko	30.759	28.609	41.427	5.162	6.553	3.962	6.414	19.044	56.861
Nicaragua	7.452	6.309	7.298	617	2.345	100	323	2 517	4.991
Republik Haiti	3.698	4.152	2.257	518	500	36	58	680	2.100
Salvador.	25.509	20.669	30.101	976	6.147	9.222	11.804	32.228	62.129
Venezuela	35.147	49.336	56.944	6.528	21.715	7.808	15.265	27.902	52.232
Ver. Staaten v. Amerika	4.378	4.269	3.317	2.144	2.367	234	991	6.321	15.391

Der undifferenzierte Zwang, der den Nordamerikanern durch die Prohibitionsbill angetan wird, hat allem Anscheine nach dazu geführt, daß andere Reizmittel und auch Betäubungsmittel in ihrer Verbrauchshöhe gestiegen sind. Für den Abstinenten scheint den letzteren keine besondere Bedeutung zuzukommen. Und die Zahl der Morphinisten und Kokainisten wächst und wächst. Auch der Kaffeeverbrauch nimmt ungeahnte Dimensionen an. Er betrug in den Vereinigten Staaten im Jahre 1919 insgesamt 929,2 Millionen Pfund und war schon 1920 auf 1,36 Milliarden Pfund gestiegen. Es hob sich mithin der Verbrauch pro Kopf von 9 auf 12,9 Pfund jährlich und rückt so nach der Schwelle des Mißbrauches hin.

Eine gewaltige Gebrauchsverbreitung über die Welt hat der Kaffee. Nur einzelne Sekten meiden ihn, z. B. die in der Lybischen Wüste und in der Ammons-Oase mächtigen Senûsi, die im Beginne des 18. Jahrhunderts von Sidi Mohammed ben Ali es Senûsi gegründet wurde. Sie rauchen auch nicht. Erlaubt ist ihnen aber der Tee, den sie mit Rohrzucker versüßen, nicht mit kristallinischem Zucker, der als unrein gilt, weil er mit den Knochen von Tieren gereinigt wird (Tierkohle), die von Ungläubigen getötet worden sind.[1] Nomadische Stämme Syriens trinken dagegen frisch gerösteten, aus Jemen eingeführten Kaffee, den sie nicht süßen, aber mit Kardamomen würzen.

3. Die Wirkungen des Kaffees.

„O, Kaffee, du zerstreust die Sorgen, du bist das Getränk der Gottesfreunde, du gibst Gesundheit denen, die arbeiten, um Weisheit zu erwerben. Nur der vernünftige Mensch, der Kaffee trinkt, kennt die Wahrheit.

---

[1] Steindorff, Durch die Lybische Wüste, 1904, S. 88.

Der Kaffee ist unser Gold: da, wo man ihn darbietet, genießt man die Gesellschaft der besten Menschen. Möchte Gott, daß dem hartnäckigen Verleumder dieses Getränk es nimmer zugänglich werde."

Einen solchen Hymnus eines begeisterten Kaffeefreundes schrieb vor etwa vierhundert Jahren der Scheikh Abd-Alkader für die Nachwelt auf. Auch den eines anderen Dichters kennt man, in dem der Kaffee als Kummer- und Sorgenverscheucher gerühmt wurde, als das Wasser, mit dem die Sorgen fortgewaschen würden, als das Feuer, das sie verbrennt[1]). Gegenüber diesen übertriebenen orientalischen Lobpreisungen aus alter und den abgeschwächten abendländischen aus späterer Zeit stehen Tadelnsworte über den Charakter der Kaffeetränke, die sich ebenso aufdringlich wie die entgegengesetzten geben. So finden sich z. B. in dem Dityrambus über die toskanischen Weine, den der berühmte Naturforscher Redi am Ende des siebzehnten Jahrhunderts verfaßte[2]), herbe Verurteilungsworte für die Kaffeetrinker: Lieber wolle er Gift trinken, als ein Glas des bitteren, schädlichen Kaffees, den die Beliden erfunden, die Furien der Proserpina gegeben haben, und das nun so schwarz wie die Nacht ein Lieblingsgetränk der urteilslosen Araber und Janitscharen sei:

> *Beverei prima il veleno,*
> *Che un bicchier, che fosse pieno*
> *Dell' amaro, e reo Caffe:*
> *Colà tra gli Arabi,*
> *E tra i Gianizzeri,*
> *Liquor sì ostico,*
> *Sì nero, e torbido*
> *Gli schiavi ingollino.*

---

[1]) Silvestre de Sacy, Chrestomathie arabe, Tom I, p. 439.
[2]) Redi, Bacco in Toscana, Ditirambo, Napoli, 1742, p. 6.

Giù nel Tartaro,
Giù nell' Erebo,
L'empie Belidi l'inventarono,
E Tesifone, e l'altre Furie
A Proserpina il ministrarono;
E se in Asia il Musulmanno
Se lo cionca a precipizio,
Mostra aver poco giudizio.

Dies alles widerrief er gegen Ende seines Lebens. Er bekannte, ein Kaffeetrinker geworden zu sein, der morgens früh statt zu essen eine, auch zwei Tassen dieses wohltuenden Getränkes schlürfe „che mi toglie la sete, mi conforta lo stomaco, e mi fa altri beni".

Und so ist es manchem anderen gegangen, auch Friedrich II. Was ist wahr?

Sicherlich nicht, was hier und da in völliger toxikologischer Unwissenheit geschrieben wurde[1]). „Die Kaffeeschwestern und Teebrüder unterliegen nicht minder einer verwerflichen Leidenschaft als die Wein- und Schnapstrinker." Nichts kann wissenschaftlich und praktisch verkehrter sein, weil daraus ein Verkennen der elementaren Grundwirkungen der einen und der anderen Genußmittelgruppe hervorleuchtet. Aber wer alles erlaubt sich nicht heute ein Urteil über toxikologische Fragen! Das gewohnheitsmäßige Trinken koffeinhaltiger Pflanzenauszüge darf nicht als verwerflich bezeichnet werden, weil es die Persönlichkeit des Individuums nicht beeinflußt. Es stört in keiner Weise die chemische Inneneinrichtung des Körpers. Es übt Reizwirkungen auf das Gehirn mit etwas erhöhter Betätigung als Folge aus, während der gewohnheitsmäßig genommene Schnaps in der von mir bereits geschilderten Weise das Gehirn chemisch verändert, also

---

[1]) Virchow, Nahrungs- und Genußmittel 1868.

dem Körper unter anderem dauernd die Pflicht auferlegt, an der Reparation dieser Störung zu arbeiten, solange er dies zu leisten vermag.

Koffeinhaltige Getränke machen das Individuum weder rein menschlich noch körperlich schlechter. Und selbst in den Fällen, wo arger Mißbrauch mit ihnen getrieben wird, sind die entstandenen funktionellen Störungen, bis auf vereinzelte Ausnahmen, bald ausgleichbar.

Ich habe schon vor langer Zeit auf Symptome hingewiesen, die durch solchen Mißbrauch entstehen können[1]). Es sind Übererregungszustände des Gehirns, die sich in einer auffallenden Redseligkeit, auch wohl mit Ideenflucht vergesellschaftet, kundgeben. Vorkommnisse dieser Art sind in weiblichen Kaffeekränzchen, in denen die Redeflut hohe Wellen treibt, nicht gar zu selten. Auch bei Kaffeehauspolitikern, die eine Tasse schwarzen Kaffees nach der anderen trinken und denen dann ein solcher Mißbrauch die tiefsten Offenbarungen über das Weltgeschehen auf die vielbewegte Zunge legt.

Es gibt andere Symptome, die zumal da, wo die Proskription des Alkohols stark betrieben wurde und Kaffeestuben als Retter sich öffneten, sich gezeigt haben sollen. Es spricht dies keineswegs gegen die Auffassung, die ich früher vertreten habe, nach der solche Folgen auch einen unangenehmen Charakter annehmen können. Individuen, die z. B. als Dauergäste in solchen Kaffeestuben mißbräuchlich Kaffee trinken, führen sich damit auch unkontrollierbare Kaffeesurrogate ein, deren Wirkung an der eventuellen Erzeugung von abnormen Organfunktionen sehr wahrscheinlich mitbeteiligt ist. Es bedarf aber auch keiner besonderen Begründung, daß der tägliche unvernünftige Verbrauch großer Mengen konzentrierter Aufgüsse auch von reinem Kaffee nicht nur durch die brenzlichen Stoffe, wie Kaffeol,

---

[1]) L. Lewin, Die Nebenwirkungen der Arzneimittel, 3. Aufl.

Pyridin, Furfurol, Furfuraldehyd, Mono- und Trimethylamin usw., die als Folge des Röstprozesses in ihnen enthalten sind, sondern auch durch das Koffein selbst im Laufe langer Zeiträume bei dem einen oder dem anderen entstehen können: Magenstörungen, Kopfschmerzen oder ein nervöser, mit Schlaflosigkeit oder unruhigem Schlaf verbundener Erregungszustand, an dem das Herz teilnehmen kann, oder seltner ein allgemeines Schwächegefühl mit deprimierter Gemütsstimmung oder Muskelzittern. Als ungewöhnliche Symptome kenne ich: Doppeltsehen oder Schwachsichtigkeit, Ohrensausen, Präkordialangst, Atemnot, Schmerzen im Hoden und Prostatitis.

Die oft laut gewordene Annahme, daß das Kaffeetrinken die geschlechtliche Erregung mindere oder Unfruchtbarkeit erzeugen solle, ist eine Fabel. Früher wurde dies für wahr gehalten. Schon Olearius gibt in seiner Reisebeschreibung von den Persern an, daß sie „das heiße schwartze Wasser Chawae" trinken, dem die Eigenschaft zukäme, die „Natur unfruchtbar zu machen und die fleischlichen Begierden auszulöschen". Dahin sei ein Sultan durch Mißbrauch des Kaffees zum Mißvergnügen seiner Frau gelangt. Als diese eines Tages einen Hengst kastrieren sah, habe sie gesagt, man sollte ihm lieber Kaffee geben, dann würde es ihm wie ihrem Manne ergehen. Elisabeth Charlotte (Liselotte) von Orleans, die kurpfälzische Prinzessin, die Mutter des verlüderlichten Regenten Philipp II., schrieb an ihre Schwestern: „Der Kaffee ist nicht so nötig vor Pfarrer als vor katholische Priester, so nicht heiraten dürfen, denn er soll keusch machen . . . . . . ich bin verwundert, wie so viele Leute den Kaffee lieben, der einen so bittern, üblen Geschmack hat; ich finde, daß er eben schmeckt wie stinkender Atem."

Von Grönländern, die starken Kaffee, selten weniger als zwei Tassen auf einmal, in der Regel vier- bis fünfmal des Tages trinken, weiß man durch Nansen, daß sie häufig — ihrer eigenen Überzeugung nach nur hierdurch — an

Schwindel leiden und sich deswegen nicht in den Kajaks geradehalten können. Um dies zu vermeiden, erhalten junge Männer nur wenig oder gar keinen Kaffee.

Daß das bis zu 2,5 Proz. im Kaffee enthaltene Koffein den Hauptanteil an allen solchen Symptomen hat, geht aus den Beobachtungen an Menschen hervor, denen arzneilich zu viel Koffein beigebracht wurde. Die Gehirnerregung kann sich hier bis zu Delirien steigern. Wenn Koffein in Likören aufgenommen wird — viel Koffein wurde, wie ich als sicher angeben kann, für solche Getränke nach Amerika exportiert — so steigern sich die geschilderten unangenehmen Wirkungen des Alkaloids.

Die berufliche Arbeit mit Kaffee, z. B. diejenige eines Kaffeekoches, der seinen Produkten zugetan ist, kann gleichfalls chronische Erregung, z. B. in der Form von Delirien, Schwindel, Zittern, ja sogar Krampfanfällen erzeugen. So geschah es bei einem Mann, der 40 Jahre lang Kaffeekoch gewesen war. Eine Kaffeehauswirtin hatte sich allmählich daran gewöhnt, etwa 40 gebrannte Bohnen täglich zu essen, um sich dadurch auch in der Bewertung der Kaffeesorten zu üben. Nach vier Jahren stellten sich Krampfzustände mit Bewußtseinsverlust ein. Von solchen Folgen des Essens von Kaffeebohnen, das bei den Galla auch in der Form üblich ist, daß sie die gepulverte Bohne mit Butter schmoren und verzehren oder roh kauen, ist ebensowenig etwas bekannt geworden als aus Unyoro und Uganda, wo die ganzen Samen gekaut werden.

Eine besonders hohe Bedeutung innerhalb des Kreises der unerwünschten Wirkungen des Kaffees nimmt die **Individualität des Genießenden** ein. Gar vieles von dem, was der eine oder der andere dem Genießen von Kaffee oder anderen koffeinhaltigen Getränken zur Last gelegt hat, ist die Folge ihrer eigenen zeitlichen oder angeborenen Anlage, auf deren Grundlage abnorme Reaktionen auftreten. Wenn Menschen durch Riechen an duftenden Pflanzen, wie Veilchen, Rosen, Lilien, akut betäubt werden, so darf man dies nicht der Pflanze, sondern muß es ihnen zur Last legen. Der Geruch faulender Äpfel machte bei Goethe, der Schiller besuchte, und sich in dessen Abwesenheit an seinen Schreibtisch gesetzt hatte, in dem solche Äpfel lagen, Ohnmacht mit Bewußtlosigkeit. Daran war Goethe und nicht die faulen Äpfel Schuld. Ebenso kann man nicht Erdbeeren, Himbeeren, Zimt, Pomeranzen oder Krebse oder frisches Schweinefleisch dafür verantwortlich machen, daß sie bei gewissen Menschen Hautausschläge oder Übelkeit und Erbrechen oder asthmatische Anfälle erzeugen. Solche Individualzustände mit gesteigerter Reizbarkeit habe ich zuerst zusammenfassend geschildert[1]) und dadurch vielen Nachschreibern Arbeitsgelegenheit geliefert. So gibt es eine erhöhte Empfindlichkeit — die auch der Ausdruck einer Zellschwäche sein kann — gegenüber dem Kaffee, die das Individuum und nicht den Kaffee kennzeichnet. Und wenn wieder Goethe an sich die Beobachtung machte, daß „das schwere Merseburger Bier ihm sein Gehirn verdüsterte und der Kaffee ihm eine ganz eigene triste Stimmung gab, besonders mit Milch, nach Tisch, genossen ihm die Eingeweide paralysierte und ihre Funktion völlig aufzuheben schien, so daß er deshalb große Beängstigung empfand", so lag der Grund von alledem nur in ihm selbst.

* * *

Keinerlei Belastung kann dem Kaffeegetränk als zulässiges Genußmittel aus den auf den vorstehenden Zeilen geschilderten Vorkommnissen erwachsen. Ob der, unangenehme Folgen zeitigende Mißbrauch mit ihm oder den Bohnen oder den Kaffeehülsen, die in Jemen und in den Gallaländern als Aufguß (Kischer) gebraucht werden, oder

---

[1]) L. Lewin, Die Nebenwirkungen der Arzneimittel, in allen Auflagen.

mit der Pulpa der Bohne geübt wird — er stellt stets nur seltene Ausnahmen dar, die nicht gestatten dürfen, einen Grund für die Geringschätzung der Verwendung des Kaffees als erregenden Genußmittels abzugeben. Er übt eine ruhige Anregung des Gehirns aus, das dadurch weniger zu Schlaf geneigt wird. Denkvermögen und vielleicht auch Einbildungskraft erfahren eine leichte, gefällige Steigerung. Er läßt Müdigkeit nicht aufkommen oder vergessen und steht dadurch in einer wohltuenden, nicht grob zwangsweisen Beziehung zu einer Erhöhung der Arbeitsfähigkeit und zu Schaffensdrang. In ebenso ruhigen Bahnen verläuft bei Gesunden der leichte Antrieb des Herzens zu einer Mehrarbeit. Sobald sie bewerkstelligt ist, weicht etwa vorhandenes allgemeines Schwächegefühl und auch die Muskeln werden für eine gewisse Zeit zu verstärkter Leistung angeregt, ohne daß einer solchen eine zum Bewußtsein kommende Ermüdung folgt. Dabei kann es ganz dahingestellt bleiben, ob die Stoffwechselvorgänge durch Kaffee eine Änderung erfahren, die im Sinne einer Herabsetzung behauptet und verneint worden ist. Das Selbsterleben von Millionen von Kaffee trinkenden Menschen spricht für die geschilderte Anregungswirkung, deren Äußerung bekannt, deren letzte Ursache, wie so vieles auf diesem Gebiet, verborgen bleibt.

Der Tee.

Darma, der dritte Sohn des indischen Königs Kosjuwo, das fromme Oberhaupt der von dem indischen Weisen Sjaka gestifteten, im östlichen Asien verbreiteten Religion, landete im Jahre 1519 in China als Apostel dieser Religion. Er lebte beständig unter freiem Himmel, kasteite seinen Leib und zähmte seine Leidenschaften. Seine Nahrung bestand nur aus Blättern, und die höchste Vollkommenheit der Heiligung suchte er darin, alle Nächte in ununterbrochenen Betrachtungen des höchsten Wesens zu durchwachen. Nach vielen Jahren trug es sich zu, daß er, vom langen Kasteien erschöpft, endlich einmal vom Schlaf überwältigt wurde. Beim Erwachen empfand er eine solche Reue über sein verletztes Gelübde und eine so heftige Begierde, eine ähnliche Schwachheitssünde für immer zu verhindern, daß er seine beiden Augenlider, als Werkzeuge seiner Sünde, abschnitt und zürnend von sich warf. Am nächsten Tage, als er wieder an den Ort seiner frommen Qual ging, erblickte er eine aus den Stellen seiner verlorenen Augenlider wunderbar hervorgesproßte Pflanze, welche die Teestaude war. Er genoß die Blättchen und empfand sogleich eine seltsame, nie gefühlte Lebhaftigkeit, Fröhlichkeit und neue Kräfte, um sich weiter in das göttliche Wesen ohne Unterlaß zu vertiefen. Da er nun diese Wirkung der Teeblätter und die Art, sie zu genießen, seinen Jüngern nicht genug anpreisen konnte, so verbreitete sich bald der Ruhm dieses Gewächses allgemein.

So lautet der chinesische Mythos, der das Unbegreifliche, wie die Menschen auch auf den Genuß des koffeinhaltigen Tees als anregenden Mittels gekommen sind, durch ein phantastisches Ereignis erklären soll. Die Menschen sind sich eben hier, wie bei den anderen Genußstoffen, dessen gefühlsmäßig bewußt worden, daß eine Aufhellung der ersten Erkenntnis von der Wirkung solcher Substanzen und deren Verbreitung auf dem Wege des in uralter Zeit sich vollzogen habenden Wirklichkeitsgeschehens unmöglich sei und suchten deswegen durch die Sage zu erfüllen, was durch Tatsachen nicht erfüllbar war. Aber sehr früh muß der Tee den Menschen zugänglich geworden sein, weil kürzlich in der Nähe von Urga in der Mongolei Jahrtausende alte Überreste prähistorischer Menschen und sehr vieler, bisher unbekannter Tiere gefunden worden sind, und in einem solchen Grabe auch Tee und Getreide.

Die große Welt erfuhr erst gegen das Ende des sechzehnten Jahrhunderts von dem Gebrauche des Tees als Genußmittel, nachdem schon um das fünfte Jahrhundert, wenn nicht schon früher, seine Verbreitung in China sich vollzogen hatte. Ob dort überhaupt zuerst oder ob die Kenntnis der Eigenschaften des Tees *(Thea chinensis)* erst von Indien, speziell von Assam aus nach China gelangte — wer wollte Bestimmtes darüber aussagen? Gegen Ende des achten Jahrhunderts, zur Zeit der Tangdynastie, wurde zum ersten Male in China auf den Tee eine Abgabe gelegt. Zu Beginn des neunten Jahrhunderts gelangte er nach Japan. In der Zwischenzeit, bis zum Bekanntwerden in Europa, mag er nach Tibet und westwärts und ostwärts davon siegreich vorgerückt sein, um dann durch Ostasienreisende, wie Ramusio, Ludovico Almeida und andere, an Menschen der alten Welt seine Eigenschaften als Erregungsmittel zu bewähren. Um das Jahr 1636 trank man Tee in Paris und in Rußland, im Jahre 1646 schickte die Ostindische Compagnie zwei Pfund davon an Karl II. von England, und bald danach wurde ein Kilo auf drei Pfund Sterling bewertet. Die erste Teeannonce liest man im Mercurius politicus vom Jahre 1656:

„Das ausgezeichnete chinesische Getränk, von allen Ärzten anerkannt, das die Chinesen „teha" und die anderen Nationen „tay" oder „thé" nennen, wird im Café zur Sultanin verkauft, nahe der Königlichen Börse."

Es dauerte nicht lange, so wurde er in lateinischen Versen besungen, und seine Tugenden fanden in einem Berliner Werke aus dem Jahre 1686 seine höchste Würdigung: „Ein Theetrank, ein bewährtes Mittel zum gesunden und langen Leben." Der holländische Arzt Bontekoe, der später kurfürstlich brandenburgischer Leibarzt war, verschrieb ihn zu 100 bis 200 Tassen täglich. Er selbst nahm ihn dauernd Tag und Nacht.

Es wiederholt sich bei diesem Genußmittel, was sich bei den anderen in dieser Gruppe stehenden in Lob und Verurteilung abgespielt hat. Wissenschaft und Erfahrung können die letztere nicht billigen. Neben der Xanthinverbindung Koffein, die sich darin bis zu 4,5 % finden kann, enthält der Tee freilich noch ein anderes Xanthin, das Theophyllin (Theozin), ein Dimethylxanthin. Beide wirken gleichsinnig — das letztere aber, wie Beobachtungen an Kranken, die es arzneilich nahmen, ergeben haben, beträchtlich stärker. Instinktiv hat man, schon ehe man diese Stoffe kannte, diesem Umstande Rechnung getragen und für eine Tasse Tee viel weniger von den Blättern verwendet als von den Kaffeebohnen. Es ist unleugbar, daß der mißbräuchliche Genuß von viel und konzentrierten Teeaufgüssen, schon mit Rücksicht auf das Theophyllin, das für sich allein bei unvernünftiger arzneilicher Anwendung Krampfsymptome hervorrufen kann, bei dafür empfindlichen Menschen Befindensstörungen zu veranlassen vermag[1]). So will man festgestellt haben, daß solche eintreten, wenn man davon über fünf Tassen hoher Konzentration täglich tränke. Ein Mann, der von Jugend an übertriebene Mengen davon aufzunehmen gewohnt war und schließlich zu einem Tagesverbrauch von 30 Tassen gelangt war, zeigte neben den Symptomen der Blutarmut Atembeklemmungen und Halluzinationen. Man lernte sogar Menschen kennen, die zwei bis dreizehn Liter Teeaufguß oder gar 240 g Tee und noch mehr täglich verbrauchten. Derartige Vorkommnisse sind für die Beurteilung der Wirkung des Teegenusses, wie er in der Welt vernünftigerweise geübt wird, ebenso ungeeignet, wie etwa die Folgen des täglichen Gebrauches von übergroßen Mengen von doppeltkohlensaurem Natron oder von Fruchtsäurelimonaden geeignet sind, über die Wirkungen dieser Stoffe ein Urteil zu gewinnen. Giftig wirkende Mengen birgt auch das Kochsalz. Sie liegen stets jenseits vom Guten, im Bösen.

Dies kann man vom Tee bei den Teekostern (Tea tasters) in Ostasien und Amerika erkennen, die berufsmäßig den Wert der Teesorten — oft 200 Male täglich — durch Kosten an Aufgüssen bestimmen müssen. Sie bekommen Störungen der Magen- und Darmfunktionen, Fahl- oder Gelbsein der Haut, vor allem aber Unordnungen in den Leistungen des Nervensystems: Kopfschmerzen, Hypochondrie, Gedächtnisschwäche, Sehstörungen und angeblich auch Leberverkleinerung. Es scheint aber, als ob auch der Mißbrauch des Teegetränks durch andere Menschen in irgendeiner Beziehung zu Störungen in der Leber stehen könne. Vielleicht wird diese Annahme durch Tierexperimente ge-

---

[1]) Über die Wirkung eines ätherischen Öles, das der chinesische Tee außerdem noch enthält und dem die Teepacker ausgesetzt sind, ist Sicheres bisher nicht bekanntgeworden. Die letzteren sollen durch die Emanationen cerebrale Erregung bis zu Krämpfen und Blutungen aus Nase und Lungen bekommen.

stützt, aus denen hervorgeht, daß als Vergiftungsfolgen durch Tee Leberveränderungen und akute Nierenentzündung entstehen können.

In die gleiche Gruppe gehört das gelegentlich einmal beobachtete tägliche Essen von großen Mengen — bis zu einem halben Pfund — der Teeblätter. Nach dieser Verirrung stellte sich Delirium ein.

Unangenehme Erregungszustände veranlaßt auch die in England verbreitet gewesene und vielleicht noch bestehende, zumal von Damen geübte Unsitte, Zigaretten, angeblich aus Haysantee, zu rauchen. Eine solche, eine bekannte Romanschriftstellerin, rauchte davon beim Arbeiten 20 bis 30 Stück. Dabei geht das Koffein des Tees zu etwa einem Viertel bis drei Vierteln des ursprünglichen Gehalts von etwa 2 % in den Rauch über und kann in die Lungen gelangen. Die Folgen bestehen in Zittern, allgemeiner Unruhe, Herzklopfen usw.

Schließt man alle derartigen Verirrungen aus, so bleibt im ganzen als Belastendes für den gewohnheitsmäßigen Teegenuß noch weniger als für den Kaffeegebrauch übrig. Es hat jemand einmal behauptet, daß das starke Teetrinken „sicherlich" zur Beförderung der Arterienverkalkung beitrüge. Dies ist „sicherlich" ebensowenig wahr, als die dadurch bedingt sein sollende Erzeugung von Lymphdrüsenschwellung, Menstruationsanomalien, weißem Fluß, Harnruhr usw. Wahr ist, daß, wo es sich nicht um Vergiftung durch zu hohe Dosen handelt und keine krankhafte, individuelle Reizempfindlichkeit vorliegt, der Teetrank nicht nur, gleich dem Kaffee, ein Förderer der Digestion stärkehaltiger Stoffe ist und die Aufnahme der Peptone vom Magen aus und die des Kaseins der Milch und des Rahms unterstützt, sondern auch ein angenehmes Anregungsmittel für das zentrale Nervensystem darstellt, mit der daraus entspringenden, subjektiv nicht als bedrückenden Zwang empfundenen Aufrechterhaltung oder leichter Steigerung der normalen Leistungsfähigkeit, selbst da, wo normale Ermüdungsbedingungen die letztere haben sinken lassen. Außer einer gewissen Euphorie ruft der Teetrank eine Beschleunigung von Beurteilungsvorgängen hervor, die nach etwa 40 Minuten den Höhepunkt erreicht, sowie auch eine Förderung geistiger Arbeit. Etwa 10 g Pekko-Tee steigern diese und die Muskelarbeit um 10%.

Man weiß, daß auch Tiere auf den Teetrank mit Erregungswirkungen antworten. Mc. Govern sah auf seinem Zuge in Tibet, wie der Pferdebursche ermüdeten Pferden einen großen Topf voll starken Tees reichte — das in Sikkim in solchen Fällen übliche Mittel. Die Pferde tranken ihn gierig und wurden dadurch aufgemuntert. Ein Maultier wurde dadurch so aufgeregt, daß es weglaufen wollte und Kapriolen machte wie ein spielendes Fohlen. Ein leidenschaftliches Verlangen danach, etwa wie nach narkotischen Stoffen, oder gar eine vom Körper verlangte Steigerung der Mengen kommt nicht oder höchstens einmal bei Menschen vor, deren Gehirn in bezug auf das Begehrungsvermögen wahrscheinlich auch sonst Irrungen aufweist.

Die Erregungswirkung des Tees hat ihm in manchen Ländern, wie in England, Eingang in Hütten und Paläste geschaffen:

> *The cups*
> *That cheer but not inebriate.*
>
> *Die Schalen,*
> *Die erheitern, nicht berauschen.*

Und in Deutschland sang Uhland von ihm:

> *Ihr Saiten tönet sanft und leise,*
> *Vom leichten Finger kaum geregt!*
> *Ihr tönet zu des Zärtsten Preise,*
> *Des Zärtsten, was die Erde hegt.*

Der Tee

In Indiens mythischem Gebiete,
Wo Frühling ewig sich erneut,
O Tee, du selber eine Mythe,
Verlebst du deine Blütenzeit.
. . . .

Die Aufrechterhaltung körperlicher, auch der Bewegungsenergie, die unbewußt dadurch bewirkt wird, kennen auch Menschen, die sonst über ihre körperlichen Vorgänge gewiß nichts wissen. Dem Tibeter fehlt für kurze Entfernungen das Zeitmaß, es sei denn die Tasse Tee. Ein Mitglied der Mount-Everest-Erkundungsfahrt fragte einen Bauernburschen, wie weit es zum nächsten Dorf sei? Drei Tassen Tee antwortete er. Es wurde nun ermittelt, daß die Einheit von drei Tassen etwa 8 km entsprach. Dies ist mithin das Maß für die Erregungs- und Leistungswirkung. Für die Tibeter scheint auch sonst der Tee ihr Hauptlebensbedürfnis zu sein, und ihr Lebenszweck, davon möglichst viel zu bekommen. Nicht anders verhalten sich hierzu die Mongolen. Sie lieben den Tee auch in der Gestalt des unter Umständen als Zahlungsmittel das Silber vertretenden, gepreßten Ziegeltees, der aus Abfällen oder aus nicht besten Blättern hergestellt wird. Um sie zusammenzuhalten, sollen sie angeblich mit etwas Yakdünger als Klebstoff durchgeknetet werden. Ein Stückchen Teeziegel wird abgebrochen und in Wasser geworfen. Wenn es eine Weile gekocht hat, tut man einen Klumpen Butter oder Schaffett zu dem Getränk. Nach Ta tsien lu (Pforte Tibets), dem größten Handelsplatz von ganz Tibet, kommen alle Stämme dieses Gebietes, um diesen Tee, der von Kulis herangeschleppt worden ist, auf Tausende von Yaks zu packen, die ihn über Schnee und Eis, durch Sturm und Sonnenbrand, über Pässe und Steppen bis nach Lhasa, dem Sitz des Dalai-Lama, und bis nach Ladakh in Kaschmir tragen. Es sollen fünf Millionen Kilo jährlich von Karawanen übernommen werden.

Alle nomadischen Volksstämme Nordostasiens: Tungusen, Kamtschadalen, Jakuten usw., und nicht minder die Völker des russischen Zentralasiens, die Chinesen, Afghanen, Inder, birmanische Stämme, die den „gepökelten", d. h. gegorenen, Tee vorziehen. Russen, Engländer lieben das Teegetränk.

Dem großen Verbrauch entsprechen die Kulturen, die Ostasien von China herab bis zum Malaiischen Archipel und von den Grenzen Chinas bis nach Ceylon besitzt. Wohl kommen in den einzelnen Jahren Schwankungen in der Einfuhrgröße in anderen Erdteilen vor, die Verbrauchsgröße wird sich jedoch wohl bei den verbrauchenden Völkern der Erde im Durchschnitt aus mehreren Jahren als konstant erweisen.

Es kommen ungefähr auf den Kopf der Bevölkerung pro Kopf und Jahr auf[1]:

England	2500 g
Australien	2500 g
Vereinigte Staaten	1000 g
Frankreich	750 g
Holland	500 g
Rußland	500 g
Nordische Staaten	250 g
Schweiz	150 g
Deutschland	100 g
Italien	30 g

Die beträchtlichen Fluktuationen, die die Tee-Einfuhr in Deutschland in den letzten Jahren erfahren hat, zeigt die folgende Aufstellung, die ich dem Statistischen Reichsamt verdanke:

---

[1] Die folgenden Zahlen machen heute vielleicht keinen Anspruch auf Sicherheit.

Einfuhr von Tee nach Deutschland.

Mengen in Doppelzentnern = 100 kg

Herkunftsländer	1911	1912	1913	1920	1921	1922	1923	1924	1925
Im ganzen	**38.124**	**41 384**	**42.903**	**17.465**	**53.771**	**28.023**	**24.782**	**40.613**	**41.518**
davon aus									
Britisch-Indien	5.167	5.522	5.910	2.103	5.805	4.035	3.220	7.179	7.896
Ceylon	3.549	4.043	4.556	1.069	4.288	1.892	2.263	5.762	7.155
China	22.006	24.039	22.884	1.540	7.083	5.308	8.367	12.827	9.770
Niederländisch-Indien	5.955	5.804	7.394	12.050	36.190	16.702	10.880	14.683	16.343

Die Vorliebe für das eine oder andere koffeinhaltige Getränk ist unter den Völkern verschieden. Im Wettstreit liegen nur Kaffee und Tee. In bezug auf sie gibt es nationale Geschmackskonstanten. Diese oder die relativ hohe Geldbewertung der Stoffe oder die schwere Erlangbarkeit, hat bei den Bevölkerungen der Erde Ersatzpflanzen aufkommen lassen. Für den Kaffee sind es vielfach präparierte Pflanzenstoffe, wie z. B. Cichorien, Roggen, und zumal Gerste, geröstete Erdnüsse, die Samen der *Carnaubapalme*, Eicheln, Feigenfrüchte, die Samen von *Cassia occidentalis* (Fedegozo-Para-Kaffee, Mogdad-Kaffee, Neger-Kaffee) oder die Samen von *Hibiscus sabdariffa*, die von den Leuten von Emin Pascha als Surrogat benutzt wurden, auch von *Gymnocladus dioeca* (Kentucky-Kaffee), Lupinen usw. Die Zahl der an Stelle von echtem Tee benutzten Pflanzen ist überaus groß. Ich kenne deren an zweihundert. Angeführt seien von ihnen: *Vaccinium uliginosum* (Batum-Tee), *Vaccinium Myrtillus* (Kaukasischer Tee), *Angraecum fragrans* (Faham-Tee, Bourbon-Tee), *Cyclopia genistoides* (Kap- oder Busch-Tee), die ebensowenig Koffein enthält wie der angeführte Neger-Kaffee, *Ledum latifolium* (Labrador- oder James-Tee) und *Ledum palustre*, *Gaultheria procumbens* (Berg-Tee, Kanadischer Tee), *Ceanothus americanus* (New Jersey-Tee), *Chenopodium ambrosioides* (Mexiko-Tee), *Monarda didyma* (Oswego- oder Pennsylvanischer Tee), *Capraria biflora* (Westindischer Tee), *Alstonia theaeformis* (Bogota-Tee), *Stachytarpheta* (Brasilianischer Tee), *Erva cidreira*, *Psoralea glandulosa* (Jesuiten-Tee), *Helichrysum serpyllifolium* (Hottentotten-Tee-), *Epilobium hirsutum* (Kapporie-Tee, KopnischerTee, Iwan-Tee), *Lithospermum officinale* (Böhmischer oder Kroatischer Tee), *Salvia officinalis*, Veronikaarten, Verbascum, *Rubus arcticus*, *Dryas octopetala*, *Saxifraga crassifolia*, *Lepidium ruderale* (Homeriana-Tee), in Tibet die Nesselpflanze, usw.[1]).

---

[1]) Vielleicht enthalten die Blätter von *Neea theifera* und die Samen von *Gaertnera vaginata* Koffein.

Alle diese und viele andere solcher Ersatzstoffe haben mit der Erregungswirkung vom Tee nichts gemein. Sie besitzen günstigstenfalles etwas ätherisches Öl, das weit davon entfernt ist, so auf das Gehirn wirken zu können wie die Purinbasen Koffein, Theobromin usw. Ihr Verhältnis zu den letzteren ist etwa gleich zu setzen dem Wirkungswerte eines Holzbeines gegenüber dem gesunden Bein.

So etwa bewerte ich auch Kaffee oder Tee oder andere Produkte mit erregenden Wirkungen, denen die wirksamen Prinzipe, derentwegen man sie gebraucht, auf chemischem Wege entzogen worden sind. Es sind dann kastrierte Mittel, die der Zeugungskraft für Energie entbehren.

Die Kolanuß.

Geschichte, Herkunft, Verbreitung.

Menschen, die in den gewaltigen, als Sudan bezeichneten Länderstrecken vom Atlantischen Ozean bis zu dem Nilquellengebiet wohnen, begehren eifrig ein Genußmittel, das ihnen in dem Alltagsleben wenn auch nur dumpf als Anregung gefühlte Empfindungen und zeitweilig eine Erhöhung der körperlichen Leistungsfähigkeit zufließen lassen soll. Sie finden die Erfüllung dieses Wunsches in der Kolanuß, die, entsprechend ihrem körperlich erregenden Wirkungswerte auch einen hohen Marktwert besitzt und trotz diesem auch über die Saharawüste hinweg den Weg nach Norden bis Fessan gefunden hat. Mohammedaner, „Heiden" und wer nicht zu ihnen gehört, lieben den Genuß und bringen Opfer, um ihn zu haben.

Die Nuß ist im sozialen Leben und im Verkehr jener Völker ein bedeutsames Bindemittel. Für ihre Erlangung und Verbreitung werden große Kräfte in Bewegung gesetzt, so machen z. B. die Haussa dafür große Karawanenzüge nach dem Aschantireich, und die Ankunft ist für die anderen ein großes Ereignis. Wer kein Geld zum Kaufen des Mittels hat, bettelt. Reiche machen sich durch Verteilen von Nüssen oder Nußstücken beliebt. Der Bewohner von Kano in Nord-Nigeria, zögert nicht, um seines Lieblingsgenusses teilhaftig zu werden, sein Pferd oder seine Bettsklavin — für ihn sonst die höchsten Güter dieser Welt — zu verkaufen. Ja, nicht selten geschieht es, daß der Arme ein von einem

Reichen schon halb zerkautes und ausgesogenes Stück der Nuß in den Mund schiebt um darauf weiter herumzukauen.

Der stoffliche Genuß muß für diese Leute besonders fühlbar sein, sonst würde die Schätzung des Mittels nicht so hoch sein. Die Gewohnheit des Kauens desselben allein könnte dies nicht bewirken. Und deswegen geht auch über sie, wie über manches der hier schon abgehandelten Genußmittel hoher Wirkungsordnung eine Legende, die sich auf Gott als Verbraucher der Nuß bezieht:

„Als der Schöpfer eines Tages auf der Erde weilte, um nach seinen Menschen zu sehen und in der Nähe dieser sich beschäftigte, legte er ein Stückchen Kolanuß, von welchem er eben aß, beiseite und versäumte, es beim Fortgehen wieder aufzunehmen. Ein Mensch hatte dies beobachtet und bemächtigte sich des verführerischen Leckerbissens. Das Weib trat warnend hinzu, um ihn von dem Genusse der Speise Gottes abzuhalten. Der Mann steckte dieselbe jedoch in den Mund und fand, daß sie gut schmecke. Während er noch kaute, kehrte der Schöpfer zurück, spähte nach der vermißten Kolanuß und gewahrte, wie der Mann sich bemühte, dieselbe eilig hinabzuschlucken. Schnell griff er nach dessen Kehle und zwang ihn, die Frucht wieder von sich zu geben. Seitdem sieht man am Halse der Männer den Kehlkopf, das Mal des festen Druckes der göttlichen Finger."

*   *

*

Läßt man Gott in diesem Falle aus dem Spiele und sucht festzustellen, wann die erste Kunde von diesem Pflanzenprodukt uns Irdischen zukam, so gelangt man vermutungsweise bis zu dem Beginn des zwölften Jahrhunderts, zu El Ghafeky, einem gelehrten Arzt Spaniens, bzw. zu dem ihn anführenden Botaniker Ibn El Baithar, der im ersten Drittel des dreizehnten Jahrhunderts lebte. Die von ihm gegebene Beschreibung der Frucht kann auf den Kolabaum zutreffen, doch weniger die Charakterisierung der Samen[1]). Sicheres, auch den Namen „Kola", erfährt man wieder erst durch Reisende und Forscher aus dem Ende des sechzehnten Jahrhunderts, z. B. durch Carolus Clusius, Duarte Barbosa, Dapper und andere.

Der Baum, der die Kolanüsse liefert, ist *Sterculia* oder *Cola acuminata*[2]). Er ist 15—20 m hoch und hat einen aufrechten glatten Stamm. Jede weibliche Blüte hat fünf Fruchtblätter, die nach der Befruchtung zu sternförmig angeordneten Balgkapseln auswachsen. Jede Balgkapsel kann bis zu 15 cm Länge gewinnen und enthält bis zu acht, etwa 4 cm lange und 3 cm dicke, einer Roßkastanie ähnliche, hell- bis dunkelrote, beim Durchschneiden in frischem Zustande einen der Maréchal-Niel-Rose ähnlichen Duft ausströmende Samen: die Kolanüsse. Außer diesen echten Kolanüssen gibt es falsche, weiße, stark bittere, von einem Baume *Garcinia Cola* stammende, die nicht wie die echte Alkaloid enthalten. Manche andere Samen, die den Kolanüssen ähnlich sehen, aber wirkungslos sind, z. B. die von *Cola Supfiana* (Avatimeko-Kolanuß), *Dimorphandra mora* (westindische Kolanuß), von *Pentedesma butyracea* usw., kamen schon auf den Markt und wahrscheinlich auch in Zubereitungen von Kolapräparaten.

Die echten Kolanüsse tragen verschiedene Bezeichnungen: Goro, Guru, Ombene, Nangue, Biche, Makatso, Gonja usw. Der Baum, von dem sie stammen, wächst wild und

---

[1]) „Djoudz ez-zendj ist eine Frucht von der Größe eines Apfels, etwas länglich, runzlig, eckig. Sie enthält Samen, die den Cardamomen gleichen, abgeplattet (rund) und braun (rot) sind und aromatisch riechen. Man bringt sie aus dem felsigen Land der Berber. Man wendet sie gegen die Windkolik an."

[2]) Eine „Cola vera" des Herrn Schumann gibt es nicht. Die vielen „neuen" Kolaarten sind ohne Untersuchung ihrer chemischen Eigenschaften gemacht worden. Ich habe zuerst auf die naturwissenschaftliche Unzulässigkeit hingewiesen, nur die Morphologie hierfür als entscheidend anzusprechen (L. Lewin, Berichte der Deutsch. Botanischen Gesellschaft, 1894, Heft 9).

kultiviert in den Küstenländern Westafrikas von Sierra Leone und Liberia bis zum Unterlauf des Kongo und Guinea, vom 10. Grad nördl. Br. bis zum 5. Grad südl. Br., meistens außerhalb des Bereiches der Seeluft, am häufigsten wild in Futa Djallon, am Rio Nunez sowie im Aschantireiche. Ins Innere hinein erstreckt sich sein Vorkommen bis an den Gebirgszug südlich von den Mandingoländern — die Mandingoebene besitzt ihn nicht. Im Hinterland von Lagos, z. B. bei dem Ort Ikere, bildet er förmliche Wälder. Die Kultur der Nüsse ist hier von den Eingeborenen zu großer Vollkommenheit gebracht worden. In Adamaua, südlich vom Benue, wächst er, und seine Nüsse gelangen nach Bornu. Auch in Monbuttuland und nördlich davon kommt er wild vor.

Von Afrika wurde der Kolabaum nach Ostindien, den Seychellen, Ceylon, Dammara, Dominika, Mauritius, Sidney, Sansibar, nach Guadeloupe, Cayenne, Cochinchina verpflanzt. Er liefert im neunten oder zehnten Jahre auf jeden Baum etwa 30 kg trockene Nuß.

*   *
*

In den genannten ungeheuren Gebieten Afrikas dient die Kolanuß als Genußmittel, stellenweise, wie bei den Monbuttu und Niam-Niam nur gelegentlich, und in Wadai sah man sie nur vom König gebrauchen, der sie aus Bornu bezog. Für die Araber ist sie „Der Kaffee des Sudan", und seine Schätzung ist auch gleich groß bei Nichtarabern, wie bei den Aschanti, den Wute in Kamerun, den Kongonegern oder den Leuten in der Umgebung und westwärts vom Albert-Edward-Nyansa. Viele Menschen sind an dem Handel und der Verbreitung dieses verhältnismäßig sehr hoch bewerteten Genußmittels beteiligt. Von den Küstenländern Westafrikas, dem Futa Djallon, Sankaran, Kuranko, zwischen den Flüssen Rio Grande des portugiesischen Guinea und St. Paul in Liberia wurden sie früher — und heute werden sich große Änderungen in dieser Beziehung nicht vollzogen haben — von Mandingohändlern vorzugsweise als Tauschmittel gegen Salz auf Köpfen von männlichen und weiblichen Sklaven in Korblasten von 3500 Stück auf die Märkte von Kankan, Timé, Tengrela, Maninian, Sambatiguilla gebracht. Märkte südlicher sind noch Odienné, Kani, Siana oder Sakhala, wo die Kolavermittler — wieder Mandé-Dioula — die Preise machen. Dort werden sie wieder von Händlern von Segu und Djenne am oberen Niger gegen Baumwollstoff und Salz, das aus der Sahara nördlich von Timbuktu und Arauan stammt, getauscht. Die Baumwollstoffe, die als Tauschobjekte dienen, stammen von den Bambara, die zwischen dem oberen Senegal und dem Niger wohnen. Nach oft monatelangen Märschen werden die einer wiederholten Umpackung benötigenden Nüsse schließlich auf dem Niger nach Timbuktu gebracht. Nüsse aus dem Aschantireich, zumal von dem mohammedanischen Salaga, einer Art von Handelsemporium, strömen gleichfalls nach Norden. Mossi- und Haussahändler bringen die Nüsse nach Sinder, Timbuktu usw. bzw. nach Sokoto, Katsena, Kano, Bornu, wo sie über Kuka am Tschadsee nordwärts auch zur Wüste und im Südosten des Sees über den Schari nach Bagirmi kommen. Andere Wege noch nach Süden und Osten, in Nigeria, nach Kamerun, zum Kongo und weiter über Wadai ostwärts wandern Kolanußträger durch Wälder, über Flüsse und Gebirge hinweg, um den Menschen den Genuß dieses Produkts zu ermöglichen. Von Sierra Leone aus gehen seewärts ganze Deckladungen von Nüssen, begleitet von Mandingos als Deckpassagieren mit Dampfern nach den Häfen Senegambiens.

Die Kolanuß von Sakala ist die größte und teuerste, die man kennt. Sie gelangt hauptsächlich nach Djenne und Timbuktu. Mittlere Größe hat die von Kani, Siana und Touté, die besonders als rote begehrt wird. Eine sehr kleine rote Nuß, die Kola von Maninian, kauft man in Djenne und

Tiomakandougou. Sie kosten, wie alles, was als Genußmittel so stark begehrt wird, meistens viel. Mit ihnen kann alles, auch Sklaven, gekauft werden. Zuzeiten wurden in Gorea für eine Nuß 24—40 Pf. bezahlt, wo sie am Niger 4 Mark kostete und man sogar bei Geldmangel einen Sklaven für einige Kolanüsse haben konnte. Wäre es ausschließlich der Verbrauch als Genußmittel, dem die Kolanuß unterliegt, so würde das Begehren nach ihr nicht so teuer zu stehen kommen. Aber sie hat — gleich der Betelnuß — auch so mannigfaltige symbolische Beziehungen zum Alltagsleben der Menschen, daß die Nachfrage nach ihr und ihre Verbrauchsgröße dadurch beträchtlich wächst. Ein Heiratsantrag ist von einer Gabe weißer Kola begleitet, die Versagung durch Rücksendung von roten Nüssen. In der Mitgift darf sie nicht fehlen. Eide werden über Kolanüssen geleistet, Freundschaft oder Feindschaft durch weiße oder rote Nüsse symbolisiert und sogar neben dem Verstorbenen einige hingelegt.

Die Wirkungen der Kola.

Zumeist werden Stücke der frischen, anfangs bitter, dann süßlich schmeckenden Nuß gekaut, aber auch das Pulver der trockenen, und selten, wie bei den Bagunda, Banalya, am Lulua und Aruwimi, wird aus der trockenen Nuß ein Getränk bereitet und mittels eines Schilfrohrs geschlürft. Die Wirkungen sind der Art nach die gleichen wie bei anderen koffeinhaltigen Genußmitteln. Auch hier als Folge der Erregungswirkung auf das Gehirn die Schlafverscheuchung. Das Bedürfnis nach Nahrung macht sich unter diesem Einfluß nicht so stark wie sonst bemerklich, und oft weicht sogar bereits eingetretenes Hungergefühl. Dies ist nicht nur ein Ergebnis afrikanischer, sondern auch der Erfahrungen, die bei mühsamen Alpenwanderungen in Europa gemacht worden sind. Noch stärker als dies tritt eine Erhöhung muskulärer Energie und Ausdauer in der Arbeit ohne Ermüdungsgefühl ein. Die Steigerung der Spannkraft vollzieht sich, ohne daß der Wille zu erhöhter Betätigung angerufen wird. Das Gefühl wird z. B. bei den weite Märsche oder mühsame Steigungen in bergigen Gebieten Vollziehenden lebendig, daß die Bewegungen leichter werden und daß der erhöhte Muskelaufwand, selbst bei höherer Luftwärme, keinerlei niederdrückenden Einfluß auf die Stimmung ausübt. Solche Erfahrungen sind recht oft gemacht worden, sowohl wenn die Arbeit sich unter dem Einflusse der reinen als auch der in Biskuits oder zu anderen Präparaten verarbeiteten Nuß vollzog.

Versuche, die an Pferden angestellt wurden, ergaben, daß, wenn ihnen bei der Arbeit frische Kola als einzige Nahrung zugeführt wird, die in der Zeiteinheit leistbare Arbeit wächst. Nach daraufhin gerichteten weiteren Stoffwechseluntersuchungen an Tieren und Menschen wird unter dem Einflusse der Kolanüsse die Verbrennung der Kohlehydrate und Fette im Körper gesteigert, während die stickstoffhaltigen Substanzen — sowohl Harnstoff als die Gesamtstickstoffmengen — nebst den Phosphaten eine scharf ausgesprochene Abnahme erfahren. Danach würde die Kolanuß als ein Sparmittel im körperlichen Haushalt anzusprechen sein, das nicht nur auf das Muskelsystem, sondern auch auf das Nervensystem wirkt.

Wiederholt ist, wie von den anderen Koffeinträgern, behauptet worden, daß die Kolanuß auch eine belebende Reizwirkung auf die Geschlechtssphäre ausübe. Bei Männern sollte sie, nach der Meinung der Afrikaner, ein Aphrodisiacum, bei den Weibern ein Beförderer der Konzeption sein. In dieser Allgemeinheit ist die Annahme unrichtig, während zuzugeben ist, daß bei einem oder dem anderen Individuum einmal eine so gestaltete Wirkung sich einstellen kann.

Wie bei jedem chemischen Stoff, der in Wechselwirkung mit dem menschlichen Körper tritt, spielt auch in bezug auf die Kola der Individualismus eine Rolle, zumal wenn große Mengen davon genommen werden. Es kann sich dann, wie ich dies vom Grafen Goetzen als Selbsterlebnis erfuhr, ein plötzliches Nachlassen aller Kräfte einstellen. Bei einem anderen starken Manne kamen nach Verzehren von zwei frischen Kolanüssen nach einigen Stunden: starker Blutandrang zum Kopfe, Zittern und Schlaflosigkeit in der folgenden Nacht.

Viel Arbeit ist darauf verwendet worden, um festzustellen, ob das Koffein das einzige in der Nuß wirkende Prinzip ist oder ob noch anderen Inhaltsstoffen eine biologische Bedeutung zukomme, zumal da vergleichende Stoffwechseluntersuchungen an Tieren ergeben haben sollen, daß die geschilderten Einwirkungen durch Koffein selbst nicht die Stärke erreichten wie eine Menge Kolapulver, die die gleiche Menge des Alkaloids enthält.

Die Kolanuß ist ohne Zweifel ein komplexeres chemisches Gebilde als die anderen koffeinhaltigen Pflanzenprodukte. Als mitwirkend kommt ein ätherisches Öl in Frage, das einen scharf gewürzigen Geschmack hat. Arbeiterinnen, welche die frischen Kolanüsse zerkleinerten, wurden anfangs durch den Geruch bei dem Hantieren mit dem Kolabrei aufgeregt und hatten eine gestörte Nachtruhe. Indessen, was der Kolawirkung den Charakter gibt, ist das Koffein, das bis über 2 % in der Nuß vorkommt. An der Erregungswirkung könnten noch kleine Mengen von Theobromin beteiligt sein. Ob noch anderes, ist bisher trotz vieler Untersuchungen nicht sichergestellt worden. In den frischen Kolanüssen findet sich ein zur Tanningruppe gehörendes kristallinisches, phenolartiges Prinzip, das Kolatin[1]), das zu 0,3 bis 0,4 % mit Koffein locker ver-

---

[1]) Kolanin oder Kolarot, ein amorphes, in Wasser unlösliches Pulver, das ein Glykosid sein sollte, wird als solches bezweifelt und chemische bzw. pharmakodynamische Wirkungen werden ihm

bunden ist. Heißes Wasser zerlegt die Verbindung. Unter gewissen Bedingungen oxydiert sich das Kolatin zu unlöslichem Kolarot. In auf gewöhnliche Art getrockneten Nüssen verschwindet das Kolatin, in sterilisierten hält es sich. Die dunkle Färbung, die die Nüsse beim Trocknen annehmen, rührt von einer Zersetzung durch eine in der Nuß befindliche Oxydase her.

Berücksichtigt man diese chemischen Ergebnisse, so wird, selbst wenn in Zukunft die Forschungen noch tiefere Aufklärungen über die inneren Zusammenhänge der einzelnen Inhaltsstoffe der Kolanuß bringen sollten oder falls das kristallinische Kolatin als wirksam erkannt würde, pharmakologisch doch an dem Schluß nichts geändert werden, daß in dem Koffein der Hauptträger der Wirkung der Kolanuß zu erblicken ist. Deswegen kann weder dem Kolarot noch den anderen genannten Stoffen, noch den in den Kolanüssen enthaltenen Enzymen, einschließlich der fettspaltenden Kolalipase, eine gewichtige Stellung in der Wirkung zufallen. Angeblich soll zwischen Kolatin und Koffein eine Art von Antagonismus derart bestehen, daß das erstere keine Erhöhung der Muskelarbeit und keine Gehirnerregung erzeugt. Selbst wenn dies richtig sein sollte, so würde das Koffein sein quantitatives und qualitatives Übergewicht in der Wirkung behaupten, wie es tatsächlich an Tieren und Menschen auch nach Aufnahme der frischen Nuß zutage tritt. Dies habe ich an mir selbst nach dem Genießen der frischen Nuß, die ich wiederholt von Georg Schweinfurth erhalten habe, sicher feststellen können.

---

abgesprochen. Ein angebliches Tannoglykosid, das sich in Koffein, Glykose und Kolarot-Koffein spalten könne, wird als ein Gemisch von Kolatin-Koffein bezeichnet.

Ilex paraguayensis. Mate.

Vor etwa 100 Jahren zog Aimé Bonpland, der große Naturforscher und Menschenfreund, der Freund und Reisegenosse von Alexander v. Humboldt, von neuem zu einer Forschungsreise aus. Mit Ehren überhäuft, von Napoleon und der Kaiserin Joséphine hochgeschätzt, verließ er, nachdem das Kaiserreich zusammengebrochen und Joséphine, deren Krankheit er als Arzt richtig erkannt hatte, gestorben war, trotz aller ehrenvollsten Anerbietungen Frankreich. Nachdem er eine Zeitlang in Buenos Aires gewirkt hatte, kam er auf einer Forschungsreise bis zum Paraná, zu den alten Jesuitenmissionen, auf ein zwischen Paraguay und Argentinien strittiges Gebiet. Dem damaligen Diktator Francia schrieb er, daß er mit von ihm angeworbenen Indianern der Mateproduktion sich widmen wolle. Er und die Seinigen wurden daraufhin von Truppen des argwöhnischen und unerbittlich grausamen Diktators bei Nacht überfallen. Er selbst wurde verwundet und in Ketten fortgeschleppt. Fast zehn Jahre brachte er in Gefangenschaft zu und fristete sein Leben mit Darstellung pharmazeutischer Produkte. Selbst in solcher Not seines physischen Daseins war er als Arzt selbstlos hilfreich gegen Kranke. Trotz aller Bemühungen Frankreichs und des Kaisers Dom Pedro I. kam er erst 1830 frei und starb als Achtzigjähriger in Uruguay in seinem Rancho. In Candelaria hatte er eine große Matepflanzung angelegt.

Diese Erinnerung wird wach, wenn man das von etwa 15 Millionen Menschen in Südbrasilien, den La-Plata-Staaten, in Chile, Bolivia, einem Teil von Peru und in **Argentinien** gewohnheitsmäßig benutzte koffeinhaltige Genußmittel Mate schildern will, das von arm und reich hochgeschätzt wird.

In den Urwäldern Paraguays, an Größe Königreichen gleich, von dem noch in Ursprünglichkeit vorhandenen wilden Matto grosso bis zu dem Stromgebiete des gewaltigen Paraná mit seinen zahlreichen Zuflüssen, zwischen dem 18. und 30. Grad südl. Br., in Seehöhe von etwa 500 m aufwärts, in den brasilianischen Staaten Paraná, Santa Catharina, Rio Grande do Sul sowie in einigen Strichen der Staaten São Paulo und Minas Geraes gibt es noch unermeßliche Bestände immergrüner, 4—8—12 m hoher, formenreicher Bäume: *Ilex paraguayensis*, kurzweg Yerba, brasilianisch: Mate, Herva Mate, Congonha, argentinisch: Yerba Mate, Congoin, paraguayisch: Caaguaza. Die Blätter und jungen Zweige werden zu Tee verarbeitet. Indianer und Mischlinge durchziehen die Waldungen, wo sie sich mit Palmblättern oder Stroh gedeckte Hütten errichten und einen Platz für das Trocknen der Blätter ebnen. Sie schlagen mit ihren großen Messern die Spitzen der Zweige mit den Blättern ab. Das Material wird zunächst zur Halbtrocknung und um das Schwarzwerden zu verhüten, durch Feuer gezogen und dann auf Hürden über offenem Holzfeuer drei bis vier Tage lang getrocknet. Darauf wird es noch mit Hölzern in kleine Stückchen zerschlagen oder noch im Walde grob zermahlen. Bei größeren Betrieben wird eine gezähnte Holzwalze durch Pferd und Göpel über die Tenne mit Mate gerollt und dieses zuletzt auf Stampfmühlen in ein feines, gesiebtes Pulver gebracht.

Es kommen verschiedene Präparate in den Handel, und zwar: in der Sonne getrocknete junge Blätter, die schnell ihr Aroma verlieren (Caa-kuy), ferner sorgfältig von den Zweigen getrennte ältere Blätter (Caa-mirim) und das aus Blättern und Stielen hergestellte Produkt (Caa-guaza). Der Gehalt der ungerösteten Blätter an Koffein geht bis etwa 1,7%, der gedörrten bis etwa 0,6%. Außerdem findet sich im Mate etwas ätherisches Öl und ein Gerbstoff, der mit der Kaffeegerbsäure identisch ist[1]).

In alten Zeiten wird der Mate wohl noch in einfacherer Weise gewonnen worden sein. Wie alt sein Gebrauch ist, ahnt niemand. Er verliert sich in dem Dunkel des dortigen Menschentums. Dieses Nichtbekanntsein mit seiner Geschichte teilt er mit den übrigen Genußmitteln. Auch bei ihm fällt die Ähnlichkeit der ersten Behandlung des Rohmaterials mit derjenigen der Kaffeebohnen und des Teeblattes befremdend auf. Bei allen dreien findet ein bestimmter Grad von Röstung statt, die den Konservierungszweck, aber auch den der Entwicklung von aromatischen Stoffen erfüllt. Als die Europäer in Amerika eindrangen, fanden sie nicht nur die Gewinnungsart des Mate vor, sondern auch dessen Verwendung als Tauschobjekt unter Indianern. Jetzt trinkt der Gaucho auf der Pampa, wie der Caboclo im Urwald, wie der einsame Reiter und der Stadtbewohner den Aufguß der präparierten Blätter gleich gern. In Argentinien erreicht der jährliche Verbrauch auf den Kopf etwa 6 Kilo, während vom Tee entsprechend nur 1 Kilo und vom Kaffee nur 250 g kommen. Uruguay führt jährlich 6 Millionen Kilo ein, zumeist aus Brasilien. Auf den Kopf der Bevölkerung sollen jährlich etwa 10 Kilo kommen.

Mehrere Male oder vielmals täglich wird Mate getrunken. In einen etwa faustgroßen gehöhlten, bei Reichen auch mit Gold oder Silber verzierten Flaschenkürbis werden zwei Löffel voll Tee geschüttet, mit etwas kaltem Wasser durchfeuchtet, und nach zwei bis drei Minuten wird kochendes Wasser hinzugegossen. Nach ebensoviel Zeit kann der Tee getrunken werden. Hierfür steckt man in die Flüssigkeit ein aus Edelmetall, Blech oder Pflanzenfasergeflecht ge-

---

[1]) Die neuerliche Meinung, daß das wirksame Prinzip (Mattein) nicht mit Koffein identisch sei, ist zurückzuweisen. Es ist aber nicht auszuschließen, daß sich neben dem Koffein noch eine andere Purinbase in dem Mate findet.

fertigtes Saugröhrchen, an dessen Ende sich eine kleine, siebartig gelochte Kugel oder abgeflachte Halbkugel befindet. Durch diese „Bombilla" wird das Getränk aufgesogen. Es hat ein eigentümliches Aroma, an das man sich bald gewöhnt, und einen milden Wohlgeschmack.

Mit einer leichten Nuance gestaltet sich die Wirkung wie die der übrigen koffeinhaltigen Getränke. Abgesehen davon, daß es das Durstgefühl mindert, wenn Wanderungen oder Sonnenbrand es zur Unerträglichkeit gesteigert haben, wirkt es nervenerregend, ohne die Erregungswirkung bis zu einer als unangenehm empfundenen Störung des Wohl befindens zu steigern und das Schlafbedürfnis zu übertönen. Die physische Energie erfährt einen Zuwachs. Die größere Inanspruchnahme der Leistungsfähigkeit der Muskelkraft, z. B. bei Strapazen, findet willige Folge, ohne subjektiv als Nötigung empfunden zu werden. Die sichere Anregung der Nierentätigkeit ist überdies eine der ganzen Puringruppe zukommende Eigenschaft.

Unangenehme Nebenwirkungen besitzt das Mategetränk nicht. Nur einmal ließ jemand, der wohl eine sehr schlechte Magenverfassung hatte, laut werden, daß er nach großen Dosen davon Übelkeit empfunden habe, auch schläfrig und in seinen Beinen schwach geworden sei. Es mag nicht viel solcher sensitiven Exemplare der Gattung Mensch geben.

Ilex Cassine.

Als im Jahre 1562 der Kapitän Laudonnière auf Wunsch des Admirals Coligny und mit Zustimmung des Königs Karl IX. von Frankreich, die Küste von Florida aufsuchte, um dort den Protestanten eine Heimat zu schaffen, da fand er dort schon, wie kurz vor ihm die Konquistadoren Narvaez und Cabeza de Vaca, daß die Eingeborenen ein Getränk, das sie Kassine nannten, als Genußmittel gebrauchten. Er erhielt einige Körbe der hierfür dienenden Pflanze als Geschenk zugesandt, mit der auch zu den westlichen Indianern Handel getrieben wurde. Wie lange vorher geschah dies schon, ehe europäische Hab- und Besitzsucht sich dort zu schaffen machte? Vielleicht schon in prähistorischer Zeit, wo der Mensch in der elenden Kargheit seiner Erhaltungsmittel auch zu allem was grünte und blühte seine Zuflucht nahm. **Durch Divination sind die Eigenschaften von Pflanzen nicht erkannt worden, sondern durch Versuche.** Tausende mögen in solchen Versuchen den Gifttod gefunden haben, ehe die anderen durch solches Beispiel mit Sicherheit Schädliches von Unschädlichem, Brauchbares von Unbrauchbarem zu unterscheiden lernten.

Und so mag es gekommen sein, daß auch Ilex Cassine *(Ilex vomitoria, Ilex Dahoon, Ilex religiosa, Yaupon, Yopon)* in seinen erregenden Eigenschaften erkannt worden ist. Es ist ein wildwachsender Strauch oder kleiner Baum von 3 bis 6 m Höhe, der zumeist in waldigen Küstengebieten von Nord- und Südkarolina, Georgia und Florida, auch am unteren Mississippi und in Texas bis zum Koloradotal vorkommt.

Früher in weit größerem Umfange als jetzt benutzten Indianer der bezeichneten Gebiete, nunmehr noch z. B. die Creekindianer, bei ihren Festlichkeiten mit religiösem Einschlag, die Pflanze. Man verwendet die frischen Blätter und die jungen zarten Zweige oder diese Teile getrocknet und in flachen Pfannen geröstet zur Herstellung eines Teegetränkes. Der scharfe bittere „schwarze Trank" wird bei ihren Zusammenkünften, unter Ausschluß von Weibern und Kindern, zwei bis drei Tage lang genossen. Danach tritt wiederholtes Erbrechen ein. Dieses lassen sie immer wieder mit Trinken abwechseln bis der Körper „gereinigt" ist, und sie sich zu neuen Unternehmungen wieder geeignet fühlen.

Neben derartigen Reizwirkungen entstehen auch solche auf Darm und Nieren.[1]

In den Blättern (Apalachentee) wurden neben einem ätherischen Öl noch Koffein zu 0,3 bis 1,6 % und eine Gerbsäure gefunden, also so viel Koffein, daß man neuerdings die Pflanze für die Koffeingewinnung empfohlen hat. Wahrscheinlich werden so überaus konzentrierte Abkochungen der Pflanze hergestellt und von diesen so viel getrunken, daß die Erregungswirkung des Koffeins nicht nur im Gehirn, sondern auch seitens der anderen davon beeinflußten Organe, z. B. der Nieren, sich besonders stark gestaltet. Dabei dürften die angeführten Zusätze, als Reiz für die Magenschleimhaut, gerade das Symptom des Erbrechens hervorrufen, dem die Trinker irgendeine besondere Bedeutung beilegen.

Das Treibende für die Bedeutung der Ilex Cassine ist deren Koffeingehalt.

* *
*

Eine bisher nicht bestimmte Ilexart wird nach Beobachtungen von Karsten von den Jibáros- und Canelosindianern unter dem Namen „guayusa" als wäßriges Dekokt getrunken und zum Mundspülen gebraucht. Die Blätter des in den Wäldern des ekuadorianischen Ostens überall zu findenden Guayusabaumes geben ein aromatisches Getränk, das an jedem Morgen nur von Männern bereitet, aber auch von Frauen getrunken wird. Starke Abkochungen machen, wie die von Ilex Cassine, Erbrechen. Gerade eine solche Magenreinigung scheint sehr erwünscht zu sein. Es wird die Guayusa aber auch als ein Zaubertrank angesehen, der sogar für die Jagd den Körper stark mache.

---

[1] Angeblich wird auch die durch Gärung alkoholhaltig gewordene Abkochung getrunken. Als Zusatz zu der Abkochung sollen *Eryngium aquaticum* oder *Lobelia inflata* verwendet werden.

Pasta Guarana.

Wieder lenkt sich der Blick auf das historische Problem, wie wilde Stämme an den Südzuflüssen des Amazonasstroms, des Madeira und Tapajoz, oder oberhalb des Äquators zwischen dem Magdalena und dem Orinoko an irgendeinem Vergangenheitstage in der Pflanzenfamilie der Sapindaceen ein Genußmittel mit Koffeingehalt entdeckt haben, die unscheinbare trockene, schotenförmige Frucht von dem kletternden Strauch *Paullinia sorbilis (Paullinia Cupana)*, und gerade von dieser Paullinie unter den vielen, die es gibt, die Koffein enthält! Hat einst ein erschöpfter, hungriger Waldbewohner nach vergeblicher Jagd zu den Bohnen gegriffen, sie zerkaut und danach gefühlt, wie er dadurch gestärkt, erfrischt und hungerfrei geworden war? Fragen, die nie Beantwortung finden werden.

Heute wie früher sammeln die Maués und Mundurukús am unteren und mittleren Tapajoz aus den birnförmigen, kurz zugespitzten Kapselfrüchten die im Oktober überreifen, dunkelbraunen Samen, reiben sie ab oder zerstoßen sie und kneten das so erhaltene Pulver auf erwärmten Platten mit Wasser zu einem Teige. Dann formen sie daraus, nachdem sie noch einige ganze Samenkörner hinzugefügt haben, eine zylindrische, 12—30 cm lange und bis 5 cm dicke Stange, die, im Rauch getrocknet, sich jahrzehntelang gut hält. Als plastische Substanz werden der Masse regelmäßig Stärkearten, Mandiokamehl und gelegentlich wohl auch Kakaopulver hinzugemischt.

So entsteht die Guaranapaste[1]), aus welcher von Indianern als Getränk die „Aqua branca", das weiße Wasser, hergestellt und weithin verhandelt wird, nach Bolivien, Matto grosso usw. Die den Arinos und Tapajoz trotz der zahlreichen Katarakte und Stromschnellen aus Matto grosso herabkommenden, mit Ipekakuanha und Tierfellen leicht befrachteten Kanoes nehmen in Santarem am Amazonas, der ein Hauptplatz für den Vertrieb der Guaranapaste ist, als wertvolle Rückfracht eine volle Ladung Guarana. Ebenso führen die plumpen, auf dem Madeira gehenden Boote stets eine gewisse Menge davon nach Bolivien, denn in Cuyabá sowohl wie in St. Cruz de la Sierra und Cochabamba gibt es viele Menschen, welche ohne Guarana, das sie dort etwa zehnmal so hoch bezahlen müssen als der Preis bei den darstellenden Maués und Mundurukús beträgt, schlechterdings nicht leben können, und es vorziehen, lieber zu fasten als sich des Guarana-Labetrunkes zu enthalten. Viele Bolivianer nehmen das Getränk schon bei Tagesanbruch unmittelbar nach dem Aufstehen. Ohne Guarana können sie ihr Tagewerk nicht beginnen. Die darstellenden Stämme machen von ihrem Produkt keinen starken Gebrauch.

Die Guaranapaste ist steinhart, schokoladenbraun, leicht bitterlich schmeckend. Um sie genießbar zu machen, wird sie mit einer Raspel oder dem knochenharten Gaumen des Pirarucúfisches *(Sudis gigas)* möglichst fein zerrieben, mit etwas Zucker versetzt und im Verhältnis von je einem Kaffeelöffel voll Guaranapulver auf ein Glas Wasser kalt getrunken. Der Geschmack erinnert mich etwas an Mandeln bzw. Kakao. Die Piapoko, die zwischen Magdalena und Orinoko sitzen, zerreiben, wie Crevaux sah, ein Viertel eines unreifen, etwa 12 mm langen Samens, den sie als „Cupanna" bezeichnen, und trinken ihn mit Wasser.

---

[1]) „Guarana" (Uarana) heißt in der Tupisprache: Schlingstrauch.

Wenn man weiß, daß diese Samen 4—5% Koffein enthalten, und daß auch die Guaranapaste einen solchen Gehalt haben kann, so begreift man, daß ein daraus bereiteter Erregungstrank beliebt sein muß und seine Dienste leistet. Von dem hier und da wohl auch geübten Mißbrauch ist nichts anderes an Symptomen einer erhöhten Nervenreizbarkeit als das zu erwarten, was ein stark mißbräuchlicher Kaffee- oder Teegenuß schaffen kann.

Kakao.

Im Jahre 1528 kam Ferdinand Cortez wieder nach Spanien zurück. Er brachte seinem Vaterlande als Geschenk das eroberte Mexiko und die Kenntnis und Verwendungsart des Kakao. Für die Bedeutung, die er selber der Frucht beilegte, spricht ein Brief von ihm an Kaiser Karl V., in dem er von Pflanzungen des fruchtliefernden Baumes berichtet, es seien davon auf einem Pachthofe zweitausend gepflanzt worden. Die Früchte seien den Mandeln ähnlich und würden in gemahlenem Zustande verkauft.

Seit wie lange gebrauchten die Mexikaner die Bohnen als Genußmittel? Die Antwort „Seit immer" trifft hier in ihrer Bedeutung und in ihrem Umfange so zu, wie für die anderen Genußmittel ihrer Art. Die Spanier trafen die Bohnen in Mexiko im Marktverkehr als Scheidemünze. Steuern und Abgaben wurden damit bezahlt. Alle tranken Zubereitungen aus ihnen gewohnheitsmäßig. Für den Kaiser Montezuma wurden täglich 50 Krüge gewürzter Schokolade bereitet, die honigartige Konsistenz hatte und in goldenen Bechern kredenzt und mit goldenen Löffeln oder ausgeschmückten Schildpattstreifen gegessen wurde. Nicht lange dauerte es, bis die Schokolade auch in Tafelform aus Mexiko nach Spanien gelangte, und hier sich allmählich einbürgerte, in anderen Ländern verhältnismäßig viel später, vor allem in Flandern und in Italien, wohin sie erst 1606 kam. Im Jahre 1631 schrieb Antonio Colmenero, daß die Zahl derer, die von ihr in diesen Ländern Gebrauch machten, sehr groß sei. Was er über die komplizierte Art der mexikanischen Bereitung des Getränkes mitteilte, wurde bald so vereinfacht, daß dem Kakao nur Zucker oder Honig, Vanille oder Zimmt hinzugefügt wurde. Erst um das Jahr 1650 fand die Schokolade in Frankreich und in England Eingang.

Dann vollzog sich allmählich der Siegeszug über die andere Welt — nicht ohne übertriebenes Lob und herben Tadel. Die einen bezeichneten den Trunk geradezu als Lebensbedürfnis:

„Ambrosia est Superum potus, Cocolata virorum:
Haec hominum vitam protrahit, illa deûm."

Ambrosia, der Götter Trank,
Für Menschen Schokolade —
Sie beide machen's Leben lang
In wunderbarem Grade.

So hoch verstieg sich einst ein Poet, und Linné nannte den Baum, der die Kakaobohne liefert, *Theobroma Cacao*, d. h. „Kakao, die Götterspeise". Dagegen meinte Benzoni am Ende des sechzehnten Jahrhunderts, die Schokolade sei besser für Schweine als für Menschen und diese Schätzung hatte auch der große Botaniker Lécluse: „Porcorum ea verius colluvies quam hominum potio." Wer will über Geschmacksempfindungen und Geschmacksrichtungen ein allgemeingültiges Urteil abgeben? Unabhängig von der Individualmeinung ziehen solche Stoffe ihre Bahnen und üben ihre Anziehungskraft auf menschliches Empfinden und Begehren aus. Nur um die Zeit Friedrich II. minderte sich der Gebrauch der Schokolade dadurch etwas, daß Verbrecher sie als Einhüllungsmittel für Gifte benutzten. Abgesehen davon ist im Verlaufe der wenigen Jahrhunderte der Verbrauch des Kakao allenthalben gewachsen, besonders in den letzten Jahrzehnten. Er übertrifft in der Progression auch Kaffee und Tee. Während Tee in den letzten 30 Jahren in Deutschland im Absatz um das Dreiundeinhalbfache anstieg, hat sich der Kakaoverbrauch in dieser Zeit, bis 1914, verzwölffacht. Auf den Kopf der Bevölkerung kamen in Kilogramm:

	1908	1912
Kakao	0,52	0,81.

Früher das Lieblingsgetränk nur der hispano-amerikanischen Völker von Mexiko bis Chile und selbst dort noch, wo, wie in Guatemala und Costa Rica, ein köstlicher Kaffee gewonnen wird, haben nun auch andere Völker daran ein steigendes Gefallen gefunden. Freilich überwiegt vorläufig noch der Konsum bei Spaniern und Portugiesen, bei denen man 1 Kilo auf den Kopf und das Jahr rechnet.

Theobroma Cacao, ein 6—12 m hoher Baum des heißen Amerikas (Mexiko, Guatemala, Guyana, Venezuela, Kolumbien, Ekuador usw.), und in Kultur auch in Asien (Java, Philippinen usw.) sowie in Afrika (Togo, Kamerun, Ostafrika, Bourbon) und den großen und kleinen Antillen verbreitet, liefert die 12—24 mm langen, bohnenförmigen, bitter schmeckenden Kakaosamen, die gerottet in Gruben einige Tage lang einer Art von Gärung überlassen werden oder nicht gerottet, an der Sonne getrocknet, zur Verarbeitung kommen.

Der Chemismus der rohen, geschälten Bohnen besteht im wesentlichen in einem Gehalt an Theobromin bis zu etwa 2%, von Fett bis über 50%, Stärke bis zu etwa 15%, und an Gesamtstickstoff bis 16%.

Für den menschlichen Gebrauch werden die Kakaosamen noch besonderen Zubereitungen, z. B. dem Rösten durch überhitzten, gespannten Wasserdampf bei etwa 130°, und einer Entfettung unterworfen. Immerhin enthalten die Puder-Kakao-Sorten noch 13—38% Fett. Fremde Zusätze erfahren die Handelssorten noch in reichem Maße. Aber schon die bezeichnete Zusammensetzung läßt die Kakaosamen als ein Nahrungsmittel erkennen.

Sind sie mehr als dies? Ihr Theobromin ist von sehr kleinen Mengen von Koffein begleitet. Theobromin ist Dimethylxanthin, Koffein Trimethylxanthin. Beide gehören zu den Purinkörpern, von denen mehrere die Erzeugnisse von chemischen Lebensvorgängen sind. Meiner Auffassung nach sind diese, ob methyliert oder nichtmethyliert, nicht nur Erzeugnisse, sondern auch wirkende Stoffe. Ich halte sie für Erregungsstoffe für gewisse körperliche Funktionen, einschließlich der Drüsen mit innerer Sekretion, selbst wenn sie nur in sehr kleinen Mengen im Körper entstehen. Durch den Theobromingehalt wächst dem Kakao neben allen anderen Wirkungen auch die einer Erregung zu. Sie ist ohne Zweifel sehr viel geringer als die des Koffeins, aber vorhanden, obschon entsprechend weniger als die des letzteren in die Erscheinung tretend. Unterschiede in der Stärke machen sich natürlich auch hier zwischen Mensch und Mensch bemerkbar, nicht nur nach der arzneilichen Aufnahme von Theobromin, sondern auch nach Genuß von Kakao. Es gibt hierfür außerordentlich Empfindliche, die, neben Magenbeschwerden auch Herz- und Sehstörungen — die letzteren gelegentlich auch nach Schokolade — bekommen.

Daß dem Kakao Anregungswirkungen zukommen, ist nach täglichem Verzehren von 25—30 g davon direkt festgestellt worden. Einzelmengen von 25 g ließen solche noch mit unangenehmen toxischen Einschlägen, wie Zittern, Kopfschmerzen, Pulsbeschleunigung u. a. m. hervortreten. Vereinzelt kommen auch nach Schokolade solche Abweichungen von der Normalwirkung vor. Inwieweit außergewöhnliche Zusätze zu der Kakaomasse dabei bewirkend beteiligt sein mögen, entzieht sich der Beurteilung.

Der Tabak.

1. Allgemeine und geschichtliche Orientierung.

Es gibt eine unübersehbare Fülle von Möglichkeiten, die Menschen dieser Erde zu klassifizieren: nach Berufen, Titeln, Glauben, Nationen, politischen Anschauungen, körperlichen und geistigen Beschaffenheiten usw., aber nur ein Genußmittel, der Tabak, in seiner Verwendung zum Rauchen, gestattet, die ganze Menschheit in zwei Gruppen, in Raucher und Nichtraucher, einzuteilen. Mehr noch als dies! Im öffentlichen Leben hat diese Trennung sogar eine praktische Durchführung erlangt. Derjenige, der die Leidenschaft des Rauchens betätigen will, muß in der Eisenbahn gesondert fahren. Hier Raucher, hier Nichtraucher! Er wird genötigt, sein Rauchverlangen zu unterdrücken, wenn er in einen Raum eintritt, der von Würde-Emanationen erfüllt ist: Man raucht nicht in der Kirche, nicht im Gerichtshaus und nicht beim Eintritt in die Wohnung von nicht Nahestehenden. Es heischt auch die konventionelle Wohlanständigkeit, diejenigen beim Begegnen nicht mit Zigarrendampf anzublasen, deren Alter oder Lebensstellung eine Distanz von dem Rauchenden schafft.

Nicht das Genußmittel als solches, sondern nur diese Art der Verwendung gibt ihm in allen diesen und noch viel mehr Beziehungen eine Ausnahmestellung. Denn dem nicht auffälligen Tabakkauer oder Tabakschnupfer wird keine gesellschaftliche Beschränkung auferlegt, obschon er Nikotinist wie die anderen ist. Aber auch da, wo die Weihe des

Ortes und der Person nicht in Frage kam, wurde früher der Rauchgenuß des Tabaks in der Öffentlichkeit als Verletzung der sittlichen Ordnung angesehen und sogar bestraft. Hat doch erst das Jahr 1848 in Preußen das Verbot, auf der Straße zu rauchen, beseitigt.

Der Tabakgenuß hat im wesentlichen das zwischen Liebe und Haß hin und her schwankende Schicksal erlebt, das sich auch an die anderen Genußmittel im Laufe der Zeiten unter dem Einflusse der Zivilisation geknüpft hat. Vielleicht in noch erhöhtem Maße. Sein sogar jetzt noch wachsendes Eindringen in die rohesten und kultiviertesten Völker der Erde vollzog sich mit einer Unwiderstehlichkeit, die nur derjenigen des Alkohols gleicht, ja, diese vielleicht deswegen übertrifft, weil die religiösen Momente, die dem Orient den Alkoholgenuß als sinnverwirrend ausschließen, bei dem Tabak nicht in Frage kommen.

Kolumbus hatte am 12. Oktober 1492 an der Insel Guanahani, einer der Bahamaeilande, Anker geworfen. Am 29. Oktober war er vor Kuba, am 2. November sandte er zwei Spanier zum Auskundschaften, die am 6. November zurückkehrten. Sie berichteten unter anderem, daß „sie vielen Männern und Frauen begegnet seien, die alle eine glühende Kohle in der Hand trugen, die von wohlriechenden Kräutern unterhalten wurde. Es waren dies trockene Kräuter, in ein gleichfalls trockenes, breites Blatt eingewickelt; sie waren von der Art der kleinen Musketen, deren sich die spanischen Kinder an Pfingsten bedienen. An einem Ende waren sie angezündet, am anderen Ende saugten die Leute und tranken gewissermaßen durch Einatmung den Rauch. Sie werden dadurch eingeschläfert und berauscht, sind aber offenbar dadurch vor Müdigkeit geschützt. Die Leute nennen diese Art kleiner Musketen tabacos. Ich — so berichtet de las Casas, der Bischof von Chiapas, der die Briefe des Kolumbus, aus denen diese Schilderung stammt, herausgab — kenne Spanier, welche es nachahmen und, wenn ich ihnen diese barbarische Sitte verwies, antworteten, es stehe nicht in ihrer Macht, sich diesem Genusse wieder zu entziehen. Die Spanier, anfänglich höchst erstaunt über diesen eigenartigen Gebrauch, fanden aber bei den Selbstversuchen solches Wohlgefallen an ihm, daß sie ihn nachahmten." So trat auch hier der wichtige Faktor des Menschentums und damit auch des Weltgeschehens, die Nachahmungssucht, in ihr angestammtes Recht. Schnell folgten weitere Aufklärungen über Tabakrauchen und über Varianten desselben. Schon vier Jahre später gab der Eremit Romano Pane, den Kolumbus bei seiner zweiten Reise auf Hispaniola, d. h. Haiti, zur Bekehrung der Indianer zurückgelassen hatte und der Sprache und Sitten derselben beherrschte und kannte, Bericht, nicht nur über die Sitte, mittels eines gabelförmigen Rohrs, dessen Äste in die Nase eingesteckt werden, den Rauch des auf Kohle glimmenden Tabaks einzuziehen, sondern auch zuerst über die Eigenschaft dieses Rauches, zu berauschen bzw. schläfrig zu machen.

Und weiter erfährt man aus diesen frühesten Nachrichten, daß die unter dem Einflusse des Tabakrauches Stehenden ihre Empfindungen und Träume als aus einer anderen Welt stammend ansahen und demgemäß das Kraut für heilig hielten. Es kann hier schon gesagt werden, daß bei der bezeichneten Art, zu rauchen, narkotische Wirkungen mit Bewußtseinsminderung wesentlich dem miteingeatmeten Kohlenoxyd der brennenden Kohlen zuzuschreiben sind.

Schwere Bergwerksarbeit, Hungersnöte und die Grausamkeiten der Spanier ließen die Zahl der Indianer, die man zur Zeit der Entdeckung auf drei Millionen schätzte, im Verlaufe einiger weniger Jahrzehnte auf 20 000 sinken. Und nun begann der entsetzliche Sklavenimport aus Afrika, den die christlichen Genueser bewerkstelligten, den Kaiser Karl V. gesetzlich sanktionierte und den Papst Leo X.

deswegen als zulässig dekretierte, weil die Neger, die keine Christen seien, nicht Freiheit beanspruchen dürften und weil sie für den Verlust der Freiheit die Lehre des Evangeliums erhielten. Diese Neger gewöhnten sich auch an das Tabakrauchen und bauten den Tabak, wie Oviedo y Valdes, der sie 1513 beobachten konnte, berichtet, auf den Feldern ihrer Herren.

Derjenige, der gegen den christlichen Menschenraub und die verübten Schandtaten Einspruch erhob, der Bischof de las Casas, gab auch Kunde von dem Eindruck, den Kolumbus empfand, als er die Indianer rauchen sah. Alle Antillischen Inseln waren Stätten der Verwendung des Tabaks, des „Petun", als Kolumbus seine Reisen machte, ebenso wie auch die benachbarten Festlande. Azteken und Tolteken rauchten in Mexiko aus schön bemalten und vergoldeten Rauchröhren oder aus tongebrannten Tabakpfeifen. Das Kraut, das der Göttin Cihuacoatl geheiligt war, hieß Ye (Yetl). In den Jahren 1512—1535 fand man den Gebrauch auch in Zentralamerika, Yucatan, Darien, Panama, Brasilien — aber nicht bei allen Stämmen verbreitet. Unbekannt war er am La Plata, in Paraná und Paraguay sowie in den westlichen Küstenländern Quito, Peru, Chile. Als Ponce de Leon 1512 Florida entdeckte, begegnete man auch Tabak (Upawoc) rauchenden Indianern und im Jahre 1535 Kanadiern, die diesem Genusse ergeben waren.

Nach Ausgrabungen, die im vorigen Jahrhundert in verschiedenen nordamerikanischen Gebieten gemacht worden sind und die Tabakpfeifen zutage gefördert haben, scheint es, als wenn von ihnen aus die Tabakverwendung sich über das weitere Amerika verbreitet habe. Dies gäbe an sich keinen Anlaß zur Verwunderung, weil Völkerverkehr und Völkerverschiebungen seit dem Bestehen der Menschen auf der Welt stets stattgefunden haben. Sie haben es bewirkt, daß der Tabak schließlich auch seinen Weg bis zu dem fernsten Erdwinkel gefunden und auch in den wortärmsten

Sprachen, gleich Brot oder Wasser oder Tod, einen Namen erhalten hat.

Das gesamte Asien, von den Gestaden des Mittelländischen Meeres an bis zum Eismeer und zum Stillen Ozean und dessen Inselwelt, über die Torresstraße hinaus nach Australien, stellt ein Gebiet dar, in dem Tabak geraucht und stellenweis auch geschnupft und gekaut wird, meistens mit einer Leidenschaft, daß man die Überzeugung erhält, daß die Tabakpfeife mit dem Leben von Völkerschaften verknüpft ist. Im Süden von Nias lautet die erste Begrüßung gewöhnlich: „Faniso Toca'!" „Faniso sabeé," d. h. „Tabak, Herr, starken Tabak", und danach: „Wir sterben, Herr, wenn wir keinen Tabak haben."

Mit einem besonders hohen Verbrauch nimmt daran das gesamte Amerika, von der Eismeergrenze einschließlich Grönland bis nach Feuerland teil, Europa in fast ebenso großem Umfange und Afrika von der Straße von Gibraltar bis zum Kap der Guten Hoffnung und von seiner westlichen bis zu seiner östlichen Meeresbegrenzung. Allen Zonen mit ihren in Aussehen, Tun, Empfinden, Wollen und Begehren so vielfarbigen Menschen gehört der Gebrauch des Tabaks an. Der primitiv lebende und der in verfeinerten Genüssen schwelgende Europäer frönen ihm, wie die Wawira, die Pygmäenstämme des afrikanischen majestätischen Waldes, wie der bedürfnisloseste Buschmann der weiten Kalahariwüste, wie der Mensch, der die sonnendurchbrannten Ebenen der Sahara sein Gebiet nennt, wie der Eskimo, den ewiges Eis, Kälte und erschauern machende Eismeerstürme gleichgültig lassen, weil sein Körperbau den höchsten Triumph teleologischer Anpassung feiert, oder wie der Südseeinsulaner, dem seine Nahrung in der berückenden Pracht und Urfruchtbarkeit der Tropennatur fast ohne Arbeit in den Mund wächst.

Dagegen verschwinden an Zahl die Tabakophoben, die Tabakfreien Europas oder anderer Länder, z. B. die Parsis, die das Feuer als Symbol der Allmacht und das alles reinigende Element betrachten, das sie nicht durch Pfeifenrauch profanieren, oder die Sikhs in Indien, oder die religiöse Sekte der Semeskeije im Tal des Tschikoi, auf dem Wege von Kiachta nach Urga, oder die mohammedanischen Tungusen, oder die russische, im Altai auf dem Wege zwischen Südsibirien und der Mongolei wohnende Sekte der Kirshaken, die Schnaps trinken, aber das Tabakrauchen meiden, oder die Mönche in den Klöstern von Inner-Korea, oder Mauren der strengen Richtung, Rifleute, die nicht rauchen, aber stark schnupfen, oder abessinische Christen, die sich durch Enthalten vom Tabak von den Mohammedanern unterscheiden wollen, oder einige Stämme der Sinaihalbinsel, bei denen sogar schon Handel und Besitz von Tabak harte Strafen nach sich ziehen soll, oder die Senûsi der Libyschen Wüste, oder bis vor wenigen Jahrzehnten die Bewohner vereinzelter Inseln des Stillen Ozeans, z. B. der Purdyinseln bei den Admiralitätsinseln oder von Neuhannover usw. Auch für ihre Nachkommen wird der Tag anbrechen, wo der Tabak in Rauchwolken oder als Pulverstaub für das Nasenergötzen seinen Einzug bei ihnen halten wird.

Sieht man von den bezeichneten belanglosen Ausnahmen ab, so wird der Tabak sonst auf der ganzen Erde in Ruhe und in Arbeit, im täglichen Kampfe um die Erhaltung des Lebens oder im Frieden des irdischen Befriedigtseins oder, wie in Südamerika bei Indianern, den Jibáros und anderen, zur Erfüllung gewisser religiöser Vorstellungen gebraucht. Diese rauchen, nach dem Vorbilde der Weißen, auch zum Vergnügen, aber nur importierten Tabak, während — wie Karsten beobachtete — der von ihnen gebaute ausschließlich für zeremonielle Zwecke verwendet wird, zur Erhöhung der allgemeinen Zauberkraft des Körpers und seiner Widerstandsfähigkeit gegen böse Geister und als Narkoticum zur Erzeugung von Träumen.

2. Die Verwendungsformen des Tabaks.

a) Das Tabakschnupfen.

Die Methoden, den Tabak zu gebrauchen, sind, seit sie den Europäern näher bekannt wurden, im wesentlichen die gleichen geblieben. Dies gilt vor allem vom Schnupfen und Rauchen, deren Gebrauchsentwicklung lange Zeit hindurch parallel ging. Als im Jahre 1558 der Tabak nach Portugal gelangt war, wurde das Blattpulver in die Nase gestopft, und nachdem der französische Gesandte am portugiesischen Hofe, Jean Nicot, Samen von ihm selbst gezogener Tabakpflanzen um das Jahr 1560 nach Frankreich und speziell an Katharina v. Medici gesandt hatte, fand auch hier das Schnupfen als erste Verwendungsform Eingang und die Herba Nicotiana selbst ihre Kultur. Die Königin wurde Patronin der Pflanze, der damals nach ihr benannten Herba Medicea oder Herba Catharinaria. Gegen diese Benennung richtete der Dichter und Historiker Buchanan ein böses Epigramm, in dem er zum Ausdruck brachte, daß dem Tabak dadurch allein seine guten Kräfte genommen und in Gift verwandelt würden, denn Katharina sei der Auswurf, die Pest und die Medea ihres Jahrhunderts:

At Medice Catharina καθαρμα luesques suorum
    Medea seculi sui
Ambitione ardens, Medicaeae nomine plantam
    Nicotianam adulterat.

Sie veranlaßte die arzneiliche Anwendung des Tabak-Schnupfpulvers bei ihrem Sohne Franz II. und auch bei ihrem kranken Sohne Karl IX. gegen Kopfschmerzen[1]). Der „Tabac à priser", die „Panacée Cathérinaire" wurde

---

[1]) Über dessen Erkrankung vgl. L. Lewin, Die Gifte in der Weltgeschichte, 1920.

nun selbstverständlich bei Hofe, bei Reichen und schnell auch beim Volke gegen wirkliche und eingebildete Leiden sowie als Nervenkitzel zuerst Modesache und wuchs dann zu einer bleibenden Gewohnheit aus. Später brachten es spanische Schiffsleute und Soldaten weiter in Umlauf. Bei spanischen Priestern war im sechzehnten Jahrhundert das Tabakschnupfen und Tabakrauchen so als Gewohnheit eingerissen, daß sie es selbst unter der Messe und bei Spendung des Abendmahles zu tun keine Scheu trugen. Der Dechant und das Kapitel von Sevilla wandten sich deswegen an den Papst Urban VIII., der, um dem anstößigen Übel zu steuern, diejenigen in den Bann tat, die künftig in der Kirche in Spanien Schnupftabak (Espagnol, Spaniol) gebrauchen oder rauchen würden. Es war dies der Papst, der sich in Nebenstunden die Zeit damit vertrieb, Bukette zu machen, die er nachher an die römischen Damen verschenkte. Und ebenso bedrohlich war das um das Jahr 1650 erlassene Edikt des Papstes Innocenz X. gegen das Tabakschnupfen in der Peterskirche, die durch das Material verunreinigt würde. Trotz alledem wurde bis zur Leidenschaft weitergeschnupft.

Für die Menschen des siebzehnten bis neunzehnten Jahrhunderts gehörte das Tabakbehältnis, die Tabatière, zur körperlichen Ausstattung. Sie wuchs zu einem Luxusobjekt aus. Die Kunst fand an ihrer Gestaltung aus Porzellan, Silber und Gold, mit Edelsteinen verziert, ein besonders formungsmögliches, begierig verlangtes Objekt. Der englische Staatsmann Petersham besaß für jeden Tag des Jahres eine besondere Dose und wurde sehr böse, wenn sein Kammerdiener ihm nicht an jedem Tag die richtige brachte. Im englischen Budget von 1822 waren unter den Staatsausgaben 22 500 Pfund Sterling für Dosen aufgeführt, welche Britanniens Monarch den Nasen fremder Minister dedizierte. Friedrich II. von Preußen machte die Westentasche zu seiner Tabatière, und Napoléon, der ein besonders leidenschaftlicher Schnupfer war, verstreute viel Tabak auf seine Kleider. Wenn er in einer Sitzung des Staatsrates unruhig wurde und den Blick eines der hohen Würdenträger auf sich besonders gerichtet sah, dann streckte er den Arm und machte ihm eine stumme Bewegung mit Daumen und Zeigefinger, worauf der Betreffende sich beeilte, ihm eine Tabakdose zu reichen. Der Kaiser spielte mit derselben, verstreute auch wohl ihren Inhalt auf den Tisch und steckte sie gedankenlos ein. So verschwanden bisweilen mehrere derselben in seiner Tasche. Nach dem Verlassen der Sitzung fand er oder Joséphine sie dann und stellten sie ihren Eigentümern wieder zu — nicht selten war dann aber auch eine Verwandlung mit ihnen vorgegangen, so daß statt einer hölzernen eine goldene, mit Diamanten besetzte zurückkam. Trotzdem schafften sich die Staatsräte, um eventuell nicht Andenken zu verlieren, solche aus Karton oder anderem minderwertigen Material an.

Das Tabakschnupfen hat im Laufe des letzten Jahrhunderts im engeren Europa stark Anhänger verloren, während sonst auf der Erde ihm unverändert gehuldigt wird, z. B. im Kaukasus von den Frauen der Chewsuren, in der Türkei (Tabak Burmotu, Burmut), von Afghanen, Mongolen, Tibetern, in Chinesisch-Turkestan — jeder Schantu hat seinen kleinen Flaschenkürbis mit Tabak im Gürtel hängen, aus dem er ab und zu eine Prise nimmt — leidenschaftlich von den Ostgrönländern und viel von Weibern an der grönländischen Westküste.

In Afrika hat dieser Genuß viele Stätten. Als Belege mögen unter vielem anderen die folgenden Angaben dienen: In Nubien, Abessinien, von den Somali und Danâkil wird dem Schnupftabak vielfach alkalische Holzasche oder ein alkalisches Natriumsalz (Soda. Atron. Magadi), ja, von den letzteren, wie behauptet wird, auch Natronsalpeter hinzugefügt. Die Oromó tragen ein Täschchen für Schnupftabak (nuschûk), der ein Gemengsel von Tabak und Asche ist.

Dieser spezielle Gebrauch findet sich auch in Angola. Er ist deswegen besonders bemerkenswert, weil hier wieder wie beim Koka- oder Betelkauen zur Verstärkung der Wirkung instinktiv das richtige, nämlich ein Alkali, mitgebraucht wird, das das wirksame Prinzip, hier Nikotin, freimacht. Viele afrikanische Stämme schnupfen, und rauchen und kauen daneben noch Tabak, so z. B. die Wafiome, Wambugwe, Warundi — die letzteren pflegen sich beim Schnupfen die Nase mit einem halb gespaltenen Stück Holz zusammenzuklemmen, um den Genuß zu verlängern —, ferner die Washaschi und andere Völker am Victoria-Njansa, die Wakuafi, Wangori, Wataturi, Wapokomo, die Turkana am Rudolfsee, die nilotischen Stämme, auch Kongoneger, Kamerunneger, die dem auf einem Mahlstein verriebenen importierten Kentuckytabak ein Drittel alkalische Asche von einer im Feuer gerösteten und fein zerriebenen Pisangschale hinzusetzen. Die Muntschi-Völker im Gebiete der Agara rauchen aus großen tönernen Pfeifenköpfen, die bei einer Verhandlung von Hand zu Hand gehen. Andere schütten, wie Detzner es sah, unermüdlich den zu feinem Mehl zerriebenen Tabak aus Lederfläschchen auf die Handfläche, um ihren Vorstellungen durch kräftige Prisen größere Überzeugungskraft zu geben. Im Hochland von Angola wird Tabak, zumal von Frauen, geraucht. Männer lassen die Pfeife nach einigen Zügen von Mund zu Mund wandern. Sie schnupfen den feinzerriebenen „Kugeltabak", dessen Zubereitung sich dadurch vollzieht, daß man die frisch geernteten Tabakblätter mit der Hand auspreßt und dann aus ihnen Kugeln gepreßt werden, die man trocknet. Dieser Tabak übt besonders starke Reizwirkungen aus. Auch die Vey in Liberia, die Barotse usw. benutzen Tabak. In Marokko ist der Schnupftabak ein gesuchtes Material.

Die Inglete-Indianer am Jukon (Alaska) rauchen und ziehen außerdem gepulverten Tabak aus einer Dose durch ein hölzernes Röhrchen in die Nase ein.

Eine Besonderheit pflegen die Bonis in Guayana. Sie schlürfen einen konzentrierten Auszug des Tabaks in die Nase. Die Uitotos am Yapurástrom blasen sich selbst oder auch sich gegenseitig durch X-förmig angeordnete Knochenröhren Tabakpulver ein. Das Rohrende, das jeder zum Ausblasen des im Rohre befindlichen Tabaks im Munde hat, führt bei dem anderen in die Nase.

Die Jibáros und mancher andere Stamm Ecuadors rauchen Tabak, nehmen ihn aber auch für die großen Feste als mit Speichel hergestelltes Extrakt oder als Abkochung durch die Nase auf, die Frauen durch den Mund. Solche Tabakflüssigkeiten werden nicht nur bei Festen, sondern auch im Alltagsleben benutzt. Des Morgens sehr früh wäscht der Jibáro seinen Mund mit einer Ilexabkochung, dann kocht er Tabakblätter, gießt das Absud wiederholt in die Hohlhand, zieht es durch die Nase ein und läßt es wieder durch den Mund abfließen. Dadurch sollen der Kopf klar, der Körper wohltätig beeinflußt und Kopfschmerzen und Katarrhe beseitigt oder vermieden werden.

b) Das Tabakkauen.

Es gibt mannigfache Formen des Kautabaks und seiner Verwendung. Englische Seeleute waren ihm um die Mitte des siebzehnten Jahrhunderts sehr ergeben. Hierin leuchtete ihnen der Admiral Monk, der nachherige Herzog von Albemarle, der Wiederhersteller des englischen Königtums, ein eifriger Tabakkauer, voran. Auch diese Verwendungsform des Tabaks hat späterhin bis in unsere Zeit hinein, freilich nur in einzelnen Bevölkerungsschichten, Verbreitung gefunden.

Gleich dem zum Schnupfen benutzten Tabak findet auch beim Kauen desselben eine Auslaugung des Materials an der Schleimhaut statt, dort an der Nasen-, hier an der Mundschleimhaut. Der ausgelaugte nikotinhaltige Saft geht von der Nase aus direkt in die Säftebahnen, beim Kauen wird der verschluckte Teil von der Magenschleimhaut aus in sie übergeführt. Während in Europa für Kau- und Schnupftabak die zum Rauchen ungeeigneten und für Schnupftabak noch andere Abfälle benutzt und in Saucen aus Tabak mit sehr verschiedenen, nicht immer ganz harmlosen Zusätzen getränkt werden, wird der Kautabak in anderen Erdteilen primitiver verwendet. So bringt der Howa auf Madagaskar den gepulverten Tabak mit einer geschickten Handbewegung zwischen Unterlippe und Schneidezähne und kaut ihn dann, während die Eingeborenen des Inneren das gebeizte, d. h. in Tabakbrühe gesäuerte Blatt dazu verwenden. Die Somali kauen bzw. essen Tabakblätter oder kleine, aus Tabak und Asche geformte Kügelchen. Die Nordwestgalla lassen die Tabakblätter gären, kochen sie dann, drücken den Saft aus und formen aus der Masse ein bis zwei Pfund schwere Brote. Seltener wird Kuhmist dazugemischt. In Harar kauen auch Frauen Tabak. Diese Genießensart besteht auch in Südarabien. Bei den Vey, den Golah und den Pessy in Liberia wird der Tabak in einem kleinen Mörser mit inländischer Seife und der Asche von Bananenschalen zu Pulver zerstampft. Die Masse bewahrt man in Schaf- oder Ziegenhorn mit gut schließendem Deckel auf — unbewußt richtig so, um das Nikotin nicht verflüchtigen zu lassen. Von dieser Masse wird mit einem Löffelchen eine Prise vorsichtig unter die Zunge gelegt.

Auch im übrigen Afrika findet man das Tabakkauen, so z. B. in Tripolis, im Hinterland von Togo usw., das gleiche auch in Ostasien, z. B. im Malaiischen Archipel, bei den Dajaks, bei den Tabak auch rauchenden Alfuren, auf der Malaiischen Halbinsel usw. Südamerikanische Stämme geben sich auch dem Tabakkauen hin. So sah Koch-Grünberg einen Waíka, der eine dicke Wurst Tabak zwischen Unterlippe und Zähnen hielt und aussog, daß ihm der braune Saft aus beiden Mundwinkeln floß. Nach einiger Zeit nahm er den Tabakwulst heraus und schob ihn einem neben ihm sitzenden Freund in den Mund.

Ein besonderes Präparat, das *Chimó*, eine Paste aus dem bis zu teerartiger Dicke eingekochten, mit etwas Asche oder Soda — selten mit Opium — versetzten Tabaksaft, wird in Venezuela, in den Provinzen Maracaibo, Trujillo usw. in erbsengroßen Kügelchen von Mann und Weib in den Mund gebracht. Er soll Hungerbeschwichtiger, Erwecker und Besänftiger der Lebensgeister, Pro- und Kontratröster in allen Leibes- und Gemütsnöten sein. Es muß schon eine große Anpassung des Körpers an dieses starke Nikotinpräparat zustande gekommen sein, um es, wie es geschieht, häufiger und in größeren Mengen aufnehmen zu können. Nach einer einzigen, nur etwa zehn Minuten im Munde verbliebenen Dosis bekam ein Versucher Schwere im Kopf und eine derartige Schwäche in den Beinen, daß er kaum zu gehen imstande war.

Die Arekunas in Britisch-Guyana bereiten Kautabak aus frischen, zerhackten Tabakblättern und einer schwarzen salpeterhaltigen Erde, und Grönländer mischen Tabak mit Pfeifenschmergel zur Bereitung ihres Kautabaks.

Es gibt Varianten des Tabakkauens: Das **Tabak schlecken** und das **Tabaktrinken**.

Die **Uitotos** und **Miranyas**, die zwischen dem Caqueta und Putumayo sitzen, kochen Tabakblätter mit Wasser zu **einer sirupdicken Masse** ein, die, in Blätter eingewickelt, aufbewahrbar und verschickbar ist. Abends sitzen die Männer zusammen, kauen **Koka**, und wenn über etwas Wichtiges, einen Kriegs- oder Jagdzug, zu beraten ist, dann nimmt jeder mit Zeige- und Mittelfinger etwas aus dem Topf mit Tabaksirup und schleckt es von den Fingern ab. Dieses Tabakschlecken gilt gleich einem Schwur.

Die **Jibáros** trinken Tabakwasser bzw. Tabak-Speichelextrakt auch als ein traumerzeugendes Narcoticum. Sie ziehen sich in den Wald zurück, um in dem für diesen Zweck vorhandenen Rancho mit den Geistern verkehren zu können. Dort bleiben sie bis zu acht Tagen, und kehren dann abgemagert und kraftlos, weil sie nur täglich eine geröstete Banane gegessen haben, heim, zufrieden, wenn sie gute Träume gehabt haben. Bei den Taulipáng und anderen südamerikanischen Stämmen versetzen sich die Zauberärzte durch unmäßiges Rauchen starken Tabaks, besonders aber durch das Trinken von starker Tabakbrühe, in einen Sinnesrausch mit Halluzinationen und Visionen — einen Zustand, in dem sich nach indianischem Glauben die Seele vom Leib löst, und der nach seinem Verschwinden den Eindruck eines Wirklichkeitserlebnisses hinterläßt.

c) Das Tabakrauchen.

So ließen sich noch manche Blätter füllen, auf denen Völker der Erde als Tabakverbraucher in der einen oder anderen Art zu verzeichnen wären. Man würde dann auch erfahren, wie die Menschen, ohne die Chemie des Tabaks gekannt zu haben, allerlei, auch richtige Vorbeugungsmittel gegen die Aufnahme z. B. der brenzlichen Rauchprodukte ersonnen haben. Wie sie dieselben absorbieren lassen, ehe sie in den Mund gelangen, entweder durch eine Wasserschicht oder, primitiver, dadurch, daß — wie man es bei den Makaraká beobachtete — der Raucher ein Büschelchen gefaserten Bastes in den Mund steckt, durch den er den Rauch saugt. Auch besser noch so, daß der Rauch durch eine kugel- oder birnförmige Kalebasse gesogen wird, in der sich die hanfähnlichen Fasern von *Hibiscus* befinden. So rauchen Stämme im Gebiete des Weißen Nil.

An der ganzen Südostküste Neu-Guineas, von der Torresstraße bis zum Ostkap, wird gesellschaftlich aus dem „Baubau", einem 1,5 m langen, an einem Ende offenen, an dem anderen mit einer kleinen Öffnung versehenen Rohr geraucht. In die letztere setzt man eine mit Tabak gestopfte, aus Baumblatt gefertigte Tüte und zündet den Tabak an. Der Vorraucher saugt das Rohr voll Tabakrauch, den nunmehr die Nachbarn einer nach dem anderen einsaugen, bis kein Rauch mehr vorhanden ist. Dann arbeitet wieder der Vorsauger, bis alle Anwesenden, auch die Kinder, rauchgesättigt sind.

Im Bismarck-Archipel, z. B. auf Neu-Pommern, werden große Zigarren von den Eingeborenen selbst gefertigt. Mit der vollen Faust führen sie sie an den Mund, saugen und blasen die Luft mehrere Male hindurch und ziehen den Dampf in die Lungen.

Die Maori auf Neuseeland rauchen, Mann wie Weib, und wenn das von der Mutter auf dem Rücken getragene Kind gar zu arg schreit, dann wird ihm die Pfeife in den Mund gesteckt.

In Liberia ließen sich Weiber und Kinder den Tabakrauch in die weit geöffneten Münder blasen.

Am „Männerfest" der Jibáros, am mittleren Rio Pastaza, wird dem in die Mannbarkeit tretenden Jüngling, nachdem er sich durch Fasten vorbereitet hat, der von dem Zeremonienleiter produzierte Zigarrenrauch durch ein Rohr in den Mund geblasen und verschluckt. Auf diese Weise wird die ganze Zigarre auf einmal aufgeraucht, und der ganze Rauch gelangt in den Magen des Novizen. Diese Prozedur wird an jedem der zwei Festtage sechs- bis achtmal wiederholt und beeinflußt den jungen Mann sehr stark, zumal ihm dazwischen auch noch Tabaksaft als Getränk gereicht wird. Es tritt Narkose ein, in der er Geister sieht, die ihm aus seiner Zukunft prophezeien und ihn mit Kraft, Wissen und Glück erfüllen. Bei einigen Stämmen bringt der Zeremonienleiter das brennende Ende der Zigarre in seinen Mund, das entgegengesetzte in den des Novizen, und bläst tüchtig Rauch, den der letztere schluckt.

Die Bewohner der Inseln der Torresstraße wie die des westlichen Neuguinea und die Sakai auf der malaiischen Halbinsel haben übrigens schon vor ihrer Bekanntschaft mit Europäern ein Blatt in gleicher Art wie den Tabak zum Rauchen benutzt. Eine dem Tabak ähnliche Pflanze rauchten die Tlinkit vor ihrem Entdecktwordensein, und Vancouvers Leutnant Whidbey sah Tabakkulturen an der Chathamstraße. In Neu-Holland wurden, wie man annimmt, die Blätter von *Nicotiana suaveolens* schon geraucht, ehe Europäer dahin gekommen waren.

Viele andere Varianten von ,,normalem" Rauchen aus einer Tabakpfeife oder einer Zigarre oder einer Zigarette gibt es unter den Menschen von dem typischen Ausstoßen des angesogenen Rauches des glimmenden Materials aus dem Munde bis zu den Fertigkeiten, die **moderne Zigarettenraucher**, Erwachsene und Rotzjungen, sich erworben haben. Der eine schickt den angesogenen Rauch nach einer Weile durch die Nasenlöcher fort, der andere, der ,,Lungenzieher", saugt ihn, gleich den Indianern der Felsengebirge, tief in die Luftröhre ein, um ihn erst spät wieder wolkenartig zu entlassen, und der Dritte verschluckt ihn und rülpst ihn zu gelegener Zeit, unerwartet, wieder aus. Solche Rauchkünstler lassen sich nicht träumen, daß recht oft, auch vielleicht einmal für sie, üble gesundheitliche Folgen das Ergebnis ihrer Kunstfertigkeiten werden können.

In weitem Ausmaße sind auf der Erde auch **Frauen und Kinder** am Tabakrauchen beteiligt — früher nur die Primitiven ferner Zonen, jetzt auch die in zivilisierter Umgebung lebenden. In Bogotá in Kolumbien begnügen sich die älteren Frauen schon nicht mehr damit, gleich den Damen der höheren Stände, Zigaretten zu rauchen, sondern rauchen Zigarren und, um sich den Genuß zu vergrößern, nehmen sie häufig das brennende Ende in den Mund. In Paraguay geben Mütter schon dem kleinen Kinde die

Zigarre in den Mund, und bei den Burjäten, am Südende des Baikalsees, rauchen schon die Kinder, die kaum auf den Füßen festzustehen gelernt haben, mit Baumrinde gemischten Tabak. Bei den Mangunen am unteren Amur, bei den Ostjaken, Samojeden und anderen Stämmen Nordostasiens rauchen Mann, Weib und Kind leidenschaftlich. Von den Ostjaken wird der Rauch eines abscheulichen Tabaks, der Machorka, verschluckt und dann wieder ausgestoßen. Das gleiche Bild bietet sich auf indischen Inseln, z. B. den Nikobaren, auf den Philippinen, den Salomon-Inseln, wo die Kinder schon rauchen, kaum daß sie der mütterlichen Brust entwöhnt sind, den australischen Eingeborenen usw.

Das Begehren nach Tabak, das die der Hochzivilisation fernen Weiber Asiens, Melanesiens, Polynesiens, Afrikas und Amerikas zeigen und verwirklichen — nur bei wenigen Stämmen sind sie von dem Rauchgenusse ausgeschlossen —, ist auch auf das weibliche Geschlecht der Länder übergegangen, in denen der moderne Geist, der Geist von heute, der Geist der Emanzipation von „veralteten Vorurteilen", seinen Wohnsitz genommen hat. Dies bezieht sich nicht auf irgendein altes Bauernweib, das eine vielleicht von ihrem „Seligen" ererbte, schmutzstarrende Stummelpfeife in den zahnlosen Mund schiebt, sondern auf die zumeist jugendliche weibliche Blüte der Nationen, auf die „Emancipata fumans vulgaris", die später Früchte treiben soll, und sie vielleicht auch deswegen oft nicht ansetzt, weil — worauf ich in meinen Vorlesungen immer hingewiesen und was ich an dieser Stelle zuerst habe drucken heißen — ihre durch unsinniges Zigarettenrauchen rauch- und nikotingeschwängerten Sexualorgane in chronische Reiz- und Entzündungszustände versetzt worden sind. Ein ganz anderes Feuer als das der Zigaretten sollen die Frauen als heimische Vestalinnen unterhalten! Und schließlich ist doch der Mund des Weibes zur Betätigung von besserem geschaffen, als, einer Esse gleich, zu rauchen und nach der Tabaksauce von Zigaretten zu riechen!

d) Die Eroberung der Menschheit durch den Tabak.

Es hat nach der ersten Verwendung des Tabaks und der Erkenntnis seiner eigenartigen Wirkungen in Europa nicht sehr lange gedauert, bis der größte Teil des notwendig gewordenen Bedarfes daran durch europäische Kulturen gedeckt wurde. Denn die Mengen, die durch portugiesische, spanische, französische und englische Seefahrer um die Mitte des sechzehnten Jahrhunderts nach Europa kamen, waren nur gering. Als Walter Raleigh im Jahre 1586 den Tabak aus Virginien nach England brachte, gab es in Portugal, wohin wohl die ersten Samen aus Yukatan gekommen waren, bereits ganze Felder voll davon. Vereinzelt wurde der Tabak in Deutschland — in Suhl angeblich schon 1559 — in größerem Umfange aber erst um die Zeit des Dreißigjährigen Krieges angebaut. Was anfangs nur zu gärtnerischem Vergnügen oder medizinischer Verwendungslust geschah, bekam sehr bald auch wirtschaftliche Bedeutung, da es sich eben um ein Genußmittel handelte. Hierfür werden heute von den 41 Arten der Gattung Nicotiana im wesentlichen nur die einjährige *Nicotiana Tabacum* und *Nicotiana rustica* in den gemäßigten und subtropischen Klimaten aller Erdteile kultiviert und in ungemein hohen Mengen verbraucht. Diese gestatten nur in zivilisierten Staaten eine statistische Schätzung, für den übergroßen Teil der Selbsterzeuger und Verbraucher, vom behüteten Urwald- oder Graslandwinkel auf ferner Erde an bis zu den unkontrollierten und unkontrollierbaren Tabakgärtchen größerer Menschensiedelungen, ist sie unmöglich.

Zwischen zwei und mehr als drei Kilogramm pro Jahr und Kopf der Bevölkerung kommen in abnehmender Menge auf die Niederlande, Vereinigten Staaten, Belgien, Schweiz, Österreich-Ungarn, unter zwei Kilo auf Deutschland, Australien, die nordischen Staaten, Rußland, Frankreich, Italien, Spanien usw.

Die hierfür benötigte Produktion, sowie besonders der nun vollzogene Eroberungszug des Tabaks durch die Welt, hat sich nicht ohne Widerstände abgespielt, die schon früh von seiten der hierin immer unklug gewesenen Regierenden stellenweise barbarische Formen angenommen haben, meistens solange der Tabak noch nicht als ein hochwertiger Finanzstoff erkannt und von Staats wegen ausgebeutet wurde.

Wie jede Art künstlichen Bedürfnisses von Zeit zu Zeit unter ein strenges Gericht gesetzt wurde, so erstanden auch dem Gebrauche des Tabaks mächtige Feinde, mit Gründen der Empfindung oder aus volkswirtschaftlichen und religiösen Motiven, freilich ohne die gewünschte Wirkung. Ich erwähnte schon, wie der Papst mit Verboten und Strafen in den Kirchen von Spanien und Rom vorging. Es nützte wenig, denn 1725 mußte der Papst vor dem Tabak kapitulieren. Benedikt XIII., der selber gern Tabak schnupfte, hob, da er zum Unterdrücken der „trockenen Trunkenheit", wie man damals in Deutschland das Rauchen nannte, nicht mächtig genug war, alle früher in dieser Hinsicht gemachten Erlasse auf, damit die Gläubigen nicht mehr das unwürdige Schauspiel genießen sollten, tabaksüchtige, amtierende Würdenträger alle Augenblicke aus der Kirche eilen zu sehen, um in irgendeinem Nebenraum heimlich ein paar Züge zu rauchen.

In Deutschland gab es der Verbote auch. Im Lüneburgischen stand noch 1691 die Todesstrafe auf dem Rauchen, „auf dem lüderlichen Werk des Tabaktrinkens". In Kursachsen wurde Rauchen auch auf den Straßen oder in Postwagen verboten, durch ein Edikt von 1723 sogar in Berlin. Landesväterlich weise verfuhr man im achtzehnten Jahrhundert in Sachsen-Gotha. In der Landesordnung heißt es: „Und dieweil auch durch das unzeitige und übermäßige Tabackstrincken viele Leute ihnen unvorsichtiglich großen Schaden zuziehen: Als soll dessen gleichfalls männiglich müßiggehen, und nicht allein Hausväter die Ihrigen davon abhalten, und ihnen diesfals selbst keine Ärgernisse geben, sondern auch, **wenn jemand angemercket wird**, der dieser Unordnung allzusehr nachhänget er deswegen, **gleich anderen Trunckenbolden gerüget**, oder bey der Obrigkeit angezeiget und ernstlich bestraffet werden. So soll auch Taback auf gedachte Weise zum Verbrauchen nicht verborget, noch auf die dahero gemachte Schulden verhofften, sondern wer solchen verborget, vielmehr ernstlich darum gestraffet werden."

In Siebenbürgen und Ungarn wurde 1689 Rauchen mit 300 Gulden, und im ersteren Lande das Pflanzen von Tabak mit Vermögenskonfiskation bestraft. In der Schweiz, besonders in Bern, wurde 1660 Tabakrauchen unter die schweren Verbrechen gestellt und noch im Jahre 1849 untersagte es ein Gesetz im Kanton Wallis allen Menschen vor dem zwanzigsten Lebensjahre bei Geld- und im Wiederholungsfalle bei Freiheitsstrafe. Um das Jahr 1900 ist diese Bestimmung dringlichst erneuert worden mit dem Ergebnis, daß die nachgeordneten Staatsorgane die Unmöglichkeit der Durchführung aussprachen, weil das Tabakrauchen allgemein geworden sei. In Holland wuchs die Leidenschaft des Rauchens schon um 1590 so an, daß u. a. die Studenten trotz der Warnung der Medizinischen Fakultät vor dem Rauchen, weil die Gehirne dadurch schwarz würden — eine der vielen dummen, aber amüsanten Fakultätsweisheiten, über die noch einmal ein Buch geschrieben werden muß — Exzesse darin trieben. In „Tabakhäusern" verbrachten dort viele „faule Stücker" ihre Zeit. Auch schon Kinder saßen mit Pfeifen im Munde bei Tisch. In England schrieb zwar Jakob I. 1603 den „Misocapnus", den „Rauchhasser", in dem alles Schlimmste dem Rauchen nachgesagt wurde.

Sehr bald aber legte er eine Steuer auf den Tabak, wie dies auch Karl I. tat, und erwies sich so als guter Landesvater. Der Anbau von Tabak in England wurde jedoch 1652 zum Vorteil der amerikanischen Kolonien verboten. In Schweden verbot das Tabakrauchen Gustav III., der das reizende Bekenntnis ablegte, daß er nichts so sehr gehaßt habe wie Tabakrauchen und die deutsche Sprache.

In der Türkei wurde der Tabakgebrauch 1605 bekannt, und 1642 schnupfte man dort zuerst. Die Geistlichkeit eiferte dagegen, weil es die Koranbestimmungen verletze. Dem Tabakbetätiger wurde die Nase durchbohrt, durch das Loch ein Pfeifenrohr gesteckt und er überdies zu einem Schandritt auf einem Esel veranlaßt. Murad (Amurat) IV. setzte um 1620 auf Tabakrauchen die sofort vollziehbare Todesstrafe in irgendeiner der gottgefälligen alten Gestalten. Mohammed IV. gestattete es wieder. In Persien strafte man in alter Zeit das Tabakrauchen mit dem Tode, und in Rußland bestimmte der Zar Michael Fedorowitsch die Todesstrafe demjenigen seiner lieben Untertanen, der Tabak bei sich hatte, damit handelte oder „tränke", d. h. rauche. Sein Besitz wurde verkauft und der Erlös „an Ihro Majestät Kasse" abgeliefert. Die Prügelstrafe konnte dazukommen und auch die so sinnige Sitte des Nasenabschneidens, die in Persien und Abessinien gleichfalls geübt wurde. Der Zar Alexei Michailowitsch ließ denjenigen, bei dem Tabak gefunden wurde, mehrfach foltern, bis er die Bezugsquelle angab.

Ganz kürzlich hat der mexikanische Staat Tabasco ein Gesetz angenommen, wonach alle diejenigen einer besonderen Abgabe unterliegen, die in der Öffentlichkeit rauchen. Dieses öffentliche Rauchen wird dem öffentlichen Erscheinen in trunkenem Zustande parallel geschaltet. Glücklicher Tabasco-Staat!

Eine so schlimme Einschätzung des Tabaks als Genußmittel mußte Gründe gehabt haben. Staats-

und privatwirtschaftlicher Natur können sie nicht gewesen sein. Denn schneller als bei irgendeinem anderen der Genußmittel dieser Art setzte hier die Ausnutzung im Staatsinteresse ein, und die Ausgaben des Rauchers für seinen Tabakverbrauch waren nicht so hoch, wie sie sich etwa für alkoholische Getränke oder andere private Vergnügen beliefen. Schon früh erfolgte die staatliche Belastung des Tabaks. Schon Jakob I., der Tabakfeind, ließ 1604 von jedem Zentner Tabak 6 Schilling und 10 Pence Abgabe erheben, und in Frankreich, wo das Rauchen unter Ludwig XIII. aufkam, wurden auf das Pfund 30 Sous Abgabe gelegt. Dem weiteren Beispiele Englands, das im Jahre 1625 unter Karl I., um seinen zerrütteten Finanzen aufzuhelfen, die kolonialen Pflanzer zwang, gegen einen Zwangspreis ihren Tabak der Regierung abzuliefern, folgten andere Staaten, so z. B. 1664 Portugal, 1670 Österreich, 1674 Frankreich usw. Als in Rußland alle Verstümmelungen und Todesstrafen dem Tabakverbrauch nicht Einhalt tun konnten, gab schließlich der Zar Peter den Engländern für 15 000 Pfund Sterling die Erlaubnis, den Tabak in Rußland einzuführen.

Humboldt berichtet, wie der Tabakbau der Provinz Cumana in Venezuela seit der Einführung der Pacht im Jahre 1779 fast ganz auf einen kleinen Distrikt beschränkt war und wie man ihn in Mexiko nur in zwei Distrikten, Orizaba und Cordova, gestattete. Aller geerntete Tabak mußte der Regierung verkauft werden. Daher, um Unterschlagungen zu vermeiden, zog man vor, die Kultur auf einen Punkt zu konzentrieren. Wächter durchzogen das Land und zerstörten jeden Tabakbau, der nicht in die bezeichneten Grenzen gehörte, und verklagten jeden der armen Indianer, welcher eine selbstgepflanzte Zigarre zu rauchen wagte, die nicht durch die Hände der Regierung gegangen war.

Bis in unsere Tage hinein bedeuteten die Einkünfte aus Tabak in manchen Ländern außerordentlich viel. Erzielte doch Frankreich am Beginne dieses Jahrhunderts aus seinem Monopol einen Reingewinn von über 323 Millionen Franken, und auf hohe Summen belaufen sich die Eingangszölle des Rohprodukts und der Fertigware, die in Nichtmonopolstaaten eingeführt werden.

e) Die Einschätzung des Tabakgebrauches als Genuß und Gift.

Nach Ausschluß anderer Ursachen, die im Laufe der letztvergangenen Jahrhunderte Tabakfreunde, Tabakfeinde und Tabakabstinenten haben entstehen lassen, bleiben nur medizinische Gründe übrig, die für Lob und Tadel laut geworden sind. Warum rauchen, kauen, schnupfen die Menschen den Tabak? Der oben angeführte Bericht von de las Casas über die Angewöhnung der Spanier an das Rauchen, das sie von Indianern üben sahen und nicht mehr lassen konnten, schließt mit den Worten: „Was sie davon für Gewinn haben, weiß ich nicht." Dies beantworten Spätere. Molière läßt Sganarelle im „Festin de Pierre" in bezug auf den Schnupftabak sagen: „Nicht nur erfrischt und reinigt er das Gehirn, nein, er leitet sogar die Seele zur Tugend und lehrt sie rechtschaffen zu werden. Der Tabak ruft den Trieb zur Ehre und Tugend in allen Menschen wach, die sich seiner bedienen. Aristoteles und die ganze Philosophie mögen sagen, was sie wollen, es gleicht doch nichts dem Tabak. Er ist die Leidenschaft der honetten Leute, und wer ohne Tabak lebt, ist nicht würdig, zu leben." Dem Laien verzeiht man dies starke Mundvollnehmen, selbst wenn ein ironischer Unterton dabei sein sollte, aber auch der holländische Arzt Bontekoe, der etwa zu gleicher Zeit mit Molière lebte, streut fast ebensoviel Lob: „Nichts ist zu dem Leben und der Gesundheit so nötig und dienlich als der Rauch des Tabaks. Man vergnügt sich damit in der Einsamkeit und wehrt allem Ungemach einer vita sedentaria ab." Die Pflanze wird von einem anderen als eine Zierde der Erde, ein Geschenk des Olymp bezeichnet, die mit Recht die Lobeserhebungen der Erdteile verdient.

> *Planta beata! decus terrarum, munus Olympi,*
> *....... Vix sanior herba*
> *Extitit et meritos jam nunc gratantur honores*
> *Africa gens, Asiaque ingens, Europaeaque nostra.*

Wie viele Seiten ließen sich nicht auch noch nur mit Versen füllen, die der Begeisterung von Tabak schnupfenden oder rauchenden Dichtern der vergangenen zwei Jahrhunderte entstammten? Aber in diesen perlenden Wein gossen andere viele bittere Tropfen. Schon Molière wurde wegen seines Tabakhymnus von Cohausen in dem berühmt gewordenen Buch: „Satyrische Gedanken von der Pica nasi oder der Sehnsucht der lüsternen Nase, d. i. von dem Mißbrauch und schädlichen Effekt des Schnupftabaks" wütig zerpflückt, Komödiant und Kerl genannt. „Der Schnupftabak ist der große Gott in Brasilien, gezogen und geboren in Virginien, der König in dem Reiche der Erdgewächse, ein souveräner Herr über alle Teile der Welt. So viel rauchende Lippen aller Nationen verehren ihn, so viel tausend Hände, von welchen die Tabakspfeifen und -dosen verfertigt werden, dienen ihm, so viel leibeigene Nasen erlegen ihren Tribut vor dem Angesichte aller Völker. Er ist ein Held, der seine Macht unter dem männlichen Geschlecht weit ausgebreitet und nicht weniger unter dem Frauenzimmer auf eine neue Art seine Herrschaft etabliert hat. Er ist, ich weiß nicht, ob ein rechter Vater oder ein Stiefvater der Gesundheit. Mit den Krankheiten aber steht er entweder in einer geheimen Allianz oder er überwindet dieselben. Er ist ein getreuer Gefährte des Müssiggangs und der Geschäfte, ein Mignon der Fürsten zu Hofe und ein Kamerad der Bauern im Schafstalle, ein Partisan von der Miliz im Felde und von den Musen in der Studierstube." Daß sogar die Bauern schnupfen, darüber erbost er sich besonders: „Auch die Kerlen hintern Pfluge können nicht umhin, mit ihren Stumpfnasen das belobte Kräutchen einzuschnuppen. Sie jucken die haarigten Nasenlöcher mit diesem Quarke gar zu gerne und beschmieren die großen Nasenlider damit, und die Nasen, die sonst nur Wagenschmiere zu riechen gewohnt sind, die riechen jetzo Spanisch." Von schädlichen Wirkungen des Schnupftabaks wird angeführt: „Der Geruch ist durch den Mißbrauch des Schnupftabaks bei vielen sehr geschwächt worden, bei den meisten aber gänzlich verlorengegangen. Jener Mißbrauch benimmt der Stimme und der Aussprache ihre Annehmlichkeit. Oft ist dadurch das Gesicht verloren worden, viele sind um das Gehör gekommen. Jener Mißbrauch bringt insbesondere dem Gehirn Schaden, ebenso der Brust, Luftröhre und Lunge."

Kurz und bündig nennt um 1627 der französische Historiograph Sorel den Tabak einen Höllennachtisch, und in England wurden schon frühzeitig Stimmen laut, die den Tabak als einen Störer der Volksgesundheit anschuldigten. So schrieb im Jahre 1585 der Geschichtsschreiber Cambden: „Zu jener, d. h. der Königin Elisabeth Zeit fing man an, sehr häufig und für vieles Geld Tabak aus einer Pfeife zu rauchen, so daß man bald den Eindruck gewann, als wenn die Körper der Engländer zu der Beschaffenheit der Barbaren degenerieren würden."

Der Belastungen der Tabakverwendung als Gesundheitsstörerin gibt es von jenen Zeiten bis in die Gegenwart, die mit anderem und zuverlässigerem Rüstzeug der klinischen Beobachtung ausgestattet ist, außerordentlich viele. Sie müssen ihren Ursachen nach einer kritischen Betrachtung unterzogen werden.

Bei keinem von allen Genußmitteln fällt, wenn überhaupt, die Beschaffenheit des Materials bzw. die Wandlungen, die dasselbe bei der Verwendung erfährt, so ins Gewicht wie bei dem Tabak. Ja, man kann ohne weiteres annehmen, daß vom Opium an bis zu den erregenden Purinbasen es sich im großen und ganzen um stoffliche Konstanten handelt, deren Wirkungsstärke nach oben und unten sich nur um unbedeutende Größen verschieben kann. Beim Tabak drücken sich nicht nur große Schwankungen in dem Gehalt an wirksamen Substanzen aus, die, auch unabhängig von individuellen Empfindlichkeitsgraden, bei gewohnheitsmäßigem Gebrauch der Produkte zum Ausdruck kommen müssen, sondern der Tabak selbst hört beim Rauchen auf, der botanische und chemische Begriff Tabak zu sein, und liefert bei dem Verbrauchsprozeß neben einem Teil des ursprünglichen Gehalts an wirksamen Stoffen andere, auch gasige, wirkungsvolle. Es ist ohne weiteres klar, daß bei einer Produktion von so vielfältigen Stoffen beim Rauchen, deren Art und Menge in innigem Zusammenhange mit der individuellen Art des Rauchers steht, sehr wechselnde Mengen von toxisch wirkenden, auch in die Leiber der Rauchenden kommen und dadurch akut oder nach und nach Wirkungsbilder verschiedener Stärke und Gestaltung entstehen können. Man braucht sich nur die äußerliche Verschiedenheit einiger Typen des Tabakrauchens: in einer kurzen Stummelpfeife oder der etwas längeren Rohrpfeife mit Schmergelausguß, der langen Studentenpfeife, der orientalischen Wasserpfeife, die Kondensationsprodukte des Rauches aufnimmt, der Zigarre, der Zigarette vorzustellen, um, auch ohne chemische Untersuchung, die letzten biologischen, von solchen Umständen mit abhängigen Ergebnisse zu ahnen. Man bedenke, daß beim Tabakrauchen in dieser Weise im menschlichen Leibe in Wirksamkeit treten können: Nikotin, Nikotein, Nikotimin, Nikotellin, ferner die neu gefundenen Nikotoin und Isonikotoin, ein stickstoffreies saures Öl mit Isovaleriansäure, Produkte der Salz- bzw. Gewürzbeize des Tabaks mit unbekannten Inhaltsstoffen, Pyridinbasen, Blausäure und Kohlenoxyd im

Rauche. Und damit ist nicht alles erschöpft, was der Rauchprozeß liefern kann. Für das Entstehenkönnen von den so überaus variablen Nikotinismusformen, angesichts so vieler bedingender oder überstürzender Faktoren, ist neben individueller Empfindlichkeit die Art zu rauchen von Bedeutung, bei der mehr oder minder viel von den angeführten Wirkungspotenzen von den Schleimhäuten der Luftwege aufnehmbar sind.

Für die gefährlichste Art des Tabakgenusses halte ich das Zigarettenrauchen.

Das Entscheidende für Wirkung und nicht gewollte Wirkung ist das in den Tabaksorten von 2 bis über 7 % enthaltene Nikotin, gleichgültig, ob es aus dem Rauche — zu etwa 4—5 mg für die Zigarette oder Zigarre — oder aus dem Tabak direkt aufgenommen wird. Bei Rauchschluckern, wie z. B. den ostasiatischen Korjäken, Jakuten oder den Motus von Neuguinea oder den Papua von der Milne-Bai bis zur Teste-Insel mit ihrem Kiraerauchen und anderen, macht sich dieses massige Eindringen des Tabakrauches oft auch in akuten Vergiftungserscheinungen, wie Schweißen, Schweratmigkeit, Husten u. a. m., bemerkbar. Bei den Tschuktschen kann man nach dem Verschlucken von sechs bis acht Zügen Tabakrauch eine völlige Berauschung mit Umfallen usw. beobachten. Das gleiche sah Whymper bei den Malemutten am Norton-Sund in Alaska und sieht jeder bei uns an gewissen Rauchern.

An dem Entstehen derartiger Wirkungen kann mit einem beträchtlichen Anteil das Kohlenoxyd des Rauches beteiligt sein. Liefert doch 1 g Zigarren- oder Pfeifentabak über 70 ccm Kohlenoxyd. Der schädigende Einfluß steigt, wenn außer Tabak in die Pfeife noch fremde, mehr Kohlenoxyd liefernde Stoffe, wie Haare (bei Samojeden), Holzschabsel, Espenborke (bei Jakuten), Stroh und Holz (Birma), Weidenrinde bei den Malemutten oder, wie in Angola und Liberia, bei Mangel an Tabak nur Kohle, oder, wie bei den Bari in der Äquatorialprovinz, auch bei den A-Sendé und den Nuer, Tabak und Kohle, oder wenn, wie in Südamerika, der Tabak zur Zigarre in Bast, z. B. von *Curatari guayensis* oder von *Lecitys Ollaria,* geformt wird. Es gibt noch genug andere, in der chemischen Beschaffenheit des Tabaks bzw. des Rauches gelegene Umstände, die diesen Genuß akut oder auf die Dauer freudlos machen können.

Sieht man von Exzessen in der Menge und in der Art des Tabakrauchens und ihren Folgen ab, so bleiben als Wirkungen desselben eine Reihe von Annehmlichkeiten übrig, die, mehr oder minder bewußt, die Menschen daran ketten, und zwar nicht etwa — bis auf Ausnahmen — mit jener brutalen Härte und dem rohen Zwang, wie sie den geschilderten narkotischen Stoffen eigen ist, nicht mit dem Lechzen nach dem Genusse und dem Leiden des Körpers, wenn er aus äußerlichen oder gesundheitlichen Verhältnissen versagt bleiben muß, sondern als ein Genuß, der, wenn erforderlich, in freier Entschließung unterlassen wird und, wenn man ihn hat, Annehmlichkeiten für das seelische Verhalten darbietet.

Das Tabakrauchen ruft nicht das Jauchzen innerlichen Behagens hervor, das der Wein veranlaßt, wohl aber stellt er in eigenartiger Weise das Stimmungsgewinde an einem Gange ein, der bei vielen geistig tätigen Menschen einem gewissen Grade von ,,Quietismus" entspricht, in dem die Gedankenarbeit ungestört bleibt und bei denen, auch physisch betrachtet, Ruhe in der Bewegung eintritt. Moltke machte in seinen Reisebriefen aus der Türkei einmal die Bemerkung, daß die Tabakpfeife der Zauberstab gewesen sei, der die Türken aus einer der turbulentesten Nationen zu einer ruhigen gemacht habe. Dies gibt in der Tat, wenn auch nicht den vollen, so doch einen Teilgrund für diese Beobachtung ab. Und trotzdem liegt das Wesen der Tabakwirkung in einer Erregung, die andere, auch normale, zeitlich für den Seelenzustand nicht genügende Erregungswirkungen am Gehirn in eigentümlicher Weise zu übertönen bzw. in eine andere Bahn zu lenken, oder die Leere des Nichtdenkens, der Langeweile, so gut zu vertreiben vermag, daß der Laie den Eindruck eines narkotischen Selbstvergessens erhält.

Eine etwas andere Gebrauchs- und Wirkungsrichtung gegenüber dem Rauchen aus der Pfeife oder dem einer Zigarre, dem modernen Symbol einer ausgleichenden Vertraulichkeit, hat das jetzt in unmäßiger Weise überhand nehmende Zigarettenrauchen, das seit dem Krimkriege, in dem französische und englische Offiziere diese bequeme Art des Rauchens von ihren türkischen Bundesgenossen erlernten, sich über die Erde verbreitet und schon bei Jugendlichen eine Ausdehnung gewonnen hat, die dem Mediziner ernstliche Bedenken über die Folgen aufdrängen. Es haben diese bereits dazu geführt, daß in England in neuerer Zeit ein Gesetz in Kraft getreten ist, nach dem Personen unter 16 Jahren das Rauchen verboten ist, daß die Hüter der öffentlichen Ordnung, wenn sie eine Übertretung beobachten, einzuschreiten haben, und daß Händler an solche Personen Tabak und Zigaretten nicht verkaufen dürfen.

Ähnliches ist in Norwegen Gesetz geworden, und der Staat Arkansas hat eine noch schärfere Bestimmung erlassen. Gut gemeint, aber leider in dem Erfolge bedeutungslos! Wie schon Georg Forster vor mehr als 100 Jahren in seiner Abhandlung über „Leckereyen" richtig erkannte, beruht der Gebrauch bei Jugendlichen auf ihrer Eitelkeit, gern für Männer gelten zu wollen. Von alledem, was dem Raucher den Tabak lieb gewinnen läßt, empfindet der jugendliche Nachahmer nichts. Seine in Breite und Tiefe engbegrenzten Denkvorgänge bedürfen keines chemischen Antriebes, um das zu leisten, was seiner Anlage nach erfüllbar ist. Was hiernach nicht geleistet werden kann, werden auch Reizstoffe nicht erzielen. Sie vermögen nicht das zu erzwingen, was nur ein Produkt weiterer natürlicher Entwicklung sein kann. Wirkt trotzdem ein derartiger künstlicher Reiz gewohnheitsmäßig in langer Zeit ein, so werden selbst bei kräftigen Konstitutionen Veränderungseindrücke stofflicher Natur nicht nur im Gehirn, sondern auch in davon stark abhängigen Körperfunktionen eintreten können und bei manchen solcher Individuen eintreten müssen, falls nicht lange Unterbrechungen im Genießen erfolgen. Gegen die hohen Wellen, die das Zigarettenrauchen bei Jugendlichen schlägt, kann nur ein vernünftiger Unterricht über Menschenkunde in der Schule helfen. Aus dieser Quelle kann in dieser Beziehung viel Gutes fließen, sehr viel Besseres, als aus den jetzt so forsch betriebenen Leibesübungen.

Den alten Zigarettenwütigen ist nicht zu helfen. Auch nicht die Aussicht auf einen vorzeitigen Tod — selbst wenn hiervor warnende Glockensignale bereits erschollen sind —, wie ich es wiederholt im Leben bei von mir Rat Holenden erfahren habe, veranlaßt eine Änderung oder Minderung ihrer Leidenschaft. Volenti non fit injuria! Auch solche Narren, die lieber an Nikotinismus sterben, als ihre Rauchgelüste einschränken wollen, unterliegen der Prädestination. Ihre Asche bringt ihnen erst den Begehrungsfrieden.

f) Die körperlichen Störungen durch Tabak.

Selbst wenn weniger als 70% des Nikotins in den Tabakrauch übergehen würden, so stellte die Summe der neben anderen durch das Rauchen in die Säfte gelangbaren, an Energie reichen Stoffen noch einen Betrag dar, der, falls, auch individuell, im Exzeß geraucht wird, für den Organismus nicht gleichgültig sein kann. Die eingeborenen regulatorischen Kräfte, die einen Teil der Gesamtlebensenergie darstellen, gleichen so vieles, dem Menschen unbewußt, aus, was ihn an Schädigungen durch innerliche oder äußerliche Veranlasser trifft, daß, selbst wenn sie auch oft wiederholt entstehen, immer wieder lebendige Kräfte des Körpers zur Abwehrarbeit wach werden. Wohl können Wirkungsschwielen bzw. Wirkungsnarben bleiben, aber die Funktion des damit behafteten Organs, soweit erkennbar, geraume Zeit dabei erhalten sein.

Das Rätselhafte solcher Vorgänge sucht man, wie ich schon ausführte, durch ein anderes Unerklärbares, nämlich den durch unzählige Erfahrungen des Lebens zu einem Begriff gewordenen Worte „Gewöhnung", und den bei manchen Menschen nicht zustande kommenden Ausgleich einer zustande gekommenen Anfangsstörung, als Idiosynkrasie, erhöhte Empfindlichkeit, Intoleranz, zu erklären. Gerade bei der Nikotinwirkung werden beide Erscheinungsreihen beobachtet, mehr vielleicht als bei anderen geschilderten Genußmitteln. Bei mit Nikotin wiederholt behandelten Tieren stellte sich, in individuell verschieden langer Zeit, eine Gewöhnung an das Gift ein, langsamer bei noch nicht erwachsenen Tieren, die das Mittel überhaupt schlechter vertragen[1]). Auch unter Tieren gibt es Individuen, die sich gegenüber sonst festgestellten materiellen Veränderungen, z. B. an der Aorta, immun verhalten.

Wie stark Toleranz und Gewöhnung an Nikotin werden können — d. h. einem Stoffe, der in seiner Giftigkeit etwa fünfzehnmal das Koniin, das wirksame Prinzip des Schierlings, übertrifft —, braucht als allgemein bekannte Tatsache nicht begründet zu werden, auch nicht, daß geübte Raucher nicht gegen Symptome einer akuten Nikotinvergiftung gefeit sind, wenn sie sich mit den Rauchprodukten übernehmen. Ebenso bekannt ist, daß, gleich anderen Erregungsmitteln, eine Steigerung der Rauch- oder Kaumengen des Tabaks nicht erforderlich wird und daß Abstinenzsymptome, wenn

---

[1]) Es gibt auch Versuchsreihen, in denen die Gewöhnung vermißt wurde, und auch nach zehn oder hundert Einspritzungen von Nikotin die gleichen Erscheinungen mit gleicher Stärke und mit dem gleichen Verlauf sich wiederholten.

sie überhaupt eintreten, leicht überwindbar sind. Sie stellen sich dann für eine gewisse Zeit als ein Gefühl großer Unbehaglichkeit eventuell auch mit Verstimmung dar. Ganz ausnahmsweis scheint auch einmal Schlimmeres einzutreten. Für die Intoleranz von Menschen für Tabak, zumal für das Rauchen, gibt es gleichfalls genugsam alltägliche Erfahrungen, besonders an Jugendlichen. Es wird angegeben, daß Araber unseren Tabak gar nicht rauchen können, da sie durch einige Züge schwindlig werden und Kopfschmerzen bekommen. Eine geringe Widerstandsfähigkeit gegen Tabak haben auch Nervöse, Herz- und Gefäßkranke und Personen mit Verdauungsstörungen.

Die Folgen unmäßigen Rauchens sind so mannigfaltig wie bei kaum einem anderen Genußmittel. Es gibt keine Organfunktion, die nicht dadurch leiden kann, und keine Funktionsstörungen, die ihrer Ursache nach so oft verkannt werden als die Äußerungen des Nikotinismus. Die närrische Versicherung von Unerfahrenen, daß der Tabak so wenig als schlimm in dieser Beziehung anzusprechen sei, daß man trotz Rauchens hochbetagt werden kann, ist ohne Zweifel richtig, aber ebenso wahr auch, daß gar mancher ein solches Alter nicht erreicht, weil er übermäßig diesem Genusse frönt. Und wenn man bei diesen toxischen Einschätzungen nicht den Tod, sondern nur das Krankwerden in Betracht zieht, so muß jedes Außerschuldsetzenwollen des Tabaks den unerbittlichen Tatsachen des Gegenteils weichen. Denn es gibt nur wenige Kapitel der Pathologie, die nicht kausale Beziehungen zu einem übermäßigen Tabakgebrauch haben. Mögen die Angaben über Entwicklungshemmungen an tabakrauchenden jungen Menschen — sie gründen sich auf 187 Studenten — in dem angegebenen Umfange zutreffen oder nicht, immerhin scheint es mir nach der ganzen Wirkungsart des Tabakrauches mit seinen Inhaltsstoffen möglich, daß eine Einwirkung in diesem Sinne, z. B. in bezug auf die Kapazität der Lunge, zustande kommen kann. Wiederholt ist von Zuckerausscheidung durch den Harn als Rauchensfolge berichtet worden. Als unbezweifelbar ist jetzt anzunehmen, was auch im Tierexperiment bei chronisch mit Nikotin behandelten Tieren erkannt worden ist, daß der Zustand der Gefäßwände durch die gesteigerte Tabaksleidenschaft eine Änderung in das Krankhafte erfahren kann. Man beobachtete an der großen Körperschlagader aneurysmatische Erweiterungen, Rauhigkeiten und Kalkablagerungen. Die zirkulären Muskelfasern der Media erleiden nekrotische Veränderungen. Die Muskelzellen werden durch Kalkablagerungen ersetzt. Die Gefäße werden brüchig. Auch an anderen Gefäßabschnitten, z. B. der Arteria cruralis, kommen sklerotische Veränderungen vor.

Besonders stark wird das Herz benachteiligt, was bei Jungen und Alten, namentlich aber bei starren Rauchern zwischen 40 und 50 Jahren zu sehen ist: lebhaftes Herzklopfen, das sich verschieden gestaltet, je nach der leichten oder schweren Intoxikationsstufe von einer harmlosen Irregularität bis zu dem freilich sehr seltenen Herzdelirium. Die Tachykardie tritt im Beginn namentlich nachts auf[1]). Dazu können unangenehme, auch schmerzhafte Empfindungen in der Herzgegend, Brustbeklemmung, seltener typische Anfälle von Angina pectoris — deren Zusammenhang mit starkem Nikotinismus jetzt auch bestritten wird — und Ohnmachtsanwandlungen kommen. Ob, wie der Tierversuch es wahr machen wollte, hierbei anatomische Veränderungen am Vagus vorhanden sind, muß vorläufig dahingestellt bleiben. Herzvergrößerung und Hypertrophie können sich allmählich ausbilden. Bei völliger Enthaltung von Tabak können die Herzsymptome schwinden. Bisweilen bleibt jedoch Pulsbeschleunigung mit Irregularität bestehen.

Asthmatische Beschwerden und auch eine Veränderung des Atemtypus, bisweilen als seufzerähnliche, in Intervallen

---

[1]) Ägyptische Zigaretten sollen die Pulszahl mindern.

auftretende Inspirationen, kommen für sich allein. Blutspeien ist selten. Umfangreich sind die möglichen Augenstörungen[1]: z. B. Pupillendifferenzen, Herabsetzung der zentralen Sehschärfe, zentrale Farbenskotome, Neuritis retrobulbaris, Blindheit — Symptome, die bei Enthaltung von Tabak nach Monaten ganz oder mit Residuen verschwinden oder, wie man es bei einem Tabakkauer sah, als Blindheit bleiben können. Eine solche fand man bei einem Menschen, der über 30 Zigarren täglich rauchte.

Ergiebig sind die nervösen Symptome: In höheren Schulen sollen die nicht Rauchenden bessere Fortschritte als Raucher machen. Kinder bis 15 Jahren, die rauchten, waren weniger intelligent, fauler und zeigten eine Neigung zu geistigen Getränken. Erwachsene leidenschaftliche Raucher leiden nicht selten an Kopfdruck, Schwindel, Schlaflosigkeit, Unlust zur Arbeit, Stimmungsanomalien, psychischer Reizbarkeit, auch an Neuralgien in verschiedenen Nervenbahnen und Bewegungsstörungen, wie Muskelzittern, Schwäche der Schließmuskeln und Krampfsymptomen.

Das Kauen von Tabak als Rollen- oder Schnupftabak, das, zumal im Norden, verbreitet ist und bei manchen zum täglichen Verbrauch von 20 bis 27 g führt, wurde wiederholt als Ursache von Geistesstörungen bezeichnet. Bei Rauchern sollen derartige Störungen selten sein. Man nahm an, daß das Leiden mit einem etwa dreimonatlichen Vorstadium beginne, das sich als Depression mit Angst und Schlaflosigkeit darstelle, und dann folgend Halluzinationen, Wahnvorstellungen, Selbstmordgedanken und im weiteren Verfolge noch periodisch wechselnde Stadien von Erregung und Depression erscheinen ließe. In schweren Fällen sei keine Heilung in den ersten Stadien nach fünf bis sechs Monaten zu erwarten. Ich habe schon vor langer Zeit Zweifel

---

[1] L. Lewin, Die Nebenwirkungen der Arzneimittel, 2. und 3. Aufl., und L. Lewin in: Lewin u. Guillery, Die Wirkungen von Arzneimitteln und Giften auf das Auge, 2. Aufl., 1907, Bd. 1.

über die Berechtigung, eine so scharf präzisierte Nikotinpsychose anzunehmen, geäußert[1]) und muß diese heute noch aufrechterhalten. Als vermittelnd zwischen diesen beiden Auffassungen steht die Meinung, daß der Tabak eine solche Erkrankungsform, einschließlich der Epilepsie und der Neurasthenie bei Psychopathen, auslösen könne.

Von anderweitigen behaupteten Nikotinsymptomen sind hervorzuheben: motorische Aphasie für einige Stunden und angeblich auch Amnesie. Als sicher können dadurch veranlaßte Gehörstörungen bezeichnet werden. Tubenschwellung und Kongestion der Trommelhöhle mit den Symptomen des Ohrensausens und anderer Binnengeräusche sowie doppelseitige Taubheit wurden wiederholt mit Recht auf diese Ursache zurückgeführt.

Gleichfalls sicher ist das gelegentliche Sinken bzw. Schwinden der sexuellen Potenz. Rauchende Frauen leiden häufig an Menstruationsstörungen und schwererem Ergriffensein ihres Sexualapparates. Zu dem Nikotinismus höherer Grade gehören schließlich eine Angina granulosa, gelegentlich die Leukoplakie, Störungen in den Verdauungsvorgängen, z. T. durch Verschlucken des „Rauchspeichels", Darmkatarrh, atrophische Nasenentzündung, Katarrh des Kehlkopfs und der Luftröhre bei Zigarettenrauchern, die den Rauch durch die Nase ausstoßen, vielleicht auch Pankreasleiden.

g) Ersatzmittel des Tabaks.

Nicht wenige Vorschläge sind gemacht worden, um dem Tabak den Giftstachel zu nehmen. Der nächstliegende Gedanke, die Blätter zu entnikotisieren, ist nach einer Reihe von Methoden verwirklicht worden. Man hat den Tabak kastriert, wie man es mit anderen solcher Genußmittel

---

[1]) L. Lewin, Die Nebenwirkungen der Arzneimittel, 2. u. 3. Aufl

getan hat. Es rauchen Menschen nikotinfreie Zigarren. Wenn sie darin ein Genußvergnügen finden, so soll man dasselbe loben, obschon man selbst der Überzeugung ist, daß ein solches nicht damit verbunden sein kann. Übrigens sind in neuerer Zeit auch Giftwirkungen nikotinfreien Tabaks beschrieben worden.

Andere Vorschläge laufen auf ein Abgewöhnen durch Verekeln des Rauchens hinaus, z. B. der einem wohl nicht ganz normalen Mediziner entstammende, den Mund mit einer 0,25 proz. Silbernitratlösung spülen zu lassen. Auf diese Weise kann ein Raucher ziemlich bald noch zu einem blauschwarzen Gesicht kommen.

Einen noch anderen Weg haben fremde Völker eingeschlagen, denen Tabak nicht genügend zugängig ist. Sie rauchen andere Pflanzen. Auf mehrere solcher wies ich schon hin. So gebraucht das Volk in Paraná und Rio Grande do Sul das Holz von *Aristolochia triangularis* und *galeata*, stellenweis in Brasilien auch die getrockneten Blätter von *Anthurium oxycarpum*, die Washamba die zerriebenen Blätter von *Carica papaya*, die Hottentotten *Leonotis Leonurus*, in Mexiko die Narben oder die Kornseide des gemeinen Mais, in verschiedenen Gebieten Amerikas die Blätter und die Rinde von *Vaccinium stamineum*, die Rinde von *Salix purpurea*, *Cornus stolonifera*, *Arctostaphylos glauca*, *Kalmia latifolia*, *Chimaphila umbellata*, die Cholosindianer gelegentlich Blätter und Holz der in Chile und Südbrasilien vorkommenden Solanacee *Cestrum parqui (Palguin)*, anderwärts auch *Caltha palustris*, *Arbutus Uva ursi*, *Polygonum orientale* und viel andere mehr, bis zu dem in Glimmen versetzten spanischen Rohr, an dem die Jungen saugen.

Als Schnupftabakersatz werden mehrere Stoffe verwendet, z. B. die schon erwähnten, beim Trocknen Vanillegeruch bekommenden Blätter von *Anthurium oxycarpum* und andere Reizpulver, bis zu den Niesepulvern, dem Schneeberger Tabak, der neben Majoran, Melilotus, Lavendel noch Nieswurz enthält. Zum Kauen dienen bei den Akkawai in Guyana die über Kohlen gerösteten Blätter von *Lacisarten*.

In dem Besoekidistrikt von Java mischen die Eingeborenen die getrockneten Blätter und Stengel einer Fraxinusart in ihren Tabak. Der sich entwickelnde Rauch soll von dem des glimmenden Opiums nicht zu unterscheiden sein. Sie verfallen alsbald in ähnliche angenehme Zustände wie der Opiumraucher. Beim Erwachen fehlt der nach Opiumgenuß eintretende Depressionszustand. Diese Angabe tritt, insoweit eine Fraxinus in Frage kommen soll, ganz aus dem Rahmen der bisherigen Erfahrungen darüber heraus.

*   *

*

Der Tabakgebrauch, aus Nachahmung geboren, durch die eigenartigen Wirkungen groß geworden, hat sich die Menschen unterworfen und wird sie bis ans Ende aller Tage an sich gekettet halten.

Den Rahmen der Arzneipflanze, in den man Tabak vor 300 Jahren zwingen wollte, hat er zertrümmert. Aus der Apotheke, in die man ihn bannte, ist er, die Strafen höhnend, die man seinen Genießern auferlegte, in die große Welt gedrungen.

„Defendons à toute personne de vendre du tabac sinon aux apothicaires et par ordonnance de médecin à peine de quatre-vingts livres parisis d'amende."

So lautet eine Polizeiverordnung von 1635.

Das Gesetze streuende Füllhorn brachte uns, vorläufig nur als Entwurf, auch ein auf den Tabak bezügliches, ein „Tabaksverabreichungsverbot" an Jugendliche. In dem Entwurf eines neuen Strafgesetzbuches vom Jahre 1925 lautet der § 340:

„Wer einer Person, die noch nicht sechzehn Jahre alt ist, in Abwesenheit des zu ihrer Erziehung Berechtigten oder seines Vertreters nikotinhaltige Tabakwaren zu eigenem Verbrauche verabreicht, wird mit Gefängnis bis zu drei Monaten oder mit Geldstrafe bestraft."

Ich erblicke in dem Tabakrauchen Jugendlicher, wenigstens für einen größeren Teil derselben, eine körperstörende Gefahr. Dieser kann man jedoch nicht mit einem Strafparagraphen begegnen, der überdies, gleich dem parallellaufenden über „geistige Getränke" nicht gerade glücklich abgefaßt ist. Der unberechtigte Verabreicher wird bestraft. Ist es aber Vater oder Vormund, die einem Fünfzehnjährigen eine Zigarette geben, so bleibt die Strafe aus, obschon die Tat selbst und das Strafziel in beiden Fällen die gleichen sind. Mir will scheinen, als sollte der „zur Erziehung Berechtigte", wenn schon überhaupt, so doch erst recht aus naheliegenden Gründen bestraft werden. Aber weiter: Ist denn das Rauchen nikotinfreier Tabakware für den Jugendlichen harmlos? Dies dürfte — worauf ich schon hinwies — wohl niemand behaupten können.

Die Tabakenthaltsamkeit, als Produkt subjektiver Auffassung, ist ebenso anzuerkennen wie das Alkoholabstinententum oder der Weiberhaß oder viele andere Minusleidenschaften. Aber man beschränke sich auf sich selbst! Will man schon an Menschheitszuständen bessern, so gibt es wahrlich bedeutsamere Aufgaben, z. B. die Besserung von lebensverkürzenden Arbeitseinflüssen und Arbeitsbedingungen bei vielen Tausenden von Menschen. Es ist völlig gleichgültig, ob der Mangel an Empfindung für das, was das Rauchen einer Zigarre an Annehmlichkeit bietet, bei irgend jemand, sei es bei Goethe oder Tolstoi oder bei einem Autofabrikanten, bestanden hat — wesentlich ist auch hier, wie bei dem Gebrauch alkoholischer Getränke, der Nachweis, ob die Mäßigkeit bei anderen mit einem Interdikt zu belegen ist. Dieser kann aber schon deswegen nicht geführt werden, weil es keinem Menschen gegeben ist, in das komplizierte Individualgetriebe mit seinen Wirkungen und Gegenwirkungen urteilsmäßig hineinzublicken. Individuelle Abneigung gegen irgendeinen Genuß trägt in sich nicht die Berechtigung, andere Individualitäten mit der seinigen zu messen. Weder Zwang noch Spott, noch Hohn haben dem vernünftigen Tabakgenuß von seinem Nimbus etwas rauben können. Und er ist wertig, wenn ihn nicht unvernünftige Menschen, durch ihre sinnlose Leidenschaft unwertig, zu einem gesundheitstörenden Gift machen.

Das Paricá-Schnupfen.

Ein an den Tabakgebrauch erinnerndes Verfahren üben Ottomaken am oberen Orinoko, auch die Guahibos, die Paravilhanos und Stämme in Nieder-Amazonien, wie die Múras, Mauhés, und am oberen Amazonas die Amaguas — eine Abteilung der Tupis — und die Ticunas. Sie schnupfen zuzeiten ein Pflanzenpulver *Paricá* (Cohobba, Niopo), das aus den Samen eines Hülsengewächses aus der Gruppe der Mimosen, wie man früher annahm, einer *Inga*, wie man jetzt weiß, der *Acacia Niopo (Piptadenia peregrina)* stammt. Die Samen werden in der Sonne getrocknet, in hölzernen Mörsern zerstoßen und in Bambusröhren aufbewahrt, vereinzelt, bei Paravilhanos und Ottomaken, werden sie vor dem Pulvern einer Gärung unterworfen. Man knetet sie, wie Humboldt berichtet, auch mit Maniokmehl und einem aus Muscheln gebrannten Kalk und trocknet die

Masse auf Feuer. Die so erhaltenen kleinen Kuchen werden für den Bedarf zum Schnupfen gepulvert.

An dem mehrtägigen, einen halb religiösen Charakter tragenden Feste, das alljährlich zur Zeit der Samenreife gefeiert wird, halten die Stämme ein unmäßiges Trinkgelage — Brasilianer nennen es Quarantena. Sie verbrauchen dabei große Mengen von Caysûma und Cashiri, schwer berauschenden, gegorenen Getränken, oder von Cashasa, d. h. Rum, falls man diesen haben kann. Nach kurzer Zeit sind alle in einem halb berauschten Zustande, und nun beginnt das Paricá-Schnupfen. Zu diesem Zwecke stellen sie sich paarweise auf, jeder mit einem Rohre versehen, das Paricá enthält, und, nachdem sie einige unverständliche, zweifellos religiöse Mummereien vorgenommen haben, bläst jeder den Inhalt seines Rohres seinem Partner mit aller Gewalt in die Nasenlöcher.

Die Wirkung auf die sonst gewöhnlich stumpfsinnigen und schweigsamen Menschen ist auffallend. Sie werden sehr gesprächig, singen, schreien und springen in wilder Aufregung umher. Beim Nachlassen der Erregung fangen sie wieder zu trinken an, und so vollzieht sich der Wechsel zwischen Erregung und Depression tagelang.

Bei den Mauhés und wohl auch anderen Stämmen wird Paricá auch arzneilich als Präservativ gegen das Fieber gebraucht, das in den Monaten zwischen der trocknen und nassen Jahreszeit herrscht. Wenn eine Dosis erforderlich ist, wird eine kleine Menge des harten Teiges auf einer flachen Schale zu Pulver gerieben und dieses durch zwei, mit einem baumwollenen Faden aneinandergebundene Spulen von Geierfedern oder mittels einer anderen Vorrichtung, die die Gestalt eines Y hat, zu gleicher Zeit in beide Nasenlöcher mit dem geschilderten Wirkungserfolge eingezogen.

Ich glaube, daß es sich bei der Paricáwirkung um nichts anderes als ein sehr stark die Nasenschleimhaut reizendes Pulver handelt, das die entsprechenden akuten Brenn- bzw.

Schmerzempfindungen in der Nase veranlaßt. Für unwahrscheinlich ist es zu halten, daß überhaupt in der betreffenden Pflanzengruppe wirksame Prinzipe mit Gehirnwirkung sich finden, wie sie etwa den geschilderten Erregungssymptomen entsprechen. Wohl aber enthalten manche Leguminosen in Samen oder anderen Teilen, wie ich es z. B. bei *Albizzien* feststellte, gewebereizende und dann zelltötende Saponine, die deswegen arzneilich auch zur Abtötung von Darmwürmern dienen können. An entzündlich wirkendes Sameneiweiß, das bei Leguminosensamen vorkommt, ist hier weniger zu denken, weil die Wirkung eines solchen für ihren Eintritt Stunden erfordert.

Das Arsenikessen.

Die Gewöhnung an Arsenik kann in ziemlich weitem Umfange zustande kommen. Sie ermöglicht es, daß arsenbedürftige Kranke ein allmähliches Ansteigen mit den Dosen nicht nur vertragen, sondern erheischen. Sie kann es gestatten, daß ein an Psoriasis Erkrankter in einem gewissen Zeitraum 10 g arsenige Säure einnimmt, und sie schafft die Arsenikesser. Bedingung für das Ertragen von schließlich sehr großen Mengen ist das allmähliche Ansteigen. Die Toleranz besteht immer nur für die letzte Dosis bzw. ein wenig mehr. Ein sprungweises Ansteigen kann, wie ich weiß, den Tod unter den üblichen Arsenvergiftungssymptomen veranlassen. Arsenikesser bringen es demgemäß dazu, Einzeldosen bis 0,5 g und noch mehr von der arsenigen Säure und dementsprechend auch von der Arsenschwefelverbindung, dem Auripigment, aufzunehmen. Die Angabe, daß ein Ansteigen nicht stattfände, beruht auf mangelhafter Information. Einzelne solcher Individuen beschränken sich vielleicht in den Mengen oder beharren längere Zeit bei einer Dosis, aber nur äußerst selten gibt ein Arsenikesser den wahren Verbrauch an.

In Deutschland, Österreich, Frankreich, England usw. gibt es Menschen, die aus Neugierde, weil sie darüber gelesen haben, meistens aber aus Nachahmungssucht, der Triebfeder so überaus vielen unsinnigen Tuns in der Welt, in dem Glauben, durch dieses Mittel blühender aussehend, voller, körperlich kräftiger[1]), leistungsfähiger und ausdauernder zu werden, oder auch sich dadurch vor infektiösen Krankheiten zu schützen, oder die Verdauung dauernd hoch zu halten, wohl selten, um dadurch sexuell erregbar zu werden, ihm frönen. Vielleicht hat das Tun der Roßkämme hierzu die erste Veranlassung gegeben. Bereits im sechzehnten Jahrhundert verwendeten diese Arsenik, um heruntergekommene Pferde leichter aufzufüttern, sie „auf den Glanz" herzurichten, der nicht lange anhielt, da die Pferde bald abzumagern begannen. Auch heute noch werden Pferde nicht gar selten so behandelt. In den nördlichen und nordwestlichen Teilen von Steiermark, auch in Tirol und Salzkammergut findet man das Arsenikessen meistens nur bei Männern, jungen und alten Holzknechten, Waldhütern, Pferdeknechten usw., auch intelligenten und arbeitskräftigen Männern. Es ist dies nicht neu. Schon um 1750 wurde, wie ich fand, mitgeteilt, daß ein Hallenser Student sich „vorsätzlich an Arsenik gewöhnt habe, welches er mit Speck von Kleinem an verspeiste. Er konnte zuletzt eine ziemliche Menge davon vertragen." Um 1780 wurde von einem Tiroler Bergmann berichtet, daß er täglich sein Stück Arsenik aß, um sein Leben zu verlängern. Die steierischen Arsenikesser nehmen das Mittel gewöhnlich alle 7 bis 14 Tage, selten jeden zweiten Tag oder gar täglich zu sich. Sie beginnen mit der Dosis „Hidrach" von der Größe eines Hirsekorns und steigen nach und nach zu Dosen von der Größe

---

[1]) Es ist wahr, daß an jungen, wachsenden Kaninchen durch tägliche Verfütterung von etwa $1/2000$ g arsenige Säure nach einigen Wochen eine stärkere körperliche Entwicklung gegenüber arsenfreien des gleichen Wurfes zustande kommt. Diese Folge des Arsenreizes auf Gewebe ist aber zeitlich begrenzt und schlägt bald in das Gegenteil um. Bei erwachsenen Tieren ist eine solche Reizwirkung, die zur Steigerung von Wachstum und Zellbildung führen kann, in viel geringerem Umfang erfolgreich. Für die Erklärung des Arsenessens sind diese Ergebnisse nicht verwertbar.

einer Erbse, etwa in Mengen von 0,1—0,4 g, die mit Schnaps oder auf Brot oder Speck gestreut genommen werden. Gelegentlich wird auch Auripigment statt arseniger Säure gebraucht. In einigen steierischen Gebieten wird das Arsenikessen im Neumond ausgesetzt und mit dem zunehmenden Monde mit der relativ kleinsten Dosis wieder begonnen und zu größeren übergegangen. Nach dem Genusse enthalten sich manche des Trinkens oder der Fleisch- und Fettspeisen. Die Arsenikesser glauben auch durch diese Gewohnheit ein leichtes Atmen beim Steigen zu ermöglichen. Der Arsenikgenuß wird sorgfältig geheimgehalten, vorzugsweise vom weiblichen Geschlecht.

Im Süden der Vereinigten Staaten gibt es gleichfalls Arsenesser und Arsenesserinnen (Dippers), die mit etwa 0,015 g (!) in einer Tasse Kaffee beginnen und die Dosis dann allmählich, angeblich bis auf 0,24 g, sogar zweimal täglich, steigern. Die Anfangsschwierigkeiten, wie unangenehmes Aufstoßen mit Knoblauchgeruch, Übelkeit und Eingenommensein des Kopfes, werden leicht überwunden. Die vorgeschrittenen Dippers sollen bei geringen Anlässen einem plötzlichen Tod anheimfallen, zumal nach dem schnellen Aussetzen des Mittels. Eine zu jähe Steigerung macht auch bei Arsenizisten schwere, auch tödliche Vergiftung.

In Persien wird den Schlangenbeschwörern nachgesagt, daß sie Arsenik chronisch nehmen, um sich vor Vergiftung zu schützen.

Aber auch sonst wird in Europa Arsenik von Frauen und Mädchen reichlich verbraucht, angeblich auch in gewissen Mädchenpensionaten, wo es regelmäßig und unter Aufsicht von Ärzten unter die Speisen verkocht wird. Wird hier unbewußt das Mittel aufgenommen und eine Gewöhnung und schließlich ein gewisses Verlangen der auf das Reizmittel eingestellten Zellen erzeugt, so gibt es andere, die bewußt das gleiche tun. Manche Damen und Schauspielerinnen tun dies ebenso wie Dienerinnen der Venus vulgivaga.

Ein schöner Teint, runde Formen, Glätte der Haut, Glanz der Haare sind die lockenden Aussichten, die dazu führen. Hetären, die ihre verbrauchten äußeren Reize dadurch aufzufrischen gedenken, handeln hierbei wenigstens aus dem erklärlichen Triebe, neue Stützen für ihr Gewerbe zu gewinnen. Wenn aber auch schon junge Mädchen nur aus nachahmender Eitelkeit dies tun, ja sogar auf ärztlichen Rezepten der Solutio Fowleri die Dosen und eine ärztliche Wiederholungsanweisung fälschen, so ist es Zeit, diesem sicherlich anwachsenden Unfug ein Hemmnis entgegenzusetzen. Statt der Fowlerschen Lösung werden auch arsenhaltige Quellwässer, z. B. das von Roncegno oder Levico, gewohnheitsmäßig getrunken.

Die durchschnittliche tägliche Menge von arseniger Säure, die durch den Körper von Arsenessern wandert, stellt sich nach den Harnanalysen auf ca. 30 mg, d. h. auf das Sechsfache dessen, was als Maximaldosis gilt. Dabei lassen sich die Mengen, die im Körper, in Haaren, im Knochenmark usw. auch für Wochen fixiert bleiben und gelegentlich einmal löslich werden, nicht feststellen.

Die Behauptung, daß aus dem arzneilichen Gebrauch des Arsens sich nicht ein chronisches Genießen desselben entwickeln könne, weil das Mittel keine angenehmen Empfindungen erzeuge, trifft für Hautkranke und andere Leidende deswegen zu, weil sie meistens in kurzer Zeit zu so hohen Dosen ansteigen, daß ein längeres Verweilen auf dieser Höhe unangenehme Nebenwirkungen zur Folge haben würde, und die letzteren so geartet sind, daß sie eine selbst vorhandene Neigung zum Fortgebrauche bald verhindern. Indessen gibt es doch Fälle, in denen Kranke nach Beseitigung ihres Leidens Arsen weiternahmen, nicht, weil es wie eines der sonstigen erregenden oder betäubenden Mittel wirkt, sondern weil infolge eines langen Gebrauches bereits eine gewisse Gewöhnung eingetreten war und die oben angeführten körperlichen Vorteile dadurch erzielt werden sollten.

Bei der Gewöhnung handelt es sich um eine Anpassung der Zellen unter Inanspruchnahme ihrer gewöhnlichen oder auch ihrer „Reservekraft". Eine Beteiligung der Gewebsäfte kommt nicht in Frage, und kindlich ist die Annahme der Bildung von „Immunstoffen", d. h. Schutzstoffen gegen Arsen, die der Organismus schafft. Es wird u. a. so krauses Zeug in der Medizin produziert, daß auch dies nicht mehr wundernehmen kann. Man hat früher die Meinung ausgesprochen, daß die feste Form, in der die arsenige Säure aufgenommen wird, die Gefahr einer Vergiftung ausschließe oder doch sehr herabmindere, weil ein bedeutender Anteil unresorbiert mit dem Kote abginge. Auch an die leicht resorbierbare Lösung des arsenigsauren Kaliums kann indes in demselben Umfange Gewöhnung stattfinden wie an die arsenige Säure, sobald ein allmähliches Ansteigen innegehalten wird. Eine weitere Behauptung, daß der relativen Arsenimmunität eine Einschränkung bzw. Sistierung der Resorption im Darm zugrunde läge, ist, was schon aus den Untersuchungen an den Harnen von Arsenikessern hervorgeht, völlig falsch, auch deswegen, weil bei der langen arzneilichen Verwendung der „Asiatischen Pillen", z. B. in drei Monaten einer Menge mit 3,9 g arseniger Säure, schwere Vergiftungssymptome sich einstellten und andererseits die intravenöse Beibringung der Fowlerschen Lösung auch in hohen Dosen anstandslos vertragen wird.

Auch Tiere können durch Gewöhnung zu dem Vertragen hoher Arsenikdosen gebracht werden. Bei einem Pferde begann man z. B. mit 0,36 g und stieg in 23 Tagen bis täglich zu 7,3 g. Insgesamt hat das Pferd 40,46 g Arsenik bekommen. In der ersten Zeit bemerkte man eine auffallende Munterkeit bis zur Aufgeregtheit, zuletzt stellten sich Durchfälle ein.

Die wichtigste Frage betrifft die Schädlichkeit oder Unschädlichkeit eines solchen Mittels. Es sind ihm in der Neuzeit mehrere Verteidiger erstanden, die aus den Beobachtungen an Arsenikessern, die als gesunde, sehr alt werdende Männer von blühendem Aussehen bezeichnet wurden, den Schluß zogen, daß auch der langdauernde arzneiliche Gebrauch der arsenigen Säure keine Nachteile hervorrufe. An der Tatsächlichkeit des eine Zeitlang bestehenden subjektiven Wohlbefindens vieler Arsenik chronisch gebrauchender Gesunder ist nicht zu zweifeln, und auch manche Kranke können es ohne Nebenwirkungen längere Zeit hindurch nehmen. Wird doch sogar mitgeteilt, daß ein Schwindsüchtiger Dosen von 0,1 bis 0,3 g sechs bis acht Wochen lang zum Teil aß, zum Teil mit Tabak rauchte, ohne Nebenwirkungen aufzuweisen. Indessen hängt dies von der Individualität ab. Es gibt auch Arsenikesser, die nach einiger Zeit genau in der Weise durch ihr Genußmittel erkranken wie ein Mensch, der aus Tapeten oder Gebrauchsgegenständen lange unbewußt Arsen aufgenommen hat, und es kommen Funktionsstörungen vor, die sehr ernst zu nehmen sind und ein sofortiges Aussetzen erheischen. Ein Mann hatte zwanzig Jahre lang gelöstes arsenigsaures Natrium zu ungefähr 1 g monatlich verbraucht. Im Laufe der Zeit stellten sich Störungen seitens des Magens und Darmes und dazu solche des Nervensystems ein, die an Rückenmarksschwindsucht denken ließen, und auch die nicht seltene schmutziggraue Hautverfärbung. Als wesentlichste Benachteiligung sehe ich aber bei dem chronischen Arsenizismus an, daß die Individuen Sklaven ihrer Leidenschaft sind und es bleiben.

Der Versuch der Entwöhnung schafft unangenehme Abstinenzsymptome, wie sie beim Morphinismus, Alkoholismus und ähnlichen Zuständen erscheinen, besonders heftige Magenschmerzen, Diarrhöen und Kollapszustände. Die Stärke dieser Symptome hängt von der Dauer des Gebrauches und individuellen Verhältnissen ab. Ein gut beobachteter Arsenikesser, der alle vier oder auch acht Tage 0,42 g arsenige Säure nahm, bekam, wenn er sich über 14 Tage des Mittels enthielt, Steifheit in den Füßen mit allgemeiner Abspannung und Begierde nach Arsenik. Daß die Entwöhnung in den Tod führen kann, beweist jener Fall, der den Direktor einer Arsenikfabrik betraf. Er hatte mit 0,18 g begonnen und war nach vielen Jahren bis zu 1,38 g grob pulverförmiger arseniger Säure aufgestiegen. Als er sich des Mittels entwöhnen wollte, starb er „apoplektisch".

Quecksilber.

Nicht immer vermag man dahinterzukommen, was Menschen veranlaßt, sich aus den chemischen Stoffen eines oder das andere als gewohnheitsmäßiges Genußmittel zuzuführen. Weder betäubende noch erregende Wirkungen kommen dem metallischen Quecksilber zu, und doch nehmen davon, wie ich mitgeteilt habe[1]), Litauer in der Gegend von Memel, vielleicht auch anderwärts, steigend Mengen von 5 bis 30 g auf einmal. Knaben im Alter von 14 bis 16 Jahren sollen mit 5 g beginnen. Das durch den Darm gelaufene Metall wird nach einiger Zeit wieder in einem Gefäße aufgefangen. Zerstiebt das Quecksilber im Darm zu feinsten Partikelchen, so wird deren Verdampfungsoberfläche so groß, daß auch Quecksilberwirkungen eintreten können. Bleibt es zusammen, so können große Mengen ohne Schaden durch den Darm passieren. So erging es einst dem Kurfürsten Georg von Brandenburg, der bei der Hochzeit sehr viel getrunken hatte, dadurch nicht mehr Herr seiner Handlungen und durstig geworden war und in diesem Zustande eine Flasche mit Quecksilber austrank. Das Quecksilber lief durch den Darm, ohne Schaden zu erzeugen.

Kann man dies aus physikalischen Gründen verstehen, so das andere nicht, was über den gewohnheitsmäßigen Gebrauch des Sublimats mitgeteilt worden ist. Er-

---

[1]) L. Lewin, Über eigentümliche Quecksilberanwendungen, Berlin. klin. Wochenschr., 1899, Nr. 13.

schöpft sich bei türkischen Opiumessern die Empfänglichkeit für diesen Stoff und findet sich keine Qualität desselben, welche das erwünschte Behagen zu bedingen imstande ist, dann greifen sie zum Sublimat, das, mit 0,05 g (!) begonnen, in stufenweiser Zunahme mit dem Opium gemischt, dem Bedürfnis vollkommen entspricht. So sollen einzelne Individuen auf 2 g Sublimat für den Tag gekommen sein. Sie hätten angegeben, daß das Sublimat schon an und für sich ein starkes Gefühl von Wohlbehagen errege, sich besonders aber durch die Wirkung auszeichne, den narkotischen Effekt des Opiums festzuhalten. Jene, welche sich an diese Verbindung des Quecksilbers gewöhnten, sollen sie auch ohne Opium zu sich nehmen, ohne hierdurch Beschwerden zu erfahren. Man will einen Mann etwa 1,2 g Sublimat, mit 3,5 g Opium gemischt, mit sichtbarem Vergnügen verschlingen und gesund bleiben gesehen haben. Aber auch ohne Opium soll Sublimat in Peru und Bolivien gewohnheitsmäßig in Dosen genommen werden, die unserer Ansicht nach als giftige angesehen werden müssen.

Bis auf weiteres muß alles dies bezweifelt werden, weil es undenkbar ist, daß das Sublimat nicht mindestens seine örtlich ätzende Wirkung im Darme entfalten und damit den Menschen örtlich, mit den Folgesymptomen, schnell krank machen sollte.

Schlußwort.

Weltumspannend sind die geschilderten Mittel, weltumspannend auch das Gute und Schlechte, was in ihnen liegt. Kein Zweifel kann darüber aufkommen, daß ein Teil des Guten von Erregungswirkungen herstammt, die eine große Gruppe in mannigfacher, wesensungleicher Ursache und Gestaltung ihrer einzelnen Glieder besitzt.

Wir bedürfen in dem rauschenden, pochenden, lärmenden Wirklichkeitsbetriebe Zuschüsse zu den natürlichen, innerlichen Reizimpulsen, die unsere Lebensenergie in Gestalt der Lebensfunktionen auf einem zureichenden Niveau erhalten sollen.

Vielerlei Herkunft können solche, der Außenwelt entstammende Reiz- und Erregungsstoffe sein, die in ihrer Auswertung am Nervensystem ihre Aufgaben erfüllen. Unbewußt nehmen wir Menschen solche, z. B. in der Gestalt der ätherischen Öle, aus Gewürzen und aromatischen Pflanzen, in Speisen auf. Die Wahrscheinlichkeit ist groß, daß, wo so geartete Stoffe einmal über das Wirkungsziel hinübergreifen, wo sie auf der Grundlage einer schwachen Organisation oder der Unvernunft Gehirnfunktionen oder Leistungen anderer Organe bedrohen oder schädigen, der Ausgleich sich leichter vollziehen kann, weil eine leidenschaftliche, immer steigende Mengen des Genußmittels verlangende Begierde fehlt und die Entziehung keine sonderliche oder überhaupt keine Unordnung schafft.

Dies gilt nicht nur z. B. für die geschilderten Stoffe aus der Koffeinreihe, sondern auch für jene Genußmittel, die als harmlose, meist Terpene darstellende Anregungsmittel von vielen Menschen in den verschiedensten Teilen der Welt gekaut werden, wie z. B. in Neuseeland das Harz der Kaurifichte oder eines Pittosporum, oder in den Vereinigten Staaten Spruce Gum, das Harz von *Pinus Canadensis*, oder das Koniferenharz der Tlinkitindianer, oder das von Sibiriern benutzte harzige Sjerakaumittel aus der Rinde der Lärche, oder den Weihrauch der Galla und Amhara, oder das Maki, ein Gummiharz aus dem „Weihrauchbusch", das von Patagoniern benutzt wird, oder den Mastix der Araber, oder das berühmte Chicle Gum (Chewing Gum), Kaugummi von Achras Sapota, das besonders in der Landschaft Tuxpan in Mexiko gewonnen wird, aber auch aus Yukatan kommt und in Millionen von Pfunden in den Vereinigten Staaten verkaut wird, und noch manches andere gleichwirkende.

Weltumspannend sind neben der Gruppe der Erregungsstoffe verschiedener Größenordnung auch die zu Genußzwecken verwendeten Betäubungsmittel und das, was manche von ihnen an Unheilvollem dem Menschen bringen können, wenn sie einmal mit dämonischer Gewalt nicht nur Willensschwache in ihren Bann gezwungen haben. Die Zahl solcher Unglücklichen wächst. Ihr Untergang — und seien es ihrer auch Tausende — hat angesichts des gewaltigen Weltgeschehens kaum eine Bedeutung. Aber selbst der von hypersentimentalem Altruismus freie Fatalist wird sich dem Empfinden nicht verschließen können, daß dieses Wachsen des Verbrauches narkotischer Stoffe, falls es in den gleichen Verhältnissen wie in den letzten fünfzig Jahren auch weiter vor sich gehen sollte, ein Stück Weltunglück darstellen würde, dessen Folgen irgendwie und irgendwann einen jeden angehen.

Viel mehr Wissen als in dem bisher für die Abwehr Betätigten zutage getreten ist — vor allem mehr Erfahrungswissen —, halte ich für erforderlich, um, wenn auch nur kleine Hemmungen in dem Fortschreiten des Übels zu erzielen. Ganz andere Kräfte als nur die Polizei müssen wachgerufen werden, um den Kampf — auf der einen Seite gegen die Gewinnsucht skrupelloser Händler, die bis heute, fast ungehemmt, schlimmste narkotische Spezialitäten verkauft haben, auf der anderen gegen die Befriedigungsmöglichkeit der leidenschaftlichen Süchtlinge — gelingen zu lassen. Ich habe dafür Hinweise in diesem Werke, das ein Stück praktischer, langer Lebenserfahrung darstellt, gegeben.

Namen- und Sachregister.

Die Zahlen bezeichnen die Seiten, die fetten, die Hauptartikel.

A.

Abd Alkader ben Mohammed 327, 336.
Aberglaube 174, s. auch Religion.
Abessinien, Katessen in 320, 322, 323.
—, Schnupfen in 384.
Abhängigkeitswirkungen 45.
Abmagerung bei Kawatrinkern 295.
Abort bei Morphinistinnen 88.
Abscheu 131.
Abstinente, Lebensdauer 238, 249.
Abstinententum 234, 236, 242, 243, s. auch Entziehung.
Abstinenz s. auch Entziehung.
Abstinenzdelirien bei Trinkern 204.
Abstinenzsymptome der Äthersucht 266.
— von Arsen 422.
— nach Betelentziehung 317.
— von Chloroform 259.
— von Kokain 118, 119.
— von Morphin 86, 88.
— nach Tabak 407.
Absynthöl 281, 282.
Acacia aroma, Bier aus 229.
Acacia Niopo 414.
Accumulatorenwerk, Schwefelsäure im Laderaum 22.

Acetylmorphin 102.
Achras Sapota 427.
Aden, Kaffeeentdeckung in 327.
—, Kat in 321.
Admiralitätsinseln, Betelkauen 308, 315.
Ägypten, Gerstenbier im alten 224.
—, Hanfrauchen in 149, 163.
—, Hyoscyamus muticus in 177.
—, Opium in 68, 75.
Äpfel, faule, ihr Geruch machte Ohnmacht 341.
Ärzte als Morphinisten 79.
— als Opiumgebraucher 62.
Äthalium septicum, Gewöhnungsversuche an 24.
Äther **260**, 48, 254.
Ätherische Öle 281, 305.
—, Wirkung 282.
Ätherisches Öl im Kat 322.
— im Tee 346.
Ätherriecher 261 ff.
Äthersucht **260**.
Äthertrinken 262, 264 ff.
Äthylalkohol 220.
— s. auch Alkohol.
Äthylbromid, Unterempfindlichkeit für 37.
Äthylchlorid, Unterempfindlichkeit für 37.

Namen- und Sachregister

Aethylmorphin 102.
Ätzkalk, Gewöhnung an 34.
Affe als Kokainesser 111.
—, opiumrauchender 80.
Affekte 23, s. auch die einzelnen A.
Affinität, chemische 165.
Afghanen, Haschischtransporteure 157.
Afghanen schnupfen 384.
Afghanistan, Opiumgebrauch in 71.
Afrika, Kakao in 374.
—, Kolanuß in 357.
—, Opiumgebrauch in 75.
—, Schnupfen in 384.
Agaricus muscarius 157.
Agave americana 222.
Aguardiente 10.
Akkommodation, Störungen bei Morphinisten 87.
Alaska, Tabak in 385.
Albert der Große 177.
Albizzia, Reizwirkungen 416.
Aldehyde 281.
Ale 225.
d'Alembert 16.
Alexander V. 219.
Alexander der Große 218.
Alexei Michailowitsch haßte Tabak 396.
Alfuren kauen Tabak 387.
Algerien, Hanfrauchen in 152.
Algorobo 228.
Algorobobier 227.
Alkali zu Kautabak 384, 385, 387, s. auch Asche usw.
Alkalien zu Genußmitteln 186, s. auch Koka, Tabak, Betel usw.
Alkohol **199**, 7, 48, 79.
—, Gewöhnung von Pilzen an 24.
— gegen Kawa 288.
—, unschädliche Mengen 247.

Alkohol, vergiftende Mengen 211.
—, langes Verweilen im Gehirn 208.
—, gute Wirkungen von 247, s. auch Spiritus, Branntwein, Wein usw.
Alkoholismus 89, 90.
—, chronischer 203.
—, Geschichte des 212.
— u. Nachkommenschaft 204.
—, Strafen für 250.
Alkoholpsychose in New York 245.
Alkoholvergiftung, akute 199.
Allgemeingefühl, Störungen durch Hanfrauchen 160.
Allgemeinsinn, Veränderung durch Anhalonium 143.
Almeida 344.
Alpini 61.
Alstonia theaeformis, Teeersatz 352.
Alua 135.
Amalpani, eine Opiumlösung 72.
Amentia bei Morphinisten 93.
Amerika, Opiumgebrauch in 76, 77.
— und Opiumüberwachung 96.
—, Prohibition in 244.
—, Tabakverwendung im alten 379, 380.
Amhara 321, kauen Harz 427.
Ammianus Marcellinus 220.
Amnesie als Nikotinsymptom 410.
Amöbe, Gewöhnung an Veränderung 24.
Amomum Melegueta 283.
Amurgebiet, Branntwein im 280.
Amylalkohol, Gewöhnung an 24.
—, Wirkung auf Hühnerembryonen 205, s. auch Fusel.
Anästhesie durch Kawaharze 293.

Anam, Betelkauen 307.
—, Opiumgebrauch in 72.
Ananas, Schnaps aus 281.
Andamanen, Betelkauen 307.
Angina bei Nikotinisten 410.
Angina pectoris u. Tabak 408.
Anglikanische Mission und Kawatrinken 288.
Angola, Hanfrauchen 154.
—, Schnupfen in 385.
—, Tabakgebrauch in 385.
Angraecum fragrans, Teeersatz 352.
Angst 131.
Anhalonin 135.
Anhalonium Lewinii **133**, 47, 324.
Anhalonium Williamsi 136.
Anis 283.
Annehmlichkeitsempfindung s. Euphorie.
Annehmlichkeitsgefühle 35, s. auch Euphorie usw.
Anpassung 26, 27, s. auch Gewöhnung.
— an große Höhen 26.
Anthurium oxycarpum als Tabakersatz 411.
— als Schnupfmittel 411.
Antigonus 218.
Antiochus Epiphanes 218.
Antitoxin 29.
Apalachentee 368.
Aphasie als Nikotinsymptom 410.
Aphrodisiacum, Kola als 360, s. auch Geschlechtserregbarkeit.
Apollinaris 177.
Apotheken in den Vereinigten Staaten 244.
Aqua branca 370.
Aquarier 237.
Araber, Betelkauen der 307.
— und Kolagebrauch 357.

Araber, Opiumgebrauch 76.
—, Opiumkenner 62.
Arabien, Kat in 320.
—, Tabakkauen in 387.
Aragallus Besseyi 194.
— Cagopus 194.
— spicatus 194.
Arak 225.
Araka 229.
Arbeit, Erleichterung durch Kola 360.
Arbutus Uva ursi als Tabakersatz 411.
Archaeus 14.
Arctostaphylos glauca 183.
Areca Catechu 311.
Arecolin 318.
Arekanuß, Wirkung auf Hunde 319.
Arekapalme 309.
Arekunas, Tabakkauer 388.
Arenga saccharifera 222.
Argentinien, Kokaessen in 107.
—, Mate in 365.
Aristolochia, Immunität dagegen 38.
— triangularis als Tabakersatz 411.
Arkansas, Tabakrauchen Jugendlicher 404.
Arnoldus 151.
Arrowroot 226.
Arsenesser 417 ff.
Arsenesserinnen 418.
Arsenige Säure, Gewöhnung an 25.
Arsenikessen **417**.
Arsenimmunität, relative 421.
Arsenschwefelverbindung als Genußmittel 417.
Artbauer 153.

Arterienverkalkung und Tee-
trinken 347.
— durch Tabak 408.
Arztfrauen als Morphinistinnen
79.
A-Sandé 224.
Aschantireich, Verbrauch von
Kola im 354.
Asche zu Kautabak 387.
— zum Schnupftabak 384, s.
auch Alkali usw.
Ashluslay, alkoholische Getränke
der 228.
Asiatische Pillen 421.
Asien, Hanfrauchen in 157.
—, Kakao in 374.
—, Tabakverwendung in 380.
Aspergillus niger 72.
—, Gewöhnungsversuche an 24.
Assam, Betelkauen 307.
—, Opiumgebrauch in 72.
Assassinen 151.
Assyrier, Hanfgebrauch der 150.
Asthma u. Tabak 408.
Astragalus mollissimus 193.
Astrolabebai, Kawa in der 286.
Asua 226.
Atemnot und Kaffeegenuß 339.
Atron 384.
Atropa Belladonna 38, s. auch
Belladonna.
Atropeae 174.
Atropin 38, 174.
—, Gewöhnung an 25.
Attalea speciosa 222.
Attila 221, 223.
Augenstörungen bei Nikotinismus
409, s. auch Sehstörungen.
Augentrost 283.
Auin, Hanfrauchen der 154.
Auripigment 417.
— als Genußmittel 419.

Ausgleichstrieb 15.
Australien, Duboisia in 185.
—, Opiumgebrauch in 75.
—, Tabakverwendung in 380.
—, Teeverbrauch in 350.
Australische Inselwelt und Kawa
285.
Avatimeko-Kolanuß 356.
Avicenna 328.
Aya-huasca-Trank 188, 190.
Aymara-Stämme, Kokagebrauch
der 107.

B.

Bärenklau, Schnaps aus 280.
Bagirmi, Kolahandel in 358.
Bala-Golis 81.
Balkanländer, Opiumgebrauch
der 71.
Baluba, Hanfrauchen der 155.
Balusius 251.
Balzac 78.
Bambara 358.
Banane, Wein aus 222.
Banisteria Caapi 188.
Banks-Inseln, Betelkauen 308.
Bassia latifolia, Schnaps aus 281.
Bataker, Opiumgebrauch der 74.
Batoko 155.
Ba tossi 224.
Batum-Tee 352.
Baubau 389.
Bedgery 186.
Beduinen rauchen Hyoscyamus
177.
Belighi 330.
Belladonna 38.
Belladonnablätter, Immunität
dagegen 38.
Belon 59.
Beludschistan, Hyoscyamus in
178.

Bena-Riamba 155.
Bendj 176.
Bendsch 152.
Benedict XII. 303.
Benedikt XIII. schnupfte 394.
Bengalen, Betelkauen in 307.
—, Daturagebrauch in 181.
—, Hanfraucher in 158, 163.
—, Opiumesser in 71.
Benommensein durch Hanfrauchen 162.
Benzin 48.
Benzinrausch **267**.
Benzoni 373.
Berauschtsein 199.
Berauschungsmittel **197**, 48.
Bere 225.
Berg-Tee 352.
Bergdammara, Hanfrauchen 154.
Beringer 144.
Berr 225.
Berserker 168.
Besenginster 195.
Betäubende u. erregende Stoffe, Gründe für ihre Verwendung 4, 7, 8.
Betäubungsmittel **43**.
Betel 48.
Betelblatt 310.
—, ätherisches Öl im 319.
—, Wirkung 314.
Betelgeruch 314.
Betelkauen **306**, 74.
—, Wirkungen 313.
Betelpfeffer 308, 309, 311
Betschuanen, Hanfrauchen der 154.
Bewegungsdrang durch Caapi 190.
— durch Datura 184.
— durch Fliegenpilz 171, 172.
— durch Hanfrauchen 161.

L. Lewin, Phantastica.

Bewegungsschwäche durch Chloralhydrat 279.
Bewegungsstörungen bei Chloralisten 278.
Bhang 149, 158.
Bhutan, Hanfrauchen in 158.
Bibel und Alkoholkenntnis 213.
Biche 356.
Bier 238.
— aus Acacia 229.
— im alten Ägypten 215.
— aus Hirse, Sorghum, Gerste 224.
—, Goethe beeinflußt durch 341.
—, englisches 225.
—, Verbrauch von 225.
Bierhefe, Gewöhnungsversuche mit 24.
Bilbil 224.
Bilsenkraut **176**.
—, Immunität dagegen 38, s. auch Hyoscyamus.
Biologische Individualgesetze 20.
Birma, Betelkauen 307.
—, Hanfrauchen in 158.
—, Opiumgenießen in 72.
Bisam 283.
Bismarckarchipel, Betelkauen 308.
—, Rauchen im 390.
Bitô 221.
Blasenkrampf bei Chloralisten 277.
Blausäure 131, 226.
— im Tabakrauch 401.
Blei, Abort bei Arbeiterinnen 88.
Bleiarbeiter 243.
Blindheit bei Nikotinismus 409, s. auch Sehstörungen usw.
Blocksberg 175.
Blumea laciniata 97.
Blut mit Honig getrunken 221.

28

Blutbewegung durch Kaffee beeinflußt 331.
Blutbrechen bei Chloroformisten 257.
Blutgifte 27.
Blutspeien bei Nikotinismus 409.
Blutungen der Teepacker 346.
Bogota, Rauchen in 391.
Bogota-Tee 352.
Böhmischer Tee 352.
Bojah 224.
Bojali 224.
Bolivia, Koka in 107.
Bombay, Opiumgenuß in 81.
Bombilla für Mate 366.
Bonpland 363.
Bontekoe 345, 398.
Bonvalot 157.
Borassus flabelliformis 222.
Bornu, Hanfrauchen 152.
Bosa 224.
Bougainville, Betelkauen 308.
Bourbon-Tee 352.
Bovaehero 183.
Boyaloa 224.
Brahminen, Hanfraucher 158.
Brand durch Chloralhydrat 277.
Branntweinbrennen im alten Indien 216.
Branntweine 229.
— aus Kokosmilch 289.
— verboten 280.
Brasilianischer Tee 352.
Brasilien, Kokagebrauch in 107.
—, Mate in 365.
Brauereien 225.
Brauhäuser 225.
Bromkalium 282.
Bromural 283.
Bronchitis durch Hanfrauchen 164.
Brot, Getränk aus 229.

Brotfruchtbaum, Schnaps aus 281.
Brugmansia bicolor 182.
Brustbeklemmung durch Tabak 408.
Buchanan 382.
Buchara, Opiumgebrauch in 71.
Buchweizen, Getränk aus 229.
Bulgarien, Opium aus 68.
Bun 328.
Bunc 328.
Buncho 328.
Buno 328.
Burmotu 384.
Burmut 384.
Busch-Tee 352.
Buschmänner, Hanfrauchen 154.
Bussera 224.
Buyo 312.

C.

Caa-kuy 364.
Caa-mirim 364.
Caaguaza 364.
Caapitrinken 188 ff.
Cabeza de Vaca 367.
Cachiri 227, 415.
Calabarbohne, Immunität dagegen 38.
Caligula 219.
Caltha palustris als Tabakersatz 411.
Cambodja, Opiumgebrauch in 72.
Canelos-Indianer 184, 228.
— gebrauchen Guayusa 368.
Cangüi 226.
Cannabinismus, Symptome des 162.
Cannabis indica 148, 47, 104, 181.
Capraria biflora, Teeersatz 352.
Capsicum annuum zu alkoholischen Getränken 282.
Carica Papaya als Rauchersatz 411.

Carnaubapalme, Samen als Ersatz für Kaffee 352.
Casas, de las 377, 379, 398.
Cashasa 415.
Cassia occidentalis, Samen als Kaffeeersatz 352.
Catha edulis 48, 320.
Cauim 227.
Cayapas gebrauchen Banisteria 188.
Caysúma 227.
Ceanothus americanus, Teeersatz 352.
Celastrus edulis 320.
Cellini 127.
Ceres-Mysterien 57.
Cereus giganteus, Getränk aus 222.
Cerro de Pasco, Kokaessen im 107.
Cestrum parqui als Tabakersatz 411.
Ceylon, Betelkauen 307, 310.
Chaco-Indianer 227.
Chami, Hanfrauchen in 158.
Chañar 229.
Chandu 68, 72.
Channa 296.
Chanschin 280.
Charakter, Änderung bei Ätheromanen 263.
— u. Alkohol 210.
Charras 149, 158.
Chaschas 76.
Chatelier, Le 16.
Chavica Betle 311, s. auch Betel.
Chemische Fabriken und Hypnotica 275.
Chemische Gehirnwirkungen des Hanfrauchens 165.
Chemische Stoffe mit Gehirnwirkungen 2, 3, 128.

Chenopodium ambrosioides 352.
Chewing Gum 427.
Chewsuren, Tabakschnupfen bei 384.
Chicha 226, 228.
Chichimeken 133.
Chichinismus 226.
Chicle Gum 427.
Chimó, ein alkalischer Tabaksaft 388.
China, Betelkauen 308, 313.
—, Opiumrauchen in 62, 73.
—, Opiumsendung nach 78.
—, Opium aus China nach Deutschland 69.
Chinesischer Branntwein 280.
Chinin, Gewöhnung an 33.
Chinwan, Opium bei den 74.
—, alkoholisches Getränk der 280.
Chiriguanos, Maisbier der 227.
Chiwa, Hanfrauchen in 157.
Chloralhunger 276.
Chloralhydrat **276**.
Chloralsucht 276.
Chlorodine 104.
Chloroform 48.
—, Unterempfindlichkeit für 37.
Chloroformsucht **255**.
Chocogebiet, Daturagebrauch im 182.
Chokolade 373, s. auch Schokolade.
Cholon 68.
Cholonen, Yuccabier der 227.
Chonta-Palme 228.
Chorotis, alkoholische Getränke der 228.
Christentum und Alkohol 216, 237.
— und Narkotica 9.
Chrysarobin, Gewöhnung an 28

Chuntáruru 228.
Cichorien 352.
Cihuacoatl, Tabak ihr heilig 379.
Cimex hyoscyami 38.
Cissus antarctica, Schnaps aus 281.
Clemens von Alexandrien 247.
Clusius 356.
Cochinchina, Betelkauen 307.
— importiert Opium 68.
—, Opiumgebrauch in 72.
Cocos 222.
Cohausen 399.
Cohobba 414.
Cola acuminata 356.
Cola Supfiana 356 s. auch Kola.
Coleridge 62.
Coligny 366.
Colmenero 372.
Columbia, Kokagebrauch in 107.
Comanches 138.
Combretum sundaicum 97.
Congoin 364.
Congonha 364.
Cook 289.
Cooks-Archipel, Kawa im 287.
Coqueros 112.
Cordyline australis, Schnaps aus 281.
Cordyline terminalis, Schnaps aus 281.
Cornus stolonifera als Tabakersatz 411.
Cortez 134, 372.
Costa Rica, Chokolade in 374.
Creekindianer trinken Kassine 367.
Crevaux 370.
Cupanna 370.
Curare, Gewöhnung an 25.
Curatari guayensis 403.
Cyclopia genistoides, Teeersatz 352.
Cytisin 282.

D.

Dacha 154.
Dämmerschlaf 158.
Dämonen 190.
Dämonologie und Datura 181.
Dajak, Alkoholgetränke bei den 225.
— kauen Tabak 387.
—, Opiumrauchen bei 74.
Dalla 224.
Danâkil schnupfen 384.
Dapper 356.
Darien, Daturagebrauch in 182.
Darius 219.
Dattelpalme 222.
Datura, Rauchen der 181, s. auch Stechapfel.
— arborea **184**, 182.
— fastuosa 181.
— meteloides 135, 182.
— quercifolia 182.
— sanguinea 182.
— Stramonium **178**.
Dawa 224.
Degeeria 38.
Deïopeïa pulchella 38.
Delirien bei Chloralisten 277.
— bei der Chloroformentziehung 259.
— bei Chloroformisten 257.
— bei Hanfrauchern 162.
— durch Hyoscyamus 177.
Delirium tremens durch Paraldehyd 281.
Delphisches Orakel 183.
Depersonalisierung 143.
Derwische, Hanfraucher 157.
—, Kaffeetrinker 329.
Desoria glacialis 38.
Destillation alkoholischer Produkte 229.

Detzner 385.
Deutschland, Kaffeeimport 334.
—, Kokainimport 108.
—, Strafen für Rauchen 394.
—, Teeverbrauch in 350.
Dextrose 224.
Diamba 153.
Diagoras 56.
Dimethylsulfat 25.
Dimethylxanthin 345.
Dimorphandra mora 356.
Diodor 150.
Dionin **102**.
Dionys 218.
Dippers 419.
Dipsomanie 211.
Dispositionsfähigkeit der Morphinisten 90.
Divinationsglaube durch Datura 182.
Djemal-eddin Dhabhani 327.
Djenne, Kolanuss in 358.
Dom Pedro I 363.
Doppeltsehen durch Kaffeegenuß 339.
Dosen von Morphin gesteigert 82, s. auch Koka, Arsen usw.
Druckwirkung 21.
Dryas octopetala, Teeersatz 352.
Duarte Barbosa 356.
Duboisia Hopwoodii **185**.
Duchn 224.
Duke-of-York-Inseln, Betelkauen 308.
Dumo 155.
Durchfälle bei Morphinisten 87.
Durrha 224.
Dynamische Wirkungen 131.
Dysenterie durch Hanfrauchen 164.

E.

Eau de Cologne als Getränk 231.
Ebn Baithar 162.
Ebner 127.
Echites venenosa 188.
Eckhart 128.
Ecuador, alkoholische Getränke in 228.
—, Ilexart in 368.
—, Kakao in 374.
—, Koka in 107.
—, Schnaps in 281.
—, Yuccabier in 227.
Edda 212.
Ehetrennung und Morphinismus 91.
Ei und Alkohol 205.
Eicheln als Kaffeersatz 352.
Eiweiß, körperfremdes 30.
Ekel 131.
Ekstase 126.
— durch Hanf 151.
El Ghafeky 355.
Elaeis guineensis 222.
Eleusine corocana 224.
Elisabeth von Rußland 219.
Empfindlichkeit, Abstumpfung der 22.
Empfindlichkeitsgröße verschiedener Menschen 19.
Empfindung 1, s. auch Gefühl, Anaesthesie usw.
Empfindungsleben 35, 47.
Energie, Verlust durch Kokain 114.
England, Gesetz gegen Tabakrauchen Jugendlicher 404.
—, Kampferessen in 303.
—, Opiumgesetz in 95.
—, Teegenuß in 348.
—, Teeverbrauch in 350.
Enkratiten 237.

Entdeckung von Koffeinpflanzen 325.
Enten, Immunität gegen Opium 38.
Entmündigung von Morphinisten 91.
Entwöhnung von Arsen 422.
— von Tabak 411.
— s. auch Abstinenz.
Entziehungsfolgen 33.
— von Morphin 86, 88.
— bei Chloroformisten 259.
— s. auch Kokain und die anderen Genußmittel.
Eolo 225.
Ephedra vulgaris 216.
Epigonus 220.
Epilepsie bei Kokainisten 116.
— s. auch Krämpfe usw.
Epilobium angustifolium 168, 282.
— hirsutum, Teeersatz 352.
Erasistratus 56.
Erasmus 219.
Erbrechen nach alkoholischen Getränken 201.
— durch Caapi 190.
— durch Ilex Cassine 367.
Erdnüsse als Kaffeeersatz 352.
Erinnerungstäuschungen durch Veronal 280.
— s. auch Amnesie.
Erkenntnis von Pflanzenwirkungen 367, 369.
Erman-Ranke 201.
Erotische Begierden bei Kokainisten 116.
— s. auch Geschlechtserregbarkeit, Aphrodisiacum.
Erregung, religiöse 130.
— s. auch Religion, Kult usw.
Erregungsmittel 299, 48, 301, 426.

Erregungsmittel, wie fanden die Menschen sie 324, 325.
Erromango, Kawa auf 287.
Ersatzstoffe für Opium und Morphin 97.
— s. auch Kaffee, Tee, Tabak usw.
Erva cidreira, Tee-Ersatz 352.
Eryngium aquaticum 368.
Erythroxylon Coca 106.
— s. auch Koka.
Esrar 156.
Est-Wein 234.
Ethnologie vid. Völkerkunde.
Eukodal 103.
Eukodin 102.
Eumekon 100.
Euphorica 47.
Euphorie 7, 10, 79.
— durch Betelkauen 316.
— des Ehrgeizes 160.
— durch Hanfrauchen 159, 160.
—, durch Kawa 293.
—, durch Kokain 110.
—, durch Tee 348.
Excitantia 299, 48.

F.

Facialislähmung bei Chloralisten 277.
Faham-Tee 352.
Familiärer Morphinismus 82.
Farbensehen durch Anhalonium 142, 145.
Farnwurzel, Immunität gegen 38.
Fasuch 152.
Faustus Nairo 327.
Fedegozo-Parakaffee 352.
Feigenfrüchte als Kaffee-Ersatz 352.
Fenchel 283.
Ferishta 310.

Fidschi-Inseln, Betelkauen 308.
—, Kawa auf den 290, 291.
Fieber bei Morphinisten 87.
Figurensehen durch Anhalonium 145.
Filterapparat für Rauchen 389.
Finschhafen, Kawa am 286.
Fliegen, Empfindung beim Hanfrauchen 160.
Fliegenpilz 167, 324.
Flinders Petrie 215.
Flöhe 38.
Florida 379.
—, Ilex Cassine in 366.
Fluorwasserstoff 24.
Fly River, Kawa am 286.
Foltern für Rauchen 396.
— s. auch Strafen, Gesetz usw.
Formosa 65, 66.
—, alkoholisches Getränk auf 280.
—, Betelkauen 308.
—, Opiumgebrauch in 74.
—, persisches Opium nach 67.
—, Reis für alkohol. Getränke 225, 227.
Forster 404.
Fowlersche Lösung 421.
Franken 217.
Frankreich, Kaffeeverbrauch 333.
—, Teeverbrauch in 350.
Franz I, Alkoholgesetz von 252.
Franz II 382.
Frauen als Arsenesserinnen 419.
—, Rauchen von 391, 392.
— kauen Tabak 387.
Fraxinus als Tabakersatz 412.
Freiberg 225.
Friedrich II, Besteuerung von Kaffee durch 332.
— schnupfte 383.
Frohsinn durch Alkohol 199 ff.

Frohsinn durch Kanna 296.
— s. auch Euphorie.
Furcht 131.
— s. auch Affekte.
Furfurol 281, 283.
— im gerösteten Kaffee 339.
Fuselöl 253, 281.
Futa Djallon, Kola in 357.

G.

Gaertnera vaginata 352.
Galen 17, 29, 34, 150.
Galizien, Äthersucht in 265.
Galla, Kaffee-Essen der 340.
— kauen Harz 427.
—, Tabakkauen der 387.
Gallalaender 221.
Gallier 220.
Gambir zum Betelbissen 314.
Ganja 149, 157, 158, 181.
Garcias ab Horto 60, 151.
Gaucho trinkt Mate 365.
Gaultheria procumbens, Teeersatz 352.
Gauss 16.
Gedächtnis, Abnahme bei Chloroformisten 257.
— -Abnahme durch Paraldehyd 281.
— durch Bromkalium 283.
— durch Kampfer 304.
— bei Teekostern 346.
 s. auch Amnesie, Vergeßlichkeit.
Gedankenflucht durch Kampfer 304.
Gefäßverkalkung durch Tabak 408.
Gefühl, Änderungen durch Anhalonium 143.
Gefühllosigkeit 143.

Namen- und Sachregister

Gefühlshalluzinationen bei Chloroformabstinenz 259 s. auch Anästhesie, Hyperästhesie, Parästhesie.

Gehirn, Alkohol im 208.
—, Betelwirkung auf das 316.
—, chemischer Bau 43.
—, Giftwirkung von Kokain auf 115.
— und Morphinwirkung 83, 86, 87.
—, Reizwirkungen von Kaffee auf das 338.
—, Stoffwirkungen auf das 1.

Gehörshalluzinationen durch Anhalonium 140, 143.
—, Halluzinationen bei Benzinsucht 269.
— bei Chloralabstinenz 279.
— bei Chloroformisten 259.
— durch Fliegenpilz 172.
— durch Hanfrauchen 160.
— durch Paraldehyd 281.

Gehörsillusionen bei Äthersucht 261.

Gehörstörungen durch Nikotin 410.

Geisterverbindung durch Datura 183, 184.

Geisteskrankheit und Alkohol 206.
— bei Chloralisten 277.
— durch Hanfrauchen 162, 163.
— durch Stechapfel 178.
— durch Tabak 409.
— bei Tieren 193.

Gelbsucht bei Chloroformisten 257.

Gelsemium sempervirens **192**.

Gemütsstimmung und Kaffeetrinken 339.

Genußmittel und Religion bei der Kawa 289, s. auch Religion, Cannabis, Anhalonium usw.

Georg v. Brandenburg 424.

Georgia, Kassine in 367.

Germanen, Saufen der 217.

Gerste 225.

Gerstenbier 224.

Geruch, Störungen bei Kokainschnupfern 117.

Geschlechtserregbarkeit, Abnahme durch Bromkalium 283.
—, durch Kaffeegenuß 339.
— durch Kat 322.
— bei Kokainisten 116.
— bei Morphinisten 87.
— bei Nikotinismus 410.
—, Fehlen bei Chloralisten 277.
— bei Chloroformisten 257.
—, Steigerung durch Kola 360.

Geschmack, Änderung durch Anhalonium 143.
— durch Hanfrauchen 161

Gesellschaftsinseln, Kawa der 287.

Gesetz gegen Tabakgebrauch 412. s. auch Strafe, Verordnung usw.

Gesicht, Illusionen bei Äthersucht 260.

Gesichte 185.

Gesichtshalluzinationen durch Alkohol 214.
— nach Anhalonium 140.
— bei Benzinsucht 269.
— durch Caapi 191.
— bei Chloroformisten 259.
— durch Hanfrauchen 160.
— durch Paraldehyd 281.

Getränk aus Palmen 221, 222.
— aus Kakteen 222.

Getränke, alkoholische 220, 234.
— aus Milch 223.
— aus stärkehaltigen Pflanzen 224.
Gewohnheitssäufer 209.
Gewöhnung 20 ff, 12, 17, 18, 421.
—, Erklärung des Vorganges 28 ff.
— an Alkohol 211.
— an Arsen 417.
— an Reize 27, 28.
— an verdünnte Luft 26.
— an Salzluft 27.
— an Tabak 406.
— von Tieren an Opium 80.
— von Kindern 80.
Gifte, Schokolade als Einhüllungsmittel für 373.
—, Wirkungsdifferenzen der 17.
Giljaken, Reisbranntwein der 280.
Gleichgewicht, Störungen im 16.
Gletscherfloh 38.
Glück, individuelles 209.
Glücksgefühl durch Hanfrauchen 159 s. auch Euphorie.
Glykopon 100.
Glykosurie bei Ätheromanen 263.
Goethe 19.
— und Alkohol 239.
—, beeinflußt durch den Geruch fauler Äpfel 341.
Gold 240.
Gonja 356.
Goro 396.
Goten 217.
Gottergriffensein 130.
Gourliea decorticans 229.
Grabschriften von Säufern 218, 219.
Gräber, Kraut der 183.
Gran Chaco, alkoholische Getränke im 228.
Grauen 131.

Grauen s. auch Affekte, Furcht, Schrecken usw.
Grewia, Schnaps aus 281.
Griechenland, Alkohol im alten 199, 200.
—, Opium aus 69.
Grönländer kauen Tabak 388.
—, Wirkung von Kaffee auf 339.
Guahibo gebrauchen Banisteria 188.
Guantuc 184.
Guarana 370.
Guaranigruppe, alkoholische Getränke der 226.
Guatemala, Schokolade in 374.
Gudscharat, Opiumgebrauch in 72.
Guilelma speciosa 228.
Gummiharze als Kaumittel 427.
Guru 356.
Gustav III 396.
Gutzkow 278.
Guváka 310.
Guyana, Kakao in 374.
—, Hanfrauchen in 158.
Gymnocladus dioeca als Kaffeeersatz 352.

H.

Hadramaut, Betelkauen in 307.
Hämadictyon amazonicum 188.
— suberectum 188.
Hämatoporphyrin durch Sulfonal 282.
— durch Veronal 280.
Haidarabad, Opiumgebrauch in 71.
Haiti, Tabakrauchen auf 378.
Haller, v. 19.
Halluzinationen, ihr Entstehen 126.
— des Gehörs bei Benzinsucht 269, s. a. Gehörshalluzinationen.

Halluzinationen des Gesichts (Gehörs, Allgemeingefühls) durch Hanfrauchen 159, 160.
— durch Caapi 190.
— bei Chloralisten 277.
— durch Chloralhydrat 278.
— bei Chloroformisten 257.
— durch Datura 181.
— durch Fliegenpilz 170.
— bei Kokainisten 115.
— nach Kokainentziehung 119.
— durch Solanaceen 176.
— durch Tabak 389, 390.
— nach Teemißbrauch 346.
— bei Tieren 193, 194.
Halluzinatoria 129.
Halluzinatorische Verrücktheit der Kokainisten 115.
Handel mit Kokain 117.
— mit Opium 95, 96.
Handschuhwäscherinnen, benzinsüchtige 268.
Hanf, indischer 148.
— s. auch Cannabis.
Hanfrauchen, Wirkungen von 159.
Hanfraucher, Minderwertigkeit ihrer Nachkommen 164.
Hannibal 58.
Harar, Kat in 320, 321.
Harari, Katessen 321.
Harnstörungen bei Morphinisten 87.
Harz aus indischem Hanf 157.
— als Kaumittel 427.
Haschisch 148, 157, 162.
—, Immunität gegen 38.
Haschischrauchen, Verbot für 165.
Haschisch-Rauchstuben 153.
Hausbrauereien 225.
Haussa vertreiben Kolanüsse 354, 358.

Hautausschläge bei Chloralisten 277.
— durch Kawa 295.
Hautjucken bei Morphinisten 87.
Hautreizmittel 22.
Heathinsel, Betelkauen 308.
Hefepilze 225.
Heigum, Hanfrauchen der 154.
Heiraten und Katessen 322.
Helena 54.
Helichrysum serpyllifolium, Teeersatz 352.
Heliogabal 219.
Heloten 201.
Heracleum spondylium, Branntwein aus 280.
Herbe au diable 181.
Herbe aux sorciers 181.
Hermiteninseln, Betelkauen 308.
Hernandez 134.
Herodot 221, 150.
Heroin 102.
Herva Mate 364.
Herzdelirium durch Tabak 408.
Herzstörungen bei Ätheromanen 265.
— bei Äthersucht 263.
— bei Chloralisten 277.
— durch Kaffeetrinken 339.
— durch Kat 322.
— nach Kokainabstinenz 119.
— durch Paraldehyd 281.
— durch Tabak 408.
— durch Tropeinpflanzen 183.
Hexen 174.
Hexensalben 174.
Hexentränke 175.
Heydekrug, Äthertrinken in 264.
Hibiscus sabdariffa, Samen als Kaffeeersatz 352.
Hidrach 418.

Hildegardis 303.
Himalayastaaten, Betelkauen 307.
Hindu und Alkohol 235.
— als Opiumgebraucher 71.
Hindustan, Betelkauen in 307.
—, Haschisch in 157.
Hippokras 283.
Hirse für alkohol. Getränke 224.
—, Branntwein aus 280.
Hirsebier 224.
Hodeida, Kat in 321.
Hoden, Schmerzen durch Kaffeegenuß 339.
Hoffmannstropfen **254**.
Höhen, Gewöhnung an große 26.
Holland, Kaffeeverbrauch in 333.
—, Teeverbrauch 350.
Holopon 100.
Holzasche zu Schnupftabak 384, s. auch Alkali, Asche usw.
Homa 216.
Homer 53, 176.
Homeriana-Tee 352.
Hongkong, Opium in 67.
—, persisches Opium nach 67.
Honigbier 221.
Honigmond 221.
Honigwein 221.
Honolulu, Schnaps in 281.
Hopfen 224.
Hormon 224.
Hottentotten, Hanfrauchen der 154.
—, Kanna bei 296.
—, Schnaps der 281.
Hottentotten-Tee 352.
Howa, Tabakgebrauch der 387.
Huantuc 184.
Hühner, Immunität gegen Opium 38.
Hühnerei, Einfluß von Alkoholen auf 205.

Huichol 137, 138, 140.
Huka 71, 158.
Humboldt, v. 397, 414.
Hungergefühl, ausgeschaltet durch Kat 320.
—, durch Kokain aufgehoben 109.
—, Tabak als Beseitiger von 388.
Hyoscyameae 174.
Hyoscyamus albus **177**.
— insanus 178.
— muticus **177**.
— niger **176**.
Hyphäne coriacea 222.
Hypnotica **273**, 48.
Hypochondrie der Teekoster 346.
Hyrkan 56.

I.

Ibn Batuta 310.
Ibn El Baithar 355.
Icheigenschaft s. Individualität.
Igel, Toleranz für Alkohol 204.
—, Unterempfindlichkeit des 37.
Ilex 325.
— Cassine **366**.
— Dahoon 367.
— religiosa 367.
— paraguayensis **363**, 364.
— vomitoria 367.
Illusionen bei Äthersucht 260.
— durch Datura 181.
— durch Fliegenpilz 170, 171.
— durch Hanf 159.
— durch Paraldehyd 281.
— durch Solanaceen 176.
Immunität 36.
Immunstoffe 421.
Indianer 9, 10.
Inder, Getränke der 216.

Namen- und Sachregister

Indien, alkoholische Getränke in 224.
—, Betelkauen in 307, 308, 309, 310.
—, Hanfrauchen in 149, 157, 163.
—, Kokakultur in 108.
—, Opium in 62, 71.
—, Opiumexport nach Deutschland 69.
—, Opiumproduktion in 64.
—, Rauchen von Datura 181.
Indigoesser 194.
Indische Inseln, Rauchen auf 392.
Indischer Hanf 148.
— s. auch Cannabis.
Individualgesetze, biologische 20.
Individualität 12, 17, 18 ff.
— u. Alkohol 211, 240 ff.
— in bezug auf Bromkalium 283.
—, Einfluß auf Fliegenpilzessen 170.
—, Glück der 209.
— und Hanfrauchen 159.
— und Kaffeewirkung 340.
— und Kolawirkung 361.
— s. auch Veranlagung, Persönlichkeit usw.
Individualleben 16 ff.
Inebriantia 197, 48.
Inglete-Indianer, Tabak bei 385.
Ingwer 283.
Inhalationsanästhetica 46.
Ininga, Hanfrauchen der 154.
Inka, Koka bei den 106.
Innenleben durch Anhalonium 141.
Innocenz X. 383.
Inspirierte 126.
Intelligenzstörung durch Bromkalium 283.
Ipekakuanha 370.
Iran, Opiumgebrauch in 71.
Irland, Äthertrinken in 263.
Irresein durch Affekte 131.
— s. auch Geisteskrankheit, Delirien usw.
Isidorus von Sevilla 224.
Isovaleriansäure 401.
Ispahan, Opium aus 67, 68.
Italien, Teeverbrauch in 350.
Iwan-Tee 352.

J

Jahi 189.
Jakob I 396, 397.
Jakuten gebrauchen Fliegenpilz 167.
— schlucken Tabakrauch 402.
—, Teeliebhaber 350.
James-Tee 352.
Japan, Gebrauch von Datura 181.
—, Opiumgebrauch 74.
— als Opiumkäufer 65.
— und Opiumüberwachung 96.
—, Reis für alkohol. Getränke 225.
Jatropha Manihot 226.
Java, Betelkauen 312.
—, Kokaexport 108.
—, Kokakulturen auf 108.
—, Opiumgebrauch auf 74.
Jemen, Kaffee in 325, 327.
—, Kat in 320, 321.
Jequirity, Gewöhnung an 25.
Jeragi gebrauchen kein Opium 72.
Jesaiah 215, 245.
Jesuiten-Tee 352.
Jesus 239.
Jibáros gebrauchen Datura 184.
—, Rauchart der 390.
—, Reizmittel der 368.
—, Tabakgebrauch der 386.
— trinken Tabakwasser 388.
—, Yuccabier der 227.

Namen- und Sachregister

Jimma 321.
Joséphine 363, 384.
Jovian 219.
Juden 274.
— und Alkohol 247.
Jugendliche und Tabakrauchen 404, 409, 412, 413.
— s. auch Kinder.
Jugoslawien, Opium aus 68, 69.
Jukagiren gebrauchen Fliegenpilz 167.
Juri, Kokagebraucher 107.
Juristen 3.

K.

Kabylie, Hanfrauchen in 152.
Kachexie bei Chloralisten 277.
Kaempfer 316.
Kafa, Kat in 320.
Kaffee 327.
—, Anbau 333.
—, alte Anschauungen über seine Wirkung 331.
—, Ersatzpflanzen für 352.
—, Herkunftsländer 334.
—, in Jemen 320.
—, Mißbrauch von 338.
— des Sudan 357.
—, Ursprungsland des 327 ff.
—, Verbote und Strafen für Gebrauch 332.
—, Wirkungen von 335, 342.
Kaffeebohnen 328.
Kaffeeessen 340.
Kaffeegerbsäure 365.
Kaffeehülsen als Aufguß 341.
Kaffeekoch, chronische Beeinflussung durch Kaffee 340.
Kaffeekränzchen 338.
Kaffeeschalen, Aufguß von 320.
Kaffeestuben 338.
Kaffeesurrogate 338.

Kaffeetrinker, Beurteilung der 337.
Kaffeeverbrauch in der Welt 333.
— in Deutschland 334.
—, Wachsen vom 335.
Kaffeol 338.
Kaffern, Hanfrauchen der 154.
Kaffernhirse 224.
Kahi 188.
Kahweh 328.
Kairo, Hanfraucher in 163.
Kakao 372, 333.
Kakhyens, Reisbranntwein der 280.
—, Opiumgebrauch der 72.
Kakteen 135.
—, Getränk aus 222.
Kalk 314.
— für Betel 311, 312, 313.
— zum Paricá-Schnupfen 414.
Kalmücken, alkoholisches Getränk der 229.
Kambodja, Betelkauen 307.
Kamelmilch 229.
Kamerun, Kola in 358.
Kamerunneger schnupfen 385.
Kamos 223.
Kampfer 303.
Kampferessen 302.
K'âms 313.
Kamtschadalen 324.
—, Alkohol der 280.
— gebrauchen Fliegenpilz 167, 168.
—, Teeliebhaber 350.
Kan-Su, Opiumgebrauch in 73.
Kanadischer Tee 352.
Kanara, Betelkauen in 307.
Kanna 296.
Kano, Kolanüsse begehrt in 354.
Kant 20.
Kap-Tee 352.

Kapitularien Karls des Großen 217, 251.
Kapporie-Tee 352.
Karagwe, Hanfrauchen in 156.
Kardamomen als Kaffeewürze 335.
Karens, Opiumgebrauch der 72.
Karl I. 397.
— V. 378.
— der Große 217.
Karolina, Kassine in 367.
Karolinen, Betelkauen 308.
—, Kawa auf 286.
Karsten 184, 228, 368.
Kartoffelbranntwein 280.
Kaschgar, Opiumrauchen in 71.
Kaschkasch 76.
Kaschmir, Hanfkultur in 157.
Kassaibecken, Hanfraucher im 163.
Kassavastrauch 226.
Kassine in Florida 367.
Kat 320.
Katalepsie der Yogis 158.
Katalytische Wirkungen 46, 47, 130.
Katechu zum Betelbissen 314.
Katharina v. Medici 382.
Katscharies, Opiumgebrauch der 72.
Katych 223.
Katzen, morphinistische 80.
Kaugoed 296.
Kaugummi 427.
Kaukasischer Tee 352.
Kaukasus, Schnupfen im 384.
Kaurifichte, Harz der 427.
Kautabak 386 ff.
Kawa 284, 3.
—, Verbreitung 285.
—, Verdrängung durch Opium 75.
—, wirksame Stoffe der 292.
Kawagetränk, Bereitung und Verwendung 288.

Kawaharze 293.
Kawahunger 295.
Kawaismus 295.
Kawatrinken 284.
Kawirondo, Hanfrauchen in 156.
Kefyr 223.
Kehlkopf, Katarrh durch Nikotin 410.
Kentucky-Kaffee 352.
— -Tabak 385.
Ketschua, Kokagebrauch der 107.
Keu 286.
Keuschheit 249.
Khatmandu, Hanfrauchen in 158.
Khorassan, Opiumverbrauch in 71.
Kiang-Si, Opiumrauchen in 74.
Kif 152, 162, 164.
Kilala 216.
Kinder und Äthergebrauch 265.
—, Benzinsucht 267.
—, bromkrank geboren 282.
—, morphinistisch geboren 81.
— erhalten Opium 81.
—, Gewöhnung an Opium 80.
—, Rauchen der 390, 391, 392, 409.
— s. auch Jugendliche.
Kinderpillen 81.
Kinnbackenkrampf durch Caapi 191.
Kiowa 138.
—, Anhaloniumgebrauch bei 139.
Kiraerauchen 402.
Kirsch 249.
Kirshaken rauchen nicht 381.
Kischer 341.
Kiwa-Getränk 228.
Klänge, Hören durch Anhalonium 146.
— s. auch Gehörshalluzinationen usw.
Kleinasien, Hanfrauchen in 156.

Kleinasien, Kaffee im alten 330.
—, Opiumverbrauch in 71.
Klerus, Trunksucht im 219.
Klöster, Bierbrauereien der 224.
Kneipen 216.
Kobaltsalze, Gewöhnung an 24.
Koch-Grünberg 107, 191.
Kochsalz, Giftigkeit 346.
Kodein 100.
Kodeonal 102.
Koenig 104.
Koffein 23.
— in Ilex Cassine 368.
— in Kakao 375.
— in Kola 361.
— in Mate 364.
— in Paullinia sorbilis 369.
— in Pflanzen 325.
— im Teerauch 347.
—, Wirkungen von 340.
Koffeinpflanzen 324.
Koffeinrausch 202.
Koffeinstoffe 48.
Kognak 281.
Kohi-bhang 178.
Kohle zum Rauchen 420.
Kohlenoxyd 19, 44, 208, 219.
—, Gewöhnung an 26.
—, geistige Störungen durch 129.
— im Tabakrauch 378, 401, 402.
Koji 225.
Koka 105.
—, Geschichte 105, 188.
— und Daturagebrauch 182.
—, Gebrauchsart in Südamerika 106.
—, Kauen von 388.
—, Wirkungen der 108.
Kokada 109.
Kokain 105, 23.
—, Kokain, Entziehung von 119.

—, Überlassen von 91.
—, Wirkungen des 108.
Kokainhöhlen 111.
Kokainismus 105, 90.
Kokainisten, Vergehen von 117.
Kokainparalyse 116.
Kokainschnupfen 112.
Kokainwein 112.
Kokainzigarren 112.
Kokawein 112.
Kokosmilch als Alkoholquelle 289.
Kola, Handel mit 357, 358.
—, Wirkungen 359.
Kolalipase 362.
Kolanin 361.
Kolanuß 354, 325.
—, Preise der 359.
—, rote 358.
—, wirksame Inhaltsstoffe 361.
Kolarot 361.
Kolatin 361.
Koliken bei Morphinisten 87.
Kolumbien, Kakao in 374.
Kolumbus 377.
Konaba 150.
Kongo, Kola zum 358.
—, Opiumgebrauch am 76.
—, Hanfrauchen am 153, 155.
Kongoneger schnupfen 385.
Koniferenharz als Kaumittel 427.
Koniin und Nikotin 406.
Konjunktivitis bei Morphinisten 87.
Konkanküste, Betelkauen an der 307.
Konstantinopel, Kaffeehaus im alten 330.
Konvulsionen bei Kokainisten 116.
— s. auch Krämpfe.
Konzeption durch Kola befördert 360.

Konzile zu Karthago, Tours, Worms, Trier gegen Alkoholismus 219.
Kopfdruck bei Rauchern 409.
Kopfschmerzen durch Kaffeetrinken 339.
—, Tabak gegen 382.
Kopnischer Tee 352.
Koran und Katgenuß 322.
Kordofan, Hanfrauchen in 156.
Korea, Mönche rauchen nicht 381.
Korjäken gebrauchen Fliegenpilz 167, 168, 169, 170.
— schlucken Tabakrauch 402.
Kornbranntwein 280.
Koromandelküste, Betelkauen 307.
—, Opiumgebrauch an der 71.
Körperleben 14.
Körperlosigkeit, Empfindungen der, durch Anhalonium 144.
Korsakow'sche Psychose 116.
Kosmos 223.
Kotzebue 332.
Krämpfe durch berufliches Koffeintrinken 340.
— bei Chloralisten 278.
— durch Kampferessen 305.
— bei Kokainisten 116.
Krankheit, Definition von 128
Krankheitsgifte 15.
Krankheitsursachen, Wirkungsverschiedenheit von 17.
Kranksein der Morphinisten 87.
Krascheninikow 171.
Kreuzfahrer 328.
Kreuzottergift 37.
Kristallbilder, Sehen durch Anhalonium 145.
Kroatischer Tee 352.
Krotonöl, Gewöhnung an 27.
Kuba, Tabak in 377.

Kugeltabak 385.
Kuhija 224.
Kuhmilch, alkoholisches Getränk aus 229.
Kult s. Religion.
Kultpflanze, Datura als 183.
Kumys 223.
Kusamba, eine Opiumlösung 72.
Kwaß 229.

L

Labrador-Tee 352.
Laccadiven, Betelkauen 307.
Lachen, konvulsivisches durch Hanfrauchen 159.
— s. auch Zwangslachen.
Lacisarten als Kautabakersatz 412.
Lagegefühl, Störungen im 141.
Lagos, Kolabäume hinter 357.
Lähmung durch Sulfonal 282.
Lamotte 63.
Lapais, Opiumgebrauch der 72.
Laudanum 59.
Laudonnière 366.
Laudopan 100.
Lebensdauer der Abstinenten 238.
Lebenskraft 14.
Leberleiden durch Tee 346.
Lecitys Ollaria 403.
Lécluse 373.
Ledum latifolium, Teeersatz 352.
— palustre, Teeersatz 352.
Leidenschaft, gepaarte 89.
Leo X. 219, 378.
Leon, de 134.
Leonotis Leonurus als Tabakersatz 411.
Lepidium ruderale, Teeersatz 352.
Lesen als Schlafmittel 274.
Lessing 237.
Leukoplakie durch Tabak 410.

Levico-Wasser 420.
Lewin 30, 31, 37, 38, 47, 56, 90, 91, 110, 114, 116, 128, 131, 135, 150, 152, 178, 252, 255, 282, 284, 306, 338, 341, 356, 382, 409, 410, 424.
Lhasa, Teetransport nach 349.
Liberia, Hanfrauchen in 153.
—, Rauchart in 390.
—, Tabakkauen in 387.
Liebe 35.
Liebesmahle 216.
Liebessucht 237.
Linné 373.
Linschoten 313.
Liselotte 339.
Lithospermum officinale, Kaffeeersatz 352.
Livingstone 161.
Llipta 106.
Lljuta 106.
Loangoküste, Hanfrauchen 154.
Lobelia inflata 368.
Loco-Kräuter 193.
Lucian 58.
Ludwig XIII. 397.
Ludwig XIV., Kaffeehäuser unter 331.
Lupinen als Kaffeeersatz 352.
Lusiaden, Betelkauen 308.
Lustempfindung 120.
— durch Hanfrauchen 160.
— s. auch Euphorie.
Lymphdrüsenschwellung durch Tee 347.

M.

Macao, Opium in 64.
Machorka 392.
Macis 283.
Maclay-Küste, Kawa an der 286.
Madagaskar, Betelkauen auf 307.

Madagaskar, Hanf in 156.
Maddak 72.
Mädchen, Arsenesserinnen 419, 420.
Mäßigkeit 243.
— im Tabakgenuß 413.
Mäßigkeitsbestrebungen 234.
Mäßigkeitsverein von Kurfürsten 251.
Mäuse, Immunität gegen Lolch 38.
Mafia, Betelkauen auf 307.
Magadi 384.
Magenschmerzen bei Morphinisten 87.
Magenstörungen durch Kaffeetrinken 339.
Maguey 222.
Maháwanso 310.
Mahua 281.
Mahwa 281.
Maier 116.
Maikoa 184.
Maimonides 248.
Mais für alkoholische Getränke 225.
— als Rauchersatz 411.
Maisbier 226, 227.
Majun 149.
Makaraká, Rauchart der 389.
Makatso 356.
Maki wird gekaut 427.
Makropsie durch Fliegenpilz 171.
Malabarküste, Betelkauen an der 307.
Malafu 224.
Malaienstaaten, Opiumgesetz 95.
Malakka, Betelkauen 307.
Malayischer Archipel, Tabakkauen im 387.
Malediven, Betelkauen 307.
Malemutten schlucken Tabakrauch 402.

Maltose 224.
Malutha gebrauchen Pituri 186.
Malwa, Opiumgenuß in 81.
Malzhäuser 225.
Mama Cuca 106.
Mambunda, Hanfrauchen 154.
Mandingoländer, Kola der 357.
Mandioka 226.
Mandragora zu Getränken 233.
Mandschurei, Branntwein in der 280.
—, Opium in 66.
Manie, akute, bei Kokainisten 115.
— bei Chloroformisten 257.
— durch Hanfrauchen 162, 163, 164.
— s. auch Geisteskrankheiten, Delirium usw.
Manila, Betelkauen 312.
Maninian, Kola aus 358.
Maori, Opiumgebrauch der 75.
—, Rauchen der 390.
—, Schnaps der 281.
Marauá-Indianer, Koka bei 107.
Marcioniten 237.
Marco Polo 310.
Mariannen, Betelkauen 308.
Mark, verlängertes 44.
Marokkaner, Hanfraucher 162.
—, Tabakschnupfen der 385.
Marquesas-Archipel, Kawa im 287.
—, Betelkauen 308.
Martial 209.
Massanga 223.
Massailand 221.
Mastix der Araber 427.
Masûdi 310.
Matabele, Hanfrauchen 154.
Matacos, alkoholische Getränke bei 228.

Maté 363.
Mattein 365.
Maués, Guaranagebrauch bei 369.
— schnupfen Paricá 415.
Mauren rauchen nicht 381.
Mauritia flexuosa 222.
Mauritius importiert Opium 68.
Mazedonien, Opium aus 68.
Mazun 223.
Megalopsie durch Fliegenpilz 171.
Mei Chau 280.
Meißner 150.
Mekka, Opium in 76.
Melancholie bei Chloralisten 277.
— s. auch Geisteskrankheit.
Meli, Kawa auf 287.
Memel, Äthersucht im Kreise 264.
Menstruation, Aufhören durch Paraldehyd 281.
—, Störungen durch Tee 347.
—, Störungen bei Morphinistinnen 88.
Merissa 224.
Mescal 138.
Mescaleros-Apachen 138.
Mescalin 136, 144.
Mesembryanthemum expansum 296.
— tortuosum 296.
Met 221.
Methodisten und Alkohol 236.
Methylalkohol 253.
—, Wirkung auf Hühnerembryonen 205.
Methylmorphin 100.
Methysticin 293.
Metl-Getränk 222.
Mexiko, Anhalonium in 138.
—, Kakao in 374.
— liefert Kaugummi 427.
Mexiko-Tee 352.
Michaelis 136.

Miklouho-Maclay 286.
Milchbranntwein 229.
Mimik, Veränderungen bei Kokainisten 117.
Minas Geraes, Kaffeeproduktion von 333.
Miranyas, Tabakverwendung bei 388.
Mischweine 283.
Mi ocapnus 395.
Missionare rotteten Kawa aus 286, 287, 288.
Mistol 229.
Mitragyna speciosa 97.
Mnárá 181.
Mnarabu 181.
Mocha, Kat in 321.
Mogdad-Kaffee 352.
Mohammed 235.
Mohammedaner als Opiumgebraucher 71.
Mohammedanismus und Katgenuß 322.
Mohn 76.
Mohnbau, Aufgeben des, in China 64.
Mohnkopf 55, 324.
—, Abkochungen für Kinder 80.
— in der Antike 57.
Mohnkultur 56.
— in Afrika 76.
— in China, Indien 64.
Mohnsaft 59.
Mohnsamenöl 53.
Mohrenhirse 224.
Molière 13, 398, 399.
Moltke 403.
Molukken, Betelkauen 308.
Monarda didyma, Teeersatz 352.
Monbuttu, Kola bei den 357.
Mongolei, Opiumgebrauch 74.
—, Schnupfen 384.

Monk 386.
Monopol-Opium 64.
Montaigne 249.
Montefiascone, Wein von 234.
Montezuma 372.
Moorea, Kawa auf 287.
Mordechai 274.
Morgenland, Alkoholisation des 235.
Morphin 51, 23, 38, 46, 47, 77.
— und Äther gebraucht 265.
— und Chloralhydrat gebraucht 276, 278, 281.
— als Genußmittel 70.
—, Export aus England nach Ostasien 66.
—, Gewöhnung an 25, 30, 33.
—, Handel damit 95.
—, in Japan hergestellt 65, 66.
—, Steigerung der Dosen bei Morphinisten 82.
—, Wirkung bei Morphinisten 83.
—, Überlassen von 91.
—, Übergang in die Muttermilch 81.
—, Verbreitung in Ostasien 66.
Morphineinspritzungen in China 66.
Morphinentziehung, Symptome bei Neugeborenen 86, 88.
Morphinismus 78, 203.
—, Definition 51.
—, familiärer 81.
—, Hilfe gegen den wachsenden 94.
— in Ostasien 66.
— und Verantwortlichkeit 89.
Morphinisten 118.
— und Chloroform 256.
—, Vorgänge bei 83.
Morphinkern 100.
Morphiokokainisten 113, 116.

Mossi, Händler für Kola 358.
Motus, schlucken Tabakrauch 402.
Mozambique, Hanfrauchen in 155.
—, Opium in 76.
Mtama 224.
Mucor rhizopodiformis 37.
Mundurukús, Guarana bei 369.
Muntschivölker schnupfen 385.
Murad IV. haßte Tabak 396.
Muranha 181.
Muscal buttons 138.
Musik, Hören durch Anhalonium 146.
Muskelgefühl, Veränderung durch Anhalonium 146.
Muskelzittern und Kaffeetrinken 339.
— bei Rauchern 409.
Muto kwane 155.
Mystik 128.

N.

Nachahmung und Tabakgebrauch 412.
Nachkommenschaft und Alkohol 204.
Nachtschattengewächse **174**.
Nagas, Opiumgebrauch der 72.
Nahrungsverweigerung bei Chloralisten 277.
Nangue 356.
Napoléon 96.
— schnupfte 383, 384.
Narkotika 36.
— und Gehirn 44 ff.
Narrenkraut 180.
Narvaez 367.
Nase, Kokainanwendung in der 113.
—, Veränderungen bei Kokainschnupfen 117.

Nasenabschneiden für Tabakrauchen 396.
Nashornvogel 38.
Natema 188.
— Feste 190.
Nealpon 100.
Nebenwirkungen des Kaffeetrinkens 339.
Necromanten 177.
Neea theïfera 352.
Neger, Export der 378.
—, Heilungsenergie 18.
Neger-Kaffee 352.
Negerhirse 224.
Nelken 283.
Nepal, Hanfrauchen in 158.
Nepe 188.
Nepenthes 53, 176.
Néra, Hanfrauchen der 156.
Nero 219.
Nervensystem, Reizmittel für das 8.
Nessel als Teeersatz 352.
Neu-Britannien, Betelkauen 308.
Neue Hebriden, Kawa auf 286, 290.
Neuguinea, Betelkauen 308.
—, Kawa auf 286.
—, Rauchen in 391.
—, Rauchart auf 389.
Neu-Irland, Betelkauen 308.
Neukaledonien, Kawa auf 286.
Neumexiko, Anhalonium in 138.
Neuralgien bei Chloroformisten 257.
— durch Paraldehyd 281.
— bei Rauchern 409.
Neuritis retrobulbaris bei Nikotinismus 409.
New Jersey-Tee 352.
New York, Trunkenheit in 254.
—, Opium in 77.

New York. Verbrechen in 246.
Niam, Hanfrauchen der 156.
Ngangela, Hanfrauchen der 154.
—, Kola bei den 357.
Nichtabstinente 238.
Nichtraucher 249, 380, 381.
Nicobaren, Betelkauen 307.
Nicot 382.
Nicotiana rustica 393.
— suaveolens 391.
—, Tabacum 393.
Niederländischer Archipel, Opium auf dem 74.
Niesepulver 411.
Nietzsche 278.
Niger, Kolahandel am 358.
—, Kolatransport auf dem 358.
Nigeria, Begehren von Kola in 354.
Nikolaus V 219.
Nikotein 401.
Nikotellin 401.
Nikotimin 401.
Nikotin 23, 249, 385, 386, 387, 401, 402, 406.
— im Rauch 405.
Nikotinismus 402, 408 ff.
Nikotinpsychose 410.
Nilotische Stämme gebrauchen Tabak 385.
Niopo 414.
Nitrobenzol 253.
Niutschwang, Morphinismus in 66.
Njemu 156.
Nordische Staaten, Teeverbrauch 350.
Nordostasien, Teegebrauch bei Stämmen in 350.
Norwegen, Äthersucht in 264.
—, Rauchen Jugendlicher 404.

Novatian 216.
Nubien, Schnupfen in 384.
Nuschûk 384.

O.

Oala 224.
Öle, ätherische 281, 282 ff.
Österreich-Ungarn, Kaffeeverbrauch 333.
Offenbarungen durch Datura 183, 184.
Ohnmacht durch Geruch fauler Äpfel 341.
— bei Nikotinismus 408.
Ohrensausen und Kaffeegenuß 339.
Oleanderblätter, Immunität gegen 38.
Oleanderraupe 38.
Olearius 339.
Ololiuhqui 135, 182.
Omaha 138.
Ombene 356.
Opiophagie im Altertum 58, 59.
Opium 51, 9, 38, 47, 158, 324.
—, Einfuhr nach Deutschland 69.
—, Folgen des Gebrauchs bei Kindern 81.
—, Geschichte 52.
— als Genußmittel 70.
—, Produktion 63, 64, in Asien 67 ff.
—, Rauchen von 62, in Damaskus 157.
—, Schmuggel 63.
— zu Selbstmord 74.
—, Überlassen von 91.
—, Verbreitung des Genusses in Indien 81.
Opiumesser in Bengalen 71.
— in China 74.
— in Indien 72.

Opiumesser und Sublimat 425.
Opiumgesetz 94.
Opiumkrieg 63.
Opiumläden in Schanghai 67.
Opiumrauchen ersetzt durch Morphineinspritzungen 66, 67.
— in Ostasien, China usw. 73.
Opiumraucher 412.
—, Körperstörungen der 73, 74.
Opiumtinktur an Kinder gegeben 80.
Opiumvertrag 64, 65.
Oppe 118.
Opuntia Tuna, Getränk aus 222.
Orakel, delphisches 183.
Orangensaft, Schnaps aus 281.
Ornithoptera darsius 38.
Oromo, Katesser 321.
—, Schnupfen bei den 384.
Ostafrika, Datura-Rauchen in 181.
—, Hanfrauchen in 156.
Opium in 76.
Ostasien, Betelkauen in 306.
Ostindien, Betelkauen 307, 308.
Ostjaken gebrauchen Fliegenpilz 167.
Oswego-Tee 352.
Otomaken 414.
Ovambo, Hanfrauchen der 154.
Ovid 57.
Oxytropis Lamberti 194.
Ozeanien 284.

P.

Paiva 227.
Paiwari 227.
Pajuarú 227.
Palguin 411.
Palmwein 221.
— mit Datura 181.
Palmwein, Verbreitung des Gebrauchs 222.
Palpitationen durch Paraldehyd 281.
Panacée Cathérine 382.
Pane 378.
Pankreas, Leiden bei Nikotinisten 410.
Panschab, Betelkauen 307.
—, Hyoscyamus im 178.
Pantopon 100.
Papaver setigerum 53.
Papaverin 103.
Papua schlucken Tabakrauch 402.
Papyrus Ebers 55.
Paracelsus 59.
Paradieskörner 283.
Parästhesien bei Chloralisten 277.
— bei Kokainisten 116.
— durch Paraldehyd 281.
Paraguay, Mate in 364.
Parakodin 101.
Paraldehyd **281**.
Paraná, Mate in 364.
Paranoia bei Morphinisten 93.
Paraphrasie 116.
Paravilhanos schnupfen Paricá 414.
Paré 249.
Paria, Opiumgebrauch der 71.
Paricá-Schnupfen 414.
Paris, Kaffeehäuser im alten 331.
Parisrut 216.
Parsis rauchen nicht 381.
Passos, Kokagebraucher 107.
Pasta Guarana **369**.
Patagonier kauen Harz 427.
Paullinia cupana 369.
— sorbilis 325, 369.
Paulus 216, 239.
Pekko-Tee 348.
Pellotin 136

Penicillium brevicaule, Gewöhnungsversuche an 25.
Penicillium glaucum, Gewöhnungsversuche an 24.
Pennsylvanischer Tee 352.
Pentedesma butyracea 356.
Periploca aphylla 216.
Persien, Kaffee im alten 330.
— als Opiumproduzent 67.
Persönliche Gleichung, toxische 12, 18, 19.
Persönlichkeit, gespaltene durch Caapi 191, durch Anhalonium 143 ff.
—, Verlust durch Kampfer 304.
— s. auch Individualität.
Peru, Kokaexport 108.
—, Kokakultur in 107.
Peter I 219, 397.
Petersham 383.
Peterskirche, Tabakschnupfen in der 383.
Petgery 186.
Petrus Magrus 303.
Petun 379.
Peyotes 138.
Peyotl 133, 134.
Peyotlessen 139.
Pfahlbaubewohner, Mohn der 53.
Pfeffergewächs 285.
Pfeife, Rauchen aus 404.
Pferd, Gewöhnung an Arsen 421.
—, Beeinflussung durch Tee 348.
Pflanzenasche zum Kokabissen 106.
Pflanzenstoffe, Wirkungen der 2.
Pflüger 15.
Phantasmagorien 326.
s. auch Sinnestäuschungen, Halluzinationen usw.
Phantasmen durch Anhalonium 143.

Phantasmen durch Bilsenkraut 176.
— durch Fliegenpilz 170.
— durch Datura 182.
— s. auch Halluzinationen, Illusionen, Visionen.
Phantastica 47, 123.
Pharmakologie 3, 14.
Philipp v. Macedonien 218.
Philippinen, Betelkauen 308.
—, Opiumisten in 74.
Phönix 222.
Phosphor 27.
Pinde 188.
Pinus Canadensis 427.
Pior 225.
Piper Betle 311.
— methysticum 284.
Piptadenia peregrina 414.
Pirarucú-Fisch 370.
Piscidia erythrina 97.
Pitchery 186.
Pittosporum, Harz eines 427.
Pituri 186.
Pius XI. 249.
Pizarro 106.
Plato 202.
Plinius 221, 233.
Pneumobazillus, Gewöhnungsversuche mit 24.
Polygonum orientale als Tabakersatz 411.
Pomare 219.
Pombe 224.
Ponce de Leon 379.
Prähistorischer Tee 344.
Präkordialangst und Kaffeegenuß 339.
— bei Kokainisten 116.
Presbyterianische Mission vernichtet Kawa 288.
Priester, Alkoholverbot für 251.

Priesterpflanze 183.
Priscus 223.
Prohibition und Kaffee 335.
Prohibitionismus 251.
— und Opiumverbrauch 77.
Propylalkohol, Wirkung auf Hühnerembryonen 205.
Prosopis alba 228.
— juliflora 228.
— pallida 228.
Prosper Alpini 151.
Prostatitis durch Kaffeegenuß 339.
Prschewalski 74.
Prügelstrafe für Rauchen 396.
Psikain 120.
Psoralea glandulosa, Teeersatz 352.
Psychoanalyse 3.
Psychologie 3.
Psychologische Komplexe 20.
Psychopathen und Nikotinismus 410.
Psychophysische Experimente über Alkohol 240 ff.
Psychosen bei Morphinisten 93, s. auch Geisteskrankheiten, Manie, Delirien.
Psychotherapie in der Kokainentziehung 120.
Pulque-Getränk 222.
Pupillen weit durch Solanaceae 176.
— durch Fliegenpilz 171.
Pupillenstarre durch Veronal 280.
Purinbasen 324, 353, 375.
Pygmaenstämme Afrikas rauchen 380.
Pyridin im gerösteten Kaffee 339.
— im Tabakrauch 401.
Pythonion 177.

Q.

Quartalsäufer 211.
Quecksilber **424**.
Quecksilbersalze, Gewöhnung an 24.
Quichua, Maisbier der 227.
Quincy, de 61.
Qunubu 150.

R.

Radschputana, Opiumgebrauch in 71, 81.
Raitea, Kawa auf 287.
Raleigh 393.
Ramusio 344.
Raphia vinifera 222.
Ratti 249.
Rauchen 9.
—, Arten von 390 ff., 401.
—, Wirkungen von 401.
Raucher 249.
Rauchschlucken 390, 391, 392.
—, unangenehme Wirkungen des 402.
Rauchspeichel 410.
Raumempfinden, Fehlen durch Anhalonium 144.
Rauschgifte, im Strafgesetzentwurf 91.
Rauschpfeffer 285.
Rauschtrank, Datura arborea als 184.
Rauschzustände durch Fliegenpilz 167.
—, pathologische 211.
Rauwolf 330.
Reaktion, individuelle 17.
— s. auch Individualismus.
Rechtskokain 108, 120.
Redi 336.
Reflexerregbarkeit, Steigerung durch Arecolin 319.

Regulation von Körperschaden 15.
Reis für alkoholische Getränke 225.
Reisbranntwein 280.
Reiswein 225.
Reiz 15, 125, 126, 129.
— des Hanfrauchens 165.
Reizbarkeit, psychische, bei Nikotinismus 409.
Reizfolgen 129.
Reizqualität 22.
Religiöse Erregung 130.
Religion und Alkohol 235.
— und Caapi-Trinken 192.
— und Datura 180, 181, 183.
— und Fliegenpilzessen 172.
— und Genußmittel 289.
— und Hanfrauchen 155.
— und Parica-Schnupfen 415.
— und Tabak 378, 381, 389.
Reservekraft 15, 421.
Réunion, Betelkauen auf 307.
Rezeptfälschung durch Morphinisten 92.
Rhazes 328.
Rhizopus nigricans, Gewöhnungsversuche an 25.
Rhodesia, Hanfrauchen in 155.
Rhus Toxicodendron 38.
Rifpiraten 162.
— rauchen nicht 381.
Rigveda 216.
Rio Grande do Sul, Mate in 364.
Rio Nunez, Kola am 357.
Ritter 330.
Roggen, Getränk aus 229.
Rohkokain 108.
Rohopium, Verfeinerung von 68.
Rollentabak 409.
Rom, Alkohol im alten 215.
— Strafen für Alkoholismus im alten 250.

Roncegno-Wasser 420.
Rosmarin 283.
Roßtäuscher geben Pferden Arsen 418.
Röstprozeß für Kaffee 339.
Rotuma, Kawa auf 287, 295.
Royal commission on opium 81.
Rubus arcticus, Tee-Ersatz 352.
Rudolfsee, tabakgebrauchende Stämme am 385.
Rum 281, 415.
Rußland, Äthersucht in 265.
—, Teeverbrauch 350.

S.

Säufer 203.
Säufertum 203.
s. auch Alkoholismus.
Säuglinge, morphinistisch durch die Mutter 81.
Sahagun 133, 222.
Saïgon, Opium aus 68.
Sakai, Rauchen der 391.
Sakala, Kolanuß aus 358.
Sake 225.
Salaga, Kolahandelsplatz 358.
Salbei 283.
Salix purpurea als Rauchersatz 411.
Salpeter zu Schnupftabak 384.
Salomoninseln, Betelkauen 308.
—, Kawatrinken auf den 286.
Salvia officinalis, Tee-Ersatz 352.
Salzhunger 33.
Salzluft, Gewöhnung an 27.
Sam Ching Chan 280.
Sambucus, Branntwein aus 281.
Samen von Hanfrauchern 164.
— von Morphinisten 87.
— Schädigung durch Alkohol 204, 205.
Samoa, Kawa auf 287, 289, 290.

Samojeden gebrauchen Fliegenpilz 167.
Samschu 280.
San Makh 319.
Sandwichinseln, Kawa der 287.
Sansibar, Betelkauen auf 307.
Santa Catharina, Mate in 364.
Santa-Cruzinseln, Betelkauen 308.
Santesson 34.
Sao Paulo, Kaffeeproduktion von 333.
Sapindaceae 369.
Sarcostemma brevistigma 216.
Sarothamnus scoparius 195.
Saxifraga crassifolia, Tee-Ersatz 352.
Schallempfindungen beim Hanfrauchen 160.
— s. auch Gehörshalluzinationen.
Schantu, Opiumraucher 73.
Scheffel, v. 239.
Scheintod der Yogis 158.
Scheung Ching Chau 280.
Schierling, Gewöhnung an 34.
—, Staare immun gegen 38.
Schimmelpilze 37, 225.
—, Gewöhnungsversuche an 24.
Schira 152.
Schiras, Opium aus 67.
Schlaf 273.
— durch Kawa 294.
—, Mohn als Sinnbild 57.
Schlaflosigkeit durch Kaffeetrinken 339.
Schlafmittel **273**, 48.
Schlangenbeschwörer sollen Arsen essen 419.
Schließmuskeln, Schwache bei Rauchern 409.
Schmerzen bei Chloralisten 277.

Schnaps 10.
— s. auch Alkohol, Branntwein usw.
Schneeberger Tabak 411.
Schneefloh 38.
Schnupftabak 409, 411.
Schoa, Kat in 320.
Schokolade 373.
Schrecken 131. s. a. Affekte usw.
Schule, Lehre vom Alkohol in der 253.
Schwachsichtigkeit und Kaffeegenuß 339.
Schwachsinn bei Chloralgebrauch 278.
Schwäche, wehrlose 32.
Schwarzer Trank 367.
Schwefelkohlenstoff 208.
Schwefelwasserstoff in Delphi 183.
Schweinfurth 177, 320, 322.
Schweiße der Morphinisten 87.
Schweiz, Teeverbrauch 350.
Schwielenbildung 21.
Schwindel durch Kaffeegenuß 340.
Sclerocarya caffra 297.
— Schweinfurthi 297.
Seele, Beeinflussung der 23.
—, Spannung durch Anhalonium 146.
Seelenberuhigungsmittel 47.
Seelenleben, Änderung durch Anhalonium 144.
—, Beeinflussung durch Morphin 83, 84, 85.
— im Hanfrausch 159.
Sehstörungen durch Alkohol 214.
— durch Bilsenkraut 177.
— durch Bromkalium 283.
— bei Kokainisten 116.
— bei Morphinisten 87.

Namen- und Sachregister

Sehstörungen bei Nikotinismus 409.
— der Teekoster 346.
Seife zu Kautabak 387, s. auch Asche, Alkali.
Sekeran 177.
Sekten mit Hanfrauchen 155.
—, die Kaffee meiden 335.
Selbsthilfe 15, s. auch Regulation, Ausgleich.
Selbstmord durch Opium 74.
Selbstmordideen bei Chloralisten 277.
Semeskeije rauchen nicht 381.
Senegal, Kola im 357, 358.
Senusi meiden Kaffee 335.
— rauchen nicht 381.
Serum, antitoxisches 30.
Servianer 237.
Setaria glauca 216.
Sévigné, v. 331.
Sextus Empiricus 59.
Sexuelle Erregung, Minderung durch Kat 322, s. auch Geschlechtserregbarkeit.
Shanstaaten, Betelkauen 307.
Shortlandsinseln, Betelkauen 308.
Siam, Betelkauen 307.
—, Hanfrauchen in 158.
—, Opiumgebrauch in 72.
Sibirier, nehmen Kauharz 427.
Sibsi 153.
Sikhs rauchen nicht Tabak 381.
— rauchen Opium 71.
Silius 58.
Silvestre de Sacy 336.
Sinaihalbinsel, Araber rauchen nicht 381.
Sinnestäuschungen 132.
— durch Anhalonium 141.
— durch Datura 185.
—, Problem der 125.

Sinnestäuschungen d. Tabak 389.
— bei Tieren 193.
— s. auch Halluzinationen, Visionen usw.
Sinnestäuschungsmittel 47, 123.
Sittlichkeitsverbrechen von Kokainisten 117.
Sixtus V. 219.
Sjaka 343.
Sjerakaumittel 427.
Skandinavier 221.
Skopolamin 46, 158, 174, 177, 187.
Skythen, Hanfrauchanwendung 150.
Slowakei, Kampferessen in der 304, 305.
Soa 224.
Soda zum Schnupftabak 384.
Sokrates 248.
Solanaceae 174.
Solanum incanum 174.
Soma 216.
Somali schnupfen 384.
—, Tabakkauen der 387.
Somnus 58.
Sophora secundifolia 282.
— tomentosa 282.
Sorbus aucuparia, Branntwein aus 281.
Sorel 400.
Sorgen, Kaffee als Verscheucher von 336.
Sorghum vulgare für Bier 224.
—, Branntwein aus 224, 280.
Soziale Folgen des Alkoholismus. 235.
Soziales Elend und Alkohol 218.
Spanische Fliegen 37.
Spannkraft, Steigerung durch Kola 360.
Speichel als Verzuckerer 225 ff., 229.

Speichelfluß durch Betelbissen 311, 314.
Spenn-Pflanze 55.
Spielsucht 52, 237.
Spirituosen s. Alkohol, Branntwein, Wein.
Sprachstörungen bei Kokainisten 116.
— durch Paraldehyd 281.
— durch Sulfonal 282.
Ssakarân 177.
Ssrúma 155.
Stachytarpheta, Tee-Ersatz 352.
Stärke 226.
— als Ausgang für alkohol. Getränke 224.
Stechapfel 158, 178.
—, geraucht 164.
—, Meisen immun gegen 38.
— s. auch Datura.
Steiermark, Arsenesser in 418.
Steinzeit, Mohnreste aus der 53.
Sterculia acuminata 356. s. auch Kola.
Stimmungsanomalien bei Rauchern 409.
Stötzner 65.
Strabo 216, 224.
Strafen für Alkoholismus 250.
— für Kaffeegenuß 332.
— für Tabakbenutzung 394, 412, 413.
— für Tabakschnupfen 383.
— für Trunkenheit im alten Frankreich 252.
Strychnin 38.
—, Steigerung der Sinnesempfindlichkeit 143.
Strychnos Ignatii, Gewöhnung an 28.
Strychnos nux vomica 38.
—, Gewöhnung an 28.

Stumpfsinn bei Ätheromanen 265.
Stutenmilch, alkoholisches Getränk aus 223.
Suaheli, Betelkauen der 307.
Sublimat, Gewöhnung an 24.
— bei Opiumessern 425.
Suchten 52.
Sudis gigas 370.
Südamerika, alkoholische Getränke 225.
—, Tabakkauen in 387.
Südseeinseln, Kawa auf 285 ff.
—, Opiumgebrauch 75.
Sulfonalismus 281.
Suli 280.
Sumatra, Betelkauen 308.
—, Opiumgebrauch auf 74.
Sundainseln, Betelkauen 308.
Sura 216.
Su-Tung-Pa 62.
Swainsonia galegifolia 194.
Sydenham 61.
Sykion 55.
Syrien, Hanf in 156.
—, Kaffeegebrauch bei Nomaden in 335.

T.

Tabacos 377.
Tabak 376, 48, 302.
—, Ersatzmittel 410.
—, körperliche Störungen durch 405.
—, Lebensbedürfnis 380.
—, nikotinfreier 411.
—, Strafen für Gebrauch von 394 ff.
—, Verbrauch in einzelnen Ländern 394.
—, verurteilt 395 ff., 399, 400.
—, Verwendungsformen 382.
—, Wirkungen 378, 413.

Tabakbrühe 387.
Tabakfeinde 394 ff., 398.
Tabakflüssigkeit, Genießen von 386.
Tabakfreie 380.
Tabakkauen 386.
—, Blindheit durch 409.
Tabakpfeife 391.
Tabakpsychose 410.
Tabakrauchen **389**.
— in China verboten 62.
—, Wirkungen von 403.
Tabaksaft 388.
—, getrunken 390.
Tabaksauce 401.
Tabakschlecken 386, 388.
Tabakschnupfen 382.
Tabaktrinken 388.
Tabakwasser getrunken 388.
Tabakzusätze 402, 403.
Tabasco, Strafe für Rauchen in 396.
Tabatière 383.
Tadi 221.
Tafel 74.
Tangaküste, Betelkauen an der 307.
Tangdynastie, Aufkommen von Tee in der 344.
Tanno, Kawa auf 287.
Tapioca 226.
Tarahumari-Indianer 138.
Tarantschen, Hanfraucher 158.
Tarassun 229.
Taroba 227.
Tataren, alkoholisches Getränk der 229.
—, Hanfraucher 157.
Tatianer 237.
Tauben, Immunität gegen Opium 38.
—, morphinistische 80.

Taulipáng, Tabak bei den 389.
Tea tasters 346.
Tecunas, Kokagebraucher 107.
Tee **343**, 333.
—, Einfuhr in Deutschland 351.
—, Ersatzpflanzen für 352.
—, gepökelter 350.
—, Kulturen 350.
—, Senusi trinken ihn 335.
—, Surrogatpflanzen für 352.
—, Verbrauch in der Welt 350.
Teeesser 347.
Teekoster, Leiden der 346.
Teepacker 346.
Teeraucher 347.
Teestrauch 325.
Teeziegel 349.
Tej 221.
Tekinzen 223.
—, alkoholisches Getränk der 229.
Teleologische Mechanik 15.
Temperament und Alkohol 210, s. auch Individualismus usw.
Temperenzstaaten und Opium 77.
Teochichimekas 133.
Teriak 67.
Terpene 427.
Teufelskraut 181.
Texas-Indianer 138.
Texas, Kassine in 367.
Thea chinensis 344.
Theobroma Cacao 373.
Theobromin 353, 374.
Theophrast 309.
Theophyllin 345.
Theozin 345.
Thompson 62.
Tiberius 219.
Tibet, Barbarenstämme von 65.
—, Bier in 225.
—, Opiumgebrauch in 65.

Namen- und Sachregister

Tibet, Teegebrauch in 349.
Tibeter schnupfen 384.
Tientsin, Vertrag von 63.
Tiere, die Alkohol lieben 204.
—, Einwirkung von Tee auf 348.
— und Kokaingewöhnung 111.
—, morphinistische 80.
—, Narkomanie der 193.
Tigre, Kat in 320.
Timbuktu, Kolahandel 358.
Tirol, Arsengebrauch in 418.
Tjivokve, Hanfrauchen der 154.
Tlinkit, Rauchen der 391.
Tlinkitindianer kauen Harz 427.
Tobsucht bei Chloralisten 277.
— bei Chloroformisten 257.
— durch Datura 184.
— bei Kokainisten 116. s. auch Geisteskrankheit, Manie, Delirien.
Todesstrafe für Rauchen 394ff.
— für Weintrinken 251.
Togo, Tabakkauen in 387.
Togwa 224.
Tokelauinseln ohne Kawa 286.
Toleranz 20.
— für Äther 261.
— für Arsen 417.
— für Tabak 406.
—, gewöhnungsmäßige 23.
Tollkirsche 25, 187.
—, Immunität dagegen 38. s. auch Belladonna.
Tolstoi 9.
Tonempfindungen bei Hanfrauchen 160.
— s. auch Gehörstörungen, Halluzinationen usw.
Tonga 183.
Tongainseln, Kawa auf 287.
Tonkin, Betelkauen 308.

Tonkin Opiumgebrauch in 72.
Towara 177.
Toxikologie 14.
Trajan 219.
Trance durch Caapitrinken 190.
— der Yogis 158.
Transbaikalgebiet, Branntwein im 280.
Traubenbranntwein 280.
Traumgesichte durch Caapi 190.
— s. auch Gesichte, Halluzinationen.
Travancur, Betelkauen 307.
Trimethylxanthin 375.
Trinkbranntweine 280 ff.
—, Verfälschung von 253.
— s. auch Alkohol, Branntwein.
Trinken 9.
Trinkgefäße aus Katakomben 216.
Tripolis, Opium in 75.
—, Tabakkauen in 387.
Trismus durch Anhalonium 146.
— s. auch Krämpfe.
Trivalin 95, 100.
Trockenlegung 244.
— s. auch Prohibitionismus.
Tropeine 47.
Tropeïnpflanzen 183.
Trugbilder durch Anhalonium 141.
Trugschlüsse bei Kokainisten 115.
Trugwahrnehmungen 130.
— durch Hanfraucher 160.
— durch Stechapfel 181.
— bei Tieren 193.
— s. auch Halluzination usw.
Trunkelbeere 168.
Trunkenheit 199ff.
— in New York 245.
—, Schuldhaftigkeit der 252.
Trunksucht 204 ff., 234, 236.
—, intervalläre 212.

Namen- und Sachregister

Trunksucht, im alten Indien 216.
— s. auch Alkoholismus.
Tschadsee, Kolahandel am 358.
Tschal 229.
—, alkoholisches Milchgetränk 223.
Tschudi 183.
Tschuktschen gebrauchen Fliegenpilz 167, 168.
— schlucken Tabakrauch 407.
Tsingtau, Opiumstapelplatz 66.
Tuamotuinseln, Kawa der 287.
Tubaiinseln, Kawa der 287.
Tukanostämme gebrauchen Banisteria 188.
Tukopia, Betelkauen 308.
Tungusen gebrauchen Fliegenpilz 167.
— rauchen nicht 381.
—, Teeliebhaber 350.
Tunis, Hanfrauchen in 152.
—, Opium in 75.
Turkana schnupfen 385.
Türkei, Opium in der 67, 69.
—, Hanfrauchen 156.
—, Tabakschnupfen 384.
Turkestan, Schnupfenin 384.
Turungs, Opiumgebrauch der 72.
Tusca 229.
Tylenchus tritici 37.

U.

Uarana 370.
Uganda, Hanfrauchen in 156.
—, Kaffeeessen in 340.
Ui 228.
Uitoto, Tabakgebrauch der 386, 388.
Ukerewe, Hanfrauchen in 156.
Uld l'Kif 164.
Unterempfindlichkeit gegen Gifte 37.

Unyoro, Kaffeeessen der 340.
Unzurechnungsfähigkeit von Morphinisten und Kokainisten 92.
Upawoc 379.
Urban VIII. 383.
Urga, prähistorische Funde 344.
Uruguay, Mate in 365.
Usbeken, Hanfraucher 157.
Usukuma, Hanfrauchen in 156.

V.

Vaccinium Myrtillus, Tee-Ersatz 352.
— stamineum als Rauchersatz 411.
— uliginosum 168.
—, Tee-Ersatz 352.
Valdes 379.
Venezuela, Kakao in 374.
Veranlagung, persönliche 12, 17.
— s. auch Individualität, Charakter, Anlage usw.
Verantwortlichkeit 3.
Veratrum, Immunität gegen 38.
Verbascum, Tee-Ersatz 352.
Verbote des Rauchens usw. 394 ff.
— s. auch Strafen.
Verbrechen, Folge von Alkoholismus 206.
— von Kokainisten 117.
— durch Morphinisten 85, 92, 93.
Verdoppelung des Ichs 143.
Verdünnte Luft, Gewöhnung an 26.
Vereinigte Staaten, Kaffeeverbrauch 333, 335.
—, Kampferessen 304.
—, Opiumgebrauch 76.
—, Prohibition in den 244.
—, Teeverbrauch 350.
— s. auch Amerika.
Vererbung bei Hanfrauchern 164.

Verfolgungswahn bei Chloroformisten 257.
Vergiftung, Verlaufsarten 18.
Vergrößertsehen durch Fliegenpilz 171.
Verkalkung bei Rauchern 408.
— s. auch Gefäßverkalkung.
Veronal 279.
Veronica, Tee-Ersatz 352.
Verordnung gegen Tabak 412.
— s. auch Gesetz, Strafe usw.
Verrücktheit, halluzinatorische, bei Chloralabstinenz 279.
—, halluzinatorische der Kokainisten 115.
— s. auch Geisteskrankheit, Paranoia usw.
Victoria-See, Hanfrauchen am 156.
—, Tabak gebrauchende Stämme am 385.
Virgil 57.
Visionärinnen, Einfluß des Sexualapparates 127.
Visionen, ihr Entstehen 126.
— nach Kawa 294.
— der Yogis 158.
Völkerbund, Opiumkonferenz beim 96.
Völkerkunde 3, 8.
Vongony 156.
Vulpius 239.

W.

Wadai, Kola in 357.
Wafiome, Tabakgebrauch bei den 385.
Wahnsinn durch Solanaceae 175.
— s. auch Geisteskrankheit, Manie usw.
Wahnvorstellungen 175.
— bei Kokainisten 115.
— s. auch Halluzinationen, Visionen usw.

Wahrsagemittel 176.
Wahrsagen durch Anhalonium 134.
— durch Datura 182.
Waika kauen Tabak 387.
Wailevu, Kawa auf 289.
Wakuafi schnupfen 385.
Wallis, Kawa auf 287.
Wallisinseln, Kawa auf den 289.
Wambugwe, Tabakgebrauch bei den 385.
Wanguri schnupfen 385.
Wanyamwesi, Hanfrauchen der 156.
Wapokomo schnupfen 385.
Warundi, Tabakgebrauch bei den 385.
—, Weinsäufer 222.
Waschaschi, Hanfrauchen der 156.
Wataturi schnupfen 385.
Wawira rauchen 380.
Weiber s. Frauen.
Weidenröschen 168.
Weihrauch der Galla gekaut 427.
Weihrauchbusch 427.
Wein 215, 238.
— im alten Ägypten 215.
— bei den Galliern 220.
— aus Palmen 222.
—, parfümierter 234.
— in den Vereinigten Staaten 244.
Weinpresse 215.
— im alten Ägypten 215.
Weissagung durch Bilsenkraut 177.
Weißbier 225.
Weizenbier 225.
Wenzel 219.
Wermut 281, 282, 283.
Wesenheit, Veränderung durch Kokain 114.

Namen- und Sachregister

Wesenheit s. auch Charakter, Individualität usw.
Westindische Kolanuß 356.
Westindischer Tee 352.
Whisky 244.
— -Apotheken 244.
Widerstand gegen den Zwang 16.
Willensfreiheit bei Alkoholvergiftung 202.
— von Kokainisten 117.
Wohlbehagen durch Kokain 110.
— s. auch Euphorie.
Wundermittel, Phantastica als 131.
Würzwein 283.

X.
Xanthinverbindungen 345.
Xerxes 274.

Y.
Yahe 189.
Yaje 189.
Yangona 290.
Yangonasäuremethylester 293.
Yangonin 293.
Yauaretés, Kokagebraucher 107.
Yaupon 367.
Ye 379.
Yekunágebrauchen Banisteria 188.
Yerba 364.
Yerba de Huaca 183.
Yerba de Guacas 183.
Ying-tzu 62.
Yogis 158.
Yopon 367.
Ysop 283.
Yucca-Bier, Verbreitung von 227.
—, Branntwein aus 281.
— filamentosa 227.
— glauca 227.
Yukatan, Kaugummi 427,.

Z.
Zähne, Aufnahme von Kokain durch 113.
Zahnfleisch, Einreiben von Kokain 112.
Zahnstein durch Betelkauen 315.
Zambesigebiet, Hanfrauchen im 155.
Zauberer 174.
— genießen Tabakbrühe 389.
Zauberer-Kraut 181.
Zeitmaß, Tee als 349.
Zellen, ihre Rolle bei der Gewöhnung 31 ff.
Zemarchus 223.
Ziegeltee 349.
Zigarette 401.
—, ägyptische 408.
— -mißbrauch 405.
—, Raucharten der 391, 404.
Zigarettenraucher, Nasenleiden der 410.
Zigarrenrauch, Schlucken von 390.
Zimt 283.
Zivilisation u. Reizmittel 8.
Zizyphus mistol, Bier aus 229.
Zucker als Quelle für Alkohol 221.
— gilt als unrein bei Senusi 335.
—, -Ausscheidung bei Tabakrauchern 408.
Zuckerrohr, Getränk aus 223.
Zulukaffern, Hanfrauchen 154.
Zurechnungsfähigkeit 3.
— s. auch Willensfreiheit usw.
Zwang, Widerstand gegen 16.
Zwangshandlungen durch Datura 179, 180.
Zwangslachen durch Hanfrauchen 159, 161, 162.